TRABALHO E REGULAÇÃO

AS LUTAS SOCIAIS E AS CONDIÇÕES MATERIAIS DA DEMOCRACIA

WILSON RAMOS FILHO
Coordenador

TRABALHO E REGULAÇÃO

AS LUTAS SOCIAIS E AS CONDIÇÕES MATERIAIS DA DEMOCRACIA

Volume 1

Belo Horizonte

2012

© 2012 Editora Fórum Ltda.

É proibida a reprodução total ou parcial desta obra, por qualquer meio eletrônico, inclusive por processos xerográficos, sem autorização expressa do Editor.

Conselho Editorial

Adilson Abreu Dallari
Alécia Paolucci Nogueira Bicalho
Alexandre Coutinho Pagliarini
André Ramos Tavares
Carlos Ayres Britto
Carlos Mário da Silva Velloso
Carlos Pinto Coelho Motta (*in memoriam*)
Cármen Lúcia Antunes Rocha
Cesar Augusto Guimarães Pereira
Clovis Beznos
Cristiana Fortini
Dinorá Adelaide Musetti Grotti
Diogo de Figueiredo Moreira Neto
Egon Bockmann Moreira
Emerson Gabardo
Fabrício Motta
Fernando Rossi
Flávio Henrique Unes Pereira

Floriano de Azevedo Marques Neto
Gustavo Justino de Oliveira
Inês Virgínia Prado Soares
Jorge Ulisses Jacoby Fernandes
José Nilo de Castro (*in memoriam*)
Juarez Freitas
Lúcia Valle Figueiredo (*in memoriam*)
Luciano Ferraz
Lúcio Delfino
Marcia Carla Pereira Ribeiro
Márcio Cammarosano
Maria Sylvia Zanella Di Pietro
Ney José de Freitas
Oswaldo Othon de Pontes Saraiva Filho
Paulo Modesto
Romeu Felipe Bacellar Filho
Sérgio Guerra

Luís Cláudio Rodrigues Ferreira
Presidente e Editor

Coordenação editorial: Olga M. A. Sousa
Revisão: Gehilde Reis
Bibliotecário: Ricardo Neto – CRB 2752 – 6ª Região
Capa, projeto gráfico: Walter Santos
Diagramação: Karine Rocha

Av. Afonso Pena, 2770 – 15º/16º andares – Funcionários – CEP 30130-007
Belo Horizonte – Minas Gerais – Tel.: (31) 2121.4900 / 2121.4949
www.editoraforum.com.br – editoraforum@editoraforum.com.br

T758	Trabalho e regulação: as lutas sociais e as condições materiais da democracia / Coordenador Wilson Ramos Filho. Belo Horizonte : Fórum, 2012.
	v. 1
	360 p.
	ISBN 978-85-7700-566-6
	1. Direito trabalhista – Brasil. 2. Direito constitucional. 3. Sociologia. 4. Direito trabalhista – Espanha. I. Filho Wilson, Ramos.
	CDD: 3426.81
	CDU: 349.2(81)

Informação bibliográfica deste livro, conforme a NBR 6023:2002 da Associação Brasileira de Normas Técnicas (ABNT):

RAMOS FILHO, Wilson (Coord.). *Trabalho e regulação*: as lutas sociais e as condições materiais da democracia. Belo Horizonte: Fórum, 2012. v. 1, 360 p. ISBN 978-85-7700-566-6.

SUMÁRIO

APRESENTAÇÃO
Carol Proner 11

SOBRE OS AUTORES 13

A IGUALDADE DE GÊNERO E O DIREITO LABORAL –
O CASO DO ART. 384 DA CLT
Aline Cristina Alves 17
Introdução 17
1   A proteção especial às mulheres na legislação trabalhista brasileira 18
1.1 O surgimento do Direito do Trabalho 18
1.2 A mulher no contexto histórico do Direito do Trabalho 22
1.3 As mulheres no Direito do Trabalho 24
2   A questão da Constituição Brasileira de 1988 e o repúdio da
     discriminação: o princípio da não discriminação e a igualdade de
     tratamento 28
3   O polêmico artigo 384 da Consolidação das Leis Trabalhistas e
     suas implicações 35
     Conclusões 42
     Referências 44

ANÁLISE DOGMÁTICA DA (IN)APLICABILIDADE DO
PRINCÍPIO CONSTITUCIONAL DO CONCURSO PÚBLICO
AOS SERVIÇOS SOCIAIS AUTÔNOMOS
Ana Paula Nunes Mendonça 47
Introdução 47
1   Os Serviços Sociais Autônomos – Sistema "S" 49
2   A fase pré-contratual dos contratos celetistas x o princípio
     constitucional do concurso público 56
3   Análise crítica da jurisprudência 62
     Conclusão 69
     Referências 70

O NASCIMENTO DA GARANTIA À INCOLUMIDADE DO
TRABALHADOR NO BRASIL – UMA ANÁLISE HISTÓRICA
Daniel Lisboa 73
Introdução 73
1   A limitação da liberdade pelo direito de subordinar 74
2   As contrapartidas fordistas ao direito de subordinar 76
3   A evolução legislativa do direito à proteção da saúde do
     trabalhador 78
     Conclusão 88
     Referências 88

SINDICATO E REPRESENTAÇÃO DOS TRABALHADORES
NOS AMBIENTES DE TRABALHO
Francisco Trillo 91
Introdução 91
1   Dois movimentos, um de costas ao outro? 93
1.1 Transformações do mundo do trabalho, em particular da
     empresa e do empresário 95
1.2 Transformações do mundo do trabalho: a noção de trabalhador 97
2   Representação dos trabalhadores nos lugares de trabalho 99
3   A modo de conclusão 102
     Referências 102

APONTAMENTOS SOBRE O MOVIMENTO SINDICAL
ESPANHOL EM MOMENTOS DE CRISE
João Vitor Passuello Smaniotto 103
Introdução 103
1   O pacto da Moncloa 104
1.1 Período precursor 104
1.2 O pacto 106
1.3 A reação sindical 109
2 A reforma laboral de 1994 111
2.1 Período precursor 111
2.2 A reforma 113
2.3 A reação sindical 115
3   A reforma laboral de 2010 117
3.1 O período precursor 118
3.2 A reforma 119
3.3 A reação sindical 121
     Conclusão 123
     Referências 125

O JULGAMENTO DA ADPF 153 PELO SUPREMO TRIBUNAL
FEDERAL E A INACABADA TRANSIÇÃO DEMOCRÁTICA
BRASILEIRA
José Carlos Moreira da Silva Filho 129

Introdução 129
1   O atraso hermenêutico 133
2   A história mal contada e o acordo inexistente 142
3   A indiferença ao direito internacional dos direitos humanos 158
    Considerações finais 170
    Referências 174

A PRECARIZAÇÃO DAS RELAÇÕES DE TRABALHO E O ESTADO CONSTITUCIONAL
Juan Carlos Zurita Pohlmann, Marcos Augusto Maliska 179
Introdução 179
1   As concepções de "trabalho" antes e depois do surgimento do
    capitalismo 180
2   A precarização das relações de trabalho no capitalismo
    globalizado 185
3   O trabalho no Estado Constitucional 195
    Considerações finais 199
    Referências 200

O SINDICALISMO NO BRASIL E A POTENCIAL REPERCUSSÃO NEGATIVA DO PRINCÍPIO DA UNICIDADE SINDICAL – O CASO DO SETOR DE TELECOMUNICAÇÕES
Luiz Antonio Grisard 203
1   Breve histórico da privatização do setor de telecomunicações
    no Brasil 208
2   Reflexos do modelo de privatização na atuação dos sindicatos 212
3   O movimento sindical no âmbito das telecomunicações: a disputa
    entre a Federação Nacional dos Trabalhadores em Empresas
    Telefônicas (FENATTEL) e a Federação Interestadual dos
    Trabalhadores em Empresas de Telecomunicações e Operadores
    de Mesas Telefônicas (FITTEL) 213
3.1 Retrospectiva histórica: a primeira instância 215
3.2 Retrospectiva histórica: a segunda instância 216
3.3 Retrospectiva histórica: a batalha nos Tribunais Superiores 218
3.4 Retrospectiva histórica: o capítulo final no Supremo Tribunal
    Federal 220
3.5 A disputa entre a FITTEL e a FENATTEL na Justiça do Trabalho:
    o caso dos autos 01022-2008-007-10-00-2 220
4   A disputa entre FENATEL e FITTEL: teoria e prática 221
4.1 Pronunciamentos judiciais tendentes à aceitação da pluralidade
    no âmbito federativo 222
4.2 Pluralidade na prática: a atuação da FITTEL no contexto
    de representatividade da categoria profissional 225
    Considerações finais 226
    Referências 228

CUSTEIO DAS ORGANIZAÇÕES SINDICAIS – FORTALECIMENTO DO PODER NORMATIVO LABORAL AO DIRIMIR CONFLITOS DE NATUREZA SINDICAL

Marcelo Giovani Batista Maia, Mauro José Auache 231
Introdução 231
1 O caminhar da questão competencial 232
2 Representação e enquadramento sindical 236
3 Litígios entre sindicatos 239
4 Ações entre sindicatos e trabalhadores 240
5 Formas de custeio dos sindicatos: contribuições/taxas 242
5.1 Contribuição sindical 243
5.2 Contribuição confederativa 243
5.3 Contribuição assistencial 245
5.4 Oposição ao desconto da contribuição 248
6 Ações entre sindicatos de trabalhadores e empregadores 250
Conclusão 252
Referências 253

O TRABALHADOR DOMÉSTICO NO BRASIL E A CONVENÇÃO 189 DA OIT – UMA QUESTÃO DE IGUALDADE

Mariana Krieger 255
Introdução 255
1 Os trabalhadores domésticos 256
2 A convenção 189 da OIT 259
3 Do princípio da igualdade 261
4 O princípio da não-discriminação 264
5 O princípio da dignidade humana e a convenção 189 da OIT 267
Considerações finais 270
Referências 271

DIGNIDADE HUMANA E ASSÉDIO MORAL – A DELICADA QUESTÃO DA SAÚDE MENTAL DO TRABALHADOR

Ney Stany Morais Maranhão 273
Introdução 273
1 Firmando os alicerces de raciocínio: refletindo sobre dois equívocos comumente incrustados em nossa mente, quando o tema é "direito do trabalho" 274
1.1 A conotação insistentemente *desagradável* da palavra "trabalho" 274
1.2 O viés insistentemente *patrimonial* da palavra "trabalho" 276
2 A estridente *complexidade* do fenômeno "assédio moral laboral" 279
Considerações finais 285
Referências 286

REESTRUTURAÇÃO PRODUTIVA, REORGANIZAÇÃO DA FORÇA DE TRABALHO E DESENVOLVIMENTO TECNOLÓGICO NO CAPITALISMO CONTEMPORÂNEO – DESAFIOS AO DIREITO DO TRABALHO
Sylvia Malatesta das Neves 289

1   Modelos de gestão do trabalho no capitalismo 289
1.1   Taylorismo e Fordismo: seus limites 290
1.2   Pós-fordismo e "novas" formas de acumulação flexível do capital 292
1.3   Era informacional e sociedade da informação 296
2   Precarização e flexibilização das relações de trabalho e o direito capitalista do trabalho 297
2.1   Impactos nas relações de trabalho: mecanismos de precarização das condições e flexibilização da legislação trabalhista 297
2.2   Papel regulatório do direito nas sociedades capitalistas 299
2.3   O Direito Capitalista do Trabalho frente aos mecanismos de intensificação nas relações laborais: perspectivas regulatórias 304
     Referências 305

O DANO SOCIAL AO DIREITO DO TRABALHO
Valdete Souto Severo 307

Introdução 307
1   O dano social desde a lógica de um estado constitucional 309
2   O necessário resgate da nossa capacidade de indignação 311
3   Por uma conduta pedagógica e repressiva ao dano social 312
     Conclusão 324
     Referências 325

A TERCEIRIZAÇÃO DO TRABALHO NO BRASIL – PERSPECTIVAS E POSSIBILIDADES PARA UMA REVISÃO DA JURISPRUDÊNCIA
Wilson Ramos Filho 327

Introdução 327
1   O direito capitalista do trabalho e os processos de luta social pela dignidade: uma tentativa de periodização 328
1.1   A pré-história do Direito do Trabalho: o intervencionismo estatal repressivo 328
1.2   A primeira etapa do Direito Capitalista do Trabalho no Brasil (1930-1945) 330
1.3   A segunda etapa do Direito do Trabalho no Brasil (1946-1965) 333
1.4   A terceira etapa do Direito Capitalista do Trabalho brasileiro (1965-1988) 334
1.5   A quarta etapa do Direito Capitalista do Trabalho no Brasil (iniciada em 1988) 338
2   Os novos métodos de gestão do capitalismo descomplexado e a terceirização 340

2.1 A deslocalização empresarial para a redução dos custos
de produção..341
2.2 A externalização e a dualização do mercado de trabalho.....................342
2.3 Flexibilidade e flexibilização: ambiguidades e eufemismos...................345
3 A terceirização, a precarização e a perda da capacidade sedutora
do direito do trabalho...346
4 Uma nova percepção jurisprudencial a respeito da terceirização........353
Referências...358

APRESENTAÇÃO

É com imensa satisfação que inauguramos o primeiro volume da Coleção *Trabalho e Regulação: as lutas sociais e as condições materiais da democracia*, uma parceria entre o grupo de pesquisa intitulado *Trabalho e Regulação no Estado Constitucional*, vinculado ao Programa de Mestrado em Direitos Fundamentais e Democracia da UniBrasil, e a respeitada Editora Fórum, editora que cultiva tradição na publicação de obras dedicadas ao direito público, especialmente obras relacionadas com temas sensíveis ao Estado Democrático de Direito e à Constituição.

O Grupo de Pesquisa, liderado pelo Professor Doutor Wilson Ramos Filho, está conectado à área de concentração do Programa de Pós-graduação em Direito *stricto sensu* da UniBrasil, particularmente à linha 01, *Constituição e Condições Materiais da Democracia*, tendo como integrantes professores e pesquisadores do Programa e pesquisadores externos, nacionais e internacionais.

Este grupo de pesquisa contém três linhas de investigação: *Jurisprudência Crítica e Crítica da Jurisprudência*, coordenada pelo professor mestre Ricardo Nunes Mendonça; *Trabalho, Direito e Lutas Instituintes*, coordenada pelo professor doutorando Marcelo Giovani Batista Maia; e *Trabalho, Regulação e Lutas Antipatriarcalistas*, coordenada pela professora doutora Thereza Gosdal, todas harmonizadas com a área de concentração do Mestrado e com o projeto pedagógico que o fundamenta.

Suas principais características são: promover a correlação dos principais referenciais teóricos com questões atuais relacionadas aos direitos fundamentais sociais e laborais; garantir a coerência e aderência com o Programa de Mestrado da UniBrasil; promover a publicações das pesquisas orientadas pelo corpo docente do Programa de Mestrado da UniBrasil; dar publicidade aos resultados aferidos pelo Grupo de Pesquisa em consonância com as atividades regularmente organizadas (congressos, seminários, colóquios e encontros); promover a publicação de temas teóricos e suas respectivas práticas sociais, incluindo o debate com operadores jurídicos visando a inserção social.

O presente volume nos compraz especialmente pela qualidade dos trabalhos apresentados, incluindo textos dos professores doutores Francisco Trillo (Professor de direito da *Universidad de Castilla-La Mancha* – UCLM, Ciudad Real, Espanha), José Carlos Moreira da Silva Filho (Professor do PPGD Mestrado e Doutorado PUCRS e Membro-Fundador do Grupo de Estudos sobre Internacionalização do Direito e Justiça de Transição – IDEJUST), Marcos Augusto Maliska (Professor do Programa de Mestrado em Direitos Fundamentais e Democracia da UniBrasil) e Wilson Ramos Filho (Professor do Programa de Mestrado em Direitos Fundamentais e Democracia da UniBrasil e do PPGD Mestrado e Doutorado da UFPR), de Juízes do Trabalho de distintos Tribunais, como Daniel Lisboa (SC), Ney Stany Morais de Maranhão (PA) e Valdete Severo (RS), de advogados militantes como Juan Carlos Zurita Pohlmann, Luis Antonio Grisard, Marcelo Giovani Batista Maia e Mauro José Auache, além de artigos de mestrandos e de doutorandos que vêm se destacando na pesquisa jurídica.

Manifestamos nossos agradecimentos ao acadêmico de Direito Tomás Nomi Silva, organizador executivo deste volume, e à Editora Fórum, parceira de nosso Programa de Pós-Graduação *stricto sensu*, com a qual mantemos parceria com a Coleção Fórum Mestrado UniBrasil para a publicação de obras dedicadas aos Direitos Fundamentais e à Democracia.

Carol Proner
Coordenadora do Programa de Mestrado em Direitos Fundamentais e Democracia (UniBrasil).

SOBRE OS AUTORES

Wilson Ramos Filho (Coordenador)
Mestre (1996) e Doutor em Direito (1998) pela Universidade Federal do Paraná. Pós-Doutor (EHESS, 2009, Paris). Atualmente é Professor Catedrático de Direito do Trabalho da Universidade Federal do Paraná (graduação, mestrado e doutorado), Professor do Mestrado em Direitos Fundamentais e Democracia nas Faculdades Integradas do Brasil (UniBrasil) e Professor no *Master II* e no *Doctorado en Derechos Humanos, Interculturalidad y Desarollo* na Universidad Pablo de Olavide (Sevilha, Espanha). Coordenador-geral do grupo de pesquisa *Trabalho e Regulação no Estado Constitucional*, desenvolveu, sob a direção do Prof. Dr. Michael Löwy, pesquisa em pós-doutorado na *École de Hautes Études en Sciences Sociales*, em Paris, França, durante os anos de 2008 e 2009. <Adv. xixo@onda.com.br>.

Aline Cristina Alves
Mestranda em Direitos Humanos, Interculturalidade e Desenvolvimento pela Universidad Pablo de Olavide de Sevilla – Espanha (2010-2011) – Programa formativo do Doutorado em Ciências Jurídicas e Políticas da mesma Universidade. Mestranda no Programa de Pós-Graduação em Direito da UniBrasil (ingresso em 2012). Pós graduada (Especialização) em Direito Constitucional pela PUC-PR - Campus de Londrina-PR (2007) Graduada em Direito pela Pontifícia Universidade Católica do Paraná (2006). Advogada. Professora Universitária – Coordenadora do Núcleo de Prática Jurídica do Curso de Direito da Faculdades Alvorada de Maringá/PR e integrante do grupo de pesquisa *Trabalho e Regulação no Estado Constitucional*. <http://lattes.cnpq.br/4816551678240973>; <nina.alves@gmail.com>.

Ana Paula Nunes Mendonça
Ana Paula Nunes Mendonça, advogada do SESC/PR. Bacharel em Direito pela Unicuritiba e em Letras pela UFPR. Especialista em Direito do Trabalho e Previdenciário pela EMATRA/PR. Mestranda em Direito pela UniBrasil e integrante do grupo de pesquisa *Trabalho e Regulação no Estado Constitucional*.

Daniel Lisboa
Juiz do Trabalho do TRT da 12ª Região. Mestrando em direito das relações sociais da UFPR. Ex-Juiz do Trabalho do TRT da 23ª Região. Igualmente aprovado nos concursos dos TRTs da 2ª, 3ª e 9ª Regiões, AGU e analista judiciário do TRT da 9ª Região. Professor em cursos de pós-graduação e preparatório para concursos públicos, e integrante do grupo de pesquisa *Trabalho e Regulação no Estado Constitucional*.

Francisco Trillo
Professor de Direito do Trabalho da Universidad de Castilla-La Mancha – UCLM, Ciudad Real, Espanha e em diversos cursos de pós-graduação na Espanha. Doutor em Direito.

João Vítor Passuello Smaniotto
Mestre em Direitos Fundamentais e Democracia pelas Faculdades Integradas do Brasil – UniBrasil. Graduado pela mesma instituição e doutorando em Derechos Humanos, Interculturalidad y Desarrollo pela Universidad Pablo de Olavide, Sevilla, Espanha e integrante do grupo de pesquisa *Trabalho e Regulação no Estado Constitucional.*

José Carlos Moreira da Silva Filho
Doutor em Direito das Relações Sociais pela Universidade Federal do Paraná – UFPR; Mestre em Teoria e Filosofia do Direito pela Universidade Federal de Santa Catarina – UFSC; Bacharel em Direito pela Universidade de Brasília – UnB; Professor da Faculdade de Direito da Pontifícia Universidade Católica do Rio Grande do Sul – PUCRS (Programa de Pós-graduação em Ciências Criminais – Mestrado e Doutorado - e Graduação em Direito); Conselheiro da Comissão de Anistia do Ministério da Justiça; Membro-Fundador do Grupo de Estudos sobre Internacionalização do Direito e Justiça de Transição – IDEJUST.

Juan Carlos Zurita Pohlmann
Mestrando em Direitos Fundamentais e Democracia na UniBrasil. Advogado e integrante do grupo de pesquisa *Trabalho e Regulação no Estado Constitucional.*

Luis Antonio Grisard
Advogado. Mestre em Direito Empresarial e Cidadania (UNICURITIBA, 2011). Possui graduação em Direito pelas Faculdades Integradas Curitiba (2002), e Especialização em Direito do Trabalho pela mesma instituição, MBA Executivo em *Management* pela FAE *Business School* e *Master of Business Adminstration* (MBA) pela *Baldwin-Wallace College* (Berea, Ohio, Estados Unidos).

Marcelo Giovani Batista Maia
Mestre em Educação pela Pontifícia Universidade Católica do Paraná - PUCPR; Professor de Direito do Trabalho e de Direito Sindical na Unibrasil; Doutorando em Derechos Humanos, Interculturalidad y Desarollo, na Universidad Pablo de Olavide, Sevilha, Espanha, e advogado em Curitiba e integrante do grupo de pesquisa *Trabalho e Regulação no Estado Constitucional.*

Marcos Augusto Maliska
Doutor em Direito, Professor do Programa de Mestrado em Direitos Fundamentais e Democracia da UniBrasil. Procurador-Chefe da Procuradoria Federal junto à Universidade Federal do Paraná.

SOBRE OS AUTORES | 15

Mariana Krieger
Advogada, mestranda em Direito pela Unibrasil e integrante do grupo de pesquisa *Trabalho e Regulação no Estado Constitucional.*

Mauro José Auache
Mestre em Direito Internacional do Trabalho perante a Universidade Internacional de Andaluzia — Sevilha — Espanha, Pós-graduado em Direito e Processo do Trabalho pelo IBEJ, Assessor jurídico de entidades sindicais (SINDASPP, SINDIQUÍMICA, SINTRACON, SIMENCAL, dentre outros). Advogado em Curitiba e integrante do grupo de pesquisa *Trabalho e Regulação no Estado Constitucional.*

Ney Stany Morais de Maranhão
Juiz Federal do Trabalho. Substituto do TRT da 8ª Região (PA/AP). Graduado e Mestre em Direito pela Universidade Federal do Pará (UFPA). Especialista em Direito Material e Processual do Trabalho pela *Università di Roma – La Sapienza* (Itália). Professor do Curso de Direito da Universidade Federal do Pará (UFPA). Professor Colaborador da Escola Judicial do TRT da 8ª Região (PA/AP). Membro do Instituto Brasileiro de Direito Social "Cesarino Júnior" (IBDSCJ) e do Instituto de Pesquisas e Estudos Avançados da Magistratura e do Ministério Público do Trabalho (IPEATRA).

Sylvia Malatesta das Neves
Bacharel em Direito com habilitação nas áreas de Direito do Estado e Direito das Relações Sociais pela Universidade Federal do Paraná (2009) e mestranda do Programa de Pós Graduação em Direito da UFPR - PPGD/UFPR – na área de concentração Direitos Humanos e Democracia, linha de pesquisa Cidadania e Inclusão Social, com ênfase em Direito do Trabalho. Participa como pesquisadora colaboradora do Núcleo de Pesquisa Educação e Marxismo - NUPEMARX/UFPR (Programa de Pós-Graduação em Educação da UFPR) e do grupo de pesquisa *Trabalho e Regulação no Estado Constitucional.*

Valdete Severo
Juíza do Trabalho Substituta da Quarta Região. Mestre em Direitos Fundamentais pela PUC/RS.

A IGUALDADE DE GÊNERO E O DIREITO LABORAL

O CASO DO ART. 384 DA CLT

ALINE CRISTINA ALVES

Introdução

No Direito do Trabalho brasileiro existe uma gama de dispositivos legais direcionados especificamente para as mulheres os quais visam sua proteção nas relações de trabalho, seja pelo fator biológico, seja pelos fatores social e cultural.

Mas além da proteção normativa por conta de fatores biológicos, nota-se uma proteção por ordem cultural e moral que se revela muitas vezes discriminatórias e contrárias ao contexto da Constituição de 1988, que promove a igualdade entre homens e mulheres.

O patriarcalismo que orienta e orientou desde há muito tempo as relações sociais fatalmente também influenciou o Direito e, em vários ramos do Direito, percebem-se normas que refletem aquele aspecto cultural, sempre dispondo acerca da mulher, relegando-a a uma condição de inferioridade, marginalizando-a.[1]

---

[1] Um exemplo que pode ser dado é o caso dos artigos 218 e 219, IV do antigo Código Civil de 1916 que permitia a anulação do casamento por erro essencial baseado no defloramento da mulher o qual o marido não possuía conhecimento. Destaca-se que estes artigos deixaram de vigorar apenas em 2003, quando se iniciou a vigência do novo Código Civil de 2002.

WILSON RAMOS FILHO (COORD.)
TRABALHO E REGULAÇÃO – AS LUTAS SOCIAIS E AS CONDIÇÕES MATERIAIS DA DEMOCRACIA

No Direito do Trabalho não foi diferente, o presente artigo tem por objeto o estudo da celeuma envolvendo a interpretação e aplicação do artigo 384 da Consolidação da Legislação Trabalhista, o qual determina para as mulheres um intervalo de 15 minutos entre o fim da jornada de trabalho e o início da jornada extraordinária.[2]

Mas por que normas como a do artigo. 384 da CLT estão presentes no ordenamento jurídico? Assim como na fábula do jabuti em cima da árvore na qual ninguém da floresta sabia por que ele estava lá, já que jabuti não sobe em árvores, muitas vezes há dispositivos legais que existem e ninguém sabe como eles foram parar no ordenamento jurídico.

Ao observar a norma contida no artigo 384, percebe-se claramente que se trata de uma norma que não somente visa à proteção da mulher, mas perpetua um dos maiores dogmas da cultura patriarcal, qual seja, o da mulher eterna dona de casa, a única responsável pela manutenção do lar, não aquela manutenção de caráter meramente econômico, mas sim aquela que diz respeito aos deveres de cuidado para com os entes familiares.

Faz mister uma análise mais detida do artigo 384 da CLT – sua origem e a ideologia por trás do mesmo, pois a sua presença no ordenamento jurídico sem que se lhe confira uma interpretação conforme a Constituição Federal de 1988 e os principais Instrumentos Internacionais de Direitos Humanos dos quais o Estado Brasileiro é signatário pode transformar dita norma legal, a qual teria um viés protetivo, em algo prejudicial – de um lado a pausa disposta no referido dispositivo legal pode implicar na discriminação da mulher na busca por oportunidades no mercado de trabalho, dado que o empregador pode preferir contratar homens, para não precisar conceder a pausa e, de outro, corrobora para que o homem jamais venha de fato a assumir sua parcela de responsabilidade no lar como cuidador, ao lado de sua esposa, perpetuando a cultura patriarcalista com legitimação Estatal.

1 A proteção especial às mulheres na legislação trabalhista brasileira

1.1 O surgimento do Direito do Trabalho

Em primeiro lugar, para compreender o contexto atual das leis laborais e sua proteção à mulher, deve-se fazer uma breve análise do

---

[2] "Art. 384 – Em caso de prorrogação do horário normal, será obrigatório um descanso de 15 (quinze) minutos no mínimo, antes do início do período extraordinário do trabalho"

surgimento do Direito do Trabalho e seu desenvolvimento ao longo dos séculos, inclusive por que o direito laboral é fruto de processos de luta a partir de fatos históricos.

Embora existam muitos doutrinadores que tratam da história do direito do trabalho desde a Grécia Antiga, neste artigo será tratada a história do direito do trabalho a partir da Revolução Industrial, pois é neste momento que se delineia as relações laborais que se desenvolveram até o tempo presente. Ou seja, com a Revolução Industrial, surge a relação de emprego livre com subordinação, assim o modelo que o Direito do Trabalho tutela somente pode ser reconhecido com o surgimento da sociedade industrial contemporânea (DELGADO, 2007, p. 85).

Devido a expropriação dos meios de produção juntamente com a crise da produção artesanal, criou-se uma grande população de pessoas que perderam suas propriedades e não tinham nenhuma outra opção a não ser o trabalho remunerado.

Mas, para se chegar à subordinação do trabalhador diante de seu empregador, foi necessária a implantação da ideia de que o trabalho é algo essencial à vida, de forma que as pessoas não podem viver sem trabalhar. O empoderamento dos meios de produção por parte dos industriais capitalistas reforçou esta necessidade de trabalhar para viver, pois sem o trabalho não há condições de se comprar o alimento.

Assim, o capitalismo industrial criou a necessidade de que para se viver bem se deve trabalhar arduamente. De acordo com Zigmund Bauman (2005, p.31) a ideia de que não trabalhar é algo negativo e prejudicial foi reproduzida amplamente criando-se um padrão de conduta onde todas as pessoas seguem sem questionar, inclusive porque, fora o trabalho nas indústrias, não havia outra opção a escolher

Os artesãos foram encorajados a esquecerem suas tradições, a vontade e a iniciativa são excluídas do perfil do trabalhador, ao passo que os capitalistas controlavam os meios e as formas de produção.

Conforme anteriormente dito, para se conseguir que os trabalhadores executassem seus trabalhos de forma subordinada houve uma grande mudança nos conceitos e no modo de se viver.

A subordinação é um elemento que caracteriza o contrato de trabalho e se traduz como a observância das formas de como executar e o tempo tomado para prestar o serviço. O empregador capitalista, portanto, possui o direito de, no momento em que contrata um trabalhador, subordiná-lo a suas diretivas e comandos.

Mas como foi feito para que o empregador ganhasse tal direito de subordinar alguém ao trabalho por ele ofertado? Esta resposta, de acordo com Wilson Ramos Filho (2011), está na lei, ou seja, foi o direito que instituiu o direito a subordinação, assim:

> Resta claro, portanto, que "não foi o direito que inventou a relação de trabalho subordinado", pois a subordinação do trabalhador preexistia à regulamentação do contrato de trabalho: "o direito positivo, confrontando-se com uma situação de subordinação já existente, traçou os limites formais até onde esta subordinação poderia ser exercida licitamente", de sorte que a subordinação real, decorrente das posições ocupadas na sociedade capitalista foi apenas *domesticada* pelo Direito "para que pudesse circular sem constrangimentos numa relação jurídica calcada num modelo contratual, onde as premissas da autonomia da vontade são constituintes. Mas ela não deixou por isso de ser subordinação" (FONSECA, 2001: 138). Esta afirmação é correta, porém incompleta, pois o direito a subordinar, em verdade, não é apenas "limitado" pelo Direito. Ele é "instituído" pelo Direito do Trabalho como direito de um dos contratantes legalmente subordinar o outro, integrando na ordem jurídica capitalista o conflito entre trabalho assalariado e o capital, recobrindo as relações sociais capitalistas de juridicidade, de legalidade. Uma legalidade que permite a reprodução da dominação que a conforma (RAMOS FILHO, 2011, p. 24).

Diante de todo o exposto, se pode dizer que o Direito do Trabalho é um produto do capitalismo, uma vez que este nasceu através da Revolução Industrial do século XVIII, foi se desenvolvendo a relação de empregado e empregador como se conhece no tempo presente.

A exploração dos trabalhadores no início da Revolução Industrial foi esmagadora, fazendo com que as pessoas trabalhassem mais de 14 ou 16 horas por dia com salários baixos e condições de trabalho muito precárias.

A visão de relação de emprego naquele momento era a de que o trabalho consistia em uma mercadoria e seus pilares estavam calcados no direito civil, um direito individualista e liberal e, desta forma, não tinha as respostas adequadas para os acontecimentos que ocorriam, não havia uma consciência de que a relação empregado/empregador era distinta do modelo de contrato bilateral, onde as relações estão no mesmo patamar de igualdade (DELGADO, 2007).

Por esta falta de condições para trabalhar, pela exploração sem limites e pela pobreza que preponderava sobre a classe operária, criou-se um sentimento de união entre os trabalhadores e estes começaram a atuar coletivamente através dos sindicatos que tiveram uma contribuição essencial para as insurgências perante os proprietários do meio de produção.

Os fatos mais importantes que contribuíram para a intensificação das leis trabalhistas foram o "Manifesto o Partido Comunista"de Marx e Engels em 1848[3] e a encíclica papal *Rerum Novarum* de 1891 de Leão XIII.[4] Há também os acontecimentos que são consequência da primeira guerra mundial que influenciaram o Direito do Trabalho, com a Constituição Mexicana de 1917, a formação da OIT (Organização Internacional do Trabalho) em 1919 e por fim, a promulgação da Constituição de Weimar em 1919 também (DELGADO, 2007, p. 93).

Assim, os acontecimentos no âmbito político, social e econômico criaram uma desestabilização na estrutura social que acabou forçando uma intervenção estatal para regularizar a situação.

Da mesma forma, Polanyi (2003, p. 227) sustenta que as relações das classes trabalhadoras e dos campesinos levaram ao protecionismo, sendo que no caso dos trabalhadores, a forma de proteção foi com leis sociais e fabris

---

[3]   O Manifesto Comunista escrito por Marx e Engels foi uma manifestação de insatisfação frente à exploração da classe operária de 1848. Através deste Manifesto, Marx escreve sobre a relação entre a burguesia e o proletariado, a opressão da burguesia frente à referida classe social. Igualmente apresenta os ideais comunistas e as intenções do Partido Comunista. É importante destacar que o ideário comunista começou a representar uma ameaça perante a hegemonia do capitalismo industrial da época. Por esta razão, e por outras também, houve uma crise que obrigou o Estado a interferir, criando-se leis protetoras da classe operária, delimitando espaços onde os trabalhadores podiam se proteger e até que ponto o capitalismo poderá atuar (MARX, Karl; ENGELS, Friedrich. *Manifesto do Partido Comunista*. Porto Alegre: L&PM, 2007).

[4]   A conhecida Carta Encíclica Rerum Novarum foi escrita pelo Papa Leão XIII, por meio da qual a igreja manifesta sua opinião sobre as condições dos operários. Nesta carta, pode-se ver o repúdio da igreja diante do socialismo, para a instituição, o socialismo instiga inveja nos pobres e também entra em choque com um direito natural e intangível que é, em sua visão, o direito a propriedade. O direito a propriedade é por sua vez, um direito que deve ser protegido pelo Estado, assim como o Estado é responsável pela manutenção da "ordem" através de leis que reprimam as greves provocadas pelos "maus operários". Os ricos e donos das indústrias não podem explorar os pobres e operários, deve-se manter a harmonia, sendo que cada um tem o seu lugar. Assim, a igreja propõe a aproximação das classes sociais, mas entende que é impossível uma sociedade em que todos sejam iguais. Também afirma que os salários devem ser negociados entre empregado e empregador, que o trabalho não pode ser penoso e não pode durar mais do que o corpo do trabalhador agüente. Portanto, pode-se concluir que a encíclica é uma carta conservadora que se preocupa com a propriedade privada e busca impor ao Estado a obrigação de criar leis protetoras para os operários, evitando-se assim sua insubordinação e que exista harmonia entre as partes. No caso específico da mulher, a encíclica papal afirma que o trabalho nas fábricas não é para elas, uma vez que sua vocação é para cuidar do lar e manter sua honestidade. (Disponível em: <http://www.vatican.va/holy_father/leo_xiii/encyclicals/documents/hf_l-xiii_enc_15051891_rerum-novarum_po.html>. Acesso em: 1º ago. 2011).

Também não se pode esquecer que este direito também foi criado para, ao mesmo tempo, manter a ordem e o mercado e garantir aos trabalhadores alguns direitos concedidos a eles para apaziguá-los.

Assim, se pode constatar uma ambivalência tutelar do Direito do Trabalho, nesse sentido, Wilson Ramos Filho considera:

> Em sua ambivalência tutelar, o Direito Capitalista do Trabalho "efetivamente protege a classe operária de uma exploração desenfreada, mas ele *organiza*, não menos realmente, essa exploração e contribui para justificá-la" (JEAMMAUD, 1980: 152), atribuindo à classe trabalhadora um "lugar" na sociedade: a de classe subordinada, ao poder patronal e ao modo de vida proposto pelo capitalismo, mediante "compensações" estabelecidas pelo Direito estatal, legitimando-o (RAMOS FILHO, 2011, p. 64).

Por sua característica ambivalente, o mesmo autor (2011, p. 65) explica que a proteção do Direito do Trabalho não é estática, ou seja, dependendo da situação, a lei protegerá mais os trabalhadores ou protegerá mais os empregadores

1.2 A mulher no contexto histórico do Direito do Trabalho

Tendo em vista o exposto anteriormente, ao direcionar o enfoque sobre as mulheres, tem-se que sua mão de obra, juntamente com a das crianças, foi muito utilizada uma vez que eram consideradas "meiasforças" dóceis e sem poder de reivindicação.

Por esta razão, muitas leis foram criadas para a proteção das mulheres, buscando impedir a exploração e tentar dar consciência à classe capitalista industrial.

Na Inglaterra, por exemplo, na *Coal Mining Act* de 1842, proibiu-se o trabalho da mulher em locais subterrâneos. A *Factory Act* de 1844 limitou a jornada de trabalho das mulheres em 12 horas, proibindo também seu trabalho noturno. Há também a lei *Factory and Workshop Act* de 1878 que vedou o emprego das mulheres em trabalhos perigosos e insalubres (MARTINS, 2005).

É fato que muitas das leis criadas nesse contexto histórico não servem para o tempo presente, deve-se ter em conta que as leis que restringem o trabalho às mulheres que são inspiradas por uma suposta "fragilidade" não podem prevalecer, pois em realidade as garantias de condições de trabalho deveriam ser direcionadas não somente às mulheres, mas aos homens também. A proteção quase proibitiva do trabalho das mulheres e a não proteção dos homens acaba criando situações de desigualdade.

São leis que proíbem a mulher de ocupar seu espaço no mercado de trabalho, sempre tendo em mente que estas normas são derivadas de uma cultura burguesa patriarcalista dominante em que o papel principal da mulher está no cuidado da casa, trabalho não reconhecido por não gerar lucro para a economia (BAUMAN, 2005, p. 18).

Fato é que até o tempo presente, as tarefas do lar não possuem pouco valor social, simplesmente são consideradas como uma obrigação imposta muitas vezes para as mulheres.

> Vejamos brevemente o que ocorre com o trabalho no âmbito privado. Apesar do imenso desenvolvimento econômico e social das democracias ocidentais, ainda não se consegue considerar o trabalho doméstico como uma atividade criadora de valor social, mas simplesmente uma "obrigação" familiar que corresponde sobretudo às mulheres (trabalhem fora de casa ou o façam unicamente no interior dos domicílios conjugais, lugares em que a violência machista se manifesta com toda brutalidade). (FLORES, 2009, p. 44)

Por razão das leis proibitivas, pelo pensamento burguês e por outros diversos fatores que serão aqui explicitados, a mulher ao longo do tempo passou a ser relegada ao espaço doméstico e a sofrer com a discriminação do trabalho.

Neste sentido, tem-se que no momento em que há uma divisão entre o público e o privado, quando há uma separação entre a família e o trabalho – uma vez que os meios de produção passam a pertencer ao empregador – se iniciou a divisão sexual do trabalho.

Em relação a este fato, Eric J. Hobsbawn (2008, p. 136) afirma que a economia pré-industrial tinha como característica o trabalho doméstico juntamente com a produção. Ou seja, pode-se dizer que a divisão do trabalho doméstico não remunerado e o trabalho externo remunerado tiveram sua intensificação com a industrialização do século XIX, momento em que as pessoas passaram a sair de suas casas para trabalhar.

Para Perrot (1992, p. 218), a distinção entre o privado e o público agudizou no momento em que o espaço público passa a ser sinônimo de espaço político reservado aos homens. A burguesia exclui a mulher e o operário da política, e o operário, ao reivindicar seu espaço na política, acaba reproduzindo o discurso burguês onde as mulheres não possuem voz.[5] A mesma autora sustenta também que a medicina e a biologia do século XIX colaboraram com um discurso naturalista, onde há duas espécies (homem e mulher) com qualidade e habilidades diferentes uma da outra.

Para Bordieu (2007, p. 106), as mulheres são vítimas da dominação masculina e referida dominação é feita pelas instituições como a igreja, escolas e sociedade. Para ele, a divisão sexual na sociedade ao longo da história deveria ser reconstruída.

No mesmo sentido, Iris Marion Young, (1990, p. 64) afirma que além de ser uma questão de dominação, as mulheres são vítimas da opressão manifestada através da exploração, impotência, imperialismo cultural (exercido pelo discurso hegemônico) e violência. A autora faz esta divisão do conceito de opressão, pois se torna possível fazer uma comparação entre as opressões de vários grupos afetados (mulheres, negros, indígenas, etc.) sem deixar que as comparações relativizem as situações de referidos grupos.

A exploração de gênero, uma das faces da opressão, possui dois aspectos: a transferência dos frutos de seu trabalho para os homens e a transferência dos cuidados, carinho e energia sexual para os homens (YOUNG, 1990, p. 50).

Outro fator apontado por Young (1990, p. 59) e que merece ser destacado é o imperialismo cultural, onde os culturalmente imperializados são marcados pelos estereótipos que inferiorizam e ao mesmo tempo são invisibilizados. Estes estereótipos estão tão diluídos na sociedade que ninguém contesta ou questiona

1.3 As mulheres no Direito do Trabalho

As mulheres brasileiras enfrentam os mesmos obstáculos e discriminações que outras mulheres no mundo enfrentam. A discriminação e o preconceito são atitudes globalizadas, estão presentes em todas as sociedades.

---

[5] A autora ainda cita exemplo: Esse fenômeno de exclusão progressiva foi bem descrito para a Inglaterra por Dorothy Thompson. Ela mostra como, nos pubs e inns (tabernas), ingleses do final do século XVIII e início do século XIX, os homens e mulheres estavam juntos, cantando, reivindicando, preparando as manifestações, e como aos poucos a presença das mulheres se torna marginal, inabitual, e depois francamente excepcional. Para elas, fica cada vez mais difícil tomar a palavra: elas têm de passar pelo intermédio de um homem, e depois, a partir de 1840 e do cartismo, desaparecem totalmente, e o pub inglês vira um lugar exclusivamente masculino (PERROT, 1992, p. 218).

No âmbito laboral brasileiro especificamente, houve momentos em que as mulheres não possuíam qualquer proteção laboral assim como houve momentos em que a legislação trabalhista se tornou tão protetora que passou a ser um obstáculo para certos tipos de serviço (CALIL, 2007, p. 31), tratando a mulher trabalhadora como um objeto frágil. Portanto, as mulheres sob qualquer ponto de vista sempre estiveram em desvantagem.

Não se pode esquecer que o Brasil foi durante quatro séculos colônia de Portugal e, durante esse período, o país foi explorado de muitas formas diferentes (da madeira do Pau-Brasil à cana de açúcar), portanto, trata-se de um país que por muito tempo não teve autonomia e recebeu grande influência de seu país colonizador.

Durante o colonialismo, a principal fonte de mão de obra foram os escravos africanos (homens, mulheres e crianças), as mulheres negras em sua maioria cuidavam das casas de seus senhores, já as mulheres livres e essencialmente brancas, tinham somente o papel de esposa, portanto, houve pouco desenvolvimento no âmbito do trabalho neste período, sobretudo em relação ao trabalho da mulher.

Com a Independência Brasileira em 1822, a situação pouco mudou tendo em vista que a escravidão ainda preponderava no âmbito laboral, as mulheres nem sequer tinham direito ao voto, para elas somente era proporcionado o âmbito doméstico e, as mulheres que trabalhavam eram as viúvas ou as com menos poder econômico que tinham que sustentar a casa, porém seu trabalho era artesanal, como costureiras por exemplo.

Com o início da industrialização brasileira, assim como ocorreu em outros países, a mão de obra feminina juntamente com a infantil foi muito utilizada, principalmente nas indústrias têxteis pelos mesmos motivos: mão de obra barata e dócil.

> Nas fábricas, o cotidiano era muito pesado – grandes jornadas de trabalho, pouca higiene e segurança, baixos salários. As mulheres ficavam com as tarefas menos especializadas e pior remuneradas, e os cargos de direção cabiam aos homens (KAMADA, 2010, p. 55).

A primeira constituição que trata sobre o tema da não discriminação entre homens e mulheres no Brasil foi de 1934, inspirada na Constituição de Weimar, esta proibia a discriminação do trabalho da mulher no tocante ao seu salário (artigo 121, §1º, a), mas também proibia o trabalho da mulher em locais insalubres, garantia a assistência médica à mulher grávida, além de garantir salário e licença maternidade.

Três anos se passaram e uma nova constituição foi outorgada, esta derivada de um golpe de Estado pelo então presidente Getúlio Vargas. Nesta constituição houve grande retrocesso nas conquistas antes alcançadas: a garantia ao emprego da mulher grávida e a igualdade de salário foram omitidas, o que permitiu em 1940, fosse editado um Decreto-Lei nº 2.548[6] que autorizava as mulheres a receberem salários dez por cento menores do que os pagos para os homens (CALIL, 2007).

Em 1943 entra em vigor a Consolidação das Leis do Trabalho - a partir deste ponto será chamada por sua sigla (CLT) – que possui uma visão direcionada às questões dos trabalhadores, porém também para os empregadores, característica do Direito Capitalista do Trabalho. A CLT é uma compilação das leis preexistentes, porém novas normas também foram acrescentadas. No tocante ao capítulo direcionado às mulheres não há inovações, a CLT demonstrava um caráter proibitivo próprio dos valores que havia naquele momento histórico, ou seja, a mulher por supostamente ter uma maior fragilidade física; ter que proteger sua moral assim como sua honestidade, não poderia trabalhar em locais insalubres ou durante a noite, por exemplo.

Um exemplo que demonstra bem este pensamento é o artigo revogado 446 da CLT que, em seu parágrafo único previa a possibilidade do marido solicitar o término do contrato de trabalho de sua esposa, caso este emprego ameaçasse os vínculos familiares e as condições peculiares da mulher.[7]

O direito internacional teve grande influência sobre o Direito do Trabalho brasileiro, uma vez que grande parte da legislação do trabalho da mulher provém da legislação internacional, ou seja, de convenções internacionais no âmbito da Organização Internacional do Trabalho (OIT). Pode-se citar, por exemplo, as Convenções nº 3 e nº 103 que tratam

---

[6] BRASIL. Decreto-Lei nº. 2.548/1940:
Art. 2º Para os trabalhadores adultos do sexo feminino, o salário mínimo, respeitada a igualdade com o que vigorar no local, para o trabalhador adulto do sexo masculino, poderá ser reduzido em 10% (dez por cento), quando forem, no estabelecimento, observadas as condições de higiene estatuídas por lei para o trabalho de mulheres.
(Disponível em: <http://www2.camara.gov.br/legin/fed/declei/1940-1949/decreto-lei-2548-31-agosto-1940-412576-publicacaooriginal-1-pe.html>. Acesso em: 10 out. 2011).
[7] "Art. 446 – Presume-se autorizado o trabalho da mulher casada e do menor de 21 anos e maior de 18. Em caso de oposição conjugal ou paterna, poderá a mulher ou o menor recorrer ao suprimento da autoridade judiciária competente.
Parágrafo único. Ao marido ou pai é facultado pleitear a rescisão do contrato de trabalho, quando a sua continuação for suscetível de acarretar ameaça aos vínculos da família, perigo manifesto às condições peculiares da mulher ou prejuízo de ordem física ou moral para o menor. (Revogado pela Lei nº 7.855, de 24.10.1989)" Disponível em: <http://www.planalto.gov.br/ccivil_03/decreto-lei/Del5452.htm>. Acesso em: 17 set. 2011.

sobre a proteção da maternidade;[8] as Convenções 4, 41 y 89 que tratam do trabalho noturno da mulher[9] e das Convenções 100 y 111 que tratam da igualdade salarial e oportunidades entre mulheres e homens.[10] Outro avanço a caminho do direito promocional da mulher foi o Estatuto da Mulher Casada (Lei nº 4121/1962) que retirou estas da condição de relativamente incapaz, trazendo à mulher um pouco mais de autonomia sobre sua vida.

Gradualmente se observa as mudanças na forma de se encarar a mulher perante o mercado de trabalho e a necessidade de garantir a elas as mesmas ferramentas concedidas ao homem. A Convenção das Nações Unidas sobre a eliminação de todas as formas de discriminação contra a mulher de 1979, ratificada pelo Brasil em 1984 é um exemplo desta mudança, todavia, este caminho é difícil e está longe de ter seu ponto final.

A Constituição de 1988 é um dos documentos mais importantes, de grande influência no tratamento da mulher no tocante à igualdade. Referida constituição muda a forma de tratamento do trabalho da mulher e seu papel na família.

Além de garantir a igualdade entre homens e mulheres,[11] com a nova Constituição muitos dispositivos incompatíveis não foram

---

[8] La convención 03 fue adoptada en 1919 y solo en 1934 fue ratificada por Brasil, pero fue denunciada en razón de la ratificación de la convención 103 en 1961. (<Disponible en: http://www.oit.org.br/content/conven%C3%A7%C3%A3o-relativa-ao-emprego-das-mulheres-antes-e-depois-do-parto-prote%C3%A7%C3%A3o-%C3%A0-maternidade>. Aceso en: 10 out. 2011).
La convención 103 fue adoptada en 1952 y fue ratificada por Brasil solo en 1965 (Disponible en: <http://www.oit.org.br/node/524>. Aceso en: 10 out. 2011).

[9] La convención 04 fue adoptada por la OIT en 1919 pero solo en 1934 fue ratificada por Brasil y, en 1937 fue denunciada por lo mismo (Disponible en: <http://www.oit.org.br/content/conven%C3%A7%C3%A3o-relativa-ao-trabalho-noturno-das-mulheres>. Aceso en: 10 out. 2011).
La convención 41 fue adoptada por la OIT en 1934 siendo ratificada por Brasil en 1937 pero en razón de la convención 89 la misma fue denunciada en 1957 (Disponible en: <http://www.oit.org.br/content/conven%C3%A7%C3%A3o-relativa-ao-trabalho-nocturno-das-mulheres-revisada-1934>. Aceso en: 10 out. 2011).
La convención 89 fue adoptada por la OIT en 1948 y solo en 1957 fue ratificada por Brasil (<Disponible en http://www.oit.org.br/node/459>. Aceso en: 10 out. 2011).

[10] La convención 100 fue adoptada por la OIT en 1951 y fue ratificada por Brasil en 1957 (Disponible en: http://www.mte.gov.br/rel_internacionais/conv_100.pdf Aceso en: 10 out. 2011).
La convención 111 fue adoptada por la OIT en 1958 y fue ratificada en 1965. (Disponible en: <http://www.oit.org.br/node/472. Aceso en: 10.out. 2011).

[11] "Art. 5º Todos são iguais perante a lei, sem distinção de qualquer natureza, garantindo-se aos brasileiros e aos estrangeiros residentes no País a inviolabilidade do direito à vida, à liberdade, à igualdade, à segurança e à propriedade, nos termos seguintes: I - homens e mulheres são iguais em direitos e obrigações, nos termos desta Constituição;" (Disponible en: <http://www.planalto.gov.br/ccivil_03/Constituicao/Constituicao.htm>. Aceso en: 18 set. 2011).

recepcionados, como por exemplo, a proibição do trabalho noturno à mulher. No âmbito familiar uma das inovações foi o artigo 226, §5º, que estabeleceu a igualdade de direito e deveres dentro da sociedade conjugal, o que revogou a legislação que concedia a prioridade aos homens. Apesar de todas as inovações trazidas pela nova Constituição, atualmente as mulheres que estão inseridas no mercado de trabalho enfrentam a segmentação, a precarização do trabalho, a terceirização e a diferença de salários entre homens e mulheres.

2 A questão da Constituição Brasileira de 1988 e o repúdio da discriminação: o princípio da não discriminação e a igualdade de tratamento

Conforme o tópico anterior, a Constituição Brasileira de 1988 trouxe ao ordenamento jurídico, normas direcionadas às mulheres com o intuito de promoção da igualdade entre sexos. É evidente que muitos dos dispositivos até o tempo presente não foram postos em prática e, as normas de eficácia imediata não são suficientes para resolver o problema da injustiça e da desigualdade, pois os direitos, ao contrário do que é difundido pelo discurso teórico hegemônico, não são a positivação de normas impostas de cima para baixo.

Por esta razão, questionamentos são levantados quando se fala no princípio da igualdade, pois muitos daqueles que lutam por seus direitos acabam com um sentimento de impotência, haja vista que apesar de possuírem o "direito", não conseguem exercê-los pelo simples fato de não possuírem meios materiais para tanto (FLORES, 2009, p. 33).

Tendo isto em mente, para que referido sentimento seja predominante, verifica-se que os Direitos Humanos dispõem de vários sistemas no globo para sua enunciação, garantia, promoção e efetivação, havendo que se falar tanto em sistemas regionais, como o Sistema Interamericano de Proteção de Direitos Humanos, ou também o Sistema Europeu de Proteção dos Direitos Humanos, quanto também de um Sistema Global, através da ONU, que dispõe do CEDAW (Comitê para Eliminação de todas as formas de discriminação contra a mulher),[12] por exemplo, o qual fora adotado pela ONU em 1979 e ratificado pelo Brasil em 1984.

---

[12] Cf. Buerghental e outros: The CEDAW seeks to end discrimination against women, wich it defines as "any distinction, exclusion, or restriction made on the basis of sex" that impairs the enjoyment by women of "human rights and fundamental freedoms in the political, economic, social, cultural, civil or any other field" (BUERGHENTAL; SHELTON; STEWART, 2009, p. 92-93).

Apesar da ação de tais sistemas, verifica-se que ainda há muitas barreiras para que ocorra de fato a observância e efetivação dos Direitos Humanos da Mulher. Tais barreiras são constituídas por fatores tanto de ordem cultural, social, econômica, revelados na ordem interna dos países através da ausência da edição de Leis que se prestem de fato a assegurar o Direito da Mulher ao desenvolvimento, à igualdade de oportunidades no mercado de trabalho, bem como também da ausência de políticas públicas para tanto.

Quer seja no ocidente, tanto quanto no oriente, verificam-se violações aos Direitos Humanos da Mulher nos mais variados níveis de gravidade e discriminação, que impedem o seu desenvolvimento e consequente atuação como agente de transformação social.

Portanto, tem-se que o princípio da não discriminação e igualdade de tratamento, apesar de estar previsto formalmente no ordenamento brasileiro, no plano material, este princípio não está sendo aplicado em sua plenitude. Neste sentido, afirma Thereza Cristina Gosdal:

> Para tornar a situação mais complexa, há uma falsa ideia, relativamente comum, de que não há mais discriminação de gênero, que todos os avanços necessários nesta seara já foram alcançados, embora os dados estatísticos estejam a demonstrar que as mulheres ainda recebem menos que os homens em funções semelhantes, que têm menor constância na permanência no trabalho e menores oportunidades de ascensão profissional, que são vítimas mais usuais das práticas de assédio sexual (GOSDAL, 2007, p. 74).

Assim, tem-se que o princípio da igualdade não atinge a sua finalidade se este apenas for observado no plano formal. Resta claro que nem todos devem ser tratados igualmente, existem grupos de pessoas que necessitam de uma assistência diferente, pois tratam-se de grupos marginalizados. Dessa forma, é utilizada a máxima de que para se atingir a igualdade, é necessário que se trate desigualmente os desiguais na medida de sua desigualdade.

> (...) a igualdade formal defendida pelos modernos teve grande impacto nas relações sociais, muitas vezes de forma negativa. Se é bem verdade que, em fins da década de 40 do século passado, a defesa da igualdade se fazia fundamental diante das atrocidades cometidas pelos nazistas em nome das diferenças, não é mais nesse cenário que vivemos (CAPLAN, 2010, p. 115).

Ainda nesse sentido:

(…) Podría decirse que, así como la paridad de tratamiento conduce a la igualdad formal, el instrumento para la igualdad sustancial o real es precisamente la desigualdad de trato normativo.(…). (PASTOR, 1994, p. 78).

Não obstante as normas internacionais sobre Direitos Humanos se preocuparem com a discriminação do gênero feminino, há também que se fazer referência aos estudos de Luciana Caplan (2010) quando trata do direito à igualdade e o direito à diferença, afirmando que é preciso levar em conta a diferença e não a igualdade, pois a igualdade acaba massificando e aniquilando as diferenças de forma negativa. Em que pese tal assertiva, ressalta a autora que no imediato, segundo pós guerra, tal afirmação não se revelava naquele momento algo adequado, dado que a ideologia nazista teria usado a diferença para justificar o genocídio perpetrado naquele momento. Porém com o passar dos anos restou patente a necessidade do reconhecimento do direito à diferença para assegurar o direito de grupos marginalizados:

> (...) Isso porque da proteção genérica, abstrata e geral, decorre o que Joaquín Herrera Flores chama de mal-estar de emancipação. Ou seja, esse tipo de proteção à preponderância das teorias formais ou procedimentais de justiça, com o aspecto jurídico-cultural sobrepondo-se a igualdade à diferença. Aquilo ele descreve como: *"(e)l afán homogeneizador ha primado sobre el de la pluralidad y diversidad"*.[13]

O respeito às diferenças no âmbito formal tem, num primeiro momento, que assegurar a igualdade tanto formal quanto material, no sentido de se criarem legislações que tratem os desiguais de forma desigual na proporção da sua desigualdade para atingir a esperada igualdade e, por conseguinte, a dignidade humana. Ao tratar da igualdade formal Jürgen Habermas (2007, p. 304) assevera que (...) assim que se logrou impor ao menos em parte a equiparação formal, apenas

---

[13] A conquista da igualdade de direitos não se apoiou nem impulsionou o reconhecimento e o respeito pelas diferenças. O sujeito de direito, por consequência, ficou "generalizado", desvinculado dos contextos onde vive, de maneira que as situações de conflito desaparecem diante da igualdade formal, diante da aparência de justiça dos procedimentos. Dessa forma, a discriminação e privilégios passaram a originar-se, de maneira invertida, da erradicação do gênero, do étnico, do racial etc. do debate político.
Daí decorre a necessidade de se repensar o valor da igualdade, com respeito e observância das especificidades e diferenças: "somente mediante esta nova perspectiva é possível transitar-se da igualdade formal para a igualdade material ou substantiva" (CAPLAN, 2010, p. 125-126).

se evidenciou de forma tão mais drástica o tratamento desigual que de fato se destina às mulheres. (...). Dos estudos preliminares, bem como da análise de dispositivos constantes nas normas internacionais, verificam-se questões importantes, dado que apesar do discurso entre universalismo e relativismo,[14] igualdade e diferença, mesmo nos países signatários de tratados e/ou convenções que versam formalmente sobre os Direitos Humanos das Mulheres, Habermas aponta um potencial problema decorrente dos instrumentos legais editados para assegurar a igualdade formal da mulher, o que pode inviabilizar a concretização da igualdade de fato, afirmando que:

> (...) Em face disso, a política socioestatal, sobretudo o direito trabalhista, social e da família, reagiu com regulamentações especiais, referentes, por exemplo, à gravidez e à maternidade, ou ainda a ônus social em casos de divórcio. Desde então, não apenas as exigências não atendidas tornaram-se objeto da crítica feminista, mas também as consequências ambivalentes dos programas socioestatais implementados com êxito – por exemplo, o maior risco de desemprego ocasionado por essas compensações legais, a presença excessiva de mulheres nas faixas salariais mais baixas, o problemático "bem-estar da criança", a crescente feminização da pobreza em geral etc. Sob uma visão jurídica, há uma razão para essa discriminação criada reflexivamente nas classificações amplamente generalizadoras aplicadas a situações desfavorecedoras e grupos de pessoas desfavorecidas. Pois essas classificações "errôneas" levam a intervenções "normalizadoras" na maneira de conduzir a vida, as quais permitem que a almejada compensação de danos acabe se convertendo

---

[14] Cf. Alvaro de Vita ao discorrer sobre o relativismo e sobre os diferentes modos de vida e sua aceitação pelas populações que a eles se submetem. Argumenta o autor que tal aceitação somente pode ser considerada legítima se não resultar de coerção, se houver meios de acesso a outras opções: (...) Como pode Walzer afirmar, no caso mencionado no parágrafo anterior, que a escolha de um modo de vida que trata as mulheres como objetos de troca, sem nenhuma consideração por elas na condição de agentes, seja verdadeiramente delas, mulheres? Principalmente quando os critérios adotados inferiorizam os grupos mais vulneráveis da sociedade, temos de perguntar em que medida esse consenso não resulta, além da coerção (hipótese que Walzer considera), da inexistência de alternativas que as vítimas dessas desigualdades pudessem enxergar como parte de seu leque efetivo de oportunidades ou ainda, como argumenta Brian Barry, do controle, exercido pelos beneficiários do status quo, sobre os meios de comunicação, sobre a educação ou sobre a doutrina religiosa prevalecente.(...) (VITA, 2008, p. 213). Ainda, anota Carla Noura Teixeira que (...) segundo dados da Anistia Internacional, cerca de 135 milhões de crianças (meninas) e mulheres em todo o mundo já sofreram a mutilação genital e a cada ano milhares correm o risco de sofrê-la – 6000 ao dia. Segundo informes, a mutilação é praticada em mais de 28 países Africanos, além do Oriente Médio, sendo que não há dados sobre a Ásia. O que mais causa espanto é que mesmo em países industrializados, ou chamados desenvolvidos, ocorre esta abominável prática, justamente pelos grupos de imigrantes que têm a mutilação como prática inserida em sua cultura (TEIXEIRA, 2010, p. 669-670).

em nova discriminação, ou seja, garantia de liberdade converte-se em privação de liberdade. Nos campos jurídicos concernentes ao feminismo, o paternalismo socioestatal assume um sentido literal: o legislativo e a jurisdição orientam-se segundo os modelos de interpretação tradicionais e contribuem com o fortalecimento dos estereótipos de identidade de gênero já vigentes. (HABERMAS, 2007, p. 304)

Não obstante o repúdio a discriminação constante das normas, convenções e tratados que versam sobre os Direitos Humanos da Mulher, cumpre referir suas várias modalidades conforme anota Luiz Marcelo F. de Góis (2010, p. 133-139) o qual aduz que a discriminação pode ser qualificada como positiva e negativa, bem como direta, indireta e oculta. Como discriminação positiva, tem-se aquelas situações em que a discriminação é utilizada como justificativa objetiva para assegurar direitos de determinada classe, como por exemplo, a prioridade de atendimento às gestantes em repartições públicas ou filas de bancos, conforme já previsto na legislação brasileira. Já a discriminação negativa, é pautada em critério subjetivo, muitas vezes preconceituoso, não havendo como pretender uma justificativa objetiva para a sua prática.

O autor supracitado, ampliando a visão de tais conceitos de discriminação apresenta a classificação de tal prática em três modalidades, quais sejam: direta, indireta e oculta.

A discriminação direta é a que se encontra arraigada na sociedade em que, por exemplo, um empregador deixa de admitir determinada pessoa por questão de raça. É a discriminação que está baseada em questões culturais de cunho, a princípio, meramente subjetivo, muitas vezes peculiar ao grupo social ou momento histórico em que se encontra inserto.

A discriminação indireta vem da doutrina estadunidense denominada de *disparate impact doctrine* (GÓIS, 2010, p. 133-139) ou teoria do impacto desproporcional. Segundo esta teoria, a discriminação ocorre no momento em que são criadas determinadas regras que aparentemente não possuem cunho discriminatório mas por via reflexa tais regras acabam marginalizando e discriminando determinado grupo ou classe.

Por último, a discriminação oculta é o uso de motivos diversos para a exclusão de determinada pessoa, mas na realidade, a razão da exclusão possui intenções discriminatórias. Em outras palavras, é a discriminação velada, muitas vezes de cunho cultural, presentes no foro íntimo das pessoas, por exemplo.

Ocorre que a política socioestatal ao estabelecer as tais discriminações tidas por positivas acabam, por vezes, indiretamente, estabelecendo um cenário para a prática de discriminações ocultas, restringindo o acesso das mulheres ao mercado de trabalho tendo em vista a suposta ideia de que ao contratar uma mulher o empregador teria um ônus maior do que se contratasse um homem para a mesma função. Tanto em Estados que ainda formalmente discriminam a mulher de modo explícito, quanto naqueles em que se logrou no mínimo a igualdade formal, barreiras ainda podem existir de modo velado, inviabilizando o acesso da mulher ao mercado de trabalho, o que é tão importante para que a mesma tenha acesso aos demais Direitos Humanos que lhes são inerentes, consistindo em verdadeira violência perpetrada em detrimento do gênero feminino.

Um melhor aprofundamento dos estudos neste tema se mostra necessário, dado que a despeito daquele velado conceito inserto no mercado de trabalho, Amini Haddad Campos e Lindinalva Rodrigues (2009) apontam que referida noção discriminatória entre homens e mulheres é equivocada:

> Um dos motivos para as desigualdades seria o fato de que contratar uma mulher sai mais caro para a empresa que contratar um homem. Uma pesquisa da OIT realizada em cinco países (Argentina, Brasil, Chile, México e Uruguai) mostrou que a afirmação não é verdadeira. Nos países pesquisados, o custo do emprego da mulher, por causa dos benefícios (como licença-maternidade), é em média de 2% da remuneração bruta mensal. No Brasil, é de 1,2%. Porém esse custo não é pago pelo empregador mas pelos sistemas de seguridade social. (CAMPOS; RODRIGUES, 2009, p. 89)

Da mesma forma, Amartya Sen (1999) demonstra que nos momentos em que as mulheres tiveram oportunidades, elas se saíram tão bem quanto os homens exercendo as mesmas atividades:

> (...) There's a plenty of evidence that when women get the opportunities that are typically the preserve of men, they are no less successful in making use of these facilities that men have claimed to be their own over the centuries. (...) And yet, there is plenty of evidence that whenever social arrengements depart from the standard practice of male ownership, women can seize business and economic intiative with much success. It is also clear that resulto f women's participation is not merely to generate income for women, but also to provide social benefits that come from women's enhaced status and independennce (including the reduction of mortality and fertility rates, Just discussed). (SEN, 1999, p. 200-201)

Não cumpre, desta feita, desmerecer a igualdade formal, ainda que de fato, tal igualdade não se revele de plano concretizada, eis que onde não se verificou ao menos a igualdade formal, com a adoção de instrumentos legais e políticas públicas adequadas para o acesso da mulher à educação e ao mercado de trabalho, esta sequer logrou um mínimo de igualdade na esfera privada familiar.

A necessária adoção dos conceitos de igualdade tanto formal quanto material dos Direitos Humanos da Mulher para viabilizar seu desenvolvimento, passa por questões culturais, onde a asserção da ideia da mulher como agente econômico nem sempre é tida por algo salutar. Nesse diálogo pelo respeito dos Direitos Humanos da Mulher, é necessária também a análise das correntes universalistas e relativistas que discorrem sobre os Direitos Humanos, vez que tal modalidade de direitos não são um dado, mas sim um construído,[15] decorrente de produtos culturais (FLORES, 2009, vii-ix).

Não se trata de erradicar toda a diferença, mas sim acabar com as situações de subordinação derivada da existência de distintas categorias de indivíduos, onde alguns se encontram em posição melhor do que outros pelo simples fato de pertencerem a certo grupo social.

Também no âmbito da Organização Internacional do Trabalho (OIT) há preocupação com a questão da igualdade de gênero, com vistas a eliminar a discriminação no mercado de trabalho:

> (...) A OIT vem reafirmando a importância da adoção e implementação de políticas que incluam a dimensão do gênero, a fim de alcançar a efetividade dos direitos relacionados à igualdade no trabalho. Esse enfoque está presente nas duas declarações adotadas pela OIT, em 1998 (a Declaração de Princípios e Direitos Fundamentais no Trabalho) e em 2008 (a Declaração sobre Justiça Social para uma Globalização Justa). (GOMEZ, 2010, p. 153)

Para o Direito do Trabalho, o princípio da igualdade necessita ser visto de forma diferente, uma vez que as partes protagonistas deste ramo do direito são antagônicas, o empregado de um lado, parte subordinada e, o empregador de outro, parte que possui por lei o direito de subordinar.

---

[15] Cf. Celso Lafer, Hannah Arendt faz um estudo acerca das origens do Totalitarismo, mencionando antecedentes que se prestariam a esclarecer os eventos que culminaram no totalitarismo, o qual implicou numa ruptura com o que havia sido construído a título de direitos fundamentais até o surgimento do nazismo na primeira metade do século XX, essa ruptura demonstra que os direitos humanos são um construído decorrentes da estruturação do estado (LAFER, 1988, p. 134).

(...) Se o direito do trabalho exige uma interpretação diferenciada do princípio da igualdade à guisa de atender seu comando nas relações entre empregados e empregadores, ele também o demanda no tratamento dispensado a diferentes empregados, como, p. ex.: mulheres, menores, portadores de deficiência, etc. (CALIL, 2007, p. 89).

Com o enfoque sobre as mulheres, o Direito do Trabalho trata de forma diferenciada a mulher, porém muitas vezes acaba não promovendo a igualdade, como é o caso do artigo 384 da CLT, que ao impor um intervalo de 15 minutos somente à elas pelo simples fato de serem mulheres, acabam gerando um fator de discriminação, seja por parte do empregador seja por parte dos empregados do sexo masculino que não recebem o mesmo tratamento.

3 O polêmico artigo 384 da Consolidação das Leis Trabalhistas e suas implicações

Tendo em vista o princípio da igualdade como um dever ser, como algo a ser alcançado e que, todos os dispositivos jurídicos devem seguir sob sua égide, após a promulgação da Constituição Federal de 1988, atribuir a referido princípio força de uma garantia fundamental, muitos artigos que foram editados antes da Constituição e que são contrários a este princípio não foram recepcionados pela Constituição.

Neste contexto, muitos dos artigos no que tange ao trabalho da mulher considerados incompatíveis com a Constituição, foram, inclusive, revogados por força da lei, como foi o caso da Lei nº 7.855 de 1989 que revogou, entre outros artigos, o artigo 387 da CLT, que proibia o trabalho da mulher em subterrâneos, nas atividades insalubres, entre outras proibições.

Cabe mencionar, neste caso, que as proibições acima expostas, tendo em conta a ambivalência do Direito do Trabalho, foram retiradas do ordenamento jurídico não somente por observância ao princípio da igualdade, mas também para a ampliação do uso da mão de obra da mulher que é considerada barata.

Há ainda, no ordenamento jurídico, uma discussão em relação da recepção ou não recepção de artigos da CLT atinentes à mulher. Este é o caso do artigo 384 da referida consolidação.

A grande discussão neste artigo está no fato de que, ao conceder mencionados 15 minutos às mulheres, estaria concedendo tratamento diferenciado à mulher somente pelo fato de sua existência como mulher e, consequentemente haveria um atrito entre este dispositivo e a Constituição Federal (artigo 5º, I e artigo 7º, XXX). Neste sentido, Thereza Cristina Gosdal (2007) compartilha da mesma posição jurídica no sentido da incompatibilidade constitucional do artigo 384 da CLT.

Entre outros doutrinadores, Vólia Bomfim Cassar (2008) argumenta que referido artigo e qualquer lei que faça distinção que não esteja relacionado com a parte biológica da mulher (gravidez, por exemplo) está contra o artigo 5º, I e 7º, XX da Constituição, e por tanto, o artigo 384 em questão não foi recepcionado e por esta razão deve-se aplicar a mulher as mesmas restrições e normas dirigidas ao homem com exceção no caso de gravidez, amamentação, pois neste caso não haverá discriminação e sim proteção.

Há também o entendimento de que este direito concedido à mulher não afronta com os princípios constitucionais e, por isso, este dispositivo estaria recepcionado pela Constituição, destaca-se que esta corrente é a adotada pelo Tribunal Superior do Trabalho.

Esta corrente entende também que o princípio da igualdade não afasta as diferenças entre homens e mulheres, sendo que o princípio da igualdade deve ser observado em conjunto com o princípio da razoabilidade e da proporcionalidade (FERNANDEZ; FERNANDEZ, 2008).

Outro argumento apontado por Amauri Mascaro Nascimento (2011, p. 507) vai além e entende que as jornadas normais para as mulheres deveriam ser mais reduzidas que as dos homens, *levando em consideração que a mulher tem deveres domésticos e, não só isso, tem deveres de maternidade, como amamentação dos filhos no período de lactância.*

Este mesmo autor apresenta uma lista de fundamentação para a justificação da intervenção do direito na defesa da mulher inserida no mercado de trabalho:

1) *Fundamento fisiológico:* a mulher não é dotada da mesma resistência física do homem, e sua constituição é mais frágil, de modo a exigir do direito uma atitude diferente e mais compatível com o seu estado; 2) *Fundamento social:* interessa à sociedade, a defesa da família, daí por que o trabalho da mulher deve ser especialmente protegido, de tal modo que a maternidade e as solicitações dela decorrentes sejam devidamente conciliadas com as ocupações profissionais. O filho em idade de amamentação necessita da presença da mãe. A mulher, por ocasião do parto, precisa de repouso conveniente. O tempo dedicado pela mulher ao trabalho fora de casa não deve ser um entrave a impossibilitar-lhe o cumprimento dos seus deveres domésticos. Nem toda atividade industrial ou comercial é própria para a mulher, impondo-se um critério seletivo por meio de determinadas proibições legais. A criança em

idade escolar não pode dispensar a assistência da mãe, complementar ao estudo e à formação pedagógica obtida na escola. Assim, as leis trabalhistas devem refletir, na medida adequada, os valores principais que devem presidir a regulamentação jurídico-social do trabalho feminino (NASCIMENTO, 2011, p. 420).

Conforme exposto anteriormente, o Tribunal Superior do Trabalho (TST) também entende que a mulher possui um maior desgaste, seja pelo fato da gravidez, seja pelo fato da tão conhecida dupla jornada, a qual submete à mulher ao trabalho dentro e fora de casa. Cumpre destacar que referida posição do TST nem sempre foi neste sentido. Por muitos anos os julgados oscilaram entre a não recepção do artigo 384 e pela recepção do mesmo pela Constituição. Porém esta discussão no âmbito do Tribunal Superior do Trabalho em 2009 foi levada ao Pleno que decidiu pela recepção do artigo em questão, pelos seguintes motivos.[16]

MULHER – INTERVALO DE 15 MINUTOS ANTES DE LABOR EM SOBREJORNADA – CONSTITUCIONALIDADE DO ART. 384 DA CLT EM FACE DO ART. 5º, I, DA CF.1. O art. 384 da CLT impõe intervalo de 15 minutos antes de se começar a prestação de horas extras pela trabalhadora mulher. Pretende-se sua não-recepção pela Constituição Federal, dada a plena igualdade de direitos e obrigações entre homens e mulheres decantada pela Carta Política de 1988 (art. 5º, I), como conquista feminina no campo jurídico. 2. A igualdade jurídica e intelectual entre homens e mulheres não afasta a natural diferenciação fisiológica e psicológica dos sexos, não escapando ao senso comum a patente diferença de compleição física entre homens e mulheres. Analisando o art. 384 da CLT em seu contexto, verifica-se que se trata de norma legal inserida no capítulo que cuida da proteção do trabalho da mulher e que, versando sobre intervalo intrajornada, possui natureza de norma afeta à medicina e segurança do trabalho, infensa à negociação coletiva, dada a sua indisponibilidade (cf. Orientação Jurisprudencial 342 da SBDI-1 do TST). 3. O maior desgaste natural da mulher trabalhadora não foi desconsiderado pelo Constituinte de 1988, que garantiu diferentes condições para a obtenção da aposentadoria, com menos idade e tempo de contribuição previdenciária para as mulheres (CF, art. 201, §7º, I e II). A própria diferenciação temporal da licença-maternidade e paternidade (CF, art. 7º, XVIII e XIX; ADCT, art. 10, §1º) deixa claro que o desgaste físico efetivo é da maternidade. A praxe generalizada, ademais, é a de

---

[16] Ementa disponível em: <http://aplicacao5.tst.jus.br/consultaunificada2/jurisSearchInSession.do?action=search&index=1&basename=acordao>. Acesso em: 07 ago. 2011.

se postergar o gozo da licença-maternidade para depois do parto, o que leva a mulher, nos meses finais da gestação, a um desgaste físico cada vez maior, o que justifica o tratamento diferenciado em termos de jornada de trabalho e período de descanso. 4. Não é demais lembrar que as mulheres que trabalham fora do lar estão sujeitas a dupla jornada de trabalho, pois ainda realizam as atividades domésticas quando retornam à casa. Por mais que se dividam as tarefas domésticas entre o casal, o peso maior da administração da casa e da educação dos filhos acaba recaindo sobre a mulher. 5. Nesse diapasão, levando-se em consideração a máxima albergada pelo princípio da isonomia, de tratar desigualmente os desiguais na medida das suas desigualdades, ao ônus da dupla missão, familiar e profissional, que desempenha a mulher trabalhadora corresponde o bônus da jubilação antecipada e da concessão de vantagens específicas, em função de suas circunstâncias próprias, como é o caso do intervalo de 15 minutos antes de iniciar uma jornada extraordinária, sendo de se rejeitar a pretensa inconstitucionalidade do art. 384 da CLT. Incidente de inconstitucionalidade em recurso de revista rejeitado. (Processo: RR - 154000-83.2005.5.12.0046. Data de Julgamento: 17.11.2008, Relator Ministro: Ives Gandra Martins Filho, Tribunal Pleno, Data de Publicação: *DEJT* 13.02.2009).

Apesar da decisão do tribunal, doutrinadores como Alice Monteiro de Barros (2011, p. 860) possuem o entendimento de que este dispositivo poderia caracterizar um obstáculo à contratação de mulheres, haja vista que um empregador preferiria contratar um homem a ter que conceder referido descanso.

Esta mesma autora (2011, p. 860), ainda afirma que este intervalo concedido à mulher só seria possível se este dispositivo fosse aplicado aos homens a alternativa apresentada pela autora é uma possível saída em direção a efetivação da igualdade material.

Em relação ao entendimento da proteção demasiada que acaba por afastar a mulher do mercado de trabalho, sob um aspecto crítico, nada mais é do que uma inversão ideológica, pois se verifica a utilização da ideia de que a proteção é algo negativo, tendo o mesmo significado de desproteger um grupo vulnerável e, consequentemente deveria ser retirado do ordenamento jurídico.

Esta é a justificativa utilizada por um pensamento hegemônico, onde quanto menos leis trabalhistas que realmente protegem o trabalhador, melhor para o mercado que tende a estabelecer suas próprias regras.

Dessa forma, a ideia de que a proteção a determinado grupo seria sua própria sentença de morte não se justifica, a proteção é uma medida de se assegurar que abusos não sejam realizados, o problema está na forma que é feita esta proteção. Neste sentido:

Proteger não apenas a mulher, mas também o homem, ou seja, protegê-los enquanto seres humanos que merecem tratamento condigno é um fim social que deve ser objetivado pela lei. Proteger a mulher em detrimento da saúde do homem – seu companheiro, pai de seus filhos – em nada colabora para a consecução dos direitos sociais de proteção à família e à infância. Pensar a família como se sua manutenção e sobrevivência não adviessem da combinação de esforços do homem e da mulher foi um erro que o legislador cometeu e que terminou por condenar as mulheres a empregos menores.(CALIL, 2007, p. 38)

Neste contexto, há uma norma garantida pelo ordenamento jurídico que, segundo o entendimento jurisprudencial do Tribunal, foi recepcionada pela Constituição e deve ser aplicada pelo fato de que as mulheres são mais frágeis e são submetidas a uma dupla jornada, ou seja, elas trabalham fora de casa e dentro de casa. Nota-se ainda que a decisão do Tribunal foi além, afirmando que mesmo se as mulheres dividirem as atividades domésticas com seu cônjuge, o peso maior da administração do lar e a educação dos filhos recaem sobre as mulheres. Destaca-se que enquanto não houver uma mudança comportamental entre as relações de gêneros, a mulher continuará realizando dupla jornada.

Ao ler a fundamentação da decisão do Tribunal e analisando referido artigo, questiona-se: Por que quinze minutos? Por que não vinte ou trinta minutos? Qual a fórmula que o legislador utilizou para estimar este espaço de tempo? Estes quinze minutos seriam um prêmio de consolação à mulher que trabalha e cuida da casa?

Destaca-se que o legislador poderia ter proibido o cumprimento de horas extraordinárias ou até estabelecer um intervalo maior de descanso entre ao fim da jornada ordinária e o início da extraordinária, porém o mesmo acabou por estipular um descanso de quinze minutos que, trata-se de uma determinação legal.

Desta forma, a conclusão que se pode extrair é a de que a interpretação dada a este dispositivo acaba por perpetuar a cultura patriarcalista na qual a mulher tem seu papel principal nos cuidados da casa, dos filhos e do marido e, por esta razão, acaba retirando do homem esta obrigação que deve ser repartida entre o casal.

Celso Antônio Bandeira de Mello (2002, p. 23) ensina que para existir uma norma que exija um tratamento diferenciado a um tipo de pessoa, esse diferencial adotado deve necessariamente existir na pessoa a ser discriminada; *ou seja: elemento algum que não exista nelas mesmas poderá servir de base para assujeitá-las a regimes diferentes.* Sob este aspecto e tendo sempre em vista o princípio da igualdade, percebe-se que não há uma fundamentação lógica para conceder este intervalo somente à mulher.

No âmbito internacional, igualmente entende-se ser discriminatória qualquer norma que impõe uma situação de discrímen não justificável. "Não é demais lembrar que os princípios da igualdade e da não-discriminação integram, atualmente, o domínio das normas *jus cogens*, devendo como tais ser respeitados pelos Estados." (GOMES; MAZZUOLI, 2008, p. 171).[17]

Todavia, o disposto no artigo 384 da CLT não pode ser descartado em seu todo, deve ser dada uma interpretação conforme a Convenção Americana de Direitos Humanos que em seu artigo 26 prevê a progressividade na aplicação dos direitos sociais por via legislativa ou por outros meios apropriados.[18]

Assim, esta proteção destinada exclusivamente às mulheres deve ser estendida aos homens, dando efetividade ao princípio da progressividade do artigo 26 de referida convenção. Ademais, a Convenção Interamericana para Prevenir, Punir e Erradicar a Violência contra a Mulher (Convenção de Belém do Pará) em seu artigo 7º, letra "b" determina que é dever do Estado instruir a população através de programas de educação para que preconceitos, costumes e todos os outros tipos de práticas que determinam papéis estereotipados para homens e mulheres sejam extirpados da sociedade.

Ao se fazer uma releitura do artigo 384 da CLT, com base no exposto acima, haverá uma mudança cultural que afasta qualquer ideologia patriarcalista, vez que se a ambos, homens e mulheres são concedidos os mesmos direitos no âmbito laboral, a ambos devem ser conferidos os mesmos deveres no âmbito doméstico/familiar.

---

[17] Como exemplo, destaca-se o artigo 24 da Convenção Americana de Direitos Humanos de 1969, que dispõe: Igualdade perante a lei. Todas as pessoas são iguais perante a lei. Por conseguinte, têm direito, sem discriminação alguma, a igual proteção perante a lei (GOMES, MAZZUOLI, 2008, p. 169).

[18] Art. 26, Desenvolvimento progressivo. Os Estados-partes comprometem-se a adotar as providências, tanto no âmbito interno, como mediante cooperação internacional, especialmente econômica e técnica, a fim de conseguir progressivamente a plena efetividade dos direitos que decorrem das normas econômicas, sociais e sobre educação, ciência e cultura, constantes da Carta da Organização dos Estados Americanos, reformada pelo Protocolo de Buenos Aires na medida dos recursos disponíveis, por via legislativa ou por outros meios apropriados (GOMES, MAZZUOLI, 2008, p. 176-177).

Desta feita, o homem não poderá arguir que a mulher possui mais vantagens no âmbito do trabalho e por isso será a responsável maior das atividades do lar e ainda se evitará a restrição de um direito social que fora conferido às mulheres evitando o retrocesso em matéria de direitos sociais.

Sobre o princípio do não retrocesso, Sarlet (2009) salienta que este vai além da proteção tradicional das figuras do direito adquirido, da coisa julgada, etc., trata-se da proibição de retrocesso de direitos fundamentais em geral. Em suas palavras:

> [...] resulta evidente que a dignidade da pessoa humana não exige apenas uma proteção em face de atos de cunho retroativo (isto, é claro, quando estiver em causa uma efetiva ou potencial violação da dignidade em algumas de suas manifestações), mas também não dispensa – pelo menos é esta a tese que estaremos a sustentar – uma proteção contra medidas retrocessivas, mas que não podem ser tidas como propriamente retroativas, já que não alcançam as figuras dos direitos adquiridos, do ato jurídico perfeito e da coisa julgada (SARLET, 2009, p. 435).

Assim, a tese da não recepção do artigo 384 da CLT viola o princípio do não retrocesso, visto que retira do ordenamento jurídico um direito que ao receber uma nova interpretação, será um instrumento de transformação no sentido de ser mais uma ferramenta para se alcançar a igualdade de fato.

Apesar da decisão do TST ser no sentido de manter o intervalo de 15 minutos somente para a mulher, alguns tribunais regionais vêm aplicando entendimento diverso e defendido neste artigo, como demonstra a decisão de Recurso de Revista julgado pelo TST no qual o Tribunal Regional havia concedido referido intervalo ao homem trabalhador, com base no princípio da isonomia.[19]

---

[19] I) INTERVALO DO ART. 384 DA CLT - PROTEÇÃO EXCLUSIVA DO TRABALHO DA MULHER - EMPREGADO DO SEXO MASCULINO - INTERVALO INDEVIDO - VIOLAÇÃO DO ART. 5º, I, DA CF.
1. De acordo com o art. 384 da CLT, inserido no capítulo referente à proteção do trabalho da mulher, em caso de prorrogação do horário normal, será obrigatória a concessão à trabalhadora de um descanso de no mínimo quinze minutos, antes do início do período extraordinário do trabalho.
2. O Regional entendeu, no caso, que o intervalo do art. 384 da CLT também era direito de trabalhadores do sexo masculino, em homenagem ao princípio da isonomia, mostrando-se razoável sua ampliação a todos os trabalhadores indistintamente. Manteve, assim, a condenação da Reclamada no pagamento de 15 minutos de intervalo não gozado pelo Autor nos dias em que ele prestou sobrelabor.

Diante de toda esta celeuma, tem-se que uma solução definitiva está longe de ser alcançada, seja por que referida questão de inconstitucionalidade do dispositivo ainda não foi levada a julgamento pelo STF, seja pela existência de muitas linhas de entendimentos que defendem a manutenção e outras defendem a sua revogação.

Esta gama de argumentos é devido ao fato de que as mulheres, vítima da opressão e suas várias facetas, possuem um espaço definido hegemonicamente, ou seja, seu papel na sociedade está traçado por uma lógica que não emana de próprias razões que vão a confronto direto às lutas diárias das mulheres por maiores espaços de dignidade.

Conclusões

As mulheres não podem ser consideradas como um grupo minoritário, uma vez que representam somente no Brasil, por exemplo,

---

3. Entretanto, a razão de ser da norma em comento é a proteção do trabalho feminino, em face da necessidade de uma proteção especial da mulher no ambiente de trabalho, tendo em vista a diferente compleição física natural da mulher em relação ao homem. Nesse contexto, a vontade expressa do legislador, por meio da norma inserta no art. 384 da CLT (cuja vigência, inclusive, foi mantida enquanto outros dispositivos consolidados protetivos da mulher, como os arts. 374-376, 378-380 e 387 já foram revogados pela Lei 7.855/89), foi a de estabelecer uma proteção quanto à necessidade de um descanso prévio à dilatação da jornada, dadas as características físicas da mulher, mormente se gestante ou mãe de família.
4. A própria Constituição da República, tendo em mira o estabelecimento de uma igualdade material, em detrimento de uma igualdade meramente formal, estabeleceu algumas diferenças entre os sexos (cf., por exemplo, CF, art. 7º, XVIII e XIX; art. 201, §7º, I e II; ADCT, art. 10, §1º). Logo, com o objetivo de concretizar o princípio albergado no inciso I do art. 5º da CF, devem-se tratar desigualmente homens e mulheres, na medida das suas desigualdades, sendo justamente dentro desse conceito de igualdade material que se insere a ideia de concessão de vantagens específicas às trabalhadoras do sexo feminino, em função de suas circunstâncias próprias, como é o caso do intervalo de 15 minutos antes de iniciar uma jornada extraordinária de que trata o art. 384 da CLT.
5. Nesse contexto, descabe invocar o princípio da isonomia (CF, art. 5º, –caput– e inciso I) para igualar homens e mulheres indiscriminadamente, em aspectos que, na realidade, eles não se mostram iguais, concedendo o trabalhador do sexo masculino benefício legal criado com o intuito exclusivo de proteger o labor da mulher. Dessa forma, muito embora o art. 384 da CLT verse sobre intervalo intrajornada, sendo, assim, norma indisponível, com natureza afeta à medicina e segurança do trabalho, ela se destina unicamente às trabalhadoras do sexo feminino, não sendo, portanto, passível de extensão aos trabalhadores homens.
6. Ao Poder Judiciário, em sede jurisdicional e não normativa, cabe apenas ser legislador negativo, excluindo vantagem inconstitucionalmente ofertada, não, porém legislador positivo, para estender vantagem concedida apenas a alguns. Assim, no caso, o art. 5º, I, da CF foi violado por má aplicação, ao ser esgrimido para hipótese à qual não dizia respeito. Para mais informações: <http://aplicacao5.tst.jus.br/consultaunificada2/inteiro Teor.do?action=printInteiroTeor&highlight=true&numeroFormatado=RR%20-%20 2890600-85.2009.5.09.0041&base=acordao&numProcInt=45646&anoProcInt=2011&data Publicacao=23.09.2011%2007:00:00&query=>. Acesso em: 29 set. 2011).

51,04% da população[20] e, contudo, seu espaço na sociedade ainda é pouco valorizado. Como foi visto, as mulheres sofrem todos os tipos de opressões de uma cultura patriarcalista que foi intensificada com o surgimento do capitalismo.

Com a Revolução Industrial, principalmente no momento em que as máquinas a vapor começaram a predominar, a mão de obra feminina foi muito utilizada e muito mal remunerada, fato que até o tempo presente é vivenciado.

A partir deste artigo se constata que as mulherezinhas no momento de sua inserção no mercado de trabalho, ao invés de receberem leis que regulamentem seu serviço, promovendo a igualdade, foram editadas leis que restringiam seu acesso ao mercado de trabalho.

A Consolidação das Leis Trabalhistas é um exemplo de ordenamento jurídico que cria uma proteção discriminatória para a mulher, porém com o advento da Constituição de 1988, muitos desses artigos não foram recepcionados e até mesmo foram revogados por lei, como é o exemplo da Lei nº 7.855/89 que revogou os artigos 374-376, 378-380 e 387 da CLT.

Quando realmente houver um fator razoável e proporcional que justifique a discriminação, esta pode ser mantida, porém se mencionada discriminação dá lugar a situações desarrazoadas e desproporcionais, como é o caso da interpretação do artigo 384 da CLT, perpetuando a ideologia patriarcalista e contrária ao princípio constitucional da igualdade entre mulheres e homens, faz-se necessária uma análise destes casos a partir de uma visão crítica.

Portanto, deve-se ressignificar o conteúdo do artigo 384 da CLT. De fato, o artigo 384 representa um direito que constitui em um benefício em relação a subordinação típica dos contratos de trabalho., Assim, a leitura do artigo 384 a partir de uma concepção constitucional do princípio da igualdade não pode significar um retrocesso em matéria de direitos sociais, chegando ao ponto de suprimir este benefício das mulheres, ao contrário, o princípio constitucional da igualdade, neste caso, deve ser lido em conjunto com o principio do não retrocesso e o princípio da progressividade. Assim restará comprovado que há subsídios mais que suficientes para além de manter a pausa dada pelo artigo em favor das mulheres, extendê-lo aos homens também.

---

[20] Disponible en: <http://www.censo2010.ibge.gov.br/primeiros_dados_divulgados/index.php>. Aceso en: 20 out. 2011.

Referências

ARAÚJO, Adriane Reis de; MOURÃO, Tânia Fontenele (Org.). *Trabalho de mulher*: mitos, riscos e transformações. São Paulo: LTr, 2007.

BALAGUER, María Luisa. *Mujer y Constitución*: La construcción jurídica del género: Feminismos. Madrid: Cátedra, 2005.

BALLESTER PASTOR, Maria Amparo. *Diferencia y Discriminación Normativa por Razón de Sexo en el Orden Laboral*. Valencia: Tirant Lo Blanch, 1994.

BANDEIRA DE MELO, Celso Antônio. *O conteúdo jurídico do princípio da igualdade*. São Paulo: Malheiros, 2002.

BARROS, Alice Monteiro de. *Curso de direito do trabalho*. São Paulo: LTr, 2011.

BARROSO, Luis Roberto. *Interpretação e aplicação da Constituição*: fundamentos de uma dogmática constitucional transformadora. 6. ed. rev. atual. ampl. São Paulo: Saraiva, 2004.

BAUMAN, Zygmunt. *Trabajo, Consumismo y nuevos pobres*. Barcelona: Gedisa, 2005.

BERTOLIN, Patrícia Tuma Martins; ANDREUCCI, Ana Claudia Pompeu Torezan (Org.). *Mulher, sociedade e direitos humanos*: homenagem à Professora Dra. Esther de Figueiredo Ferraz. São Paulo: Rideel, 2010.

BORDIEU, Pierre. *La dominación masculina*. Barcelona: Anagrama, 2007.

BUERGENTHAL, Thomas; SHELTON, Dinah; STEWART, David P. *International Human Rights in a Nutshell*. St. Paul, MN: West, 2009.

CALIL, Léa Elisa Silingowschi. *Direito do trabalho da mulher*: a questão da igualdade jurídica ante a desigualdade fática. São Paulo: LTr, 2007.

CANESSA MONTEJO, Miguel Francisco. *La protección internacional de los derechos humanos laborales*. Valencia: PUV publicacions, 2008.

CAPLAN, Luciana. O direito humanos à igualdade, o direito do trabalho e o princípio da igualdade. *In:* PIOVESAN, Flávia; CARVALHO, Luciana Paula Vaz de (Coord.). *Direitos humanos e direito do trabalho*. São Paulo: Atlas, 2010.

CASSAR, Vólia Bomfim. *Direito do trabalho*. Niterói: Impetus, 2008.

COMPARATO, Fábio Konder. *A afirmação histórica dos direitos humanos*. 2. ed. São Paulo: Saraiva, 2001.

DELGADO, Didice Godinho; CAPELLIN, Paola; SOARES, Vera (Org.). *Mulher e trabalho*: experiências de ação afirmativa. São Paulo: Boitempo, 2002.

DELGADO, Maurício Godinho. *Curso de direito do trabalho*. São Paulo: LTr, 2007.

FERNANDEZ, Atahualpa; FERNANDEZ, Marly. Sobre o trabalho da mulher: liberdade, igualdade e discriminação. *Revista Jus Vigilantibus*, 29 de abr. 2008. Disponível em: <http://jusvi.com/artigos/33111>. Acesso em: 02 fev. 2011.

FLORES, Joaquín Herrera. *A (Re)invenção dos direitos humanos*. Florianópolis: Fundação Boiteux, 2009.

FLORES, Joaquín Herrera. *Teoria Crítica dos Direitos Humanos*: os direitos humanos como produtos culturais. Rio de Janeiro: Lumen Juris, 2009.

GOMES, Luiz Flávio; MAZZUOLI, Valerio de Oliveira. *Comentários à Convenção Americana de Direitos Humanos*: Pacto de San José da Costa Rica. São Paulo: Revista dos Tribunais, 2008.

GOSDAL, Thereza Cristina. *Dignidade do trabalhador*: um conceito construído sob o paradigma do trabalho decente e da honra. São Paulo: LTr, 2007.

HOBSBAWN, Eric J. *Mundo do trabalho*. Rio de Janeiro: Paz e Terra, 2000.

KAMADA, Fabiana Larissa. As mulheres na história: do silêncio ao grito. *In*: BERTOLIN, Patrícia Tuma Martins; ANDREUCCI, Ana Claudia Pompeu Torezan (Org.). *Mulher, sociedade e direitos humanos*: homenagem à professora doutora Esther de Figueiredo Ferraz. São Paulo: Rideel, 2010.

LAFER, Celso. *A reconstrução dos direitos humanos*: um diálogo com o pensamento de Hannah Arendt. São Paulo: Companhia das Letras, 1988.

LEFRANC, Georges. *O sindicalismo no mundo*. Porto: Europa-América, 1978.

MARTINS, Sergio Pinto. *Direito do trabalho*. São Paulo: Atlas, 2005.

MARX, Karl; ENGELS, Friedrich. *Manifesto do Partido Comunista*. Porto Alegre: L&PM, 2007.

MAZZUOLI, Valério de Oliveira. *Curso de direito internacional público*. São Paulo: Revista dos Tribunais, 2009.

MONFORT, Gemma Fabregat. *La discriminación de género en el acceso al mercado de trabajo*. Valencia: Universität de Valencia, 2008.

NASCIMENTO, Amauri Mascaro. *Direito contemporâneo do trabalho*. São Paulo: Saraiva, 2011.

PERROT, Michelle. *História das mulheres*: o século XIX. Porto: Edições Afrontamento, 1991. v. 4.

PERROT, Michelle. *Os excluídos da história*: operários, mulheres e prisioneiros. Rio de Janeiro: Paz e Terra, 1992.

PIOVESAN, Flávia (Coord.). *Direitos Humanos*. Curitiba: Juruá, 2006. v. 1.

PIOVESAN, Flávia (Coord.). *Temas de Direitos Humanos*. São Paulo: Saraiva, 2009.

POLANYI, Karl. *A grande transformação*: as origens da nossa época. Rio de Janeiro: Campus; Elsevier, 2003.

RAMOS FILHO, Wilson. *Direito capitalista do trabalho*: uma crítica ao modelo de relações de trabalho no Brasil, 2011. No prelo.

ROCHA, Isabel Baltar da (Org.). *Trabalho e gênero*: mudanças, permanências e desafios. São Paulo: Ed. 34, 2000.

ROMERO, Belén García; ANIORTE, M. Carmen López. *La protección jurídico-laboral de mujeres y menores*. Murcia: DM Librero Editor, 2001. Colección Estudios Jurídicos.

SARLET, Ingo Wolfgang. *A eficacia dos direitos fundamentais*: uma teoria geral dos direitos fundamentais na perspectiva constitucional. Porto Alegre: Livraria do Advogado, 2009.

SARLET, Ingo Wolfgang. *Dignidade da pessoa humana e direitos fundamentais na Constituição Federal de 1988*. 3. ed. Porto Alegre: Livraria do Advogado, 2004.

SEN, Amartya. *Development as Freedom.* New York: Anchor Books, 2000.

SIQUEIRA, Dirceu Pereira; PICCIRILLO, Miguel Belinati (Coord.). *Inclusão Social e Direitos Fudamentais.* Birigüi: Boreal Editora, 2009.

YOUNG, Iris Marion. *Justice and the politics of difference.* New Jersey: Princeton University Press, 1990.

Informação bibliográfica deste texto, conforme a NBR 6023:2002 da Associação Brasileira de Normas Técnicas (ABNT):

ALVES, Aline Cristina. A igualdade de gênero e o direito laboral: o caso do art. 384 da CLT. *In*: RAMOS FILHO, Wilson (Coord.). *Trabalho e regulação*: as lutas sociais e as condições materiais da democracia. Belo Horizonte: Fórum, 2012. v. 1, p. 17-46. ISBN 978-85-7700-566-6.

ANÁLISE DOGMÁTICA DA (IN)APLICABILIDADE DO PRINCÍPIO CONSTITUCIONAL DO CONCURSO PÚBLICO AOS SERVIÇOS SOCIAIS AUTÔNOMOS

ANA PAULA NUNES MENDONÇA

Introdução

Esse artigo se propõe a analisar e compreender qual a ordem jurídica que rege a fase pré-contratual dos contratos de trabalho a serem firmados entre os empregados e os Serviços Sociais Autônomos do dito Sistema "S" (SESC, SENAC, SESI, SENAI, SEBRAE, SESCOOP, SENAR, SEST e SENAT), para concluir se seria dever legal dessas entidades aplicarem o princípio da ampla acessibilidade aos cargos, empregos e funções públicas, por concurso público, e/ou de quaisquer outros princípios publicistas, quando do recrutamento, seleção e a contratação de pessoal.Sobre esse assunto, vale esclarecer que ele vem sendo discutido correntemente pelos ministros do Tribunal de Contas da União (TCU), a quem o legislador constituinte, consoante o disposto no artigo 70, parágrafo único, conferiu os poderes de executar a fiscalização finalística das verbas destinadas àquelas entidades. Mas não somente os ministros do TCU debatem a matéria. Mais recentemente, sob outra perspectiva, o Ministério Público do Trabalho, através da Coordenadoria Nacional de Combate às Irregularidades Trabalhistas na Administração Pública (CONAP) entendeu que o desrespeito ao princípio constitucional do concurso público pelas entidades do sistema "S" afeta a coletividade de trabalhadores e legitima a sua atuação, tendo orientado as procuradorias regionais a iniciar os procedimentos investigatórios e/ou inquéritos civis para analisar a fase pré-contratual de trabalho e, por fim, a submeter o tema à análise do Poder Judiciário em todo âmbito nacional. Ao contrário do que se possa conjecturar num primeiro momento o tema comporta bastantes peculiaridades e interpretações. Em linhas gerais, o entendimento da CONAP/MPT sobre o assunto é de que as entidades do dito Sistema "S", embora sejam detentoras de personalidade jurídica de direito privado, não integrantes da Administração Pública, geram recursos públicos repassados pelas contribuições parafiscais, e, que, por isso, devem demonstrar o correto emprego do dinheiro, tanto na contratação de bens, serviços e obras, através de processo licitatório, quanto na contratação de pessoal, através de concurso público, sob pena de tais contratações serem reconhecidas nulas. Em antítese, as entidades SESI, SENAI, SESC, SENAC, SEBRAE, SENAR, SENAT E SESCOOP se manifestaram verbalmente e apresentaram documento escrito ao Ministério Público do Trabalho, contendo as razões pelas quais defendem que não devem se submeter às regras dirigidas à Administração Pública, especialmente, ao princípio constitucional do concurso público. Em síntese, argumentam que as entidades não integram a Administração Pública, que possuem um perfil jurídico singular definido pelo legislador constituinte e que, com fulcro no princípio da reserva legal, não há norma constitucional ou infraconstitucional justificadora da interpretação extensiva do MPT de que as entidades que geram recursos públicos devem se submeter às normas e princípios aplicáveis à Administração Pública. Contemporaneamente, há aproximadamente 100 (cem) Ações Civis Públicas ajuizadas pelo Ministério Público do Trabalho tramitando em todo território nacional, questionando a forma de contratação de pessoal pelas entidades do dito Sistema "S". Já houve a análise de diversas dessas demandas, tanto pelas Varas de Trabalho, Tribunais Regionais do Trabalho e também pelo Tribunal Superior do Trabalho, com decisões tanto favoráveis como desfavoráveis à aplicação aos Serviços Sociais Autônomos do princípio constitucional do concurso público, sob variados fundamentos e interpretações das normas do ordenamento jurídico.

Diante de tal contexto, caso não haja uma uniformização jurisprudencial, cogita-se que poderá haver um Departamento Regional de um mesmo Serviço Social Autônomo que deva respeito ao princípio constitucional do concurso público conquanto que outro, de outra Unidade Federativa, poderá recrutar e selecionar empregados consoante o seu próprio Regulamento de Pessoal. Vê-se que o tema é incontestavelmente relevante para as entidades do sistema "S" pois interfere diretamente no típico modelo de gestão privada. Mas, no presente estudo, quer-se analisar a matéria destacando outra perspectiva: da existência ou não da tutela do direito coletivo de todos os brasileiros concorrerem igualmente aos cargos dos Serviços Sociais Autônomos, com ampla acessibilidade aos empregos gerados por essas entidades, por intermédio do concurso público.

Para tanto, o artigo será divido em três partes.

Na primeira parte, o artigo conterá referência ao contexto de formação e desenvolvimento dos Serviços Sociais Autônomos, a natureza jurídica dessas entidades, as características de suas contribuições parafiscais e o dever constitucional de prestar contas ao Tribunal de Contas da União – TCU, para verificar se isso implica algum dever de observância aos princípios típicos da Administração Pública na contratação de pessoal, especificamente o princípio da ampla acessibilidade aos cargos, empregos e funções públicas.

Na segunda parte, a pesquisa abarcará a responsabilidade civil pré-contratual do empregador na fase de recrutamento e seleção, com o fim de observar se (in)existe alguma regra legal e quais os seus limites para o poder de escolha do empregador ao celebrar contratos de trabalho. E, em contraposição, verficar-se-á a origem e os fundamentos do concurso público como procedimento de contratação pela Administração Pública, observando seu histórico no Brasil e sua carga de moralidade em oposição ao clientelismo, personalismo e paternalismo, para investigar a eventual aplicação das regras e/ou de seus fundamentos às contratações do dito Sistema "S".

No terceiro capítulo, a pesquisa conterá uma compilação de decisões judiciais contemporâneas, considerando o ajuizamento de ações civis públicas pelo Ministério Público do Trabalho sobre o assunto, com objetivo de fazer uma análise crítica e oferecer subsídios para o constante aperfeiçoamento dos estudos sobre o contrato de trabalho celebrado entre os Serviços Sociais Autônomos – Sistema "S" e seus empregados.

1 Os Serviços Sociais Autônomos – Sistema "S"

A criação das primeiras entidades dos Serviços Sociais Autônomos, vinculados à estrutura sindical e hoje "etiquetadas" de Sistema

"S", a exemplo do SESC, SENAC, SESI, SENAI, SEBRAE, SESCOOP, SENAR, SEST e SENAT, remonta a meados da década de 1940, logo após o final da Segunda Guerra Mundial, a crescente industrialização do país e o aumento das tensões sociais. Como exemplo disso, registra-se que em 1942 veio o SENAI (Decreto-Lei nº 4.048/1942) e em 1946, o SESI (Decreto-Lei nº 9.403/1946), o SESC (Decreto-Lei nº 9.853/1946) e o SENAC (Decreto-Lei nº 8.621/1946), cujas leis não criaram diretamente os Serviços Sociais Autônomos, mas atribuíram às Confederações Nacionais tal encargo.

Os referidos acontecimentos históricos datados da década de 1940 refletem a força propulsora das transformações sociais ocorridas e, por conseguinte, o redimensionamento do papel do Estado de Direito e a tentativa de introdução do modelo de Estado do Bem-Estar Social.[1]

Nesse contexto de instauração do Estado Social e de conscientização coletiva sobre as políticas sociais e humanas, faz-se mister destacar importante evento para criação de alguns dos Serviços Sociais Autônomos. Ocorrido entre os dias 1º a 6 de maio de 1945, em Teresópolis, no Estado do Rio de Janeiro, os representantes políticos da indústria, agricultura e comércio do país uniram-se para refletir sobre a economia nacional, sob a perspectiva da produção econômica e do desenvolvimento social. Como fruto dessas reflexões, lavrou-se a Carta Econômica de Teresópolis, que propunha o combate ao pauperismo, o aumento da renda nacional, o desenvolvimento das forças econômicas, a democracia econômica e a justiça social.

Inspirando-se nesses princípios de solidariedade social da Carta de Teresópolis é que em 1946 adveio a Carta da Paz Social, que deu forma à filosofia e ao conceito de serviço social custeado pelo empresariado. Começava a nascer assim uma iniciativa absolutamente inédita em todo o mundo e na história da relação entre capital e trabalho. Assim, com ativismo político e com fundamento no princípio da solidariedade social, justificaram-se e criaram-se os Serviços Sociais Autônomos, financiados e geridos pelo empresários da indústria e do comércio, destinados a promover o lazer, a educação, a saúde e o pleno emprego aos industriários, comerciários e familiares.

---

[1] O doutrinador Diogo de Figueiredo Moreira Neto em seu livro "Natureza jurídica dos serviços sociais autônomos" contextualiza a criação dos serviços sociais autônomos nos seguintes termos: "Os serviços sociais autônomos são uma criação do modelo de Estado do Bem-Estar Social brasileiro vigente na década de 40, ao final da Segunda Guerra Mundial. Seu estudo não pode ser conduzido exclusivamente pelo método dogmático, necessitando da perspectiva exegética atualizadora que decorre da própria variação histórica do conceito de Estado, de suas atribuições e de suas relações com a sociedade."

Soma-se a esse contexto global de preocupação social no contexto pós-guerra, o fato de que, durante a década de 1940, iniciou-se o processo de industrialização e crescimento econômico do país, fazendo-se necessário formar mão-de-obra qualificada para atender a essa demanda, numa época em que o país era essencialmente agrário. Assim, justificaram-se e criaram-se os Serviços Sociais Autônomos destinados à educação profissional e à profissionalização dos empregados da indústria e do comércio (SENAI, SENAC), também financiados e geridos pelos empresários da indústria e do comércio e não pela Administração Pública.[2]

Nas décadas seguintes, assistiu-se ao progresso e à evolução dos Serviços Sociais Autônomos, vinculados à Confederação Nacional da Indústria (CNI) e à Confederação Nacional do Comércio de Bens, Serviços e Turismo (CNC), o que fomentou a iniciativa política e empresarial de outros setores a criarem seus Serviços Sociais Autônomos. Soma-se a isso o fato de no final das décadas de 1980 e 1990 haver a necessidade do Estado se redimensionar,[3] instituindo-se uma Reforma Administrativa nos anos iniciados em 1990, como adequação à crise do Setor Público nos anos 80 e à globalização e internacionalização das economias. Como conseguinte, criou-se, dentre outras iniciativas do Estado, o SEBRAE em 1990 (Lei Federal nº 8.029/1990), o SENAR em 1991 (Lei Federal nº 8.315/1991), o SEST e o SENAT em 1993 (Lei Federal nº 8.706/1993) e, por fim, o SESCOOP em 1998 (Medida Provisória nº 1.715/1998).

---

[2] Em atendimento à solicitação da CNC, o jurista Amauri Mascaro Nascimento expôs, em parecer jurídico datado de 19 de setembro de 2008, as demandas típicas do contexto histórico da criação dos serviços sociais autônomos e também da contemporaneidade que jusficam a criação e manutenção dessas entidades de formação profissional e assistência social: "(...) De fato, o pleno desenvolvimento do comércio entre nós demandava, já na década de 1940, como ainda demanda, a formação de profissionais qualificados e políticas de lazer e bem-estar para esses trabalhadores e suas famílias. A responsabilidade de prover tais serviços não poderia recair apenas sobre o Poder Público, haja vista que o Estado sempre padeceu de dificuldades em suprir integralmente as necessidades específicas e setoriais. Foi justamente diante dessa premente necessidade, por um lado, e da patente limitação estatal em satisfazê-la, por outro, que foram criadas essas entidades de cooperação, atreladas às respectivas confederações sindicais, com vistas a atender a finalidades previstas em lei, devendo cada categoria patronal, por meio de contribuição compulsória, organizar e manter seu próprio serviço social e de aprendizagem em favor de seus empregados".

[3] Essa transferência de atividades foi denominada por Diogo de Figueiredo Moreira Neto como "descentralização social", descrevendo-a nos seguintes termos em seu livro intitulado "Mutações do Direito Administrativo": A utilização da descentralização social por meio de entidades intermediárias com personalidade de direito privado, não obstante virem a ter sua constituição orientada por iniciativa do Poder Público e submetida a modelos estatutários oficialmente preconizados, acrescenta as vantagens peculiares ao aproveitamento mais intenso da sinergia social no trato de problemas complexos.

Diante desse contexto social, resta claro que houve intenção legislativa, política e econômica para que os Serviços Sociais Autônomos fossem criados por lei como entidades de direito privado, financiadas e gerenciadas pelos empresários, gestores da iniciativa privada, para exercer atividades sociais, não exclusivas do Estado e de interesse público.[4] Compreender essa realidade histórica, de iniciativa do empresariado e da atuação estatal de fomento à iniciativa privada, combinada à compreensão contemporânea do espaço de atuação dos Serviços Sociais Autônomos, auxilia a compreender as vertentes possíveis ao deslinde do problema da presente pesquisa.

Postas essas premissas históricas, insta esclarecer qual é a natureza jurídica dos Serviços Sociais Autônomos, o que equivale a dizer que se buscará definir se esses entes são pessoas jurídicas de direito público ou pessoas jurídicas de direito privado, rememorando que a natureza jurídica de uma entidade se define pelo seu regime jurídico.

De início, destaque-se que os atos normativos que atribuíram à CNI e à CNC o encargo de criarem os seus Serviços Sociais Autônomos fazem referência expressa à personalidade jurídica de direito privado dessas entidades, a exemplo do disposto no artigo 2º do Decreto-Lei nº 9.853/1946 referente ao SESC,[5] o que também fora reiterado nos Regulamentos dos Serviços Sociais Autônomos, como consta do artigo 4º do Decreto nº 61.836/1967 referente ao SESC.[6]

Por seu turno, o Código Civil vigente ao referenciar as pessoas jurídicas, dispõe em seu artigo 40 que "as pessoas jurídicas são de direito público, interno ou externo, e de direito privado", enumerando quem

---

[4] O eminente constitucionalista José Afonso da Silva ao relatar o histórico de criação dos SESC e do SENAC em parecer jurídico solicitado por essas entidades em 2007, destaca essas características da criação e gestão privada dos serviços sociais autônomos: Essa pequena histórica da formação dos consulentes mostra que eles surgiram em face do interesse do empresariado em contribuir para o bem-estar social e o aperfeiçoamento cívico e educacional da coletividade. Interesse da coletividade é uma faceta do interesse público, razão por que o Poder Público se associou à iniciativa da Confederação Nacional do Comércio para organizar meios eficazes na satisfação desses interesses. A história revela também que, no processo de sua formação, os Consulentes nunca foram órgãos públicos. Surgiram como entidades de direito privado nos termos da legislação civil – e assim continuaram sempre.

[5] Art. 2º O Serviço Social do Comércio, com personalidade jurídica de direito privado, nos termos da lei civil, terá sua sede e foro na Capital da República e será organizado e dirigido nos termos do regulamento elaborado pela Confederação Nacional do Comércio devidamente aprovado pelo Ministério do Trabalho, Indústria e Comércio.

[6] Art. 4º O Serviço Social do Comércio é uma instituição de direito privado nos termos da lei civil com sede e foro jurídico na Capital da República, cabendo sua organização e direção a Confederação Nacional do Comércio, que inscreverá este regulamento e quaisquer outras alterações posteriores, previstas no artigo 50, no Registro Público competente, onde seu ato constitutivo está registrado sob nº 2.716 - Cartório Registro Civil das Pessoas Jurídicas.

são as pessoas jurídicas de direito público interno, nos termos do artigo 41[7] e quem são as pessoas jurídicas de direito privado, nos termos do artigo 44.[8] Logo, considerando o disposto no Código Civil, observa-se que no ordenamento jurídico pátrio, há claramente definido o setor público e o setor privado. Além disso, as pessoas jurídicas de direito público descritas no Código Civil também são definidas pela doutrina administrativista, com fundamento na Constituição da República e no Decreto-Lei nº 200/1967, como a Administração Pública Direta, incluindo a União, os Estados, Distrito Federal, Territórios e Municípios, e a Administração Pública Indireta, aí inclusas as autarquias, fundações, sociedades de economia mista e empresas públicas. Assim, por mais esse motivo, por não estarem os Serviços Sociais Autônomos dentre os entes integrantes da Administração Pública, eles são pessoas jurídicas de direito privado.

Ainda, vale sinalizar que o artigo 240 da Constituição da República Federal reconhece expressamente a natureza jurídica privada dos Serviços Sociais Autônomos,[9] bem como referencia a vinculação dessas entidades ao sistema sindical e, por conseguinte, a não-vinculação à Administração Pública. Diante dessas características, o Amauri Mascaro Nascimento defende a proibição da interferência estatal nessas entidades, sob o fundamento de que "o princípio fundamental da nossa organização sindical a partir de 1988 é o da livre organização sindical, proibidas a intervenção e a interferência do Poder Público." E, desse modo, para o citado jurista qualquer interferência estatal na gestão dos Serviços Sociais Autônomos violaria indiretamente o princípio da liberdade sindical e seria passível de queixa à Organização Internacional do Trabalho.[10]

---

[7] Art. 41. São pessoas jurídicas de direito público interno: I - a União; II - os Estados, o Distrito Federal e os Territórios; III - os Municípios; IV - as autarquias, inclusive as associações públicas; V - as demais entidades de caráter público criadas por lei.

[8] Art. 44. São pessoas jurídicas de direito privado: I - as associações; II - as sociedades; III - as fundações; IV - as organizações religiosas; V - os partidos políticos.

[9] Art. 240. Ficam ressalvadas do disposto no artigo 195 as atuais contribuições compulsórias dos empregadores sobre a folha de salários, destinadas às entidades privadas de serviço social e de formação profissional vinculadas ao sistema sindical.

[10] Sobre esse assunto, Amauri Mascaro Nascimento assim se manifesta em parecer jurídico: Ora, se são proibidas a intervenção e a interferência do Poder Público na organização sindical, se a Confederação Nacional do Comércio, de Bens e Turismo é, como as demais entidades sindicais, instituição sindical de grau superior, e se SESC e SENAC são vinculados ao sistema sindical, porque são organizados e dirigidos pela Confederação, não há mais como publicizar os órgãos privados de formação profissional porque equivaleria, sem dúvida, a um tipo de violação indireta ao princípio da liberdade sindical passível de queixa perante a Organização Internacional do Trabalho.

Além dessas referências legais que esclarecem e consignam a natureza jurídica de direito privado dos Serviços Sociais Autônomos, a doutrina pátria é uníssona nesse mesmo sentido.[11] O clássico conceito de Hely Lopes Meirelles destaca a personalidade jurídica de direito privado de tais entidades e a manutenção delas por contribuições parafiscais. E ao se referir às contribuições parafiscais destinadas aos Serviços Sociais Autônomos, a doutrinadora Maria Sylvia Zanella Di Pietro[12] bem explica que tais entidades não prestam serviços públicos e sim exercem atividades privadas de interesse público, destacando que o apoio estatal se dá por intermédio de fomento e repasse de recursos financeiros pagos compulsoriamente pelos setores a que esse acha vinculado o serviço social autônomo. E, por essa característica típica da arrecadação e repasse, conjectura-se a propagação da equivocada ideia de que o dinheiro do Serviço Social Autônomo é dinheiro público, atraindo a aplicação das normas de direito público. Explico.

Como bem esclarecido pelos doutrinadores acima, a principal renda dos Serviços Sociais Autônomos advém da contribuição do empresariado, que tem origem compulsória, pois é assim instituída por lei, com base no poder de tributar do Estado, e classificada comumente como contribuição parafiscal.[13] Contudo, trata-se de recursos que não têm origem na coletividade de forma indiscriminada, abrangendo somente as sociedades empresárias e entidades que desempenham

---

[11] Hely Lopes Meirelles em seu livro intitulado "Direito administrativo brasileiro" define os serviços sociais autônomos como "todos aqueles instituídos por lei, com personalidade de Direito Privado, para ministrar assistência ou ensino a certas categorias sociais ou grupos profissionais, sem fins lucrativos, sendo mantidas por dotações orçamentárias ou contribuições parafiscais. São entes paraestatais, de cooperação com o Poder Público, com administração e patrimônio próprios, revestindo a forma de instituições particulares convencionais (fundações, sociedades civis ou associações) ou peculiares ao desempenho de suas incumbências estatutárias."

[12] Maria Sylvia Zanella Di Pietro em sua obra "Direito administrativo" expõe: Essas entidades não prestam serviço público delegado pelo Estado, mas atividade privada de interesse público (serviços não exclusivos do Estado); exatamente por isso, são incentivadas pelo Poder Público. A atuação estatal, no caso, é de fomento e não de prestação de serviço público. Por outras palavras, a participação do Estado, no ato de criação, se deu para incentivar a iniciativa privada, mediante subvenção garantida por meio da instituição compulsória de contribuições parafiscais destinadas especificamente a essa finalidade. Não se trata de atividade que incumbisse ao Estado, como serviço público, e que ele transferisse para outra pessoa jurídica, por meio do instrumento da descentralização. Trata-se, isto sim, de atividade privada de interesse público que o Estado resolveu incentivar e subvencionar.

[13] Na linguagem técnica-tributária, a maioria dos doutrinadores classifica a contribuição destinada aos serviços sociais autônomos como contribuição parafiscal, não obstante haja uma linha divergente que entende pela não aplicação do conceito de "parafiscalidade". Exime-se aqui dessa discussão e adota-se o entendimento de que se trata de contribuição parafiscal.

atividades vinculadas à indústria, ao comércio, à agricultura, ao cooperativismo e ao transporte. Para melhor esclarecer, os contribuintes do SESC e do SENAC, por exemplo, são, na verdade, exclusivamente as empresas e entidades que desempenham atividades vinculadas ao plano sindical da Confederação Nacional do Comércio de Bens, Serviços e Turismo (CNC) e dos empregadores que tinham atividades vinculadas ao Instituto de Aposentadoria e Pensões dos Comerciários. (ex.IAPC).

Ocorre que, para facilitar o procedimento de arrecadação dessa contribuição parafiscal, atualmente, a Receita Federal do Brasil[14] é quem fiscaliza, arrecada e repassa aos cofres dos Serviços Sociais Autônomos o valor que lhe é devido, retendo para si um percentual do valor arrecadado, a título de remuneração por esse serviço prestado. Trata-se, portanto, de um serviço oneroso prestado pelo Estado aos Serviços Sociais Autônomos, o que não imprime às contribuições parafiscais dos Serviços Sociais Autônomos o caráter de recurso público. Os recursos dos Serviços Sociais Autônomos jamais integram os cofres públicos e o orçamento do governo.[15]

Não obstante esse recurso não seja caracterizado como receita pública, os Serviços Sociais Autônomos têm duas obrigações legais peculiares em relação à gestão dos seus recursos. A primeira é submeter seus orçamentos à aprovação do Ministério cuja atividade, por sua natureza, esteja a ele vinculado; e a segunda, o dever de prestar contas ao Tribunal de Contas da União. Mas isso se deve a uma razão lógica: por receberem contribuições parafiscais que se destinam exclusivamente ao desenvolvimento de suas finalidades instituídas por lei, algum órgão deve verificar se o dispêndio dos recursos está sendo feito segundo tais finalidades institucionais. No contexto contemporâneo, quem exerce a fiscalização dos Serviços Sociais Autônomos é o TCU, com fulcro no que dispõe o artigo 70, parágrafo único da Constituição da República (CR).

---

[14] Art. 2º e 3º da Lei Federal nº 11.457/2007.

[15] O jurista Manoel Gonçalves Ferreira Filho, em parecer jurídico solicitado pelo SESI, argumenta que a contribuição destinada aos serviços sociais autônomos não se caracteriza como recurso público: Nem "dinheiro público", nem "dinheiro do trabalhador", como alegam críticos mal informados. Aqui mais uma vez é necessário um trabalho de clarificação vocabular. É difícil porque a expressão não é técnica. Dinheiro – sabe-se – é moeda corrente dotada de poder liberatório. Mas, na linguagem dos economistas, a moeda pode ser também escritural. Assim, "dinheiro público" seria moeda, inclusive escritural, pertencente ao Estado. Esse, o sentido estrito da expressão. (...) o SESI de modo algum estaria gerindo "dinheiro público". Realmente, a contribuição que o mantém não integra a título algum a receita do Estado. Não é o produto de uma transferência, que o Estado lhe repassa. Inclusive, porque a passagem dos recursos pelo INSS é meramente procedimental.

Essa Corte, ao analisar a forma de contratação de pessoal, posicionou-se no sentido de que os Serviços Sociais Autônomos não se submetem ao princípio do concurso público e têm legitimidade para editarem seus próprios regulamentos, devendo, contudo, possuir regras que garantam maior transparência e impessoalidade aos processos de contratação de pessoal, referenciando os princípios publicistas da impessoalidade, finalidade, igualdade, moralidade e publicidade.[16]

2 A fase pré-contratual dos contratos celetistas X o princípio constitucional do concurso público

É sabido que para a celebração de contratos de trabalho, o empregador não necessita obrigatoriamente operacionalizar nenhum procedimento formal para recrutar e selecionar pessoal, na fase pré-contratual. Contudo, diante da realidade social contemporânea, como geralmente há mais de uma pessoa candidata a uma vaga de trabalho, o empregador vale-se do seu poder diretivo previsto em lei para selecionar e contratar o trabalhador que melhor lhe aprouver para o desenvolvimento de suas atividades econômicas.

Para tanto, adota um processo seletivo de contratação de pessoal que pode ser realizado de acordo com a metodologia e os critérios defendidos pela área de Recursos Humanos, conforme melhor lhe convier, valendo-se, por exemplo, de análise curricular, de provas de conhecimento teórico, de entrevistas e dinâmicas de grupo, dentre outros. Ocorre que essa liberdade de escolha do empregado encontra limites legais, imposições que se aplicam a todos os empregadores, incluindo obviamente os Serviços Sociais Autônomos. Vejamos.

Para melhor compreensão desse assunto, é importante ter em mente que no contrato de trabalho há duas partes contratantes, de um lado, o empregador[17] e, do outro lado da relação, o empregado,[18] sendo este último hipossuficiente, quer por razões econômicas ou outras. Partindo desse cenário, justifica-se a criação de um Direito do Trabalho que

---

[16] AC-2305-46/07-P e AC – 0369-09/09-P.

[17] Considera-se empregador "a empresa, individual ou coletiva, que, assumindo os riscos da atividade econômica, admite, assalaria e dirige a prestação dos serviços" e, por equiparação, "para os efeitos exclusivos da relação de emprego, os profissionais liberais, as instituições de beneficência, as associações recreativas ou outras instituições sem fins lucrativos, que admitirem trabalhadores como empregados".

[18] Considera-se empregado "toda pessoa física que presta serviços de natureza não eventual a empregador, sob a dependência deste e mediante salário"

objetiva promover o equilíbrio de direito e obrigações entre tais partes contratuais,[19] e, que, dentre outros, impõe limites ao poder diretivo do empregador, para afastar atitudes arbitrárias e discriminatórias. No nosso ordenamento jurídico, esses limites são, inclusive, impostos pelo legislador constituinte ao tratar dos direitos humanos e dos direitos dos trabalhadores, impondo ao empregador o dever de respeitar o princípio da dignidade da pessoa humana, da igualdade, da liberdade e da não-discriminação[20] em todos os momentos da relação empregatícia, inclusive na fase pré-contratual do contrato de trabalho que é objeto deste artigo. Outrossim, o artigo 5º, inciso X da CR impõe também ao empregador o dever de não violar a intimidade, a vida privada, a honra e a imagem dos candidatos e selecionados.

Essas restrições ao poder diretivo do empregador encontram respaldo legal em normas constitucionais e se descumpridas ensejam a responsabilização civil pelo empregador, passível de indenização por danos materiais e morais, conforme leciona Alice Monteiro de Barros.[21] E é exatamente nesse cenário que os Serviços Sociais Autônomos se enquadram, devendo, assim como os demais empregadores, observar os citados princípios da não-discriminação, da igualdade e do respeito à honra e vida privada, sob pena de serem responsabilizados civilmente por descumprimento em concreto.

Além de tais regras, os Serviços Sociais Autônomos também devem respeito a regras específicas contidas tanto em seus regulamentos gerais como em seus regulamentos de contratação de empregados. Dentre elas, destaque-se, a exemplo do SESC, a proibição de admissão de parentes de servidores até o terceiro grau civil (afim ou consanguíneo)

---

[19] O jurista Américo Plá Rodriguez, em seu livro intitulado "Princípios de direito do trabalho", a respeito da matéria, ensina que: Historicamente, o Direito do Trabalho surgiu como conseqüência de que a liberdade de contrato entre pessoas com poder e capacidade econômica desiguais conduzia a diferentes formas de exploração. Inclusive, mais abusivas e iníquas.(...) O Direito do Trabalho responde fundamentalmente ao propósito de nivelar desigualdades. Como dizia Couture: o procedimento lógico de corrigir as desigualdades é o de criar outras desigualdades.

[20] O art. 3º, IV e o artigo 7º, inciso XXX da Constituição Federal proíbem o empregador de estabelecer e adotar critérios discriminatórios no processo seletivo de pessoal, quer seja em relação ao sexo, idade, cor ou estado civil dos candidatos, a menos que tais discriminações sejam essenciais ao exercício das funções do cargo e plenamente justificáveis.

[21] A jurista Alice Monteiro de Barros em seu Curso de direito do trabalho explica que: Os autores apontam também o dano patrimonial como elemento do conceito de responsabilidade pré-contratual, ao qual acrescentamos o dano moral que poderá surgir quando, antes de admitir o trabalhador, a empresa efetua investigação ainda que por intermédio de terceiro sobre opiniões políticas, religiosas, sindicais, gravidez da empregada, orientação sexual ou outro fato irrelevante para fins de aptidão e deixa de contratá-lo por um desses motivos considerados de nenhuma relevância para a celebração do contrato.

do Presidente, ou dos membros, efetivos e suplentes, do Conselho Nacional e do Conselho Fiscal ou dos Conselhos Regionais do SESC ou do SENAC, bem como de dirigentes de entidades sindicais ou civis do comércio, patronais ou de empregados e, ainda, sendo extensivo aos órgãos do SENAC.[22] Destaque-se também a regra contida no artigo 2º da Resolução SESC/CN nº 1.089/2005 (alterada pela Resolução nº 1.163/2008) que referencia a moralidade e proíbe práticas como nepotismo tráfico de influência, apadrinhamento e troca de favores.[23]

Em contraposição às regras acima mencionadas, as quais se aplicam aos empregadores sujeitos ao regime jurídico típico das pessoas jurídicas de direito privado, insta trazer breves comentários sobre o princípio constitucional do concurso público, cuja implantação, como meio mais idôneo e democrático de seleção de servidores públicos, remonta à época de Napoleão Bonaparte na França.[24]

No âmbito da história nacional, pode-se afirmar que a regra do livre acesso dos brasileiros aos cargos públicos é tradição no ordenamento jurídico brasileiro.[25] Na Constituição do Império de 1824 já havia dispositivo no seu artigo 179, XIV que dispunha que "todo cidadão pode ser admitido aos cargos públicos civis, políticos ou militares, sem outra diferença, que não seja a de seus talentos e virtudes." Também a Constituição de 1891 trazia em seu artigo 73 a norma de acessibilidade aos cargos públicos.

Por seu turno, a Constituição de 1934 referenciou um capítulo específico sobre os funcionários públicos, dispondo que "os cargos públicos são acessíveis a todos os brasileiros, sem distinção de sexo ou estado civil, observadas as condições que a lei estatuir" e, ainda, disciplinando que "a primeira investidura nos postos de carreira das repartições administrativas, e nos demais que a lei determinar, efetuar-se-á depois de exame de sanidade e concurso de provas ou títulos" (artigo 170, II). A Constituição de 1937 manteve tal regra da primeira investidura nos cargos de carreira, mediante concurso de provas ou de títulos (artigo 156, b).

---

[22] Art. 44 do Decreto nº 61.836/1967.

[23] Art. 2º O processo seletivo tem por objetivo atender à necessidade de serviço e selecionar profissionais qualificados, observado o padrão de mercado e a busca pela eficiência da Entidade, sendo vedada, em obediência aos princípios da moralidade e da impessoalidade, a ocorrência de práticas como nepotismo tráfico de influência, apadrinhamento, troca de favores, bem como as discriminações previstas no artigo 7º da Constituição Federal.

[24] Gilmar Ferreira Mendes, Inocêncio Mártires Coelho e Paulo Gustavo Gonet Branco referenciam o histórico do concurso público nas Constituições Federais no seu "Curso de Direito Constitucional".

[25] conforme ensina o jurista José dos Santos Carvalho Filho fazendo referência em nota de rodapé ao magistério do administrativista Cretella Jr:

A Constituição seguinte, de 1946, também dispôs de regras de acesso ao serviço público em seu artigos 184 e 186, as quais, segundo Gilmar Ferreira Mendes, Inocêncio Mártires Coelho e Paulo Gustavo Gonet Branco já conferiam garantia constitucional, mas foram ampliadas com a Constituição de 1967.[26] Isso porque, a partir desse momento da CF/1967, tornou-se obrigatório o concurso público de provas ou de provas e títulos para a ocupação de cargos públicos. E, até esse momento, já haviam sido criados Serviços Sociais Autônomos que, por não possuírem cargos públicos, não se submetiam, portanto, a regra constitucional citada.

Atualmente, a Constituição da República Federal/1988 prevê em seu artigo 37, inciso I o princípio da ampla acessibilidade aos cargos, empregos e funções públicas e, em seu inciso II, a exigência da aprovação em concurso público como regra geral, com maior abrangência possível, incluindo não somente os cargos públicos como também a contratação de servidores pelo regime trabalhista.[27]

A regra determinada pelo legislador constituinte, portanto, é a do concurso público para ingresso no serviço público. Contudo, há hipóteses de inexigibilidade do concurso público, como exceção à regra, que se destinam tão somente a atender à estratégia política do constituinte, como por exemplo, os casos de provimento de cargo em comissão declarados em lei como de livre nomeação e exoneração (artigo 37, II, CR), recrutamento de servidores temporários (artigo 37, IX, CR) as hipóteses legais do quinto constitucional destinado aos membros da advocacia e do Ministério Público para os Tribunais Judiciários (artigo 94, CR), os membros dos Tribunais de Contas (artigo 73 §1º e 2º, CR), dentre outros.

---

[26] Os juristas afirmam que: Não se pode negar que a doutrina pátria já considerava que os preceitos constantes do Título VIII da Constituição de 1946 constituíam uma efetiva garantia constitucional, entendendo que os seus ditames obrigavam tanto a União, quanto os Estados e Municípios. (...) Sem embargo do inegável conteúdo democrático e moralizado das alusivas disposições, cumpre reconhecer que a cláusula que restringia a sua aplicação aos cargos de carreira e outros que a lei determinasse retirou-lhe a eficácia plena, permitindo a criação de cargos isolados ou a transformação de cargos de carreira em cargos isolados. Também as nomeações de interinos e a adoção do "concurso de inscrição limitada" contribuíram para solapar a força normativa daquela regra constitucional.

[27] Art. 37. A administração pública direta e indireta de qualquer dos Poderes da União, dos Estados, do Distrito Federal e dos Municípios obedecerá aos princípios de legalidade, impessoalidade, moralidade, publicidade e eficiência e, também, ao seguinte:
I - os cargos, empregos e funções públicas são acessíveis aos brasileiros que preencham os requisitos estabelecidos em lei, assim como aos estrangeiros, na forma da lei;
II - a investidura em cargo ou emprego público depende de aprovação prévia em concurso público de provas ou de provas e títulos, de acordo com a natureza e a complexidade do cargo ou emprego, na forma prevista em lei, ressalvadas as nomeações para cargo em comissão declarado em lei de livre nomeação e exoneração;

Da leitura dos incisos das regras constitucionais acima expostas, verifica-se que são normas destinadas à Administração Pública direta e indireta de qualquer dos Poderes da União, dos Estados, do Distrito Federal e dos Municípios, sem qualquer referência expressa aos Serviços Sociais Autônomos ou ainda que mais longe, aos entes que gerem recursos de interesse público. Trata-se de regras com destinação específica, o que, a princípio, não comporta nenhuma margem de interpretação. Nesse sentido, Luis Roberto Barroso explica que o princípio do concurso público é um princípio setorial, ou seja, reservadas a um segmento específico, no caso, à Administração Pública.[28]

Desse modo, se o princípio da ampla acessibilidade aos cargos, empregos e funções públicas e o princípio do concurso público foram exclusivamente reservados para a Administração Pública pelo legislador constituinte, somente a ela se aplicam. Assim, se os Serviços Sociais Autônomos não são entes e/ou órgãos da Administração Pública, nem Direta e nem Indireta, a rigor, não se submetem a tais princípios, por vontade do legislador constituinte.

Ademais, na hipótese em que o legislador constituinte quis instituir o concurso público como regra de ingresso em atividade desenvolvida em caráter privado remunerada por tributo, o fez de forma expressa, a exemplo da atividade notarial e de registro, nos termos do artigo 236, §3º da Constituição da República.

Sendo assim, na hipótese de prevalecer a interpretação ampliativa do artigo 37, II da Constituição da República aos Serviços Sociais Autônomos, para instituir o concurso público como forma de recrutamento de pessoal em virtude da percepção de tributo, dever-se-ia fazê-lo da mesma forma em relação às Organizações não Governamentais, Santas Casas, Cartórios Extrajudiciais e Sindicatos, visto que estes também recebem tributos para o exercício de atividades privadas.

Não havendo disposição legal expressa, parece que o fundamento dos defensores da aplicação do princípio do concurso público aos Serviços Sociais Autônomos seria o conteúdo principiológico, democrático e moralizador que orientou as escolhas do constituinte em relação à Administração Pública, em especial pela gestão de recursos públicos. Dito de outro modo: quer-se sem fundamento legal aplicar o conteúdo

---

[28] Princípios setoriais ou especiais distribuem-se por segmentos específicos da Constituição, repercutindo tão-somente sobre um título, um capítulo ou um pequeno conjunto de normas. Dentre eles, é possível mencionar os princípios seguintes: da moralidade administrativa, do concurso público, da motivação das decisões judiciais e administrativas, (...) em meio a muitos outros.

democrático e moralizador do concurso público[29] que fora imposto à Administração Pública em oposição ao paternalismo e patrimonialismo[30] e que historicamente denota um meio de profissionalização e de dominação do Estado.[31]

No que tange à utilização do concurso público como meio de oposição à troca de favores e apadrinhamentos (típicos de um Estado patrimonial), Raymundo Faoro relata a história do Estado Português e a adoção de uma burocracia patrimonialista, cujos reflexos se pode sentir no Estado Brasileiro. Para esse autor, a realidade burocrática estatal brasileira, tipicamente patrimonialista, instaurou-se no Brasil pela tradição – "assim é, porque sempre foi".[32]

E em relação à contratação de servidores públicos dotados de qualificação profissional, devidamente certificados mediante provas e diplomas, insta rememorar que Max Weber destaca que a dominação legal se dá com uma administração burocrática-monocrática (documentação), em que impera a necessidade de um quadro administrativo burocrático, cujos funcionários 1. são pessoalmente livres; 2. são nomeados para o exercício de um cargo observado o nível hierárquico; 3. têm competências funcionais fixas; 4. são selecionados sob o critério da livre seleção; 5. dotados de qualificação profissional, certificada mediante provas e diplomas,[33] 6. são remunerados com

---

[29] O jurista José dos Santos Carvalho Filho explica que: Baseia-se o concurso em três postulados fundamentais. O primeiro é o princípio da igualdade, pelo qual se permite que todos os interessados em ingressar no serviço público disputem as vagas em condições idênticas para todos. Depois, o princípio da moralidade administrativa, indicativo de que o concurso veda favorecimentos e perseguições pessoais, bem como situações de nepotismo, em ordem a demonstrar que o real escopo da Administração é o de selecionar os melhores candidatos. Por fim, o princípio da competição, que significa que os candidatos participam de um certame procurando alçar-se à classificação que os coloque em condições de ingressar no serviço público.

[30] Raymundo Faoro em seu texto "Os donos do poder" explica que o "(...) sistema patrimonial, ao contrário dos direitos, privilégios e obrigações fixamente determinados do feudalismo, prende os servidores numa rede patriarcal, na qual eles representam a extensão da casa do soberano."

[31] WEBER. Economia e sociedade..., v. 1, p. 139 -161.

[32] Para Raymundo Faoro, a realidade histórica do Estado Brasileiro guarda vinculação com a perpetuação secular da estrutura patrimonial portuguesa, dispondo inclusive que: "Dessa realidade se projeta, em florescimento natural, a forma de poder, institucionalizada num tipo de domínio: o patrimonialismo, cuja legitimidade assenta no tradicionalismo – assim é porque sempre foi. (...) Sempre, no curso dos anos sem conta, o patrimonialismo estatal, incentivando o setor especulativo da economia e predominantemente voltado ao lucro como jogo e aventura, ou, na outra face, interessado no desenvolvimento econômico sob o comando político para satisfazer imperativos ditados pelo quadro administrativo, com seu componente civil e militar."

[33] Para Max Weber em seu livro "Economia e Sociedade", na dominação legal "O grau de qualificação profissional cresce continuamente na burocracia. Também os funcionários dos

salários fixos em dinheiro, escalonado segundo o posicionamento hierárquico, a responsabilidade do seu cargo e o princípio da correspondência à posição social; 7. exercem seu cargo como única profissão; 8. têm a perspectiva de promoção por antiguidade ou merecimento, pelos critérios definidos pelos seus superiores; 9. trabalham sem apropriação do cargo e em separação absoluta dos meios administrativos e 10. submetem-se ao sistema rigoroso e homogêneo de disciplina e de controle do serviço.

Postas as breves considerações sobre as limitações constitucionais impostas aos empregadores privados para recrutar e selecionar empregados, de um lado, e, na sequência, as limitações constitucionais impostas aos administradores públicos para contratação de servidores públicos, de outro, finaliza-se o presente subcapítulo rememorando que o cerne da discussão sobre a (in)aplicabilidade do princípio constitucional do concurso público aos Serviços Sociais Autônomos perpassa necessariamente a tese do Ministério Público do Trabalho de que tais entidades por auferirem contribuição parafiscal atraem a interpretação extensiva do artigo 37 da CR e, por seu turno, a antítese dos Serviços Sociais Autônomos é de que o artigo 37 da CR somente comporta interpretação restrita, inclusive pelo princípio da estrita legalidade que orienta o o Estado Democrático de Direito.

3 Análise crítica da jurisprudência

Considerando o exposto nos tópicos anteriores, como o assunto comporta uma análise interpretativa e a ponderação de valores preservados constitucionalmente, havendo argumentos razoáveis tanto para: a) a defesa da não aplicação do princípio do concurso público e/ou dos demais princípios de direito público aos Serviços Sociais Autônomos, por não haver direito expresso de tutela aos interesses coletivos dos trabalhadores nesse sentido, sob pena de ofensa ao princípio da legalidade e da segurança jurídica; como para b) a defesa da aplicação do princípio do concurso público e/ou dos demais princípios de direito público aos Serviços Sociais Autônomos, por haver gestão de recursos públicos e obrigatoriedade de fazê-lo segundo a devida moralidade,

---

partidos e sindicatos precisam de conhecimento específico (empiricamente adquirido). A circunstância de os "ministros" e "presidentes do Estado" modernos serem os únicos funcionários dos quais não se exige qualificação profissional alguma demonstra que eles são funcionários apenas no sentido formal da palavra, não material, do mesmo modo que o "diretor-geral" de uma grande sociedade anônima privada."

afastando-se, assim, práticas de nepotismo e apadrinhamentos, vale referenciar a tendência jurisprudencial sobre a análise da matéria.

A jurisprudência do Colendo Tribunal Superior do Trabalho unanimemente tem reconhecido que os Serviços Sociais Autônomos possuem natureza jurídica de direito privado, sem fins lucrativos, não integrantes da Administração Pública e, por isso, com fundamento no princípio da legalidade, basilar do Estado Democrático de Direito, não se submetem ao princípio constitucional do concurso público. Contudo, o TST destaca o dever dessas entidades prestarem contas finalísticas ao TCU, a quem compete averiguar os casos concretos da correta contratação de pessoal pelos Serviços Sociais Autônomos.

Para ilustrar esse posicionamento do TST, insta transcrever excerto de alguns julgados:

RECURSO DE REVISTA. SERVIÇO SOCIAL DA INDÚSTRIA - SESI. CONTRATAÇÃO DE PESSOAL. PROCESSO SELETIVO. De fato, o artigo 37, inciso II, da Constituição Federal, assevera a necessidade de submissão a concurso público para a investidura em cargo ou emprego público ressalvadas as nomeações para cargos em comissão declarado em lei de livre nomeação e exoneração. Contudo, o SESI é serviço social autônomo – entidade civil, com personalidade jurídica de direito privado, que não presta serviço público delegado pelo Estado, mas atividade privada de interesse público, não integrando, portanto, a Administração Pública Direta ou Indireta, razão pela qual seus empregados, conforme a farta jurisprudência desta Corte, não necessitam se submeter, para admissão, a concurso público, nos moldes do artigo 37, II, da Carta Magna. Encontrando-se a decisão regional alinhada à jurisprudência desta Corte, emerge como obstáculo à pretensão recursal o óbice da Súmula nº 333 do TST e do artigo 896, §4º, da CLT. Recurso de Revista não conhecido.[34]

AGRAVO DE INSTRUMENTO. RECURSO DE REVISTA - DESCABIMENTO. 1. DESPACHO AGRAVADO. REGULARIDADE. O trancamento do recurso, na origem, nenhum preceito viola, na medida em que exercitado o juízo de admissibilidade dentro dos limites da lei. O despacho agravado, no precário exame da admissibilidade recursal, não impede a devolução à Corte superior da análise de todos os pressupostos de cabimento do apelo. Assim, esvaída a tese de nulidade do despacho agravado. 2. SERVIÇO SOCIAL DO TRANSPORTE – SEST. SERVIÇO SOCIAL AUTÔNOMO – DESNECESSIDADE DE

---

[34] RR - 109300-16.2008.5.24.0003, Relatora Ministra: Maria de Assis Calsing, Data de Julgamento: 29/06/2011, 4ª Turma, Data de Publicação: 05.08.2011.

CONCURSO PÚBLICO PARA CONTRATAÇÃO. ARTIGO 37, II E §2º DA CONSTITUIÇÃO FEDERAL.

1. O Serviço Social do Transporte – SEST é serviço social autônomo, criado pela Lei nº 8.706/93. 2. Serviços Sociais Autônomos são – pessoas de cooperação governamental – (José dos Santos Carvalho Filho), que, – embora oficializadas pelo Estado, não integram a Administração direta nem a indireta, mas trabalham ao lado do Estado, sob seu amparo, cooperando nos setores, atividades e serviços que lhes são atribuídos, por considerados específicos de determinados beneficiários – (Hely Lopes Meirelles). – A atuação estatal, no caso, é de fomento e não de prestação de serviço público – (Maria Sylvia Zanella di Pietro). 3. A atipicidade de tais entes os sujeita à fiscalização pelo Tribunal de Contas da União, órgão que, em sua competência e se referindo ao gênero administrativo, já disse – estar pacífico –. o entendimento da inaplicabilidade do concurso público para admissão de pessoal, previsto no artigo 37, inciso II, da Constituição Federal, visto não pertencer a Entidade em questão à estrutura da Administração Pública direta ou indireta (Decisão nº 272/97 - Plenário, Ata nº 17/97; Acórdão 17/1999 - Plenário)- (Ministro Lincoln Magalhães da Rocha). 4. A despeito da gestão de contribuições parafiscais, os Serviços Sociais Autônomos, enquanto pessoas jurídicas de direito privado, com o silêncio de suas Leis instituidoras, não se sujeitam às restrições do inciso II e do §2º do artigo 37 da Constituição Federal para a contratação de seus empregados: os preceitos não os pretendem na mira de sua normatividade. Precedentes. Agravo de instrumento conhecido e desprovido. [35]

RECURSO DE REVISTA. AÇÃO CIVIL PÚBLICA. SENAC. DESNECESSIDADE DA REALIZAÇÃO DE CONCURSO PÚBLICO. INAPLICABILIDADE DA EXIGÊNCIA CONSTANTE NO ARTIGO 37, II, DA CF.

A exigência constitucional da obrigatoriedade da realização de concurso para a investidura de cargo ou emprego público (artigo 37, II, da CF), ressalvadas as hipóteses de cargo em comissão declarado em lei de livre nomeação e exoneração, direciona-se, expressamente, aos entes integrantes da administração pública direta e indireta. Não se aplica, portanto, ao SENAC, por se tratar de entidade associativa de direito privado, sem fins lucrativos, instituída sob a forma de serviço social autônomo, ainda que mantida por contribuições parafiscais. Precedentes desta Corte. Recurso de revista não conhecido. [36]

AGRAVO DE INSTRUMENTO EM RECURSO DE REVISTA. AÇÃO CIVIL PÚBLICA. SERVIÇOS SOCIAIS AUTÔNOMOS. SENAI.

---

[35] AIRR - 340540-08.2010.5.05.0000, Relator Ministro: Alberto Luiz Bresciani de Fontan Pereira, Data de Julgamento: 29.06.2011, 3ª Turma, Data de Publicação: 05.08.2011.

[36] RR - 108100-68.2008.5.24.0004, Relator Ministro: Maurício Godinho Delgado, Data de Julgamento: 15.06.2011, 6ª Turma, Data de Publicação: 01.07.2011.

CONTRATAÇÃO DE PESSOAL. DESNECESSSIDADE DE EXIGÊNCIA DE CONCURSO PÚBLICO NA FORMA DO ARTIGO 37, INCISO II, DA CONSTITUIÇÃO FEDERAL. O SENAI não integra a Administração Pública e, por isso, para admissão de empregados, não está obrigado à realização de concurso público, assim como o previsto para admissão de servidores na Administração Pública direta e indireta. No entanto, como seus recursos advêm de contribuição compulsória das empresas, sujeita-se à fiscalização e controle do Tribunal de Contas da União quanto à legalidade, legitimidade e economicidade na aplicação desses recursos, na forma do artigo 70 e seu parágrafo único, da Constituição Federal. Agravo de instrumento a que se nega provimento.[37]

Ocorre que na 1ª e 2ª Instâncias não há essa uniformidade de entendimento sobre a matéria,[38] o que se demonstrará, exemplificativamente, a partir desse momento, com a Jurisprudência do E. TRT/9ª Região (PR). Antes disso, merece destaque o fato de que na Jurisprudência Regional, não raras vezes, deferiu-se os pedidos do MPT rotulando-os de processo seletivo e, com isso, diferenciando do concurso público. Ocorre que a questão terminológica utilizada, nesse caso, é irrelevante, porque todas as obrigações a serem implementadas pelos Serviços Sociais Autônomos deságuam na realização de um concurso público.

---

[37] AIRR - 76640/2008-006-14-40, Relator: Vantuil Abdala, Data do Julgamento: 09.12.2009, 2ª turma, Data da Publicação: DEJT de 05.02.2010.

[38] A respeito das decisões judiciais de 1ª Instância que entenderam pela aplicação do princípio constitucional aos serviços sociais autônomos, cite-se exemplificativamente aquelas contidas nos autos: 00926.2008.036.05.00-3 (36ª Vara do Trabalho de Salvador); 00911.2008.034.05.00-2 (34ª Vara do Trabalho de Salvador); 00120.2008.007.23.00-9 (7ª Vara do Trabalho de Cuiabá); 01149.2008.008.23.00-7 (8ª Vara do Trabalho de Cuiabá); 01508-2008-006-11-00-9 (6ª Vara do Trabalho de Manaus); 01470-2008-006-20-00-5 (6ª Vara do Trabalho de Aracaju); 01698-2008-053-11-00-1 (3ª Vara do Trabalho de Boa Vista); 01367-2008-05-08-00-4 (5ª Vara do Trabalho de Belém); 0935.2008.002.17.00-1 (2ª Vara do Trabalho de Vitória); 01825-2008-030-02-00-8 (30ª Vara do Trabalho de São Paulo); 01062-2008-136-03-00-6 (36ª Vara do Trabalho de Belo Horizonte). Em sentido contrário, cite-se exempleficativamente o número dos autos cujas decisões de 1ª Instância e 2ª Instâncias entenderam pela inaplicação do princípio constitucional aos serviços sociais autônomos: 17596-2009-007-09-00-0 (7ª Vara do Trabalho de Curitiba); 01468-2008-001-20-00-4 (1ª Vara do Trabalho de Aracaju); 1071-2008-004-24-00-00 e 1081-2008-004-24-00-00 (4ª Vara do Trabalho de Campo Grande); 1080-2008-007-24-00-00 (7ª Vara do Trabalho de Campo Grande); 01064-2008-023-03-00-0 (23ª Vara do Trabalho de Belo Horizonte); 1212/2008-4 (6ª Vara do Trabalho de Belém); 01062-2008-110-03-00-3 (31ª Vara do Trabalho de Belo Horizonte); 00896-2008-018-05-00-3 (18ª Vara do Trabalho de Salvador); 02446-2008-037-02-00-0 (37ª Vara do Trabalho de São Paulo); 01224-2008-016-10-00-5 (16ª Vara do Trabalho de Brasília); 0072.2008.003.14.00-0 e 00766.2008.006.14.00-1 (1ª Turma do TRT/14ª Região); 01633.2008.001.18.00-9 (1ª Turma do TRT/18ª Região); 01062-2008-136-03-00-6 (6ª turma do TRT/3ª Região).

Em 1ª Instância, observa-se que a Juíza Anelore Rothenberger Coelho ao analisar a matéria na ACP ajuizada pelo MPT em face do SESC/PR utilizou como argumento para deferir os pedidos do MPT uma referência doutrinária ao posicionamento da jurista Maria Sylvia Zanella di Pietro que indica a necessidade de realização de processo seletivo público para contratação de empregados. Por seu turno, a juíza de primeiro grau Gabriela Macedo Outeiro também compreende que os Serviços Sociais Autônomos devem observar as regras típicas descritas pelo MPT, por entender que a matéria comporta "uma construção interpretativa", levando em consideração a legislação que rege estas entidades, bem como e acima de tudo, a forma como são tratadas pela Constituição Federal. Para ela, "permitir que a admissão de trabalhadores ocorresse sem critérios objetivos contrariaria os valores que a legislação acima citada buscou concretizar."

Em sentido contrário, o Juiz de primeiro grau Sandro Augusto de Souza que analisou a matéria nos Autos da ACP ajuizada pelo MPT em face do SESI/PR, fundamentou o entendimento no sentido de que o SESI não integra a estrutura da administração pública e não gera recursos públicos, razão pela qual não se subordina ao que prevê o artigo 37 da CR, sobretudo no que toca à contratação de trabalhadores mediante prévia realização de concurso público. Compartilha desse posicionamento o juiz Daniel Corrêa Polak ao analisar a ACP ajuizada pelo MPT em face do SENAC/PR que rejeitou os pedidos do MPT, com fundamento especial no princípio da legalidade contido no artigo 5º da CR/88 que veda a interpretação extensiva do artigo 37 da CR/88 para além da Administração Pública.

Em segunda instância, também se observa divergência de entendimento entre os desembargadores das diferentes turmas do E. TRT/9ª Região (PR) sobre a (in)aplicabilidade do princípio constitucional do concurso público aos Serviços Sociais Autônomos. De início, vale mencionar trechos da decisão colegiada da 1ª turma, de relatoria do Des. Ubirajara Carlos Mendes, referente ao Recurso interposto pelo SEST nos autos da ACP, em que se conclui pela imposição dos critérios listados pelo MPT, com fulcro especialmente no princípio da moralidade.

TRT-PR-21-01-2011 SEST. SERVIÇO SOCIAL AUTÔNOMO. ADMISSÃO DE PESSOAL. PROCESSO SELETIVO. ARTIGO 37, CF. Os Serviços Sociais Autônomos são entidades criadas por lei, com personalidade jurídica de direito privado, que prestam assistência ou ensino a certas categorias profissionais ou sociais e são mantidas por contribuições parafiscais instituídas pela União (artigo 240 da Constituição Federal).

(...) Não se concebe seja diferente quanto à admissão de pessoal, pelo mero argumento de que não integram a Administração Indireta. A realização de prévia seleção pública com respeito a critérios igualitários revela-se necessária em face do princípio da probidade administrativa, que alcança mesmo os entes privados destinatários de dotações orçamentárias. Os recursos que lhes são destinados, "in casu", derivam de contribuições parafiscais compulsórias, ou seja, decorrem de contribuições pagas pelos empregadores sobre a folha de salários e, conquanto não derivem diretamente do erário, são arrecadadas pelo INSS e repassadas diretamente às entidades integrantes do "sistema S". Não se trata, pois, da exigência de concurso público, nos moldes do artigo 37, II, da Constituição Federal, mesmo porque não há pedido nesse sentido, mas de exigir que a admissão de pessoal seja precedida de processo seletivo público com critérios igualitários e objetivos. (...) o que se coíbe, com o provimento da presente ação civil pública, é a afronta aos princípios insculpidos no "caput" do artigo 37 da Constituição Federal, já que os critérios internos de avaliação inseridos naquelas normas internas, como a realização de testes psicológicos, dinâmicas de grupos e análise curricular, atentam, notadamente, contra a impessoalidade, a publicidade e, ao possibilitar possíveis apadrinhamentos, desafiam a moralidade.

Nesse mesmo sentido, manifestaram-se os julgadores da 5ª turma ao analisar o Recurso Ordinário interposto pelo SESC/PR nos autos da ACP, cujo acórdão fora relatado pelo Des. Rubens Edgard Tiemann e que justifica o entendimento, asseverando que "o pedido em questão não é no sentido de se impor a realização de concurso público ao réu, mas sim de que sejam observados os princípios inseridos no artigo 37, caput, da CF e critérios objetivos na realização de processo seletivo simplificado para admissão de pessoal, haja vista a realização de um procedimento justo e imparcial sobretudo, observando-se o princípio da igualdade." Para o Relator, "o que se questiona, na presente demanda, é a idoneidade dos procedimentos realizados tendo-se em vista os princípios constitucionais, sobretudo da isonomia e impessoalidade." O r. Relator, a Des. Revisora Eneida Cornel e a 3ª votante Juíza Patrícia de Matos Lemos mantiveram a decisão de primeira instância para impor o processo seletivo na forma pretendida pelo MPT ao SESC/PR.

Em sentido contrário, vale citar o acórdão proferido em sede de Recurso Ordinário nos autos da ACP ajuizada pelo MPT em face do SESI/PR, em que os Desembargadores da 5ª turma (Relatora: Eneida Cornel; Revisor: Patrícia de Matos Lemos e 3º Votante: Rubens Edgard

Tiemann)[39] concluíram que essa entidade não estaria submetida ao princípio constitucional do concurso público ou ao processo seletivo pré-definido pelo MPT, em honra ao princípio da legalidade.

Da leitura do exposto acima, destaque-se: os mesmos julgadores da mesma 5ª turma do E. TRT/9ª Região ao enfrentar por duas ocasiões a análise da mesma matéria de direito, com a mesma petição inicial, mesma contestação, mesmos documentos comprobatórios, ora envolvendo o SESC/PR, ora envolvendo o SESI/PR, se posicionarem de modo distintos. Vejamos.

Para bem esclarecer a contradição dos dois julgados, insta registrar que, além de partirem de ponto de vista diferente sobre o pedido do MPT, uma vez que no caso do SESC/PR fazem diferenciação entre o processo seletivo público e concurso público para justificar a imposição deste e assim não procedem em relação ao SESI/PR, os argumentos para atrair (no caso do SESC/PR) e afastar (no caso do SESI/PR) a (in) aplicação do princípio constitucional do concurso público aos Serviços Sociais Autônomos perpassa diferentes pontos de vista sobre a natureza jurídica de tais entidades, seu regime jurídico e a (des)caracterização de seus recursos como dinheiro público. Vejamos.

(continua)

SESC/PR (Autos nº 21.369-2009-652-09-00-1)	SESI/PR (Autos nº 18.938-2009-001-09-00-0)
É sabido que os Serviços Sociais Autônomos são pessoas jurídicas de direito privado **mantidos total ou parcialmente pelos cofres públicos** exercendo atividades privadas de interesse público. (...) Saliente-se que, em que pese a natureza jurídica que possuem ser diversa da de integrantes da administração pública, **POR SEREM BENEFICIÁRIOS DE VERBAS PÚBLICAS**, devem se sujeitar a normas semelhantes às da administração pública.	O custeio desses Serviços Sociais Autônomos é feito por meio de contribuições compulsórias de natureza parafiscal, **recolhidas por empregadores sobre a folha de salários, nos termos do artigo 240 da CF**. Estão previstas na legislação que regula a atividade das entidades terceiras existindo apenas atribuição de competência administrativa à Secretaria da Receita Previdenciária (...) para arrecadar tais valores juntamente com as contribuições previdenciárias, o que passou para a Secretaria da Receita Federal do Brasil (...).

---

[39] O Des. Rubens Edgard Tiemann ressalvou seu voto em sentido contrário.

(conclusão)

SESC/PR (Autos nº 21.369-2009-652-09-00-1)	SESI/PR (Autos nº 18.938-2009-001-09-00-0)
(...) Não se pode olvidar as obrigatoriedades legais e morais trazidas pelo fato de gerir essas contribuições parafiscais, **que inegavelmente são recursos públicos**, na administração privada. Neste aspecto, é importante destacar os ensinamentos de José Anacleto Abduch Santos, o qual, a este respeito, chama de "teoria do imã" no tocante à **gestão privada de recursos públicos**.	Essa circunstância no entanto não faz com que tais entidades passem a integrar a administração pública, **MESMO PORQUE NÃO HÁ PRESTAÇÃO DE SERVIÇO PÚBLICO**. Como bem observou o juízo de origem, **as contribuições recolhidas não chegam a integrar o patrimônio do Estado, NÃO PODENDO SER ENQUADRADAS COMO DINHEIRO PÚBLICO**, além do que a exigência de prestação de contas (artigo 70, parágrafo único, CF) **visa apenas a garantir que esses recursos sejam aplicados em benefício dos trabalhadores.** (...) Por tais fundamentos, não merece reforma a sentença no ponto em que **rejeitou o pedido de cumprimento pelo réu das regras e princípios sobre contratação de pessoal aplicáveis à Administração Pública. (artigo 37, CF)**

Observa-se, portanto, a complexidade do tema. Tais contradições convidam a uma avaliação crítica da jurisprudência produzida na apreciação dos casos concretos, a fim de promover a unificação jurisprudencial e, com isso, evitar insegurança jurídica.

Conclusão

Viu-se que não há nenhuma tutela legal expressa e específica à coletividade dos trabalhadores a garantir incontestavelmente o amplo acesso aos cargos e empregos gerados pelos Serviços Sociais Autônomos, havendo, entretanto, o dever de tais entidades:

a) observarem os princípios constitucionais da dignidade da pessoa humana, da não-discriminação, da igualdade e do respeito à honra e vida privada, como devem observar todos os empregadores;

b) absterem-se de contratar pessoas com grau de parentesco, com fundamento em normativo interno;
c) realizarem processo seletivo transparente e impessoal, respeitando-se os princípios publicistas da impessoalidade, finalidade, igualdade, moralidade e publicidade por imposição do TCU, sob pena de responsabilização administrativa dos gestores.

Demais disso, viu-se que o assunto comporta uma análise interpretativa e a ponderação de valores preservados constitucionalmente, havendo argumentos razoáveis tanto para:

a) a defesa da não aplicação do princípio do concurso público e/ou dos demais princípios de direito público aos Serviços Sociais Autônomos, por não haver direito expresso de tutela aos interesses coletivos dos trabalhadores nesse sentido, sob pena de ofensa ao princípio da legalidade e da segurança jurídica; como para

b) a defesa da aplicação do princípio do concurso público e/ou dos demais princípios de direito público aos Serviços Sociais Autônomos, por haver gestão de recursos públicos e obrigatoriedade de fazê-lo segundo a devida moralidade, afastando-se, assim, práticas de nepotismo e apadrinhamentos.

A pesquisa realizada parece indicar a tendência jurisprudencial convergindo com a jurisprudência unânime do Colendo Tribunal Superior do Trabalho que reconhece que os Serviços Sociais Autônomos possuem natureza jurídica de direito privado e não integram a Administração Pública, motivo pelo qual não se submetem ao princípio constitucional do concurso público, com fundamento no princípio da legalidade, basilar do Estado Democrático de Direito.

Referências

BARROS, Alice Monteiro de. *Curso de direito do trabalho*. São Paulo: LTr, 2005.

BARROSO, Luis Roberto. *O direito constitucional e a efetividade de suas normas*: limites e possibilidades da Constituição brasileira. 3. ed. Rio de Janeiro: Renovar, 1996.

CARVALHO FILHO, José dos Santos. *Manual de direito administrativo*. 16. ed. rev. ampl. e atual. Rio de Janeiro: Lumen Juris, 2006.

COELHO, Luciano Augusto de Toledo. *Responsabilidade Civil Pré-Contratual em direito do trabalho*. São Paulo: LTr, 2008.

CUÉLLAR, Leila. Os novos Serviços Sociais Autônomos: exame de um caso. *Revista Eletrônica sobre a Reforma do Estado – RERE*, Salvador, Instituto Brasileiro de Direito Público, n. 14, jun./ago. 2008. Disponível em: <http://www.direitodoestado.com.br/revista/RERE-14-JUNHO-2008-LEILA%20CUELLAR.PDF>.

DELGADO, Maurício Godinho. *Curso de direito do trabalho*. 9. ed. São Paulo: LTr, 2010.

DI PIETRO, Maria Sylvia Zanella. *Direito administrativo*. 13. ed. São Paulo: Atlas, 2001.

FERREIRA FILHO, Manoel Gonçalves. *Parecer Jurídico solicitado pelo SESI e datado de 14 jun. 1996.* Disponível nos autos: 21369-2009-652-09-00-1.

MEIRELLES, Hely Lopes. *Direito administrativo brasileiro*. 26. ed. São Paulo: Malheiros, 2001.

MENDES, Gilmar Ferreira; COELHO, Inocêncio Mártires; BRANCO, Paulo Gustavo Gonet. *Curso de direito constitucional*. 2. ed. rev. e atual. São Paulo: Saraiva, 2008.

MOREIRA NETO, Diogo de Figueiredo. *Mutações do direito administrativo*. Rio de Janeiro: Renovar, 2000.

MOREIRA NETO, Diogo de Figueiredo. *Natureza jurídica dos Serviços Sociais Autônomos*. Brasília: Sebrae, 1997.

NASCIMENTO, Amauri Mascaro. *Parecer jurídico solicitado pelo SESC e SENAC*. Datado de 19 set. 2008.

RODRIGUEZ, Américo Plá. *Princípios de direito do trabalho*. Tradução de Wagner D. Giglio. São Paulo: LTr, 1996.

SANCHES, Vanessa Karam de Chueiri. *A discriminação por orientação sexual no contrato de trabalho*. Dissertação (Mestrado) – Pontifícia Universidade Católica do Paraná, Curitiba, 2006. Disponível em: <http://www.biblioteca.pucpr.br/tede/tde_busca/arquivo.php?codArquivo=440>. Acesso em: 29 mar. 2012.

SCAFF, Fernando Facury. Contrato de gestão, Serviços Sociais Autônomos e intervenção do Estado. *Revista de Direito Administrativo*, Rio de Janeiro, n. 224, 2001.

SILVA, José Afonso da. *Da natureza jurídica de SESC e SENAC e de seus recursos*. Parecer Jurídico solicitado pelo SESC e SENAC e datado de 07.nov.2007.

WEBER, Max. *Economia e sociedade*: fundamentos da sociologia compreensiva. Brasília: Ed. UnB, [s. d.]. v. 1, v. 2.

Informação bibliográfica deste texto, conforme a NBR 6023:2002 da Associação Brasileira de Normas Técnicas (ABNT):

MENDONÇA, Ana Paula Nunes. Análise dogmática da (in)aplicabilidade do princípio constitucional do concurso público aos serviços sociais autônomos. *In*: RAMOS FILHO, Wilson (Coord.). *Trabalho e regulação*: as lutas sociais e as condições materiais da democracia. Belo Horizonte: Fórum, 2012. v. 1, p. 47-71. ISBN 978-85-7700-566-6.

O NASCIMENTO DA GARANTIA À INCOLUMIDADE DO TRABALHADOR NO BRASIL
UMA ANÁLISE HISTÓRICA

DANIEL LISBOA

Introdução

O objeto do presente estudo é apontar os momentos históricos em que os trabalhadores obtiveram vitórias, de cunho justrabalhista, relacionados ao contrato de trabalho, portanto, no campo da garantia à sua saúde e em que circunstâncias históricas isso ocorreu.

Tomar-se-á como referência parte da legislação sobre o tema, aquela tida como mais importante para que se possa perceber essa evolução, a fim de se perceber o momento em que a garantia à saúde tornou-se verdadeira obrigação do empregador, ou seja, quando passou a ser uma contrapartida à subordinação.

Esse desiderato apenas será atingido se restar claro que em sua fase embrionária, direito do trabalho e direito previdenciário confundiam-se, em um gênero que será chamado de direito social.

Destarte, só se poderá falar em direito trabalhista de garantia à saúde, segurança e higiene, ou, mais propriamente, à incolumidade, quando esse tratar-se de efetiva contrapartida garantida pelo empregador, por força do contrato de trabalho, e, com isso, estiver o empregado apto a exigir civilmente reparação direta pelos danos sofridos no caso de ofensa a esse direito. Por outro lado, enquanto o acidente de trabalho estiver sendo tratado pela legislação como objeto de seguro, ainda que a cargo do empregador a indenização, não se considerará, pelos pressupostos ora esposados, direito puramente trabalhista (decorrente do contrato de trabalho), mas sim, social/previdenciário.

Nesse passo, o enfoque do estudo se dará, em primeiro plano, na responsabilidade do empregador em garantir a saúde do empregado, e não na existência de um direito social à saúde, ou ainda, de um seguro público social com o intuito de amparo de vítimas de infortúnios laborais, ainda que custeado pelo empregador.

Para que esse entendimento se faça claro, deve-se levar em conta que a existência de um fato jurídico consubstanciado com acidente do trabalho em sentido lato (aqui englobando as doenças ocupacionais) tem reflexos em diversos ramos do direito. Penal, em que se apurará eventual responsabilidade criminal pelo dano sofrido. Previdenciário, em que, a partir do vínculo entre o segurado e o INSS, o acidentado acessará benefícios sociais, como auxílio-acidente, auxílio-doença acidentário, pensão por morte, etc. Por fim, na esfera civil-trabalhista, em que se verificará o direito à indenização, pelo empregador, em face do eventuais danos materiais e morais sofridos por conta desse fato. É essa última matiz que se sublinhará doravante.

1 A limitação da liberdade pelo direito de subordinar

A característica mais marcante do contrato denominado de emprego é a existência de subordinação nessa relação jurídica. Conforme aponta o Ministro Maurício Godinho Delgado, "...será a subordinação, entre todos esses elementos (fático-jurídicos que compõem a relação de emprego), o que ganha maior proeminência na conformação do tipo legal da relação empregatícia".[1] Já houve quem defendesse, como o italiano Renato Corrado,[2] que a relação de emprego difere-se das demais apenas por essa característica especial.

Não se pode negar, é verdade, que uma das partes do contrato de emprego tem um direito especial, que repercute em diversos momentos no curso dessa relação, que lhe coloca em situação de proeminência, ficando a outra em estado de dependência ou obediência, sujeita

---

[1] DELGADO, Maurício Godinho. *Curso de direito do trabalho*. 9. ed. São Paulo: LTr, 2010. p. 280.

[2] *Idem*, p. 280.

ao poder da primeira. Na materialização dessa específica relação, o empregado, no gozo de sua autonomia privada, transfere "ao empregador o poder de direção sobre a atividade que desempenhará",[3] ou seja, de sua autonomia de agir, pois esse irá *"determinar o modo de execução da prestação do trabalho para que possa satisfazer o seu interesse"*.[4] Em outras palavras, autoriza o empregado sua subordinação, posição jurídica a que se contrapõe o poder empregatício do empregador, em todas as suas matizes (diretivo, regulamentar, fiscalizatório e disciplinar). Para tanto, recebe contraprestações – ou contrapartidas como se verá – como salário, descanso semanal, férias, FGTS, remuneração especial para horário extraordinário, etc.

E, ao limitar sua autonomia de agir, como dito acima, ainda que por parcela do tempo, sem dúvida acaba por sofrer – *sponte propria*, é de se frisar – uma espécie de limitação da liberdade.

De fato, a aceitação ao labor subordinado reflete uma alienação da liberdade, limitada no tempo e no espaço, é verdade, mas uma alienação de liberdade, social e legalmente aceita. Pelo menos em sua modalidade clássica, o empregado é remunerado pelo tempo posto a disposição. Durante o período em que labuta, seu agir é definido por outrem. Em outras palavras, a condução do corpo do empregado, de suas ações, omissões, atenções e até pensamentos (vide trabalhos intelectuais) é gerida pelo empregador.

Poder-se-ia pensar em uma contradição entre o direito fundamental de liberdade, inalienável, e a possibilidade de realização do contrato de trabalho. Todavia, tal contradição é aparente, ante a aceitação legal e social do labor subordinado.

Não por acaso afirmou Nietzsche que aquele que não detém mais de 2/3 do seu dia é um escravo. Dessa ilação, analisada *a contrario sensu*, percebe-se ser socialmente aceitável alienar parte do tempo (e da liberdade que lhe é inerente) em troca de remuneração.

Mais do que isso, internalizou-se no inconsciente coletivo que o trabalho (sendo certo que a modalidade subordinada é a regra no modo de produção capitalista) é necessário e conduz à salvação, à dignificação, enfim, sem trabalho não se formaria o caráter do ser humano, não se imporia o sujeito enquanto membro da coletividade. A economia baseada na servidão, para a qual o trabalho era indigno,

---

[3] NASCIMENTO, Amauri Mascaro. *Iniciação ao direito do trabalho*. 36. ed. São Paulo: LTr, 2011. p. 164.

[4] *Idem*, p. 164.

foi paulatinamente substituída pela capitalista, que coloca o trabalho como pressuposto para a existência humana. Nas palavras do Prof. Wilson Ramos Filho, *"estigmatizados o ócio e a não submissão ao estatuto do salariado, o trabalho subordinado se transmuda em imperativo moral por oposição àquelas condutas que resistem ao ingresso no modo de vida capitalista, tidos como vadios, como vagabundos ou como malandros"*.[5]

Assim caminhou a fundamentação doutrinária do capitalismo, com a criação de uma ética peculiar, impositiva do dever moral de trabalhar, a qual, como aponta Max Weber,[6] tornou-se, inclusive, fundamento religioso.

Não por outra razão, lê-se na encíclica *Rerum Novarum*: "O trabalho e o sofrimento são apanágios de todos:... Se há quem, atribuindo-se o poder fazê-lo, prometa ao pobre uma vida isenta de sofrimento e de trabalho, toda de repouso e de perpétuos gozos, certamente engana o povo e lhe prepara laços, onde se ocultam para o futuro mais terríveis calamidades que as do presente".[7]

Ou ainda: "Às classes, há deveres mútuos, cabendo aos operários:...fornecer integral e fielmente todo o trabalho a que se comprometeu por contrato livre e conforme à equidade; não lesar o seu patrão, nem nos seus bens, nem na sua pessoa;...".[8]

Resta claro, pois, que, aceitar ser subordinado a outrem, durante uma parcela da existência do ser humano é, no modo de produção capitalista, ao mesmo tempo uma necessidade para a sobrevivência, uma imposição social, moral e, eventualmente, até, religiosa.

2 As contrapartidas fordistas ao direito de subordinar

Essa aparente contradição entre a regra comum de garantia absoluta à liberdade e a necessidade-dever de trabalhar, não se pretendendo aqui analisar esse tema profundamente, é minorada pelas chamadas contrapartidas fordistas[9] à alienação da liberdade, à aceitação da subordinação.

---

[5] Em material de estudo de sua lavra fornecido quando lecionando a matéria Fundamentos do Direito do Trabalho cursada no primeiro semestre de 2011 no mestrado em Direito das Relações Sociais da UFPR.

[6] WEBER, Max. *A ética protestante e o "espírito" do capitalismo*. São Paulo: Companhia das Letras, 2004.

[7] BIAVASCHI, Magda Barros. *O direito do trabalho no Brasil*: 1930-1942: a construção do sujeito de direitos trabalhistas. São Paulo: LTr, 2007. p. 358.

[8] *Idem*, p. 358.

[9] O termo foi cunhado pelo Prof. Wilson Ramos Filho, trabalhado durante o curso acima mencionado e será objeto de livro, de sua lavra, a ser oportunamente lançado.

Como contrapartidas fordistas, podemos entender as concessões, feitas aos empregados, pelos empregadores e chanceladas pelo Estado, por meio do chamado Direito Capitalista do Trabalho, ou, dependendo do momento histórico, impostas aos empregadores pelo Estado, a fim de melhorar as condições de trabalho e vida daqueles e, assim, refrear o conflito de classes.

Tais contrapartidas formam o conjunto de benefícios repassados à classe trabalhadora com a finalidade de legitimar o capitalismo em sua segunda fase, atuando como mecanismos de compensação à exigência da subordinação.

Em diversos momentos históricos podem-se notar incremento das contrapartidas, em outros, essas mantiveram-se nos patamares anteriores (ou até regrediram). Tratam-se de ciclos em que a apropriação da mais-valia do labor prestado pelos empregados, por parte do detentor dos meios de produção, foi menor ou maior. De fato, quanto maiores as contrapartidas, menor o ciclo de acumulação de capital, e vice-versa.

Em resumo, ao aderir ao regime capitalista e permitir que seu trabalho livre seja apropriado em parte por outro (mais-valia), o trabalhador recebe compensações. Tais compensações são objeto do Direito do Trabalho, que legitima juridicamente a apreensão da mais-valia pelo detentor dos meios de produção, em um sistema ambivalente. Ao mesmo passo representa conquistas dos trabalhadores e garante a manutenção do sistema capitalista que representa. Protege o trabalhador de uma exploração desmedida, mas serve de substrato organizador e justificador dessa mesma exploração.

No Brasil, a partir da Revolução de 1930, e com a vitória hegemônica do ideário corporativo, representado no Brasil pela ascensão de Vargas e o golpe de 1937, viu-se momento em que o Estado atuou como disciplinador das relações sociais, a fim de salvaguardar os interesses da nação e da produção, em detrimento daqueles dos empregadores e dos trabalhadores. Era função do Estado, a conciliação entre as classes, em prol do crescimento econômico do País.

Nesse contexto, o direito do trabalho serviu como nenhum outro ramo a esse desiderato, pois tinha como conteúdo, como dito, justamente a regulação dessa arena de embate social. Assim, implantou-se um modelo de intervencionismo nas relações de trabalho no Brasil, de índole fordista, o que o singularizou.

Isso porque, ao contrário das matizes nazi-fascistas, o corporativismo-fordista implantado no Brasil – e é o que lhe justifica a denominação – estabeleceu, como forma de justificação, e com finalidade de aceitação social de suas propostas de construção nacional, diversas contrapartidas, várias dessas de cunho trabalhistas, e, em especial, a CLT.

Ademais, ainda com a finalidade de crescimento da Nação, não se podia deixar de incrementar o mercado interno para os produtos nacionais. Nesse passo, não se poderia permitir que, em um ambiente de crescente industrialização, fosse criada no Brasil uma legião de trabalhadores incapazes e "aleijados", que em nada contribuiriam para tal desiderato. O trabalhador passou a ser visto, assim, não apenas como mão-de-obra, mas também como ator no mercado de consumo. Não por acaso, em 1940, pelo Decreto-Lei nº 2.162, regulamentou-se o salário-mínimo, garantia já prevista constitucionalmente desde 1934.

Foi nesse ambiente histórico que o trabalhador brasileiro obteve, também, como direito seu, a garantia à sua incolumidade física, como se verá.

3 A evolução legislativa do direito à proteção da saúde do trabalhador

Ainda que existisse algum tratamento do tema acidente de trabalho no Código Comercial de 1850, referindo-se a feitores, guarda-livros, caixeiros e outros prepostos de casas de comércio, esse ainda era muito singelo, pois apenas estabelecia a manutenção dos salários por até 3 meses.[10]

Citada norma também preocupava-se com a saúde da tripulação de embarcações mercantis, em moldes semelhantes, mas sem estabelecer prazo. Ademais, inclui-se o custo do tratamento nas responsabilidades do tomador de serviço.[11]

Contudo, a primeira norma específica sobre o tema, de 1919, foi fruto dos trabalhos da Comissão de Legislação Social, criada no ano anterior por iniciativa do deputado Carlos Penafiel, com o desiderato de analisar todas as iniciativas legislativas dessa área, em resposta às

---

[10] Art. 79 - Os acidentes imprevistos e inculpados, que impedirem aos prepostos o exercício de suas funções, não interromperão o vencimento do seu salário, contanto que a inabilitação não exceda a 3 (três) meses contínuos.

[11] Art. 560 - Não deixará de vencer a soldada ajustada qualquer indivíduo da tripulação que adoecer durante a viagem em serviço do navio, e o curativo será por conta deste; se, porém a doença for adquirida fora do serviço do navio, cessará o vencimento da soldada enquanto ela durar, e a despesa do curativo será por conta das soldadas vencidas; e se estas não chegarem, por seus bens ou pelas soldadas que possam vir a vencer.

agitações grevistas, especialmente no Rio de Janeiro e São Paulo, de uma classe operária ainda em formação.[12] Tratava-se do Decreto nº 3.724 de 1919,[13] o qual, após definir o que se entendia por acidente do (no) trabalho – tradição que se manteve nas demais legislações sobre o tema até os dias atuais – em seu artigo 1º,[14] tratava do dever de indenizar, em seu artigo 2º.[15] Não importava a norma, a culpa do empregador, mas apenas o nexo causal entre o acidente e a prestação de labor. Vale dizer, estabelecia o dever de indenizar o acidente de trabalho de forma objetiva.

Por outro lado, embora progressista quanto a esse aspecto, limitava-se aos trabalhadores considerados como operários, consoante seu artigo 3º,[16] embora o direito fosse extensível aos "operários" da Administração Pública Direta (artigo 4º).

Havia limitações tarifadas às indenizações (artigo 6º), bem como determinações de valores de acordo com a extensão do dano e definitividade, ou não, da lesão.

Interessante ainda, para o objeto do presente estudo, que a norma em análise preocupava-se com o socorro imediato e tratamento da vítima,[17] pelo seu empregador.

---

[12] BIAVASCHI, *op. cit.*, p. 182.

[13] Toda a legislação histórica citada a partir desse ponto foi retirada do sítio na internet do Senado Federal. Disponível em: <http://www.senado.jus.br>. Acesso em: 1º ago. 2011.

[14] Art. 1º Consideram-se acidentes no trabalho, para os fins da presente lei:
a) o produzido por uma causa subita, violenta, externa e involuntaria no exercicio do trabalho, determinado lesões corporaes ou perturbações funccionaes, que constituam a causa unica da morte ou perda total, ou parcial, permanente ou temporaria, da capacidade para o trabalho;
b) a molestia contrahida exclusivamente pelo exercicio do trabalho, quando este fôr de natureza a só por si causal-a, e desde que determine a morte do operario, ou perda total, ou parcial, permanente ou temporaria, da capacidade para o trabalho.

[15] Art. 2º O accidente, nas condições do artigo anterior, quando occorrido pelo facto do trabalho ou durante este, obriga o patrão a pagar uma indemnização ao operario ou á sua familia, exceptuados apenas os casos de força maior ou dolo da propria victima ou de estranhos.

[16] Art. 3º São considerados operarios, para o effeito de indemnização, todos os individuos, de qualquer sexo, maiores ou menores, uma vez que trabalhem por conta de outrem nos seguintes serviços: construcções, reparações e demolições de qualquer natureza, como de predios, pontes, estradas de ferro e de rodagem, linhas de tramways electricos, rêdes de esgotos, de illuminação, telegraphicas e telephonicas, bem como na conservação de todas essas construcções; de transporte carga e descarga; e nos estabelecimentos industriaes e nos trabalhos agricolas em que se empreguem motores inanimados.

[17] Art. 13. Em todos os casos o patrão é obrigado a prestação de soccorros medicos e pharmaceuticos, ou sendo necessarios, hospitalares, desde o momento do accidente.
§1º Quando, por falta de medico ou pharmacia, o patrão não puder prestar á victima immediata assistencia, fará, si o estado da mesma permittir, transportal-a para o logar mais proximo em que fôr possivel o tratamento.
§2º Quando o estado da victima não permittir o transporte, o patrão providenciará para que á mesma não falte a devida assistencia.

Também assim exigia-se a comprovação de que o tratamento do convalescente seria efetivado.[18] Até então, tais fatos eram resolvidos pelo Código Comercial de 1850, se aplicável como lei especial, ou pelo Código Civil de 1916, como regra geral, o que exigia a demonstração de culpa do empregador, pela regra do artigo 159 do citado Código.

Não havia dever específico de garantia do meio ambiente de trabalho e, portanto, não se podia, até então, falar-se em um dever contratual de salvaguarda da incolumidade do empregado.

Para os trabalhadores excluídos da legislação ora tratada (artigo 3º supra), continuou a vigorar a regra geral.

No plano constitucional, faz-se menção ao direito do trabalho, pela primeira vez, com a Emenda Constitucional nº 3, de 03.09.1926. Até então a questão social não fora tratada em nenhuma Constituição Brasileira.

O Decreto nº 3.724/19 foi revogado pelo Decreto nº 24.637/34, que, caminhando nos mesmos trilhos da legislação anterior, teve o mérito de estender a proteção a outros profissionais, como trabalhadores rurais.

Continuou-se a definir o que se considerava acidente de trabalho, logo no artigo 1º.[19]

---

[18] Art. 19. Todo o accidente de trabalho que obrigue o operario a suspender o serviço ou se ausentar, deverá ser immediatamente communicado á autoridade policial do logar, pelo patrão, pelo proprio operario, ou qualquer outro. A autoridade policial comparecerá sem demora ao logar do accidente e ao em que se encontrar a victima, tomando as declarações desta, do patrão e das testemunhas, para lavrar o respectivo auto, indicando o nome, a qualidade, a residencia do patrão, o nome, a qualidade, a residencia e o salario da victima, o logar preciso, a hora e a natureza do accidente, as circumstancias em que se deu e a natureza dos ferimentos, os nomes e as residencias das testemunhas e dos beneficiarios da victima.
§1º No quinto dia, a contar do accidente, deve o patrão enviar á autoridade policial, que tomou conhecimento do facto, prova de que fez á victima o fornecimento de soccorros medicos e pharmaceuticos ou hospitalares, um attestado medico sobre o estado da victima, as consequencias verificadas ou provaveis do accidente, e a época em que será possivel conhecer-lhe o resultado definitivo.
§2º Nesse mesmo dia, a autoridade policial remetterá o inquerito, com os documentos a que se refere o paragrapho anterior, ao juizo competente, para a instauração do summario.
[19] Art. 1º Considera-se acidente do trabalho, para os fins da presente lei, toda lesão corporal, perturbação funcional, ou doença produzida pelo exercício do trabalho ou em consequência dele, que determine a morta, ou a suspensão ou limitação, permanente ou temporária, total ou parcial, da capacidade para o trabalho.
§1º São doenças profissionais, para os efeitos da presente lei, além das inerentes ou peculiares a determinados ramos de atividade, as resultantes exclusivamente do exercício do trabalho, as resultantes exclusivamente especiais ou excepcionais em que o mesmo for realizado, não sendo assim consideradas as endêmicas quando por elas forem atingidos empregados habitantes da região.
§2º A relação das doenças profissionais inerentes ou peculiares a determinados ramos de atividade será organizada e publicada pelo Ministério do Trabalho, Indústria e Comércio, e revista trienalmente, ouvidas as autoridades competentes.

A gama de empregados protegidos, como dito, aumentou, como se via nos artigos 64 e 65,[20] pois a norma em tela passou a ser regra geral para análise dos infortúnios laborais, e não mais especial. Isso porque, ao contrário da legislação anterior, não nominou os beneficiados, mas sim aqueles excluídos do seu âmbito – embora dilatada a lista. As indenizações continuavam parcialmente tarifadas (artigos 20 e 22) e com teto máximo definido (artigo 19).

Em sendo o empregado beneficiário de instituição de seguro social – como caixas de assistência, pensões e montepios existentes à época –, parte da indenização poderia ser revertida a essa, dependendo da situação (artigo 26), o que demonstra a característica de legislação social (assim entendida aquela de natureza híbrida, trabalhista e previdenciária, fruto do momento histórico de desenvolvimento do direito da época) das normas sobre o tema. Manteve-se a responsabilização objetiva, pouco importando, pois, a culpa do empregador.[21]

---

[20] Art. 64 Ficam excluidos da presente lei, muito embora não percam, para outros efeitos, a qualidade de prepostos, agregados ou dependentes:
1º, na indústria e no comércio:
a) os empregados que tiverem vencimentos superiores a 1:0000 (um conto de réis) mensais, e os técnicos, ou contratados, aos quais forem asseguradas, por meios idôneos, vantagens superiores às estabelecidas, na presente lei, para os demais empregados;
b) os agentes e prepostos cuja remuneração consiste, única e exclusivamente, em comissões, ou em gratificações vagas pelos clientes;
c) os profissionais de qualquer atividade que, individual ou coletivamente, empreitarem, por conta própria, serviços de sua especialidade, com ou sem fiscalização da outra parte contratante;
d) os consultores técnicos, inclusive advogados e médicos, que, embora remunerados, não trabalhem efetiva e permanentemente no estabelecimento ou estabelecimento do empregador, exercendo sòmente funções consultivas ou informativas
e) os domésticos e jardineiros que, em número inferior a cinco, residirem com o empregador, percebendo, cada um, salário mensal inferior a 50$000 (cincoenta mil réis);
f) cônjuges, ascendentes, descendentes, colaterais e afins, quando, tendo domicílio comum com o proprietário, explorarem pequenas indústrias, ou estabelecimentos comérciais, sob o regime familiar.
2º na agricultura e na pecuária:
a) os que explorarem terrenos, com ou sem bemfeitorias, e os guardadores de semoventes, que participarem dos resultados da produção ou da reprodução, tanto nos trabalhos decorrentes daqueles mistéres, como em outros que realizarem para o possuidor dos terrenos, bemfeitorias ou semoventes, sempre que táis trabalhos representarem um encargo vinculado à exploração agricola ou parcial;
b) os parentes, até ao segundo grau, ou linha reta ou colaterial do proprietário agrícola ou pastoríl, que com ele tenham a mesma econômia doméstica.
Art. 65 A disposição do n. 1, alinea d, do artigo anterior não se aplica áqueles que servirem aos sindicatos e cooperativas para se tornarem empreiteiros, cabendo a êstes, em qualquer hipótese, todas as responsabilidades de empregadores.

[21] Art. 2º Excetuados os casos de fôrça maior, ou de dolo, quer da própria vítima, quer de terceiros, por fatos estranhos ao trabalho, o acidente obriga o empregador ao pagamento de indenização ao seu empregado ou aos seus beneficiários, nos têrmos do capítulo III desta lei.

Essa legislação, em seu artigo 12,[22] por fim, isentava o empregador do pagamento de outras indenizações com fundamentos em leis diversas, ou seja, deixa explícita a separação de um ramo especializado do direito, de cunho social (trabalhista-previdenciário), da legislação "comum".

Importa, para a compreensão desse momento histórico, que, à época, já se contava com alguma proteção previdenciária para certas classes de trabalhadores, e daí a menção aos fundos de assistência na legislação acidentária.

Ainda não se podia, em verdade, estabelecer uma efetiva separação entre os ramos do direito trabalhista e previdenciário, pois inexistente uma legislação previdenciária unificada para todos os trabalhadores.

De fato, as caixas de assistência existiam desde 1911 – para empregados da Casa da Moeda, Decreto nº 9.284/11 – e, de forma mais abrangente, após a edição da Lei Eloy Chaves, Decreto-Lei nº 4.682/23. Todavia, foram unificadas apenas em 1953, pelo Decreto nº 34.586, que criou a Caixa Nacional, transformada, em 1960, em Instituto, pela Lei nº 3.807/60.

Essa norma, chamada Lei Orgânica da Previdência Social, estabeleceu pela primeira vez um plano único de benefícios, até então diferenciados de acordo com o tipo de labor desenvolvido pelo segurado.[23]

Dessarte, e isso é importante para a análise que se pretende, resta claro que o tema acidente de trabalho era trabalhado, à época, sem uma definição clara sobre a natureza jurídica das obrigações impostas aos empregadores, se trabalhista ou previdenciária.

Os deveres dos empregadores relacionados a minorar os efeitos das eventuais lesões sofridas já existiam, mas sempre em um viés monetarizado e tarifados. Todavia, ainda não haviam sido estabelecidos deveres de prevenção.

A terceira lei brasileira específica sobre acidentes de trabalho foi o Decreto-Lei nº 7.036/44, que entrou em vigor sob a égide da Constituição

---

§1º Não canstitúe fôrça maior a ação dos fenômenos naturais quando determinada ou agravada peta instalação ou localização do estabelecimento ou pela natureza do serviço.

§2º A responsabilidade do empregador deriva sòmente de acidentes ocorridos pelo fato do trabalho, e não dos que se verificarem na ida do empregado para o local da sua ocupação ou na sua volta dali salvo havendo condição especial fornecida pelo empregador.

[22] Art. 12 A indenização estatuída pela presente lei exonera o empregador de pagar à vitima, pelo mesmo acidente, qualquer outra indenização de direito comum.

[23] CASTRO, Carlos Alberto Pereira de; LAZZARI, João Batista. *Manual de direito previdenciário*. 12. ed. Florianópolis: Conceito Editorial, 2010. p. 69.

O NASCIMENTO DA GARANTIA À INCOLUMIDADE DO TRABALHADOR NO BRASIL – UMA ANÁLISE HISTÓRICA

de 1937, apelidada de Polaca, outorgada por Getúlio Vargas após o golpe que instituiu o Estado Novo.

A regra da definição legal do que seria acidente de trabalho no artigo 1º continuou, sendo que no artigo 2º, tratou-se das doenças ocupacionais (tanto do trabalho quanto profissionais, portanto).

Elevou-se a proteção do trabalhador, pois se incorporou ao conceito de acidente de trabalho situações em que esse atua como concausa para o dano, alargando a espectro do nexo causal.[24]

Manteve-se, outrossim, a responsabilização objetiva, como se nota nos artigos 5º e 7º.[25]

As indenizações ainda tinham firme tarifação, como se nota no artigo 18 e seguintes, inclusive com estabelecimento de valores fixos para algumas situações, como se via no artigo 17 §3º.[26]

Outrossim, dependendo do valor, poderia haver conversão de parte da indenização à instituição de previdência a que o empregado pertencer, consoante seu artigo 22.[27]

---

[24] Art. 3º Considera-se caracterizado o acidente, ainda quando não seja êle a causa única e exclusiva da morte ou da perda ou redução da capacidade do empregado, bastando que entre o evento e a morte ou incapacidade haja uma relação de causa e efeito.

[25] Art. 5º Incluem-se entre os acidentes do trabalho por que responde o empregador, de conformidade com o disposto nos artigos anteriores, todos os sofridos pelo empregado no local e durante o trabalho, em consequência de:
a) atos de sabotagem ou terrorismo levados a efeito por terceiros, inclusive companheiros de trabalho;
b) ofensas físicas intencionais, causadas por companheiros de trabalho do empregado, ou não, em virtude de disputas relacionadas com o trabalho;
c) qualquer ato de imprudência, de negligência ou brincadeiras de terceiros, inclusive companheiros de trabalho;
d) atos de terceiros privados do uso da razão;
e) desabamentos, inundações ou incêndios, respeitado o disposto na letra b do art. 7º.
Art. 7º Não é acidente do trabalho :
a) o que resultar de dolo do próprio acidentado, compreendida neste a desobediência a ordens expressas do empregador;
b) o que provier de fôrça maior, salvo o caso de ação de fenômenos naturais determinados ou agravada pelas instalações do estabelecimento ou pela natureza do serviço;
c) o que acorrer na ida do empregado para o local de sua ocupação ou na volta dali, salvo se houver condução especial fornecida pelo empregador, ou se a locomoção do empregado se fizer necessàriamente por vias e meios que ofereçam reais perigos, a que não esteja sujeito o público em geral.
Parágrafo único. Também não são amparadas por esta lei as doenças endêmicas adquiridas por empregados habitantes das regiões em que elas se desenvolvem, exceto quando ficar comprovado que a doença resultou de uma exposição ou contato direto que a natureza do trabalho houver determinado.

[26] §3º Nos casos de cegueira total, perda ou paralisia dos membros superiores ou inferiores e de alienação mental, receberá o acidentado, além da indenização de que trata o parágrafo anterior, a quantia de Cr$ 3.200,00, paga de uma só vez.

[27] Art. 22. Uma vez que exceda a Cr$ 5.000,00 (cinco mil cruzeiros), a indenização que tiver direito o acidentado, nos casos de incapacidade permanente, ou seus beneficiários, no caso

Ademais, passou-se a exigir a contratação de seguro, por parte do empregador, o que deveria ser feito perante a instituição de previdência social respectiva.[28] Essa lei, de forma inovadora, passou a estabelecer a obrigação de o empregador garantir aos empregados segurança e higiene no trabalho, em seus artigos 77 e 78.[29] Por seu turno, deveriam esses respeitar as normas de segurança estabelecidas pelos empregadores.[30]

Essas, aliadas àquelas já determinadas na então recente CLT, em seu capítulo V, podem ser consideradas as primeiras normas gerais que relacionaram a obrigação do empregador para com o meio ambiente de trabalho saudável e, com isso, estabeleceram um dever de manutenção da incolumidade do trabalhador por parte do seu empregador.

Assim, estabeleceu-se, a partir de uma obrigação de fazer do empregador – garantir a saúde do seu empregado durante a prestação de trabalho –, o fundamento para que o empregado lesado obtivesse

---

de sua morte, será destinada à instituição da previdência social a que êle pertencer, para o fim de ser concedido um acréscimo na aposentadoria ou pensão.

§1º Não havendo o acidentado completado, na instituição, o período de carência para a concessão do benefício, deduzir-se-à da indenização o valor das contribuições tríplices (do empregado, do empregador e da União) correspondente ao tempo necessário para completar aquele período, calculado sôbre o último salário de contribuição do acidentado, destinando-se o saldo, se houver, ao acréscimo a que se refere êste artigo.

§2º Se a aposentadoria fôr cancelada por ter cessado a invalidez do acidentado, a instituição restituir-lhe-á, de uma só vez, a reserva matemática dos acréscimos futuros.

§3º Se a instituição não conceder aposentadoria ao acidentado, pelo fato de o não considerar inválido, deverá entregar-lhe, diretamente, e de uma só vez, a indenização integral.

[28] Art. 94. Todo empregador é obrigado a segurar os seus empregados contra os riscos de acidente do trabalho.
Art. 95. O seguro de que trata o artigo anterior será realizado na instituição de previdência social a que estiver filiado o empregado.

[29] Art. 77. Todo empregador é obrigado a proporcionar a seus empregados a máxima segurança e higiene no trabalho, zelando pelo cumprimento dos dispositivos legais a respeito, protegendo-os, especialmente, contra as imprudências que possarn resultar do exercício habitual da profissão.
Art. 78. Consideram-se, para êste efeito, como parte integrante desta lei, as disposições referentes à Higiene e Segurança do Trabalho da Consolidação das Leis do Trabalho, como também tôdas as normas específicas que, no mesmo sentido. forem expedidas pelos órgãos competentes do Ministério do Trabalho, Indústria e Comércio, sujeitos os empregadores às penalidades na mesma Consolidação fixadas, independente da indenização legal.

[30] Art. 79. Os empregadores expedirão instruções especiais aos seus empregados, a título de "ordens de serviço", que estes estarão obrigados a cumprir rigorosamente para a fiel observância das disposições legais referentes à prevenção contra acidentes do trabalho.
§1º A recusa por parte do empregado em submeter-se às instruções a que se refere o presente artigo, constitui insubordinação para os efeitos da legislação em vigor.
§2º Em nenhum caso o empregador poderá justificar a inobservância dos preceitos de prevenção de acidentes e higiene do trabalho, com a recusa do empregado em aos mesmos sujeitar-se.

uma reparação direta, por parte do causador do dano, pela ofensa a seu patrimônio jurídico em havendo a quebra desse dever.

Até então, eventual lesão sofrida pelo empregado seria resolvida por uma legislação de cunho previdenciário-trabalhista, ou, em momento pretérito, por regras de direito comum, como visto.

De fato, o Decreto-Lei nº 7.036/44 contribuiu de forma absoluta para a definição da natureza das repercussões jurídicas havidas em situações de acidente de trabalho, pois essa legislação preocupou-se em evidenciar a pluralidade de repercussões jurídicas do acidente de trabalho, autorizando a persecução de benefícios previdenciários além da indenização pelo acidente, e sem prejuízo de outra, "de direito comum", em caso de dolo, como se nota dos seus artigos. 30 e 31, abaixo transcritos:

Art. 30. As indenizações concedidas por fôrça desta lei, nos casos de incapacidade permanente ou morte, não excluem o direito aos benefícios do seguro-invalidez e do seguro-morte assegurados pelas instituições de previdência social.

Art. 31. O pagamento da indenização estabelecida pela presente lei exonera o empregador de qualquer outra indenização de direito comum, relativa ao mesmo acidente, a menos que êste resulte de dolo seu ou de seus prepostos.

Como se pode perceber do artigo 30 inicia-se a percepção de que (embora essa lei ainda converta parte da indenização para a instituição de previdência, o que demonstra a fase de transição que representa, de legislação social para trabalhista) se pode estabelecer dúplice responsabilização pelo fato jurídico acidente de trabalho, tanto do órgão previdenciário (ante a obrigação do artigo 94, decorrente do seguro – de natureza social), quanto do empregador.

Nessa linha, o artigo 31, corolário desse entendimento, estabelece a possibilidade de se buscar reparação civil em face do empregador, ainda que exigindo comprovação de dolo.

Até então, a legislação relativa ao acidente de trabalho excluía essa possibilidade, como visto. Vigorava o entendimento de que a proteção acidentária deveria ser feita no âmbito do direito social.

Não por outro motivo, as indenizações eram tarifadas e podiam ser, em parte, se fosse o caso, destinadas ao órgão previdenciário respectivo. Outrossim, a responsabilização era objetiva (tal como ocorre hoje em relação aos benefícios obtidos perante o INSS), o que demonstra seu forte caráter de seguro, pois, se ainda hoje desperta cizânia a forma pela qual poderá ser responsabilizado civilmente o empregador, à época, de conquistas sociais embrionárias, tal situação somente se explica por esse entendimento.

De fato, até aquele momento, as indenizações pagas pelos empregadores por determinação das leis vigentes sobre o tema em nada diferiam, em sua natureza, de uma contribuição à seguridade social, embora paga de uma só vez e diretamente ao "segurado" lesado, no caso, o trabalhador.

A partir dessa lei, de transição entre dois tratamentos distintos aos acidentes, estabeleceu-se clara separação entre as obrigações previdenciárias das partes do contrato de trabalho e as obrigações oriundas de eventual responsabilidade civil. Passou-se a admitir duas repercussões diversas (além da penal, é claro) para o mesmo fato, com natureza jurídica distintas, uma previdenciária e outra trabalhista.

Não por acaso, foi estabelecida nessa lei, a responsabilidade do empregador pelo meio ambiente de trabalho. Seria o descumprimento dessa obrigação, como dito, o fundamento jurídico para a indenização perseguida pelo empregado, então chamada de "direito comum", diversa daquela prevista na lei, devida de forma objetiva e de cunho previdenciário.

Dessarte, definido o marco histórico de separação entre a responsabilidade civil e previdenciária pelo acidente de trabalho, passa-se a enfocar a evolução legislativa de cada uma, de forma rápida.

Em 1963, dessa feita, por meio de construção jurisprudencial, avançou-se ainda mais na seara da responsabilidade trabalhista, pois cristalizado o entendimento, por meio da súmula 229 do Supremo Tribunal Federal (STF), de que o empregador poderia ser responsabilizado pelos danos advindos de acidentes de trabalho não só em caso de dolo, mas também, em hipótese de culpa grave. A interpretação, à época progressista, é até hoje utilizada, de forma descontextualizada, como tentativa de minorar a responsabilidade de empregadores por acidentes de trabalho.

Vinte e cinco anos depois, a Constituição Federal de 1988, em seu artigo 7º, XXVIII, tornou expressa a possibilidade de responsabilização civil do empregador independentemente do seu grau de culpa por acidentes de trabalho.

Em 2002, com o novo Código Civil incorporou-se ao ordenamento brasileiro regra geral de responsabilização civil objetiva, no parágrafo único do seu artigo 927.

A aplicação da teoria do risco, no âmbito da responsabilização civil por acidente de trabalho, tem causado cizânia jurisprudencial e doutrinária,[31] mas não se pode deixar de mencionar o marco legislativo em uma análise histórico-evolutiva.

Na esfera previdenciária, apenas para não passar em branco, é de se citar o Decreto-Lei nº 293/67, que, outorgado no bojo do Ato Institucional nº 4, consubstanciou-se em verdadeiro retrocesso social,[32] pois permitiu a concorrência de seguradoras privadas com o então INPS. Após 6 meses de vigência, foi revogada pela Lei nº 5.316/67 que restaurou em grande parte a legislação anterior.

Em seguida, passou a vigorar a Lei nº 6.367/76, com pequenas alterações em face da anterior, em grande parte apenas aprimorando e modernizando conceitos. Por fim, promulgada a legislação ainda em vigor sobre o tema, a Lei nº 8.213/91.

Em verdade, retomando-se a análise pelo viés da responsabilização civil-trabalhista, decorrente do dever do empregador de zelar pela saúde do empregado, independentemente do marco constitucional, desde o Decreto-Lei nº 7.036/44, como se comprova pela Súmula 229 do STF, o tema teve franca evolução na doutrina e jurisprudência, sempre no sentido de se buscar maior proteção ao trabalhador, alargando-se as hipóteses de responsabilização civil do empregador por danos decorrentes de acidente de trabalho e doenças ocupacionais.

E isso em decorrência do incremento das exigências relacionadas ao meio ambiente de trabalho saudável, pois, como dito, o dever de indenizar por parte do empregador fundamenta-se em seu dever de garantia da incolumidade do empregado.

Do escorço histórico, portanto, pode-se estabelecer o Decreto-Lei nº 7.036/44 como marco legislativo da inclusão dos deveres de garantia e proteção à saúde do trabalhador no contrato de trabalho.

Isso porque, a partir de então, ao se autorizar a responsabilização civil do empregador na hipótese de acidente de trabalho, o legislador expressa a existência do dever que se contrapõe ao direito lesado, cujo descumprimento fundamenta a reparação.

---

[31] Há quem argumente pela impossibilidade de aplicação do par. ún. do art. 927 do CC para fins de acidente de trabalho pela literalidade do art. 7º, XXVIII da CF, que fala em culpa do empregador. Todavia, aqueles que advogam tese contrária aduzem que contradição não há, pois, em uma análise sistemática, tratando-se de regra que veio em benefício do trabalhador, seria aplicável pela disposição do caput, parte final, do citado artigo constitucional. Nessa linha, constituindo a adoção da teoria do risco e a possibilidade de ampliação dos meios para responsabilização do empregador patamar legislativo superior àquele inicialmente garantido pela CF, aplicável a norma civil em comento.

[32] Opinião expressada tanto por Sebastião Geraldo Oliveira (*Proteção jurídica à saúde do trabalhador*. 6. ed. São Paulo: LTr, 2011. p. 261), quanto por José Cairo Júnior (*O acidente do trabalho e a responsabilidade civil do empregador*. 5. ed. São Paulo: LTr, 2009. p. 68).

Conclusão

A preocupação com acidentes de trabalho remonta ao início do direito do trabalho no Brasil, momento histórico em que movimentos sindicais incipientes e o ideário anarquista e socialistas haviam recentemente sido importados da Europa, trazidos pelos primeiros imigrantes, especialmente italianos. Não por acaso, segundo Cairo Jr. (fl. 66), "o Direito do Trabalho teve origem nas leis de proteção e prevenção sobre infortúnios laborais...". De fato, a primeira lei sobre acidente de trabalho, Lei nº 3.724/19 foi resultado do contexto histórico de lutas sindicais que seguiram à Greve de 1917.

Todavia, foi no auge do corporativismo brasileiro que se estabeleceu a garantia à incolumidade do empregador. No interesse da harmonização social, diversas contrapartidas trabalhistas foram obtidas pela classe trabalhadora, sendo essa uma das mais importantes. E a classe empresarial, certa de que a ordem de produção capitalista seria mantida, acabou por se conformar com tais avanços. Ademais disso, a proteção à saúde vinha ao encontro da pretensão de crescimento do mercado interno de consumo, pois ao produzir, o trabalhador estaria apto também a consumir.

Nesse contexto histórico, pela primeira vez, o Decreto-Lei nº 7.036/44 deixou expresso e indene de dúvidas, em seus artigos 30 e 31 que o empregador poderia ser responsabilizado civilmente, o que demonstra que, a partir daquele momento, o dever de garantir a incolumidade do empregado passou a ser encarado como norma efetivamente trabalhista, e não de cunho social ou previdenciário. Essa norma marca, pois, o momento histórico em que, de forma indelével, o empregador passou a ser responsável por um meio ambiente do trabalho seguro.

Referências

BIAVASCHI, Magda Barros. *O direito do trabalho no Brasil*: 1930-1942: a construção do sujeito de direitos trabalhistas. São Paulo: LTr, 2007.

BRANDÃO, Cláudio. *Acidente do trabalho e responsabilidade civil do empregador*. 3. ed. São Paulo: LTr, 2009.

CAIRO JÚNIOR, José. *O acidente do trabalho e a responsabilidade civil do empregador*. 5. ed. São Paulo: LTr, 2009.

CASTRO, Carlos Alberto Pereira de; LAZZARI, João Batista. *Manual de direito previdenciário*. 12. ed. Florianópolis: Conceito Editorial, 2010.

CATHARINO, Martins. *Compêndio de direito do trabalho*. 2. ed. São Paulo: Saraiva, 1981.

DALLEGRAVE NETTO, José Affonso. *Responsabilidade civil no direito do trabalho*. 2. ed. São Paulo: LTr, 2007.

DELGADO, Maurício Godinho. *Curso de direito do trabalho*. 9. ed. São Paulo: LTr, 2010.

FRANCO, Maria Sylvia de Carvalho. *Homens livres na ordem escravocrata*. 4. ed. São Paulo: Ed. UNESP, 1997.

GEBARA, Ademir. *O mercado de trabalho livre no Brasil*. Brasília: Brasiliense, 1986.

LAMOUNIER, Maria Lúcia. *Da escravidão ao trabalho livre*: a lei de locação de serviços de 1979. Campinas: Papirus, 1988.

NASCIMENTO, Amauri Mascaro. *Iniciação ao direito do trabalho*. 36. ed. São Paulo: LTr, 2011.

OLIVEIRA, Sebastião Geraldo. *Indenizações por acidente do trabalho ou doença ocupacional*. 5. ed. São Paulo: LTr, 2009.

OLIVEIRA, Sebastião Geraldo. *Proteção jurídica à saúde do trabalhador*. 6. ed. São Paulo: LTr, 2011.

SUSSEKIND, Arnaldo *et al. Instituições de direito do trabalho*. 22. ed. São Paulo: LTr, 2005.

WEBER, Max. *A ética protestante e o "espírito" do capitalismo*. São Paulo: Companhia das Letras, 2004.

Informação bibliográfica deste texto, conforme a NBR 6023:2002 da Associação Brasileira de Normas Técnicas (ABNT):

LISBOA, Daniel. O nascimento da garantia à incolumidade do trabalhador no Brasil: uma análise histórica. *In*: RAMOS FILHO, Wilson (Coord.). *Trabalho e regulação*: as lutas sociais e as condições materiais da democracia. Belo Horizonte: Fórum, 2012. v. 1, p. 73-89. ISBN 978-85-7700-566-6.

SINDICATO E REPRESENTAÇÃO DOS TRABALHADORES NOS AMBIENTES DE TRABALHO[1]

FRANCISCO TRILLO

Introdução

A crise econômica, cultural e política que vem recorrendo na Europa já há várias décadas está mostrando sua cara mais agressiva e violenta nestes últimos três anos, despojando progressivamente os cidadãos de seus direitos sociais mais básicos. Essa deriva que até a chegada da crise de 2008, havia sofrido com maior intensidade, os trabalhadores migrantes extracomunitários, se impõe agora com caráter geral a todos os cidadãos. A dialética entre capital e trabalho, durante o desenvolvimento da crise, parece resolver-se, ao menos neste momento, em um forte intervencionismo público que insiste na ideia de que o crescimento econômico por si só consentirá maiores doses de Estado Social. Deste modo, assistimos paradoxalmente a um desmantelamento progressivo do Estado Social para favorecer e reforçar os mecanismos de obtenção de maior lucratividade empresarial e crescimento econômico que,

---

[1] Tradução de João Vitor Passuello Smaniotto.

segundo asseguram os *criadores de política*, concluirá em uma sociedade caracterizada por seu estado de bem-estar.

Desta maneira, a atuação política que faz frente a esta expropriação de direitos conflui com caráter geral em um discurso caracterizado, em um primeiro momento, pelas resignações e impossibilidades de ação frente ao poder onímodo dos mercados, para concluir, em um segundo momento, na consubstanciação daquelas com as abordagens que acabam de castigar os direitos que conformam a cidadania social. Da mesma forma, o processo de gestão política da crise há transitado por diversos posicionamentos ideológicos que oscilam desde o rechaço firme a que os trabalhadores *paguem* pela crise que não causaram, a *abraçar* os postulados neoliberais para a saída da crise.

Esta situação brevemente descrita há gerado, dentro do marco espanhol, uma série de reações que, sem lugar a dúvidas, expressam a insatisfação e indignação que produz a reproposição daqueles postulados neoliberais, como via única inevitável à saída da crise, que originaram o desastre sociolaboral que se vive na atualidade. A partir desta perspectiva, os "gritos de protesto" que na rua se há escutado, "ASÍ, NO" ou "NO NOS REPRESENTAN", conduzem a uma reflexão geral acerca da representação dos direitos de cidadania que convergem na crença de um modo de "fazer" política que consente, se não a transformação do modelo hegemônico das últimas décadas, a convivência equilibrada e pacífica entre economia e sociedade.

"ASÍ, NO" representa a expressão de rechaço absoluto por parte das organizações sindicais e dos trabalhadores a reconduzir a crise econômica às custas dos direitos dos trabalhadores a partir da atuação autoritária do Governo concretada na promulgação do *decretado* de junho de 2010. Em um plano mais concreto, a resposta sindical se apoiou na elaboração teórica — porém também na constatação empírica de experiências anteriores — de que o vazio de atividade econômica e, portanto, de obtenção de benefícios empresariais não podia — nem deveria — suprir-se por meio de barateamento dos direitos dos trabalhadores. E isso, porque como o tempo há demonstrado um ano depois da entrada em vigor da Lei nº 35/2010, a relação entre normativa laboral e crescimento econômico é de impossível demonstração, tanto empírica quanto científica. Assim, os efeitos buscados desde a reforma laboral em relação à recuperação dos níveis de emprego não hão experimentado nenhuma mudança significativa, além da sustentabilidade do desemprego. A mensagem da greve geral de 29 de setembro alberga um sentido claramente político, de rechaço àquelas crenças ideológicas que

SINDICATO E REPRESENTAÇÃO DOS TRABALHADORES NOS AMBIENTES DE TRABALHO | 93

condenam o trabalhador a pagar sozinho os custos da crise, acompanhado em paralelo por uma proposta político-laboral de como afrontar uma saída à crise, "ASÍ, SÍ" canalizada através da participação cidadã, com a apresentação de uma Iniciativa Legislativa Popular promovida por *Comisiones Obreras* (CC.OO.) e *Unión General de Trabajadores* (UGT), ratificada por um milhão de assinaturas. [2]

Em sentido similar, "NO NOS REPRESENTAN" acorre, desde uma visão cidadã, uma plataforma reivindicativa de uma potência comparável a sua composição heterogênea. Contudo, as reivindicações do Movimento 15M têm sido canalizadas fundamentalmente pela angústia provocada na sociedade por um determinado modo de "fazer" política. Da mesma maneira, a maior ênfase do Movimento 15M reside no convencimento de que a política, ou melhor dito, o sistema político eleitoral é o grande causador da situação atual. Desta forma, se vem assistindo a uma sucessão de concentrações, assembleias e manifestações que têm dado lugar a uma plataforma de reivindicações por parte do 15M que se resume em oito grandes blocos:[3] 1. eliminação dos privilégios da classe política; 2. políticas contra o desemprego; 3. direito à moradia; 4. serviços públicos de qualidade; 5. controle das entidades bancárias; 6. fiscalização; 7. liberdades cidadãs e democracia participativa e 8. redução do gasto militar.

Com toda segurança, o fato mais chamativo das mobilizações apenas comentadas tem sido que, em linhas gerais, não houve uma confluência de participantes nas convocatórias de um ou outro movimento. Ao contrário, transparece uma certa reticência por parte de ambos movimentos a estar presentes nas convocatórias que realiza o outro. O exemplo mais recente constitui a manifestação convocada à raiz da reforma constitucional, quando somente uma parte do movimento 15M apoiou a convocatória onde se encontravam de forma destacada CC.OO e UGT.

1 Dois movimentos, um de costas ao outro?

A canalização do conflito social que se vive nestes momentos se está materializando tanto através da mobilização sindical como

---

[2] Cujo texto e vicissitudes se pode consultar em: <http://ccoosfera.wordpress.com/2011/06/16/iniciativa-legislativa-popular-contra-la-reforma-laboral/>.

[3] Para conhecer os detalhes que concretam cada bloco da plataforma reivindicativa, ver: <http://www.democraciarealya.es/documento-transversal/>.

de uma participação cidadã de origem muito variada e heterogenia, em que cabe destacar, ao menos neste momento, a incapacidade para criar um diálogo permanente, a fim de criar uma frente unida diante dos ataques que o Estado Social vem recebendo desde maio de 2010. Estamos nos referindo às relações que, dentro do marco espanhol, vêm se estabelecendo entre movimento sindical e movimentos sociais. Apesar de que as referências realizadas tenham nome próprio (15M), pode-se extrapolar em caráter geral a relação entre movimentos sociais e sindicato. Muitos fatores intervieram nesta incapacidade ou dificuldade para iniciar uma relação dialética estável entre o Sindicato e o Movimento 15M, porém nos concentraremos unicamente sobre aqueles que guardam relação com o trabalho e, em última instância, com o Sindicato, sabendo, contudo que existem outros fatores que não têm nada que ver com o Sindicato.

Com o objetivo de apresentar alguns fatores que expliquem, ainda que seja superficialmente, a distância existente entre o movimento sindical e os movimentos sociais, devemos partir da análise mais clássica do sentido e função que cumpre o trabalho nas sociedades modernas. Isto é, a consideração de que a sociedade se conforma por indivíduos que se inserem em grupos em função da posição que ocupam no sistema de produção capitalista. Posições que autorizam uma desigualdade social desde o momento em que a relação de emprego aparece caracterizada pela subordinação do trabalhador em respeito ao empresário. Esta subordinação jurídica, também econômica e social, se há configurado politicamente como contrapartida necessária do sistema pelo qual o trabalhador acedia — e acede — a uma série de direitos individuais e coletivos que lhe outorgam o *status* de cidadão.

As posições identificadas tradicionalmente nas relações laborais aparecem, pois, ligadas ao fato da propriedade e ao intercâmbio: a propriedade dos meios de produção e a propriedade da força de trabalho. Deste modo, se acomodavam as categorias sociais de empresário e trabalhador e se criavam as condições para o estabelecimento de um contrato social pelo qual o empresário mantém uma posição dominante na sociedade capitalista em troca da garantia da denominada cidadania laboral dos trabalhadores. Hoje, contudo, estas posições sociais não atendem exatamente àquelas distinções clássicas entre proprietários dos meios de produção e proprietários da força de trabalho e o intercâmbio que se deriva dela.

1.1 Transformações do mundo do trabalho, em particular da empresa e do empresário

Em efeito, o mundo do trabalho está submetido desde a década de oitenta do século passado a uma série de transformações que provocam uma espécie de anacronismo tanto nas formas quanto no conteúdo do sujeito coletivo que representa os interesses dos trabalhadores (artigo 7º da Constituição Espanhola).

Do lado do empresário, se assiste à dissolução da noção clássica da empresa centrada na reunião de três elementos fundantes: organização produtiva autônoma; empresa empregadora e; empresa como centro de decisão sobre um capital [4] A ruptura da identidade destas três manifestações sobre a noção de empresa produziu altas doses de desestabilização no Direito do Trabalho que têm por objetivo a canalização do conflito social e a busca do bem-estar das classes trabalhadoras. Tratemos de clarificar sinteticamente os fatores de ruptura dos diversos elementos constitutivos da noção de empresa.

A empresa, "organização produtiva autônoma", onde se materializa a reunião coletiva de trabalhadores em torno da produção de um mesmo bem ou serviço, aparece descomposta em uma plêiade de relações complexas entre empresas para a produção de um determinado bem ou serviço. Ditas formas de organização complexas compartem uma mesma base comum, o dilema entre produzir na empresa ou contratar no mercado determinadas fases da produção. O problema comum deste dilema, o incremento da lucratividade empresarial, concentra a atenção sobre os denominados custos transacionais, dando passo a uma relação entre benefício empresarial e constante diminuição de custo de uma força de trabalho igualmente decomposta.[5] Esta decomposição do lugar de trabalho, como se terá a oportunidade de aprofundar mais adiante, comporta fortes consequências na tomada de consciência da solidariedade, organização e mobilização dos trabalhadores.

A empresa "centro de decisão sobre um capital" deixou de ser o paradigma majoritário para, produto da aparição da figura do "empresário complexo", dar passo a uma pluralidade de centros de decisão sobre um capital que redimensionam, ademais, o caráter privado do capital. Em efeito, a relação entre empresa e Estado, hoje, vai além dos

---

[4] FREYSSINET, J. Quels acteurs et quels niveaux pertinents de représentation dans un système productif en restructuration?. *Revue de L`ires*, n. 47, p. 321, 2005/1.

[5] Cfr. COASE, R. La naturaleza de la empresa. *In*: *La empresa, el mercado y la ley*. Madrid: Alianza, 1994. p. 33-49.

limites de intervenção do último sobre a economia. Se assistir uma relação em que um determinado capital se conforma, promiscuamente, pelo público e pelo privado. Neste sentido, em sua cara mais depreciativa, basta dar uma olhada aos escândalos de corrupção que põem em relação os espaços públicos com os interesses privados. Ademais, as relações complexas entre empresas em que, de forma aleatória, algumas delas ocupam posições dominantes em respeito a outras, acrescentando uma dificuldade em relação à suposta autonomia financeira empresarial.

Por sua parte, a empresa "empregadora" assistiu a fortes convulsões, produto da aparição da figura do "empresário complexo", que encontra sua origem na figura do empresário pessoa jurídica.[6] A este respeito, a problemática se apresenta em termos de representação e empoderamento dos interesses empresariais na figura da pessoa do empregador com a qual o trabalhador concluiu um contrato de trabalho. Assim, se assiste a uma situação cada vez mais generalizada onde o empregador com o que o trabalhador estipula seu contrato de trabalho não possui a capacidade de organização e direção tendo em vista sua dependência financeira e organizativa com respeito a outra ou outras empresas.

O distanciamento entre estes três elementos fundantes da noção de empresa e de empresário atua de modo decisivo na eficácia de seu par antagônico, identificado no Direito do Trabalho. Além desse fato objetivo, o desajuste entre realidade social e normativa laboral é um dos fatores desencadeantes da chamada precariedade laboral. Da mesma maneira, a ruptura entre as noções de empresa capital, empresa empregadora e empresa centro autônomo de organização de uma determinada produção de bens e/ou serviços provoca na prática que a dinâmica de representação dos interesses dos trabalhadores, desenhadas sobre a noção clássica de empresa, apareçam parcialmente ineficazes no momento atual.

Em concreto, a complexização da empresa e da figura do empresário tem um grande impacto na representação dos interesses dos trabalhadores desde o momento em que o lugar clássico de desenvolvimento do labor de representação dos trabalhadores foi — e continua sendo — o lugar de trabalho. Voltaremos sobre este ponto mais adiante.

---

[6] Uma leitura imprescindível e antecipatória, em G. Vardaro (Prima e dopo la persona giuridica: sindacati, imprese di gruppo e relazioni industriali. *GDLRI*, n. 38, p. 203 *et. seq.*, 1998).

1.2 Transformações do mundo do trabalho: a noção de trabalhador

No âmbito da noção de trabalhador, a insatisfação do critério jurídico dominante[7] para a enquadrar daquele em uma determinada posição social, acarretou consequências de grande profundidade quanto a eficácia da tutela da normativa laboral e na entronização da sociedade salarial. Deste modo, se verifica uma situação de fragmentação — dentro e fora do conceito mais formal de trabalhador — tendente a degradação das condições de trabalho e de vida das pessoas que ocupam uma posição na sociedade onde o modo de integração passa unicamente pelo trabalho que prestam em regime de subordinação. Assim resulta muito familiar ouvir falar de diversas categorias de trabalhadores, empregados com uma relação comum ou especial; trabalhadores autônomos dependentes economicamente; falsos autônomos, etc.

Em outro assunto, ainda que estreitamente relacionado com esta tendência à estratificação da noção de trabalhador, a categoria formal de empregado se decompõe, inclusive institucionalmente em uma série de subcolectivos, como trabalhadores jovens, mulheres trabalhadoras, trabalhadores migrantes, trabalhadores indefinidos, trabalhadores temporários, etc. Situação esta que responde paradoxalmente a processos paralelos de integração e exclusão sociolaboral. É dizer, através daquelas estratificações, se fixa como objetivo a inclusão de pessoas trabalhadoras que possuem dificuldades de acesso e permanência no mercado de trabalho a vez que dita integração se produz com níveis de tutela sensivelmente inferior.

A precariedade laboral que se observa da fragmentação das classes trabalhadoras provoca a presença de trajetórias laborais e vitais bem distintas que, a sua vez, implicam diferentes modos de estar em sociedade. O efeito imediato da precariedade laboral e vital, se pode observar na ausência de participação, representação e integração social e política de todos aqueles trabalhadores que veem precarizados seus projetos. Esta ausência de participação, representação e integração social conforma sem dúvida a vontade do indivíduo afetado por tal panorama. Se trata, pois, de componentes da sociedade que vivem unicamente no presente, onde desprendem de seu passado e não se projetam ao futuro, posto que este não apresenta possibilidades de mudança. Dito de outro modo, a precariedade laboral provoca um efeito de imobilismo social

---

[7] *Vide* RAYMOND, W. Sanguineti. La dependencia y las nuevas realidades económicas y sociales:¿ Un criterio en crisis?. *TL*, n. 40, p. 53 et seq., 1996.

e político, tendo em vista uma determinada representação individual de si mesmo em uma sociedade muito distante de sua materialidade laboral e vital.

Em última instância, a realidade do *precário* arma uma explicação da precariedade laboral — também social — como parte de um movimento social que, longe de tender à individualização das relações sociais como costuma afirmar-se categoricamente, expressam, reformuladas, solidariedades entre trabalhadores, entendidos entes em seu sentido ontológico, que não deixa de ser também material.

Da mesma maneira, não cabe esperar que a precariedade laboral arme uma solidariedade em torno do trabalho, quando é este precisamente o elemento que distancia o trabalhador da sociedade. Por muito que, em ocasiões, desenvolva um silogismo com o seguinte significado: *quem sofre de uma situação injusta* — em nosso caso, os trabalhadores precários — *deveriam mostrar uma conduta reativa contundente em sentido oposto e da mesma intensidade que a recebida* — mobilização e protestos sociais. A problemática resulta muito mais complexa desde o momento em que grande parte da sociedade são trabalhadores precários que não conhecem outra situação distinta. Além disso, sua identificação com o qualificativo de precário torna-se impossível pela própria inconsciência da sua própria situação. Repare-se que para saber identificar uma situação laboral como precária, é necessário saber igualmente em que situação laboral não o é. Muitos trabalhadores não conheceram outra situação além da precariedade laboral, ainda que tal noção tenha sido contada por outros.[8]

O trabalhador precário, como se teve ocasião de comprovar, não é consciente de sua própria condição. Talvez porque não exista dita categoria de trabalhadores (precários), senão que está se localiza de forma transversal nas relações laborais. Talvez porque este não tenha

---

[8] Resulta muy enriquecedor el texto de D. Anisi, *Creadores de escasez: Del bienestar al miedo* (Madrid: Alianza, 1995. p. 15 *et seq.*). "Debo comenzar recordándome a mí mismo, y también a ti lector occidental, que en el caso de que el que lea estas páginas tenga alrededor de veinte años su memoria personal sólo podrá referirse a tiempos de crisis. Ese lector estará acostumbrado a convivir con el desempleo, con la marginación y la pobreza. Un trabajo fijo será para él una meta imposible, y probablemente ya habrá trabajado por cuenta ajena sin ningún tipo de contrato legal. Sabrá que conseguir una vivienda es algo que de momento no puede plantearse, y no extrañará cuando vea cómo se privatiza la educación y la sanidad. Estará tan acostumbrado, a los «vigilantes jurados» que no verá en ellos la privatización, también, de parte de lo que fue un importante servicio público. No se escandalizará cuando se hable de «flexibilizar el mercado de trabajo», puesto que él ya se encuentra suficientemente «flexibilizado» desde que tiene uso de razón. Y cuando oiga hablar de los problemas de las pensiones de jubilación le parecerá simplemente que el tema no va con él. Voy a tratar de contar aquí, a ese lector, que las cosas no fueron así siempre".

experimento outra existência laboral que não seja a precariedade. Em qualquer caso, o trabalhador que padece situações de precariedade mantém uma relação distante do mundo do trabalho. Não em vão, padece um tipo de exílio aos confins laborais, muito próximo, em ocasiões, a própria exclusão social. Dito de outro modo, a identidade que habitualmente se forja através da inserção no trabalho não se pode esperar de um coletivo de trabalhadores — cada vez mais importante quantitativa e qualitativamente — que se coloca *extramuros* da própria condição de trabalhador.

Assim, pode-se concluir, um tanto apressadamente, que a dimensão coletiva do trabalho dá lugar a um processo progressivo de individualização das relações sociais. Com isso, o desarmamento das classes trabalhadoras e a simplificação política da chamada questão social, reduzindo o trabalho subordinado a uma visão essencialmente mercantil e patrimonialista. No entanto, o certo é que uma afirmação desse tipo deve-se confrontar com a *diáspora* de identidades emergentes e fragmentadas com a que os trabalhadores parecem comprometidos ao dia de hoje: gênero, nacionalidade, idade, ecologia, etc. Todas estas solidariedades que não têm como centro gravitacional exclusivo o trabalho, mas que, como contraposição, se forjam e se desenvolvem no âmbito das relações laborais, em sentido a uma reformulação da tradicional visão de solidariedade entre trabalhadores. Agora, o sujeito representativo da solidariedade — o sindicato — conta com especiais dificuldades na hora de internalizar dita reformulação daquelas solidariedades entre trabalhadores. O resultado é a perda da centralidade da representatividade daqueles e a aparente sensação de dissolução da identidade do trabalho.

2 Representação dos trabalhadores nos lugares de trabalho

Por tudo que se analisou até agora, convém fazer uma reflexão conjunta, agora sim, sobre a representação dos trabalhadores nos lugares de trabalho. Dita reflexão exige uma análise que, por um lado, aborde aqueles aspectos relacionados com o modo, conteúdo, exercício e garantias do labor de representação e, por outro, resulta imprescindível uma reflexão sobre o significado e alcance do conceito de lugares de trabalho e de trabalhador. Nos deteremos, nesta segunda vertente da reflexão, sobre a representação dos trabalhadores nos lugares de trabalho.

O conceito de lugar de trabalho, com muita probabilidade, foi uma das questões mais descuidadas nos estudos juslaborais, devido fundamentalmente a sua imbricação com o Direito Mercantil e com a forma-organização da empresa. Deste modo, a aparição do empresário — pessoa jurídica não provocou no âmbito do juslaboralismo um correlativo repensamento do conceito de lugar de trabalho, como tampouco estimulou ao estudo desta matéria situações cada vez mais frequentes nas relações laborais como a descentralização produtiva, grupos de empresa, deslocalização ou, finalmente, a existência de trabalhadores transnacionais. Em definitivo, todas aquelas transformações operadas sobre a empresa fordista, descompondo-a em uma plêiade de unidades, porém concentrando contemporaneamente o poder econômico, constituem um objetivo tanto para o Sindicato como para a normativização das relações laborais.

Este comportamento da doutrina juslaboralista parece haver contagiado igualmente os espaços de (não) reflexão dentro do Sindicato, dotando-se este de uma estrutura e organização nos lugares de trabalho tipicamente fordista, onde a representação dos trabalhadores se realiza na empresa sem advertir as relações de interdependência com outras empresas que conformam um inteiro processo de produção. Ademais, a representação dos trabalhadores se expressa e materializa em relação com a constituição da empresa em um determinado ramo de atividade, descuidando de novo um dos aspectos mais relevantes e novos como a reunião em um mesmo lugar de trabalho de diferentes ramos de atividade que, ademais, se constitui contratualmente a diferentes empresas.[9]

Por outra parte, o significado e alcance do conceito de lugar de trabalho albergam uma reflexão, algo mais metafísico, relacionada com as transformações subjetivas operadas no processo de produção. A este respeito, se pretende evidenciar como a representação dos trabalhadores em lugares de trabalho implica uma seleção, influente e excludente ao mesmo tempo, das situações nas que a pessoa do trabalhador aparece protegida pelo trabalhador de representação sindical. Isto é, o momento da biografia laboral que seleciona a representação dos trabalhadores é aquele em que o trabalhador se insere na empresa sob uma lógica estritamente produtiva.[10]

---

[9] A este respeito, resulta muito interessante o Informe realizado por Amaia Otegui e Juan Blanco, Estudio de trabajadores de pequeñas y medianas empresas, presentado en el año 1990.

[10] Neste sentido ver o estudo de B. Trentin, "Por una nueva solidaridad, redescubrir los derechos y volver a definir el sindicato" (*Economía y Sociología del Trabajo*, n. 10, p. 16-29, 1990).

As biografias laborais atuais, caracterizadas pelas constantes transições de emprego ao desemprego como pelo caráter temporal do vínculo do trabalhador na empresa, questionam um modelo de representação dos trabalhadores que somente atende àqueles momentos em que o trabalhador aparece inserido na produção de bens ou serviços. Desta maneira, se verifica uma ausência de representação dos trabalhadores em todas aquelas fases em que estes, mantendo materialmente sua condição como tal, não se inserem na dinâmica do processo de produção.

Esse fato constitui um dos maiores objetivos para a representação dos trabalhadores e para o próprio sindicato, já que, em última instância, se trataria de aprofundar na vertente sociopolítica deste. A esse respeito, a representação dos trabalhadores deveria adotar uma plataforma reivindicativa mais rica e variada que desse conta das diferentes identidades sociais que não têm esse âmbito de expressão no lugar de trabalho, porém guardam uma estreita relação com a pessoa do trabalhador. Note-se que os trabalhadores com uma relação esporádica com o trabalho, com transições constantes do emprego ao desemprego, ou aqueles outros com relações laborais de caráter temporal, dificilmente podem estabelecer uma determinada dialética com o processo de conformação do conjunto de regras que ordenam as relações laborais na empresa. Assim, com independência da visibilidade concreta que o trabalho de representação pode alcançar no processo posterior de formalização, autônomo e/ou heterotônomo, de ditas regras.

A função de representação dos trabalhadores completa o processo de criação e aplicação de normas através fundamentalmente da ação coletiva e de conflito, criando uma travada relação de dependência entre capacidade de representação, articulação do conflito e juridificação das relações laborais na empresa. Este rico e interessante diálogo entre representação, conflito e criação/interpretação de regras não esgota sua potencialidade no espaço da empresa, mas vem a ocupar um lugar, mais ou menos indeterminado, no intricado espaço da regulação sociojurídica das relações laborais, levando a desenvolver mediações entre os diferentes âmbitos de criação normativa.

Ao nosso modo de ver, resulta decisivo um tipo de análise que dê conta da variedade e complexidade do que se denomina correlação de forças, por um lado, a afrontar o debate da articulação de estratégias sindicais em momentos em que a hegemonia política e cultural mostra uma sensível hostilidade em direção a ação sindical; por outro, em relação com a identificação dos distintos âmbitos desde os que intervêm com a finalidade de subverter, ou ao menos suavizar, aquele pensamento hegemônico.

3 A modo de conclusão

Neste momento seria bom recapitular para definir a via de atuação que o sindicato, a nosso modo de ver, deveria seguir. Simplesmente se recordará a ideia que já Bruno Trentin (1990) destacou não faz tanto tempo:

> La imposibilidad [por parte del Sindicato], hoy en día, de eludir vínculos fundamentales como el ecológico, el internacional, el impuesto por el movimiento femenino y el que se deriva de «las exigencias vitales de la persona humana». El sindicato, pues, debe revisar radicalmente su estrategia, sus prioridades reivindicativas, su misma noción de sindicato, ya que no es suficiente "asumir nuevas instancias y sumarlas a las viejas.

Uma opção parece se impor: resignar a sobreviver como confederação de corporações, ou voltar a ser intérprete dos interesses fundamentais de uma parte muito grande da sociedade.[11]

Referências

ANISI, D. *Creadores de escasez*: Del bienestar al miedo. Madrid: Alianza, 1995.

COASE, R. La naturaleza de la empresa. *In: La empresa, el mercado y la ley*. Madrid: Alianza, 1994.

FREYSSINET, J. Quels acteurs et quels niveaux pertinents de représentation dans un système productif en restructuration?. *Revue de L`ires*, n. 47, 2005/1.

RAYMOND, W. Sanguineti. La dependencia y las nuevas realidades económicas y sociales:¿ Un criterio en crisis?. *TL*, n. 40, 1996.

TRENTIN, B. Por una nueva solidaridad, redescubrir los derechos y volver a definir el sindicato. *Economía y Sociología del Trabajo*, n. 10, 1990.

Informação bibliográfica deste texto, conforme a NBR 6023:2002 da Associação Brasileira de Normas Técnicas (ABNT):

TRILLO, Francisco. Sindicato e representação dos trabalhadores nos ambientes de trabalho. *In*: RAMOS FILHO, Wilson (Coord.). *Trabalho e regulação*: as lutas sociais e as condições materiais da democracia. Belo Horizonte: Fórum, 2012. v. 1, p. 91-102. ISBN 978-85-7700-566-6.

---

[11] TRENTIN, B. Por una nueva solidaridad, redescubrir los derechos y volver a definir el sindicato. Economía y Sociología del Trabajo, n. 10, p. 16-29, 1990.

APONTAMENTOS SOBRE O MOVIMENTO SINDICAL ESPANHOL EM MOMENTOS DE CRISE

JOÃO VITOR PASSUELLO SMANIOTTO

Introdução

Falar sobre o movimento sindical espanhol nestes conturbados anos de maré neoliberal é uma tarefa arriscada. Não somente pelo oportunismo do momento, como pela própria crise de representatividade que se encontra o movimento. O presente estudo pretende, ao analisar três períodos emblemáticos de forte avance liberal, demonstrar a linha seguida pelos sindicatos a partir do momento em que a Espanha tornou-se um Estado Social Democrático e de Direito. Ao longo das próximas páginas se procurou, além de visualizar o caminho percorrido pelos sindicatos, desestabilizar o discurso retórico do governo para implementar políticas de emprego, de maneira que escovando a história a contrapelos, se possa conhecer o que havia por debaixo das posturas assumidas.

Inicialmente, optou-se por analisar os acordos assinados no Palácio da Moncloa logo após as primeiras eleições gerais. O conhecido Pacto da Moncloa, firmado em outubro de 1977 pelo chefe de governo e pelos principais partidos políticos com representação no Congresso representou o início de uma política de concertação social, em que a classe trabalhadora deveria aceitar os custos para a saída da crise econômica que afetava o país.

O segundo momento histórico ocorreu a meados dos anos noventa, quando o governo socialista espanhol de Felipe González apresentou sua mais audaz reforma laboral. Como um bom aliado do *stablishment* ocidental, encabeçado por Reagan e Thatcher, o então presidente do governo aprovou uma série de Decretos-Lei (medida normativa equiparável às medidas provisórias) que declaravam ter a finalidade de melhorar a permanência dos trabalhadores, já que a taxa de temporalidade era demasiada alta. Todavia, o que se observou foram posturas legislativas que implementaram novas doses de flexibilidade.

O problema da temporalidade se arrastou por mais alguns anos, "esquecido" devido uma situação econômica confortável. Com a chegada da crise de 2008, o problema oculto veio a tona, levando mais de dois milhões de trabalhadores – a grande maioria com contratos temporais – ao desemprego. Com a economia debilitada e uma taxa de desemprego superando os 20%, se utilizou o dinheiro público para salvar o sistema financeiro, recortando gastos sociais e aplicando políticas de austeridade. A segunda medida era recuperar a fuga de capital, através da redução do custo da mão de obra. Assim, sem muita criatividade, aportou no marco legislativo espanhol uma nova reforma laboral, feita para mostrar as instituições internacionais e aos mercados globais uma predisposição para fazer todo o necessário para satisfazê-los. Este é o terceiro momento histórico estudado.

Assim, este trabalho tem como objetivo o estímulo ao exercício do pensamento crítico, através da análise do passado do movimento sindical, para poder compreender alguns dos elementos que caracterizaram os pactos sociais e as reformas laborais espanholas.

1 O pacto da Moncloa

Ao longo da transição espanhola, período histórico durante o qual se deixa para trás o regime ditatorial franquista, para reger-se por uma Constituição que consagrou um Estado Social Democrático e de Direito, foi assinado o pacto da Moncloa. Reflexo de uma conjuntura econômico-social-política conflitiva, constituiu um documento de grande importância para o país.

1.1 Período precursor

Franco finalmente morreu nas primeiras horas do dia 20 de novembro de 1975. Após dois dias, o então príncipe foi proclamado

Rei Juan Carlos I pelas cortes franquistas. O novo rei não contava com muito apoio, já que a monarquia o via como usurpador do trono de seu pai, o antigo regime era favorável a uma república assim como a oposição democrática, que não eram partidários de uma instauração monárquica, ainda mais com um rei designado por Franco, nomeado em julho de 1976 como chefe de governo Adolfo Suárez.

Espanha encontrava-se em uma forte crise econômica, assim como todo o mundo ocidental, devido ao aumento do preço do petróleo, afetando diretamente a lucratividade das empresas. A dependência quase absoluta em matéria de dependência energética lhe fazia particularmente vulnerável. Desde o ponto de vista burguês, a crise econômica ocorria por causa da alta salarial que reprimia a taxa de mais-valia. Para estes, a saída para a crise passava pela redução salarial e flexibilização das normas laborais.[1]

A situação social também era instável. Desde os últimos anos de ditadura, os conflitos sociais eram correntes, assim como os atentados produzidos pelo grupo *Euskadi Ta Askatasuna* (ETA).[2] A " revolução dos escravos", com inspiração comunista, que ocorria em Portugal instigava à esquerda. Greves, mesmo ilegais, ocorriam com frequência, e junto com a reclamação de melhores salários estavam sempre presentes as exigências de eleições livres e luta pela anistia. No início do ano de 1977, aconteceu o que ficou conhecido como " semana negra". Entre os dias 23 e 28 de janeiro se produziu simultaneamente o sequestro de um general, a morte de um estudante após uma manifestação e o assassinato de cinco advogados laboralistas pertencentes ao partido comunista e à *Comisiones Obreras*, principal central sindical naquele momento.[3]

Os trabalhadores não estavam dispostos a assinar acordos que não contemplassem boa parte de suas reivindicações – laborais, sindicais e políticas. Assim, diante da inviabilidade de um plano imposto unilateralmente, se necessitava de uma política de austeridade negociada ao estilo europeu, com interlocutores válidos. Em abril de 1977, legalizam-se os partidos políticos e os sindicatos.[4] Expectativas de mudança se traduziram em altas taxas de filiação sindical e política,

---

[1] RUIZ GALACHO, Encarna. Las reformas laborales en España (1977-2002). *Revista Laberinto*, n. 20, p. 9, 2006.

[2] SOTO CARMONA, Álvaro. ¿*Atado y bien atado?*: Institucionalización y crisis del franquismo. Prólogo de Javier Tusell. Madrid: Biblioteca Nueva, 2005. p. 143.

[3] SABORIDO, Jorge; BERENBLUM, Rubén. Las lecciones perdurables de la Moncloa. *In*: SABORIDO, Jorge; BERENBLUM, Rubén (Comp.). *Los pactos de la Moncloa y la Argentina de Hoy*. Buenos Aires: Ediciones Macchi, 2002. p. 24.

[4] RUIZ GALACHO, *op. cit.*, p. 9.

106 | WILSON RAMOS FILHO (COORD.)
TRABALHO E REGULAÇÃO – AS LUTAS SOCIAIS E AS CONDIÇÕES MATERIAIS DA DEMOCRACIA

assim como comprometida militância de muitos trabalhadores que haviam permanecido passivos durante toda a ditadura.[5] Havia muita gente nesta época que, mais ou menos confusa, era sensível às ideias socialistas. Mais de quarenta anos após a última vez, em 15 de junho de 1977, celebrou-se as primeiras eleições democráticas. Ganhou o partido reformista de Suárez, seguidos pelos socialistas, comunistas e conservadores.[6] O presidente recém-eleito sabia que para consolidar as reformas que o país necessita para se desenvolver era preciso contar com o apoio de todos. As reformas seriam profundas e de difícil convencimento. Sem contar com o respaldo dos agentes sociais não haveria como implementá-las.

Assim, contando com o apoio do PCE (Partido Comunista Espanhol), que assim já havia declarado em troca de sua legalização,[7] não foi difícil convencer os demais partidos a participar do programa que levaria a Espanha a figurar entre as principais economias da Europa. Caracterizando um espírito de cooperação e sacrifício, foi firmado, em outubro de 1997, o Pacto da Moncloa.

1.2 O pacto

O Pacto da Moncloa é um documento composto de dois programas: um econômico e outro político, com medidas tendentes a estabilizar a administração de um país assombrado pelo fantasma de uma ditadura recém- terminada.[8]

O documento econômico (Programa de saneamento e reforma da economia) levava a cabo dois grupos de ações: as dirigidas a equilibrar a economia com atuações a curto prazo e as encaminhadas à realização de importantes reformas que canalizem a economia a um futuro de liberdade e progresso. Estas ações se concretizariam através de uma política de saneamento econômico, reforma fiscal, controle do gasto público, política educativa, política de urbanismo, políticas

---

[5] MARTÍN GARCÍA, Óscar José. Albacete: De la 'Balsa de Aceite' a la conflictividad social. *In*: ORTIZ HERAS, Manuel (Coord.). *Movimientos sociales en la crisis de la dictadura y la transición*: Castilla-La Mancha: 1969-1979. Ciudad Real: Ediciones de Castilla-La Mancha: 2008. p. 78.

[6] SARTORIUS, Nicolás; SABIO, Alberto. *El final de la dictadura*: La conquista de la democracia en España: noviembre de 1975/junio de 1977. Madrid: Temas de Hoy, 2007. p. 776.

[7] PRESTON, Paul. *El triunfo de la democracia en España*. Traducción de Manuel Vázquez. Barcelona: Grijalbo Mondadori S.A., 2001. p. 186.

[8] *Ibid.*, p. 221.

habitacionais, reforma da seguridade social e do sistema financeiro, entre outras.

Já o documento de orientação política (Programa de atuação jurídica e política) possuía objetivos focados em reformas parciais e medidas urgentes para a adaptação do ordenamento jurídico às exigências próprias da nova realidade democrática. Estas reformas se materializariam através de mudanças nas restrições à liberdade de imprensa, ficando proibida a censura prévia. Modificaria a legislação sobre segredos oficiais para permitir a oposição as informações necessárias para cumprir suas obrigações parlamentares. Legalizariam os direitos de reunião e de associação política e liberdade de expressão através da propaganda. Se criminalizaria a tortura e descriminalizaria o adultério e o concubinato, entre outras.[9]

Segundo Miren Etxezarreta, a coluna vertebral do pacto se caracterizava por três elementos: (i) continuidade – aceitação sem alterações fundamentais de uma economia capitalista já existente, apenas pretendendo sua renovação, melhorando o sistema de livre empresa, elevada intervenção estatal e desenvolvimento de um Estado de bem-estar; (ii) consenso interno – já que logrou a aceitação de quase a totalidade das forças sociais; e (iii) aceitação das diretrizes das instituições internacionais – aplicação das medidas e ajustes que haviam sido desenhados pelo Fundo Monetário Internacional (FMI) e pela Organização para a Cooperação e o Desenvolvimento Econômico (OCDE). Ainda, as novas orientações de políticas econômicas se basearam em dois eixos principais: clara opção a favor do capital privado como agente central para superação da crise e intensificação da vontade de inserir a economia espanhola no sistema econômico mundial.[10]

O discurso oficial do plano de saneamento da economia objetivava a correção dos desequilíbrios básicos dentro de um período de dois anos. O programa pretendia uma distribuição equitativa dos custos entre os distintos grupos sociais e tentava conseguir que o sistema econômico se ajustasse em maior medida às exigências de uma economia de mercado socialmente avançada. Buscava uma redução gradual da taxa de inflação para solucionar o problema de desemprego

---

[9] POWELL, Charles. Los pactos de la Moncloa, un cuarto de año después. *In:* SABORIDO, Jorge; BERENBLUM, Rubén (Comp.). *Los pactos de la Moncloa y la Argentina de Hoy.* Buenos Aires: Ediciones Macchi, 2002. p. 69.

[10] ETXEZARRETA, Miren. La economía política del proceso de acumulación. *In:* ETXEZARRETA, Miren (Coord.). *La reestructuración del capitalismo en España: 1970-1990.* Barcelona: Icara Fuhem, 1991. p. 39.

e reequilibrar o déficit externo. Para superar a alta inflação, propunha o controle dos preços ao consumo, que se alcançaria através da limitação do crescimento salarial em 22% durante o ano de 1978 e 15% no ano seguinte.[11] Quanto ao déficit exterior, o programa pretendia reduzir a dívida aumentando as exportações de bens e serviços, que se alcançaria através da desvalorização dos preços e do debilitamento da demanda interna ao abrir o mercado ao exterior. Por fim, com relação à geração de empregos, o crescimento previsto do PIB não seria suficiente para absorver o incremento previsível da população, assim, durante o ano de 1978, seguiria aumentando o desemprego.

El éxito del programa en el frente exterior e inflacionario fue inmediato, reequilibrándose la balanza por cuenta corrientes a fines de 1977 con aparición de un excedente en 1978 y reduciéndose la inflación al 16,4% a fines de 1978. Pero, como era de esperar, este ajuste macroeconómico tenía su coste en quiebras y paro – 7.5% en 1798 – y, además, sólo proporcionaba un respiro y no actuaba sobre las raíces estructurales de la crisis.[12]

O segundo objetivo que se pretendia era alcançar uma distribuição equitativa dos custos para o saneamento da economia do país. Assim, previa uma política fiscal com profunda transformação do sistema de imposição direta mediante o estabelecimento de um imposto de renda e um imposto pessoal sobre o patrimônio. Também, uma atuação contra a existência de monopólios, através de reforma do sistema financeiro e política comercial.

Por fim, o programa econômico planejava a reforma da seguridade social e das relações laborais, que seriam complementadas por leis posteriores, levando o sistema econômico espanhol a se adaptar rapidamente às exigências de um sistema de mercado socialmente avançado, com um Estado liberal com ampla autonomia entre as partes.[13]

Ao contrário do discurso oficial, muitos viam que a motivação central do pacto residia na recuperação da taxa de mais-valia diminuída durante a crise econômica e pelas reivindicações obreiras ocorridas

---

[11] TAMAMES, Ramón. *La economía española 1975-1995*. Madrid: Temas de Hoy, 1995. p. 146.

[12] GONZÁLEZ CALVET, Josep. Crisis, transición y estancamiento. La política económica española, 1973-1982. *In*: ETXEZARRETA, Miren (Coord.). *La reestructuración del capitalismo en España*: 1970-1990. Barcelona: Icara Fuhem, 1991. p. 148.

[13] *Ibid.*, p. 147 - 149.

ao longo da década de setenta. A criação de novos postos de emprego era declaradamente um aspecto secundário do programa. Os próprios agentes responsáveis aceitaram que a geração de empregos seria fruto final da recuperação econômica que a recomposição do lucro permitiria a médio prazo.[14] Após a assinatura, começaram a ser postas em práticas as ações pactuadas. A primeira fatura quem pagou foi a classe operária, com a limitação do crescimento salarial e com políticas de precarização de postos de trabalho, através de programas de empregos temporais para jovens, com redução das cotas de seguridade social. A partir da firma do pacto, começou um decrescimento salarial mais intenso ao que se registrava com relação aos preços dos produtos em geral e representou o período em que as empresas alcançaram alta taxa de produtividade.[15] Quando chegou a vez do capital pagar sua conta, a resistência empresarial e financeira deixaram o programa em " via morta". Neste momento, começaram as políticas de rendas, a contrarreforma fiscal, o estatuto dos trabalhadores e a lei básica de emprego.[16] O pacto foi um mal necessário para enfrentar a crise econômica. A única maneira, salvo eventuais medidas revolucionárias. O discurso de solidariedade para salvar a democracia, sem rupturas estruturais quanto ao modo de produção, previa a aceitação de certos sacrifícios, primeiro de uns, que se concretizaram, depois de outros, que não ocorreram.

1.3 A reação sindical

As novas políticas flexibilizadoras e o aumento do desemprego, consequência da nova conjuntura econômica, permitiram um maior controle sobre os trabalhadores. Os sindicatos acabavam de sair da clandestinidade e careciam de organização e força para combater os avances da patronal sobre os direitos sociais. Ademais, os sindicatos estavam preocupados com o reconhecimento e regulação de seu papel institucional dentro e fora de empresa, que o levou a aceitar o rumo operado pelas demandas empresariais, conduzindo o direito do trabalho daquele período em um direito de ajustes à crise mediante retoques

---

[14] COMISIONES OBRERAS. *De los pactos de la Moncloa al AES*. Madrid: Secretaría Confederal de Formación y Cultura, 1989. p. 12. (Colección Avance).

[15] ALBARRACIN, Jesus. La extracción del excedente y el proceso de acumulación. *In*: ETXEZARRETA, Miren (Coord.). *La reestructuración del capitalismo en España*: 1970-1990. Barcelona: Icara Fuhem, 1991. p. 335.

[16] GONZÁLEZ CALVET, *op. cit.*, p. 170.

flexibilizadores. Uma série de Decretos-Lei estabeleceram pela primeira vez o princípio da eventualidade como via de acesso a um emprego subvencionado mediante bonificação à cotização empresarial. Frente a isso, os sindicatos não souberam reagir e, através de seu silêncio, convalidaram esta postura.[17]

Com a promulgação da Constituição em 1978, os sindicatos assumiram o papel institucional de representar a classe trabalhadora, incidindo em uma diminuição da conflitividade, que mudou a postura do sindicalismo espanhol. A firma do Pacto da Moncloa foi definida por uns como traição à classe obreira. Contudo, foi defendida por *Comisiones Obreras* como um acordo de grande importância em uma etapa crítica de institucionalização da democracia frente ao risco de golpismo.

Segundo destaca Elvira Sánchez Llopis, pese a dureza evidente que fazia gravitar grande parte da penúria econômica do momento sobre a classe trabalhadora, o pacto foi escrupulosamente defendido e cumprido pelos sindicatos, na medida em que estes consideraram que o objetivo geral pelo qual havia que trabalhar era o consenso do próprio texto constitucional.[18] O cumprimento fracionado do pacto, já evidente em 1978, desaconselhou a firma de novos pactos, resultando em um alto nível de conflitividade. As greves afetaram mais de cinco milhões de assalariados, a cifra mais alta desde a morte de Franco.[19]

Todavia, com o processo de institucionalização dos sindicatos se pôs em marcha uma política de concertação sistemática instrumentada por diversos acordos. A partir de então, os conflitos passaram a solucionar através da negociação, iniciando o que ficou conhecido como a " cultura do pacto". A central sindical *Unión General de Trabajadores* (UGT) e a patronal passaram a desenhar diversos acordos a partir de 1979, restringindo a atuação da central comunista (*Comisiones Obreras*), que parecia com menos eficiência para defender os interesses dos trabalhadores. Em consequência, perdeu influência e afiliação.[20]

---

[17] CASAS BAAMONDE, María Emilia; BAYLOS GRAU, Antonio; ESCUDERO RODRÍGUEZ, Ricardo. Flexibilidad legislativa y contractualismo en el Derecho del Trabajo español. *Relaciones Laborales*, n. 23, p. 12, 1987.

[18] SÁNCHEZ LLOPIS, Elvira. Algunos apuntes acerca del papel jugado por el sindicato en los cambios productivos, sociales, políticos y demográficos y de la evolución del propio sindicato. *Revista de Derecho Social*, Albacete, n. 54, p. 251, 2011.

[19] ALBARRACIN, Jesús. La política de los sindicatos y la dinámica del movimiento obrero. In: ETXEZARRETA, Miren (Coord.). *La reestructuración del capitalismo en España*: 1970-1990. Barcelona: Icara Fuhem, 1991. p. 409.

[20] RUIZ GALACHO, *op. cit.*, p. 11.

Após a tentativa de golpe de Estado em 23 de fevereiro de 1981, as centrais sindicais, a patronal e o governo firmaram o Acordo Nacional de Emprego (ANE), estabelecendo nova redução salarial real, que seria compensada pela criação de trezentos e cinquenta mil novos postos de emprego, que não se criaram. Ademais, previa novas formas de contrato temporal de emprego, aceitas pelos sindicatos sob duas condições: fixação de um máximo por empresa e proibição de sua utilização em centros de trabalho onde demissões de trabalhos fixos haviam sido produzidas. Tais condições foram invalidadas por um Real Decreto após a assinatura do acordo.[21]

Dois anos após a firma da ANE, se realizou o III Congresso Confederal de *Comisiones Obreras*. O tema principal foi o Plano de Solidariedade Nacional, uma ação baseada na concertação como uma saída para a crise. No ano de 1985, o sindicalismo pactista parecia ter vencido. Foi o período de menor mobilização obreira desde 1976.

2 A reforma laboral de 1994

Durante o ano de 1994, se produziu um largo e interrompido processo de reformas laborais com diversos recortes de direitos e garantias sociais. Ampliou o poder empresarial quanto a dinâmica da relação contratual, diminuindo a possibilidade de controle externo – regulação normativa com sindicatos. Ademais, implementou novas "doses" de flexibilidade, debilitou as regras de extinção de contrato de trabalho e criou diversas modalidades de contratos temporais.

2.1 Período precursor

Durante os anos oitenta e noventa se levou a cabo um importante processo de reformas laborais na Espanha. Com o objetivo de alcançar os requisitos exigidos pelo Tratado de Maastricht, o governo socialista precisava controlar a inflação, o déficit externo e estabilizar a peseta (moeda espanhola). Felipe González havia chegado ao governo em 1982 com um programa econômico keynesiano, porém tardou muito pouco para adotar políticas de corte neoliberal que abriam passo na Europa, deixando para tras as promessas eleitorais de criação de emprego e apoio ao trabalho fixo e de qualidade.

---

[21] *Ibid.*, p. 12.

Durante grande parte dos anos oitenta, o governo contou com o apoio incondicional da UGT para implementar suas políticas econômicas. Todavia, ao final da década, o bloco corporativista existente entre o governo e a central sindical socialista rompeu-se, e com ele o modelo socialdemocrata europeu. Ao perder o apoio de seu sindicato "irmão", o governo passou a buscar nas elites econômicas e no capital financeiro o suporte de que precisava.[22]

Com a intenção de adequar a legislação espanhola à Europa comunitária, Felipe González promoveu uma série de reformas laborais, tendo como principal característica um duro debilitamento, a estabilidade de emprego. Os contratos temporais foram " descauzalizados" em prol de estimular a contratação e reduzir as taxas de desemprego. Com a possibilidade e estímulo por parte do governo, as novas contratações foram canalizadas em sua grande maioria a esta modalidade.

El sistema de estabilidad diseñado en el Estatuto de los Trabajadores cae así en una esquizofrenia que mantiene en el plano general un trato de favor del contrato indefinido continuamente desmentido en las normas consagradas a reducir el problema del desempleo.[23]

Os anos noventa chegaram marcados por um forte desenvolvimento econômico, concretizado por uma ambiciosa política de inversão pública em infraestrutura favorecida pela transferência de fundos procedentes da Comunidade Econômica Europeia (CEE). Contudo, em 1992 iniciou uma dura recessão econômica, disparando a inflação, e a taxa de desemprego chegou a dramática cifra de três milhões de pessoas.[24]

A recessão econômica e as condições impostas para acender a União Monetária levaram o governo a frear o crescimento de gasto público e modificar em grande medida a política de giro social que se havia aplicado durante os anos anteriores. Assim como em outros países da comunidade europeia, a via para conseguir a consolidação fiscal, redução de déficit e estabilidade monetária se alcançaria através de ingresso de capital estrangeiro e estímulo ao investimento privado, que se obteria, garantindo elevadas taxas de lucratividade, conseguidas com uma redução de custo de mão de obra e diminuição de contribuição fiscal.

---

[22] MARÍN, José María. La democracia consolidada, 1982-2000. *In*: MARÍN, José María; MOLINERO, Carme; YSÀS, Pere. *Historia política de España 1939-2000*. Madrid: Ediciones Istmo, 2001. p. 407.

[23] PÉREZ REY, Joaquín. *Estabilidad en el empleo*. Madrid: Trotta, 2004. p. 65.

[24] ALBARRACIN. La política..., p. 417.

> Para imponer la política de austeridad, el capital necesitaba hacer retroceder las ideas fundamentales que se habían instalado sólidamente en el movimiento obrero durante los años de expansión económica. Por un lado, la idea del socialismo, como forma de organización social alternativa al mercado, debería perder terreno en la conciencia de los trabajadores, porque sólo se podía conseguir que éstos aceptaran medidas lesivas a sus intereses si aceptaban que la economía de mercado es el único sistema posible y la crisis un problema que exige sacrificios de todos. Por otro, también deberían retroceder las ideas keynesianas que habían animado la política económica durante el periodo de expansión posterior a la segunda guerra mundial, porque la recuperación de la tasa de beneficio exigía un retroceso serio del estado del bienestar. Como se ha dicho, la ideología liberal podía servir para conseguir estos objetivos.[25]

O governo conseguiu conter os gastos públicos através da redução dos níveis de proteção social e congelamento salarial. Já para baratear o custo de mão de obra, a forma encontrada foi uma nova reforma laboral com alto poder de destruição de direitos sociais que visasse aumentar a taxa de mais-valia. Assim, em 1994 foi aprovada a mais profunda e complexa reforma laboral desde o Estatuto dos Trabalhadores. Uma reforma a qual nem um governo de direita seria capaz de propor.[26]

2.2 A reforma

Com a caída do Muro de Berlim em 1989 e o irresistível avance das ideologias neoliberais, o centro de regulação do sistema econômico mudou do Estado para a empresa, que se tornou o sujeito prioritário da dinâmica social e centro de atenção das medidas normativas de interesse geral. Assim, passou-se a reconhecer a empresa como um espaço que requereria uma normatividade peculiar, adequada às suas exigências organizativas e produtivas.[27]

Baixo desta perspectiva foi elaborada a Lei nº 11/1994, base da reforma laboral de 1994. Muitas mudanças foram implementadas,

---

[25] ALBARRACÍN, Jesús. Ideologia, errores y malas intenciones. *In*: ALBARRACÍN, Jesús. *La larga noche neoliberal*: Políticas económicas de los ochenta. 2. ed. Barcelona: Icaria, 1994. p. 24.

[26] BRAVO FERRER, Miguel Rodríguez-Piñero. Derecho del Trabajo y mercado. *In*: ALARCÓN CARACUEL, Manuel Ramón (Coord.). *La reforma laboral de 1994*. Madrid: Marcial Pons, Ediciones Jurídicas; S. A, 1994. p. 408.

[27] BAYLOS GRAU, Antonio. *Las relaciones laborales en España desde la Constitución hasta nuestros días (1978-2003)*. Madrid: Ediciones GPS, 2003, p. 124.

114 WILSON RAMOS FILHO (COORD.)
TRABALHO E REGULAÇÃO – AS LUTAS SOCIAIS E AS CONDIÇÕES MATERIAIS DA DEMOCRACIA

porém algumas se destacam por seu forte viés liberal. Desapareceu o princípio de preferência do ordenamento laboral por contratos de trabalho por tempo indefinido, pois a lei passou a ostentar uma posição de indiferença ante a forma que assume a relação de trabalho. Destaca-se que tal princípio já havia se marginalizado ante a desregulação dos contratos temporais estruturais e através do seu uso como medida de fomento ao emprego. Também reconheceu e regulou as empresas de trabalho temporal, que até aquele momento proibia qualquer manifestação de prestamismo laboral, pois qualificava como ilícita toda forma de contratação de trabalhadores para cedê-los temporariamente a um empresário sem incorporá-los ao pessoal da empresa.[28]

A nova lei assumiu em toda sua essência as bases de uma nova política neoliberal de precarização da normativa laboral. Reconheceu explicitamente em seu corpo que seu regulamento afetaria aspectos relacionados com uma gestão mais flexível dos recursos humanos na empresa, e entre estes destacavam os elementos estruturais da relação laboral: duração, jornada e salário. Também alterou outros pontos referentes ao contrato de compra e venda de mão de obra, dentre os quais se destacam as mudanças sobre mobilidade funcional e geográfica, em que o empregador passou a ter maior poder sobre o empregado. Por fim, a empresa ganhou um maior poder de modificação sobre as condições laborais, sempre quando existisse provadas razoes econômicas, técnicas, organizativas ou de produção nas matérias referentes ao tempo, horário, regime ou turno de trabalho.

Constitui um lugar-comum na doutrina científica afirmar que a extinção do contrato de trabalho foi o principal pilar sobre o qual se levantou a reforma laboral. A nova normativa declarou ter dois objetivos fundamentais a serem instrumentalizados. O primeiro dirigia-se a flexibilizar os mecanismos de saída da relação laboral, facilitando aos empresários a extinção dos contratos de trabalho, fundamentalmente reduzindo as possibilidades de readmissão obrigatória e ampliando os mecanismos para proceder outras extinções contratuais. O segundo consistia no barateamento do custo das demissões, apesar de não ter alterado a quantia de indenização para as supostas demissões improcedentes.[29]

---

[28] *Ibid.*, p. 154 y 155.
[29] SENRA BIEDMA, Rafael. Los despidos individuales y plurales. *In*: ALARCÓN CARACUEL, Manuel Ramón (Coord.). *La reforma laboral de 1994*. Madrid: Marcial Pons, Ediciones Jurídicas, S. A, 1994. p. 254.

2.3 A reação sindical

O contexto político-econômico-social espanhol de meados dos anos noventa refletia um grave descontento geral com as opções elegidas pelo governo como via para desenvolver suas políticas públicas. Era eminente uma mudança na administração pública, que aconteceu em março de 1996. Com a vitória do Partido Popular (PP), era necessário desenvolver uma política com um intuito de legitimar-se junto aos sindicatos. Assim, após o câmbio político operado iniciou-se uma frutífera etapa de concertação social.[30]

Logo que chegou a Moncloa, José Maria Aznar – novo presidente de governo espanhol – tratou de reunir-se com os secretários das duas principais centrais sindicais (CC.OO. e UGT) para iniciar o quanto antes o diálogo social sobre as bases para manutenção da proteção social. Era necessário uma nova mudança legislativa laboral que contribuísse com a criação de emprego, uma vez que naquele momento a taxa de desemprego alcançada 22% de toda população ativa. A taxa de temporalidade também preocupava, pois encontrava-se em torno de 34% do total de assalariados ocupados, ou seja, mais de três milhões de trabalhadores.[31]

Como consequência do fracasso da política implementada pelo Partido Socialista Obreiro Espanhol (PSOE) de fomento de emprego mediante o uso expansivo da contratação temporal, que levou a elevados índices de precariedade laboral sem reduzir a taxa de desemprego, as associações empresariais e sindicais compuseram, através da retomada da concertação social, os acordos interconfederais de abril de 1997. Estes dividiam-se em Acordo Interconfederal sobre Negociação Coletiva, Acordo Interconfederal sobre Cobertura de Vazios e Acordo Interconfederal para a Estabilidade no Emprego.

O Acordo sobre Negociação Coletiva tinha a finalidade de organizar a estrutura e procedimentos da negociação coletiva, abordando questões como a boa-fé e o dever de negociar.[32] Quanto ao Acordo sobre Cobertura de Vazios, tinha a finalidade, como o próprio nome faz referência, cobrir as lacunas jurídicas geradas em consequência de

---

[30] BAYLOS GRAU, *op. cit.*, p. 154-155.
[31] ESCUDERO RODRÍGUEZ, Ricardo. El AIEE y su translación legislativa: significación general y condicionantes específicos. *In*: ALARCÓN CARACUEL, Manuel Ramón. *Las reformas laborales de 1997*. Pamplona: Aranzadi, 1998. p. 21.
[32] GONZÁLEZ ORTEGA, Santiago; CORREA CARRASCO, Manuel. El acuerdo Interconfederal sobre negociación colectiva. *In*: ALARCÓN CARACUEL, Manuel Ramón. *Las reformas laborales de 1997*. Pamplona: Aranzadi, 1998. p. 134.

finalização das Ordenações Laborais. Definido pelas partes signatárias como um acordo sobre matérias concretas, tratou sobre classificação profissional, promoção econômica, estrutura dos salários e regimes disciplinadores, sempre quando não existisse norma convencional regulando a matéria.[33]

Finalmente, o Acordo para a Estabilidade no Emprego – que figurou como o mais importante dos três. Fruto da retomada da concertação social, em menos de um mês de sua assinatura já havia sido transformado em norma jurídica vinculante. A medida " estrela" proporcionada foi a criação de uma espécie extraordinária de contrato de trabalho que estimulava a contratação indefinida a determinados coletivos específicos singularmente afetados pelo desemprego e pela instabilidade laboral: jovens entre 18 e 29 anos, desempregados a mais de um ano, maiores de 45 anos, pessoas com diferentes capacidades e trabalhadores com contrato de duração determinada ou temporal. A forma encontrada para estimular esta contratação vinha em dois sentidos: (i) estabelecia algumas particularidades no que se referiria ao regime indenizatório em caso de extinção do contrato – apresentava um custo de demissão mais barato em um determinado caso; e (ii) bonificava através de incentivos fiscais na quota empresarial à seguridade social, durante um período máximo de dois anos a partir da contratação, variando a bonificação dependendo do coletivo beneficiado.[34]

Em respeito a contratação temporária, as partes acordaram em especificar e delimitar os requisitos para sua utilização, possibilitando assim uma maior estabilidade e uma menor rotação no conjunto do sistema de contratação. Desta maneira, o contrato temporário possibilitado, e estimulado ao longo dos anos oitenta e noventa, voltou a ser exceção à contratação, recuperando o requisito de causalidade para sua utilização.

O Acordo em comento representou, como bem destacou Joaquín Pérez Rey, *"un verdadero golpe de timón legislativo"* ao abandonar a temporalidade como instrumento de fomento de emprego. A contrarreforma de 1997 foi, deste ponto de vista, chave para tentar recuperar

---

[33] MOLERO MARAÑÓN, María Luisa. El acuerdo de cobertura de vacíos: normas de configuración. *In*: VALDÉS DAL-RÉ, Fernando *et al. La reforma pactada de las legislaciones laboral y de seguridad social.* Valladolid: Lex nova, 1997. p. 289.

[34] DOSSIER PRÁCTICO FRANCIS LEFEBVRE. *Reforma Laboral*: RDL 8/1997 y RDL 9/1997 Acuerdo Interconfederal sobre Negociación Colectiva y Acuerdo Interconfederal sobre Cobertura de Vacíos. Madrid: Ediciones Francis Lefebvre, 1997. p. 158.

a estabilidade nas relações laborais.[35] O objetivo de reduzir a taxa de desemprego foi alcançado, convertendo-se em um dos maiores êxitos da legislatura "popular". Entre os anos de 1996 e 1999 criaram-se 1,7 milhões de novos postos de trabalho, baixando a taxa de desemprego de 22,3% para 15,4%.[36]

Todavia, a melhora na qualidade de emprego não ocorreu. Contratos indefinidos apenas cresceram 1,6% em quatro anos. O que cresceu foram as demais espécies de contratação, que em grande maioria não contribuíam para a seguridade social. Segundo dados apresentados pela *Confederación Sindical de Comisiones Obreras*, a linha adotada pelos agentes pactuantes – patronal e sindicatos – não alcançou os objetivos esperados. O número de contratos temporários registrado no período de 1997 e 1999 quase alcançou aos vinte e um milhões, quatro a mais que a soma dos contratos firmados nos dois anos anteriores.[37]

Os pactos firmados em abril de 1997 não representaram uma saída progressista à crise, continuou baseado na premissa inquestionável de não mudar a política econômica e manter uma normativa flexibilizadora, sempre apoiada sobre o discurso de que somente os empresários tiveram maiores lucros, seus investimentos aumentarão, gerando crescimento na produtividade e, com ela, aumento de emprego, e assim a economia começaria a se por novamente em funcionamento.

3 A reforma laboral de 2010

Da mesma maneira que terminou o século XX, iniciou o século XXI: com uma importante reforma laboral. Após a crise financeira que afetou o mundo em 2008 e que rompeu com um largo período de crescimento econômico no país, levando mais de dois milhões de pessoas ao desemprego, foi implementada uma nova reforma laboral na Espanha, através da Lei nº 35/2010. Com a nova reforma, novos recortes sociais e uma nova maré neoliberal, pressionando o governo para implementar duras políticas de austeridade.

---

[35] PÉREZ REY, *op. cit.*, p. 67-68.

[36] MARÍN, *op. cit.*, p. 461.

[37] CONFEDERACIÓN SINDICAL DE COMISIONES OBRERAS. *Dos años de Acuerdo Interconfederal para la Estabilidad en el Empleo*: abril de 1997/abril de 1999. Madrid: Paralelo Edición S.A., 1999. (Cuadernos de Información Sindical). p. 49.

3.1 O período precursor

A economia espanhola ao longo dos primeiros anos do século XXI encontrava-se em grande ascensão. Com um modelo de acumulação baseado nos setores da construção e turismo, sustentado através de um mercado laboral altamente precarizado, facilidades de acesso ao crédito e uma permissiva regulação urbanística, tornou-se uma das economias europeias com maiores taxas de crescimento, criação de emprego e alta lucratividade empresarial, alcançando a taxa de 7,9% de desemprego em meados de 2007, a mais baixa dos últimos trinta anos.[38]

Novamente administrado pelo partido socialista desde 2004, o país havia retomado o processo de diálogo entre os principais interlocutores sociais e o governo, interrompido em 2002.[39] No outono de 2007, desencadeou-se a crise financeira, originada nos Estados Unidos com a crise das hipotecas *subprime* e rapidamente transmitida aos demais países ricos, especialmente aqueles pertencentes à União Europeia. A insegurança estendida por toda a economia se traduz em um absoluto congelamento de crédito para as empresas e para os consumidores. Os bancos freiam a concessão de créditos aos setores imobiliário e de construção, acelerando a destruição de postos de trabalho a um ritmo frenético e liderando uma subida na taxa de desemprego sem comparação a nenhum outro país europeu.[40] Em dezembro de 2009 o país registrou 3.9 milhões de desempregados e no mês seguinte, superou os 4 milhões.[41]

Longe de acabar com os paraísos fiscais, moderar os salários dos grandes gestores, controlar o mundo financeiro ou estabelecer ajudas aos que não haviam sido responsáveis pela crise e punir os culpados, *"lo que vio Occidente fue el plan de desmantelamiento del Estado social más completo desde su instauración después de la derrota de los fascismos en la Segunda Guerra Mundial".*[42]

Assim, para não permitir a quebra geral das instituições financeiras, se utilizou o dinheiro público para recaptalizá-las, garantindo

---

[38] BERDIS, Jordi *et al.* La crisis en el Estado español: el rescate de los poderosos. *Informes de Economía Crítica,* p. 60-65, mayo de 2010. Disponible en: <http://www.rebelion.org/docs/107778.pdf>. Acceso en: 30 ago. 2011.

[39] GÓMEZ, Valeriano. La reforma laboral de 2010: crónica de un diálogo social frustrado. *In:* BRAVO-FERRER, Miguel Rodríguez-Piñero y (Dir.). *La reforma del mercado de trabajo y la Ley 35/2010.* Madrid: La ley, 2011. p. 59-60.

[40] BERDIS, *op. cit.,* p. 24.

[41] *Ibid.,* p. 44-45.

[42] MONEDERO, Juan Carlos. *La transición contada a nuestros padres:* Nocturno de la democracia española. Madrid: Catarata, 2011. p. 41.

seus empréstimos e depósitos, injetando liquidez e comprando seus *"activos tóxicos"*. Conhecido como setembro negro, em esse mês de 2008 se presenciou o desembolso de 7,7 trilhões de dólares pelas instituições públicas estadunidense. Em comparação, o programa *New Deal* de Roosevelt contra a depressão de 1929 custou, calculada a inflação desde então, quinhentos bilhões de dólares.[43]

O problema da economia espanhola era peculiarmente diferente do resto do mundo: crise no setor da construção, diminuição no turismo e ausência de crédito para a indústria. Com o congelamento do crédito e a consequente diminuição da demanda, a indústria espanhola sofreu baixa no consumo, quebrando grande parte das pequenas e médias empresas. Quanto as grandes empresas, com capacidade para captar recursos financeiros, seguiram investindo sobretudo no exterior, nos países emergentes mais rentáveis, enquanto que na economia do país afloravam problemas. Quanto ao setor do turismo, também foi afetado pela crise, uma vez que tanto espanhóis quanto estrangeiros passaram a destinar menores quantias de dinheiro às férias.[44]

Para tentar resolver os problemas gerados pela crise, a receita era mais austeridade com o dinheiro público, ou com o resto do que havia sobrado. E a mais oportunista maneira de conseguir este objetivo era através de novos recortes sociais e uma nova reforma laboral, que rebaixaria o custo da mão de obra, atraindo novos investidores interessados em maior rentabilidade em suas aplicações – repassando aos trabalhadores e trabalhadoras a conta que deveria ter sido paga pelos banqueiros e demais responsáveis.

3.2. A reforma

Apesar da plena existência de diálogo social entre sindicato, patronal e governo, os meses que seguiram a crise foram marcados por uma frustrada negociação. As partes não conseguiram chegar a um consenso sobre qual rumo seguir – já que os sindicatos não aceitariam novas "injeções" de flexibilidade e a patronal estava acomodada, pois já era de conhecimento geral a linha que seria adotada pelo governo caso as partes não chegassem a um denominador comum. Assim, frente a este ambiente de discórdia aportou no ordenamento jurídico espanhol

---

[43] ÁNGEL LORENTE, Miguel; CAPELLA, Juan-Ramón. *El crack del año ocho*: La crisis: El futuro. Madrid: Trotta, 2010. p. 62-63.

[44] BERDIS *et al., op. cit.*, p. 35.

a Lei nº 35/2010, constituindo um novo passo a uma maior liberalização do modelo de regulação das relações laborais.

La orientación global de la reforma es de signo marcadamente «neoliberal», de orientación nítidamente flexibilizadora, pero no podemos considerar que siquiera se enmarque en una política de «flexiseguridad» en el empleo tal como se preconiza por la UE. Ciertamente, se flexibiliza notablemente la relación de trabajo, con un tendencial abandono de la «seguridad en el empleo» a través de la reforma de los institutos novatorios como de la reducción de la tutela frente al despido.[45]

A reforma laboral apresentou algumas alterações aos mecanismos de contratação que não representaram nenhuma novidade, pois foi seguida a mesma linha da reforma de 1994, alterando elementos com intuito de fomentar a contratação, sem se preocupar com a qualidade desta. Com o objetivo de facilitar a colocação estável de trabalhadores desempregados ou alterar os contratos temporários, " ressuscitou" o contrato indefinido para fomento de emprego – medida " estrela" do já abordado Acordo Interconfederal para a Estabilidade no Emprego de 1997.

Quanto aos elementos estruturais da relação laboral, foram várias as medidas adotadas para flexibilizá-la. Por exemplo, destaca-se a alteração referente às modificações substanciais do contrato. A partir de então, poderiam ocorrer mudanças também de caráter preventivo, não somente quando contribuísse a obter melhoras, mas também a prevenir quanto a possíveis involuções. Aqui a atividade probatória da causalidade não se baseou somente em fatos, mas também sobre previsões futurísticas, mais argumentativas que demonstráveis.[46]

No mesmo caminho que a reforma de 1994, a nova lei também centrou um de seus pilares sobre a extinção do contrato de trabalho. O legislador deu uma nova redação às causas de demissão por razões econômicas, técnicas, organizativas ou de produção que estabelecia o Estatuto dos Trabalhadores, justificando que a experiência obtida durante os últimos anos havia demonstrado algumas deficiências quanto ao funcionamento das vias de extinção previstas em lei. A novidade consistia em uma redução do controle judicial mediante uma definição

---

[45] MONEREO PÉREZ, José Luis; FERNÁNDEZ AVILÉS, José Antonio. La reforma laboral: sentido político-jurídico y técnico. *In*: MONEREO PÉREZ, José Luis; FERNÁNDEZ AVILÉS, José Antonio; TRIGUERO MARTÍNEZ, Luis Ángel (Coord.). *La reforma laboral 2010-2011 y su instrumentación normativa*. Granada: Comares Editorial, 2011, p. 6.

[46] *Ibid.*, p. 20.

mais precisa das causas de demissão objetiva, corrigindo uma prática judicial que não havia respondido aos propósitos flexibilizadores do legislador.[47]

> La patrimonialización absoluta de la extinción del contrato en la que la reforma se mueve, hace que su objetivo primordial sea atemperar las consecuencias monetarias del despido, tanto justificado como no, y por vías, además, poco trasparentes, ocultas, propias de una reforma que se niega a sí misma en esta materia. Lo cierto es, sin embargo, que apartada la nebulosa de la ingeniería jurídica, la reforma del despido va toda ella dirigida a rebajar el coste de la extinciones mediante la ampliación desmesurada de las causas para despedir, el entorpecimiento al control judicial y sindical de los despidos, la rebaja directa de las indemnizaciones con la excusa del fomento del empleo indefinido o la socialización parcial de las mismas.[48]

A reforma laboral de 2010 foi um veículo de afirmação e um instrumento para implantação de um determinado modelo de gestão empresarial caracterizado pela banalização da demissão como técnica de governo em prol da organização produtiva, manutenção da produtividade e maximização do lucro.

3.3. A reação sindical

Mais uma vez se cumpriu o rito periódico espanhol de intervenção normativa no marco regulador laboral com o propósito de alcançar – tantas vezes declarada porém nunca satisfeita em plenitude – a adaptação do ordenamento laboral às circunstâncias econômicas. O processo de reforma laboral não foi produzido para sair da crise, pois não estava direcionado à recuperação econômica. Ocorreu para recuperar a taxa de lucratividade perdida durante a crise de 2008.[49]

Com um descontentamento geral da sociedade, principalmente da classe trabalhadora, que via diariamente o exército de reserva aumentando, havia que recuperar a conflitividade. Pouco tempo após

---

[47] BRAVO-FERRER, Miguel Rodríguez-Piñero y (Dir.). *La reforma del mercado de trabajo y la Ley 35/2010*. Madrid: La ley, 2011. p. 14.

[48] PÉREZ REY, Joaquín. El despido en la reforma de 2010: Los costes y la indemnización como medida de adecuación a las exigencias del mercado. *In*: BAYLOS GRAU, Antonio (Coord.). *Garantías de empleo y derechos laborales en la Ley 35/2010 de Reforma Laboral*. Albacete: Bomarzo, 2011, p. 211.

[49] SGUIGLIA, Nicolás. La clase que vendrá herramientas biosindicales en la era de la precariedad. *Revista de Derecho Social*, Albacete, n. 54, 2011, p. 255.

aprovada a reforma, as principais centrais sindicais convocaram uma greve geral para tentar frear o continuísmo do regime neoliberal. Sob o *slogan " Así no, 29 de septiembre, huelga general yo voy!!"* ocorreu a greve. A greve demonstrou claramente a segregação existente entre os setores de atividade. Conforme se pode observar através dos dados apresentados pelo Ministério do Trabalho e Imigração, foram os trabalhadores da indústria que sustentaram a mobilização. Muito pouco se observou de trabalhadores de comércio e prestação de serviços, refletindo uma tendência já consolidada de ausência de participação destes junto aos sindicatos.[50]

O resultado obtido pela greve de setembro foi a reabertura de diálogo social – que culminou no pacto social assinado em fevereiro de 2011. Tanto com a greve quanto com o pacto não se alcançou nenhuma conquista de direitos, todavia conseguiu-se limitar os recortes sociais e as políticas neoliberais. A Lei nº 35/2010 era só o início de uma série de medidas que se pretendia implementar na Espanha. Outras propostas conseguiram ser freadas com a firma do pacto.

O pacto social, em resumo, apenas incluiu duas reformas reais: do sistema de pensão e alguma novidade quanto a políticas ativas de emprego. Todo o resto figurou mais com um catálogo de ideias e planos para o futuro. O que o acordo evidenciou foi seu caráter essencialmente defensivo, resultando notória simplificação desqualificá-lo globalmente. Como destacou Vicens Navarro:

> Los sindicatos CCOO y UGT han hecho lo que tenían que hacer: han defendido en condiciones dificilísimas los intereses de los trabajadores. Debido a su esfuerzo se suavizaron algunas de las propuestas más duras del Gobierno y la reforma mejoró considerablemente. Es injusto que se les acuse de traicionar a la clase trabajadora, pues hicieron lo que pudieron, aunque se les puede reprochar que nunca debieran haber aceptado el retraso obligatorio de la jubilación. [51]

Seguramente não foi o melhor acordo, mas ao menos conseguiu perseverar a manutenção do sistema público de pensões como eixo fundamental do Estado de bem-estar. Todavia, o resultado foi muito

---

[50] MINISTERIO DE TRABAJO E INMIGRACIÓN. Trabajadores participantes en las huelgas desarrolladas, según sector de actividad. Disponible en: <http://www.mtin.es/estadisticas/BEL/HUE/ hue3_top_EXCEL.htm>. Acceso en: 19 sept. 2011.

[51] NAVARRO LÓPEZ, Vicenç. Contra el retraso de la jubilación. *Diario Público*, publicado el 3 de febrero de 2011. Disponible en: <http://www.vnavarro.org/?p=5312>. Acceso en: 19 sept. 2011.

pouco para uma sociedade arrasada pela crise, principalmente para uma juventude que dominava quase metade dos quatro milhões de desempregados, e resultou uma perda ainda maior no movimento sindical. Neste contexto de indignação com a postura assumida pelo governo, somado as recentes revoluções ocorridas no mundo árabe — principalmente Tunísia, Egito e Síria —, bem como os reiterados protestos na Grécia, as lutas estudantis na Inglaterra e Itália e, principalmente, a mobilização islandesa contra o capitalismo global, surge o movimento 15-M, também chamado de movimento dos indignados, criado inicialmente por *ciberactivistas* que saem das redes virtuais para acampar no centro do Madrid e de outras cidades espanholas. Pela primeira vez na Espanha, a esquerda desvinculada dos grandes partidos e sindicatos sai a rua para protestar contra o modelo econômico neoliberal.[52]

Uma importante característica destaca-se entre os camponeses deste movimento: o vínculo de emprego precário. Não há dados exatos comprovados, porém as características gerais indicam que a grande maioria daqueles que formaram o movimento 15-M são os mesmos que ficaram sem emprego após a crise de 2008, ou seja, trabalhadores e trabalhadoras que possuíam contratos temporais ou de fácil extinção. Tal particularidade ajuda a compreender um dos motivos pelo qual não existe uma vinculação entre o movimento 15-M e os sindicatos. É fato notório que os trabalhadores que possuem vinculação precária de emprego acabam por não filiar-se aos sindicatos. Deste modo, é razoável supor que aqueles que ocuparam o centro das principais cidades, em maioria, não são os mesmos que estiveram presentes durante a greve geral de setembro.

Conclusão

Considerando a perspectiva analisada, pode-se chegar à conclusão de que desde a transição espanhola, o movimento sindical não há encontrado forças suficientes para bloquear e combater o avanço das políticas liberais que ocorreram, e que seguem ocorrendo. Se for considerado o retrocesso da normativa laboral e da luta de classes nestas

---

[52] GIMÉNEZ CHUECA, Iván. Democracia Real Ya: Entre el Open Government y el ciberactivismo. *In*: TAIBO, Carlos. *La rebelión de los indignados*: Movimiento 15 M: Democracia real, ¡ya! 3. ed. Madrid: Ed. Popular, 2011. p. 59.

últimas décadas, é provável que se siga com um aprofundamento do neoliberalismo. Tendo em conta a " crise de representatividade" pela qual vive o movimento sindical, a expectativa não é das mais animadoras.

Durante a transição, os sindicatos apoiaram a implementação das políticas econômicas do Pacto da Moncloa, que se baseavam essencialmente na diminuição dos salários reais para controlar a inflação. Sua postura contribuiu para que a transição culminasse sem convulsões, uma vez que o medo e a possibilidade de golpe ainda estavam presentes, assentando no país princípios de liberdade e democracia. Após o referido pacto, vieram inúmeros acordos baseados em concertação social, o que criou no início dos anos oitenta a " cultura do pacto". Os sindicatos, a partir de então, com uma função institucionalizada pela Constituição Espanhola de 1978 passaram a fazer concessões quanto a aplicações de medidas flexibilizadoras na normativa laboral em troca de reajustes salariais. Esta postura – não escolhida, mas assumida – levou a uma nova regulamentação a respeito dos direitos sociais centrada em uma economia de mercado, na qual a preocupação era a competitividade, o desenvolvimento econômico-financeiro, a rentabilidade, o melhor preço, a máxima taxa de lucro para atrair mais investidores, tudo isso sem se preocupar com a qualidade dos postos de empregos gerados e o bem-estar dos cidadãos.

Com a chegada dos anos noventa não mais era necessário implementar o diálogo social. As políticas neoliberais estavam presentes nas políticas públicas que poderiam voltar a recuperar os "anéis" cedidos sem negociar contraprestações. E assim ocorreu a reforma de 1994. A saída encontrada pelos sindicatos consistiu em novos pactos com a patronal, ratificado por um novo governo que necessitava afirmar-se frente à classe trabalhadora para impor suas políticas. Firmaram-se assim os Acordos Interconfederais cuja medida principal era um contrato indefinido para fomentar o emprego estável, que possuía um reduzido custo de rescisão.

Passaram alguns anos e com uma economia em ascensão se pode fazer novas concessões de benefícios à classe trabalhadora, sem alterar as estruturas precárias da relação laboral. Com a chegada da crise econômica de 2008, os contratos de trabalho com vínculo débil foram rescindidos, elevando a taxa de desemprego drasticamente. A reação não teve a força necessária para implementar uma nova política social. Mesmo com uma greve geral de grande profundidade, os sindicatos apenas conseguiram frear suavemente a maré neoliberal.

Diante da situação que se desenhava, grupos sociais desvinculados aos partidos políticos e aos sindicados — na grande maioria jovens e desempregados — se propagaram pela Espanha exigindo mudanças nas políticas públicas. Contudo, esse novo movimento social — chamado de 15-M —, fragmento que se há separado da classe obreira tradicional por razão dos precários contratos de trabalho que os desvinculam da organização sindical, terá muita dificuldade para conseguir avançar seu projeto de redemocratização da política se continuar desvinculado daqueles que lutaram ao longo da história em busca de melhor qualidade de vida para todos os cidadãos. Seguramente enquanto estas forças sociais estiverem separadas, mais débil serão e menos poderão fazer para conter as políticas de austeridade e políticas de recortes de direitos sociais.

Referências

ALARCÓN CARACUEL, Manuel Ramón (Coord.). *La reforma laboral de 1994*. Madrid: Marcial Pons; Ediciones Jurídicas, S. A, 1994.

ALARCÓN CARACUEL, Manuel Ramón. *Las reformas laborales de 1997*. Pamplona: Aranzadi, 1998.

ALBARRACÍN, Jesús. *La larga noche neoliberal*: Políticas económicas de los ochenta. 2. ed. Barcelona: Icaria, 1994.

ÁNGEL LORENTE, Miguel; CAPELLA, Juan-Ramón. *El crack del año ocho*: La crisis: El futuro. Madrid: Trotta, 2010.

BAYLOS GRAU, Antonio. *Las relaciones laborales en España desde la Constitución hasta nuestros días (1978-2003)*. Madrid: Ediciones GPS, 2003.

BERDIS, Jordi *et al.* La crisis en el Estado español: el rescate de los poderosos. *Informes de Economía Crítica*, TAIFA 07, mayo 2010. Disponible en: <http://www.rebelion.org/docs/107778.pdf>. Acceso en: 30 ago. 2011.

BRAVO-FERRER, Miguel Rodríguez-Piñero y (Dir.). La reforma del mercado de trabajo y la Ley 35/2010. Madrid: La ley, 2011.

CASAS BAAMONDE, María Emilia; BAYLOS GRAU, Antonio; ESCUDERO RODRÍGUEZ, Ricardo. Flexibilidad legislativa y contractualismo en el Derecho del Trabajo español. *Relaciones Laborales*, n. 23, 1987.

COMISIONES OBRERAS. De los pactos de la Moncloa al AES. Madrid: Secretaría Confederal de Formación y Cultura, 1989. (Colección Avance).

CONFEDERACIÓN SINDICAL DE COMISIONES OBRERAS. *Dos años de Acuerdo Interconfederal para la Estabilidad en el Empleo*: abril de 1997/abril de 1999. Madrid: Paralelo Edición S.A., 1999. (Cuadernos de Información Sindical).

DOSSIER PRÁCTICO FRANCIS LEFEBVRE. *Reforma Laboral*: RDL 8/1997 y RDL 9/1997 Acuerdo Interconfederal sobre Negociación Colectiva y Acuerdo Interconfederal sobre Cobertura de Vacíos. Madrid: Ediciones Francis Lefebvre, 1997.

ETXEZARRETA, Miren (Coord.). La reestructuración del capitalismo en España: 1970-1990. Barcelona: Icara Fuhem, 1991.

MARÍN, José María; MOLINERO, Carme; YSÀS, Pere. Historia política de España 1939-2000. Madrid: Ediciones Istmo, 2001.

MINISTERIO DE TRABAJO E INMIGRACIÓN. Trabajadores participantes en las huelgas desarrolladas, según sector de actividad. Disponible en: <http://www.mtin.es/estadisticas/BEL/HUE/hue3_top_EXCEL.htm>. Acceso en: 19 sept. 2011.

MONEDERO, Juan Carlos. La transición contada a nuestros padres: Nocturno de la democracia española. Madrid: Catarata, 2011.

MONEREO PÉREZ, José Luis; FERNÁNDEZ AVILÉS, José Antonio; TRIGUERO MARTÍNEZ, Luis Ángel (Coord.). La reforma laboral 2010-2011 y su instrumentación normativa. Granada: Comares Editorial, 2011.

NAVARRO LÓPEZ, Vicenç. Contra el retraso de la jubilación. Diario Público, publicado el 3 de febrero de 2011. Disponible en: <http://www.vnavarro.org/?p=5312>. Acceso en: 19 sept. 2011.

ORTIZ HERAS, Manuel (Coord.). Movimientos sociales en la crisis de la dictadura y la transición: Castilla-La Mancha: 1969-1979. Ciudad Real: Ediciones de Castilla-La Mancha: 2008.

PÉREZ REY, Joaquín. Estabilidad en el empleo. Madrid: Trotta, 2004.

PRESTON, Paul. El triunfo de la democracia en España. Traducción de Manuel Vázquez. Barcelona: Grijalbo Mondadori, S.A., 2001.

RUIZ GALACHO, Encarna. Las reformas laborales en España (1977-2002). Revista Laberinto, n. 20, 2006.

SABORIDO, Jorge; BERENBLUM, Rubén (Comp.). Los pactos de la Moncloa y la Argentina de Hoy. Buenos Aires: Ediciones Macchi, 2002.

SÁNCHEZ LLOPIS, Elvira. Algunos apuntes acerca del papel jugado por el sindicato en los cambios productivos, sociales, políticos y demográficos y de la evolución del propio sindicato. Revista de Derecho Social, Albacete, n. 54, 2011.

SARTORIUS, Nicolás; SABIO, Alberto. El final de la dictadura: La conquista de la democracia en España: noviembre de 1975/junio de 1977. Madrid: Temas de Hoy, 2007.

SGUIGLIA, Nicolás. La clase que vendrá herramientas biosindicales en la era de la precariedad. Revista de Derecho Social, Albacete, n. 54, 2011.

SOTO CARMONA, Álvaro. ¿Atado y bien atado?: Institucionalización y crisis del franquismo. Prólogo de Javier Tusell. Madrid: Biblioteca Nueva, 2005.

TAIBO, Carlos. La rebelión de los indignados: Movimiento 15 M: Democracia real, ¡ya! 3. ed. Madrid: Ed. Popular, 2011.

TAMAMES, Ramón. La economía española 1975-1995. Madrid: Temas de Hoy, 1995.

VALDÉS DAL-RÉ, Fernando *et al. La reforma pactada de las legislaciones laboral y de seguridad social*. Valladolid: Lex nova, 1997.

Informação bibliográfica deste texto, conforme a NBR 6023:2002 da Associação Brasileira de Normas Técnicas (ABNT):

SMANIOTTO, João Vitor Passuello. Apontamentos sobre o movimento sindical espanhol em momentos de crise. *In*: RAMOS FILHO, Wilson (Coord.). *Trabalho e regulação*: as lutas sociais e as condições materiais da democracia. Belo Horizonte: Fórum, 2012. v. 1, p. 103-127. ISBN 978-85-7700-566-6.

O JULGAMENTO DA ADPF 153 PELO SUPREMO TRIBUNAL FEDERAL E A INACABADA TRANSIÇÃO DEMOCRÁTICA BRASILEIRA[1]

JOSÉ CARLOS MOREIRA DA SILVA FILHO

Introdução

A ditadura civil-militar ocorrida no Brasil de 1964 a 1985 abateu-se sobre o país com o firme propósito de combater e minar diversas movimentações sociais que reivindicavam novos rumos políticos, econômicos e culturais, associados à busca de melhores condições de vida para a população. Foram muitos os projetos e as mobilizações. Desde a luta pela Reforma Agrária e pela alfabetização política até a

---

[1] Esta é a versão integral do artigo de mesmo título, publicado, em versão reduzida, em: PIOVESAN, Flávia; SOARES, Inês Virginia Prado (Coord.). *Direito ao desenvolvimento*. São Paulo: Fórum, 2010. p. 515-545. Com o objetivo de vincular o debate transicional brasileiro ao campo trabalhista, justificando a inserção nesta coletânea, realizou-se a modificação do texto introdutório, buscando evidenciar a forte conexão entre as temáticas.
Este artigo é fruto de projeto de pesquisa desenvolvido pelo Grupo de Pesquisa Direito à Memória e à Verdade e Justiça de Transição, com sede no Programa de Pós-Graduação em Ciências Criminais da Pontifícia Universidade Católica do Rio Grande do Sul – PUCRS. O projeto de pesquisa, do qual resultou este artigo, obtém auxílio financeiro do Conselho Nacional de Desenvolvimento Científico e Tecnológico – CNPq e conta com bolsa de iniciação científica da Federação de Amparo à Pesquisa do Estado do Rio Grande do Sul – FAPERGS e do CNPq.

mobilização dos trabalhadores e trabalhadoras por melhores condições de trabalho e pelo direito de participação direta na construção de um modelo mais justo e menos desigual na produção e nas relações de trabalho.

É importante salientar que toda essa efervescência política, abundante também nos colégios e nas universidades, não estava necessariamente atrelada a uma iminente revolução socialista. A posição oficial do Partido Comunista Brasileiro, partido de esquerda com maior penetração e poder articulador junto às massas, era, às vésperas do golpe militar, a de apoiar a "burguesia progressista" primeiro, pugnando por uma economia nacional forte e não submissa ao imperialismo estadunidense, para somente depois orientar os seus quadros rumo a um processo revolucionário.

Havia outras organizações de esquerda, como o recém-criado PCdoB (fruto de dissidências internas do partidão), que defendiam a deflagração imediata do processo revolucionário e eram contra as Reformas de Base propugnadas pelo governo João Goulart,[2] por entendê-las como ações reformistas. Tais organizações, contudo, não possuíam a capacidade de mobilização do PCB de Prestes e não conseguiram articular nenhum tipo de resistência armada ao golpe ou organizar algum grupo armado com vistas à tomada do poder. O único grupo armado prestes a tomar o poder político e a instaurar um regime ditatorial eram os militares, com o apoio generoso de largos contingentes das elites do país.

As ações do governo João Goulart, que ficaram conhecidas como as "Reformas de Base", voltavam-se, indubitavelmente, ao melhoramento das condições de trabalho e da participação política dos trabalhadores, visando à reforma agrária, à organização de sindicatos rurais, à alfabetização política com o método Paulo Freire, ao fortalecimento das organizações sindicais urbanas, ao aumento do salário mínimo, e a outras ações que eram de interesse comum dos trabalhistas de esquerda (oriundos do PTB) e dos comunistas (vinculados ao PCB), daí o apoio do partidão ao governo Goulart e a exortação para manter e fortalecer o frágil sistema democrático liberal então vigente no Brasil, optando-se pelas vias pacíficas de transformação social.

---

[2] Sobre a posição dos partidos e organizações de esquerda no Brasil às vésperas do golpe de 1964 ver o estudo de Jacob Gorender, especiamente os capítulos 3 a 5 (GORENDER, Jacob. *Combate nas trevas*: a esquerda brasileira: das ilusões perdidas à luta armada. 2. ed. São Paulo: Ática, 1987. p. 20-45).

Fica claro, de todo modo, que a ditadura civil-militar teve como principal objetivo minar as conquistas e as possibilidades de avanço dos setores populares do país, com especial destaque para as lutas da classe trabalhadora, tanto no campo como nas cidades. Foram centenas de intervenções em sindicatos de trabalhadores, dezenas de dirigentes sindicais mortos, milhares de trabalhadores presos e torturados, número ainda maior de trabalhadores demitidos sumariamente dos seus empregos, monitorados e inseridos em listas sujas que inviabilizaram qualquer possibilidade de vinculação a um novo emprego formal. A sindicalização aguerrida era tida como subversão. O exercício do direito de greve era crime contra a segurança nacional. A veiculação de jornais e revistas voltadas à causa operária era alvo de desbaratamentos, prisões, torturas e bombas nas bancas que os distribuíam.

É razoável afirmar que o avanço do país rumo ao estabelecimento de condições de trabalho mais justas e proporcionais para os trabalhadores foi brutalmente interrompido com a implantação da longa ditadura civil-militar, a primeira da América Latina na segunda metade do século XX e a que foi mais longeva. Portanto, sempre que é deflagrada a batalha pela memória política no Brasil, os trabalhadores e trabalhadoras devem ser os primeiros a cerrar fileiras nas arenas disponíveis para denunciar o sufocamento arbitrário e genocida das aspirações de justiça social, do qual o país continua se ressentindo muito fortemente. Uma dessas oportunidades foi o julgamento da Ação de Descumprimento de Preceito Fundamental nº 153 pelo Supremo Tribunal Federal, oportunidade que foi, infelizmente, desperdiçada.

Esta ação foi proposta pelo Conselho Federal da Ordem dos Advogados do Brasil.[3] Este julgamento traduz-se em uma fortíssima evidência de que o Brasil ainda está engatinhando no quesito do fortalecimento da democracia e do desenvolvimento esperado a partir de um adequado processo de transição política.

É compreensível, embora lamentável, que, após a Constituição de 1988, os movimentos sociais e as lutas operárias tenham se afastado

---

3   Nesta ação, sucintamente, a OAB pretendeu que o STF firmasse uma interpretação restritiva ao Art. 1º, §1º da Lei 6.683/79, a Lei de Anistia promulgada durante o governo de João Baptista Figueiredo. A interpretação prevalecente até hoje é a de que ao utilizar a expressão "crimes políticos ou conexos com estes" a lei anistiou não apenas os perseguidos políticos, mas também os agentes públicos que tenham cometido crimes de lesa-humanidade na perpetração dessas perseguições. O intuito da OAB era o de provocar o STF a dizer que a Anistia não deve ser estendida para estes casos. A ação foi interposta em outubro de 2008.

das pautas políticas mais abrangentes, concentrando-se cada qual nas suas pautas específicas. A transição política foi totalmente controlada pelos militares e pelos estratos sociais que sempre os apoiaram, e o receio de um retrocesso violento das tímidas conquistas democráticas dos anos 80 era algo bem fundado, como bem demonstrou a votação da Emenda Dante de Oliveira em prol das eleições Diretas no Brasil, com a derrota da proposta sob os argumentos de que o país ainda não estava maduro para escolher diretamente o seu presidente, e com a violenta repressão às manifestações populares em prol das Diretas na cidade de Brasília no dia da votação.

O resultado disso foi que o primeiro governo civil, após duas décadas de ditadura militar, foi conduzido por José Sarney, conhecido entusiasta do regime ditatorial e membro destacado da Arena, partido de sustentação da ditadura. Durante o seu governo, na segunda metade da década de 80, foram inúmeras as investidas autoritárias contra o direito de greve e contra os trabalhadores que se mobilizavam por melhores condições de trabalho, incluindo-se aí invasões de fábricas pelo exército e pela polícia, mortes, prisões, torturas e perseguições de líderes sindicais. Um dos casos mais emblemáticos neste sentido foi a condenação de Vicente Paulo da Silva, o Vicentinho, a um ano de reclusão (sem sursis) pela Lei de Segurança Nacional (até hoje não abolida) por ter ofendido o ex-ditador João Baptista Figueiredo.

Uma das tentativas de reparação do incomensurável prejuízo amargado por toda a classe trabalhadora foi a previsão constitucional em 1988 do direito de reparação econômica dos que foram perseguidos políticos pela ditadura e pelo governo Sarney. O artigo oitavo do Ato das Disposições Constitucionais Transitórias instituiu esse direito, com evidente destaque para a recomposição patrimonial dos trabalhadores perseguidos. Contudo, foi somente no governo Fernando Henrique, no final do ano de 2001, que este direito foi regulamentado por Medida Provisória, transformada no ano seguinte na Lei nº 10.559/2002, a que institui a Comissão de Anistia, vinculada ao Ministério da Justiça.

Tem-se aqui uma Anistia muito diferente daquela que foi realizada em 1979. Não há na Constituição nem na Lei de 2002 nenhuma palavra sobre anistia penal aos agentes públicos que cometeram crimes de lesa-humanidade, nem mesmo a dúbia e misteriosa expressão "crimes conexos". Pelo contrário, tanto a Lei nº 10.559/2002 quanto o ADCT da Constituição de 1988 em seu artigo oitavo tratam dos que sofreram "perseguição política", e não dos que a promoveram.

Passados mais de 20 anos da promulgação da Constituição de 1988, a sociedade brasileira tinha plenas condições de enfrentar o seu passado e de dar um passo adiante na realização da justiça e no fortalecimento democrático, repudiando com veemência o terrorismo de Estado e a tradição arbitrária, violenta e antidemocrática do Estado brasileiro e de largos setores das suas elites, inclusive das judiciais. Era o momento para as classes populares se unirem mais uma vez em torno das grandes pautas políticas que ainda seguem pendentes no país. Não foi isto o que se viu, infelizmente, no julgamento da constitucionalidade da Lei de Anistia pelo Supremo Tribunal Federal. O plenário do STF não estava lotado, a praça dos três poderes estava vazia e a grande mídia nacional sentiu-se confortável para refrear a discussão o mais que pôde e, após o resultado desfavorável ao acolhimento da ação, para enaltecer a decisão do STF. Também foram poucas as vozes que se insurgiram contra o que aqui se chama de "a perversão da bandeira da anistia política no Brasil", protagonizada pelos magistrados da mais alta corte brasileira que, como se procurará demonstrar neste artigo, incorreram em fracas e equivocadas interpretações históricas, que diminuem e desprezam visivelmente as lutas e os sofrimentos de todos os atingidos pela inadmissível violência e arbítrio do Estado brasileiro.

O propósito deste artigo é o de se contrapor à decisão tomada pelo STF em relação à interpretação da Lei de Anistia de 1979 e, principalmente, aos argumentos que foram apresentados pelos Ministros e Ministras que participaram da votação. Após a análise cuidadosa de todos os votos,[4] é possível destacar, de modo geral, três grupos de argumentos, a saber, hermenêuticos, históricos e relacionados a um forte desprezo ao Direito Internacional Dos Direitos Humanos. Tais argumentos revelam a dificuldade da alta cúpula do Poder Judiciário brasileiro em acompanhar um necessário desenvolvimento da democracia no Brasil.

1 O atraso hermenêutico

Sob o ponto de vista hermenêutico, os votos dos Ministros e Ministras do STF apegaram-se demasiadamente a conceitos e formulações já ultrapassados na Teoria e na Filosofia do Direito.

---

[4] No momento da redação deste artigo apenas os votos de Eros Grau, CármenLúcia, Ricardo Lewandovsky e Celso de Mello haviam sido publicados. O acesso aos demais votos deu-se através do sítio eletrônico do You Tube (<http://www.youtube.com>).

Nos votos de Cármen Lúcia,[5] Celso de Mello[6] e Carlos Ayres Brito,[7] veio à tona a referência ao método histórico de interpretação. Cármen Lúcia e Celso de Mello ponderaram que o método histórico não é dos mais confiáveis e pode gerar armadilhas, mas que ele não poderia ser ignorado na discussão do presente caso. Para os juízes, seria de fundamental importância o esclarecimento das circunstâncias históricas que cercaram a edição da lei de Anistia. Afirmaram ambos, assim como todos os que votaram pelo indeferimento da ação, que houve um acordo que indicava a bilateralidade da Anistia.

Já Ayres Britto repudiou a utilização do método histórico afirmando que ele não é propriamente um método, mas sim um "paramétodo", uma espécie de recurso supletivo ao qual só se deve recorrer caso remanesça alguma dúvida sobre o sentido do texto, e desde que tenham sido insuficientes os métodos clássicos, estes sim verdadeiros métodos, a saber: literal, lógico, sistemático e teleológico. Afirmou o Ministro que o método histórico não poderia servir para afastar antecipadamente dúvida de interpretação. Com esta argumentação, Ayres Britto quis indicar que mais importante do que a referência às tratativas da Lei da Anistia, tão enfatizadas no voto do relator, Ministro Eros Grau, seria a própria lei em si.

Indicou Ayres Britto que se de fato existia o deliberado propósito de se anistiar os agentes repressores que cometeram tortura e outros crimes comuns então que isto fosse explicitado de modo claro e sem "tergiversação redacional". Afirmou que quem redigiu a lei não teve coragem de assumir a tão propalada intenção de anistiar os torturadores, o que até poderia ter sido feito sim pelo Congresso Nacional, disse o Ministro, mas que deveria ser no mínimo apontado explicitamente no texto da lei, de modo claro e inequívoco.

Veja-se, portanto, que a justificativa apresentada por Ayres Britto funda-se em um critério eminentemente literal. A partir daí fica a pergunta no ar, e que será confrontada mais adiante: caso a lei de Anistia houvesse explicitamente anistiado torturadores e outros perpetradores de crimes contra a humanidade, poder-se-ia defender a sua validade

---

[5] Disponível em: <http://www.stf.jus.br/arquivo/cms/noticiaNoticiaStf/anexo/ADPF153CL. pdf>. Acesso em: 28 jun. 2010.

[6] Disponível em: <http://www.stf.jus.br/arquivo/cms/noticiaNoticiaStf/anexo/ADPF153CM. pdf>. Acesso em: 28 de jun. de 2010.

[7] Até a conclusão deste artigo, o voto do Ministro Carlos Ayres Britto não havia sido publicado, mas está disponível através de vídeo no sítio eletrônico do You Tube. Disponível em: <http://www.youtube.com/watch?v=5ranNPsDDAk>. Acesso em: 28 jun. 2010.

hoje? Na linha de argumentação do Ministro, a resposta seria sim. Como se verá adiante, não deveria ser este o único critério levado em conta, basta dizer que a jurisprudência da Corte Interamericana de Direitos Humanos repudia a autoanistia, por mais que ela venha disfarçada em lei urgida no ninho ditatorial ou por mais explícito que seja o seu texto.

Reforçando o seu argumento, Ayres Britto registrou uma frase do jurista Geraldo Ataliba: "Eu não sou um psicanalista do legislador, eu sou um psicanalista da lei". O Ministro fez a distinção entre vontade objetiva da lei e vontade subjetiva do legislador, concluindo que o que interessa é a vontade objetiva da lei, o que, segundo se deduz dos argumentos expendidos pelo magistrado, estaria assegurada no sentido claro e inequívoco do texto legal, não em ilações de justificativa histórica.

Analisando criticamente tais argumentos, percebe-se que tanto os Ministros Celso de Mello e Cármen Lúcia, que indeferiram a ação, como o Ministro Ayres Britto, que a deferiu parcialmente, apoiaram os seus juízos em teoria já ultrapassada, maximilianamente incapaz de dar conta da complexidade do processo hermenêutico. Não são poucos os autores que registram, de um lado, a insistência de grande parte dos nossos juristas (e entre eles podemos inserir juízes da Suprema Corte) em teses arcaicas que ignoram olimpicamente toda a reviravolta linguística que o século XX assistiu,[8] e, de outro lado, nos apresentam uma hermenêutica jurídica renovada e sintonizada com este novo paradigma.[9]

---

[8]   Faço uso aqui da expressão "reviravolta linguística" em homenagem ao conhecido livro organizado por Manfredo Araújo de Oliveira (OLIVEIRA, Manfredo Araújo de. *Reviravolta linguístico-pragmática na filosofia contemporânea*. São Paulo: Loyola, 1996), e que nos artigos que colaciona já registra de maneira precisa alguns dos fundamentos teóricos que nos exigem um entendimento mais ventilado no plano da hermenêutica jurídica.

[9]   Para citar alguns: SILVA FILHO, José Carlos Moreira da. *Hermenêutica filosófica e direito*: o exemplo privilegiado da boa-fé objetiva no direito contratual. 2. ed. Rio de Janeiro: Lumen Juris, 2006; SILVA FILHO, José Carlos Moreira da; ALMEIDA, Lara Oleques de; ORIGUELLA, Daniela. Ensino do Direito e hermenêutica jurídica: entre a abordagem metodológica e a viragem linguística. *In*: CERQUEIRA, Daniel Torres; FRAGALE FILHO, Roberto (Org.). *O ensino jurídico em debate*: o papel das disciplinas propedêuticas na formação jurídica. Campinas: Millenium, 2007. p. 23-43; STRECK, Lenio Luiz. *Hermenêutica jurídica e(m) crise*: uma exploração hermenêutica da construção do direito. 2. ed. Porto Alegre: Livraria do Advogado, 2000; STRECK, Lenio Luiz. *Jurisdição constitucional e hermenêutica*. Porto Alegre: Livraria do Advogado, 2002; OSUNA FERNÁNDEZ-LARGO, Antonio. *Hermenéutica jurídica*: en torno a la hermenéutica de Hans-Georg Gadamer. Valladolid: Universidad de Valladolid, 1992; CASTANHEIRA NEVES, A. *O actual problema metodológico da interpretação jurídica*: I. Coimbra: Coimbra Ed., 2003; CALVO GARCÍA, Manuel. *Los fundamentos del método jurídico*: una revisión crítica. Madrid: Tecnos, 1994; WARAT, Luis Alberto. *Introdução geral ao direito I*: interpretação da lei: temas para uma reformulação. Porto Alegre: Sergio Antonio Fabris, 1994; WARAT, Luis Alberto. *Mitos e teoria da interpretação da lei*. Porto Alegre: Síntese, 1979; KAUFMANN, Arthur. *Derecho, moral e historicidad*. Tradução de Emílio Eiranova Encinas. Barcelona: Marcial Pons, 2000; KAUFMANN, Arthur. *Filosofia*

A referência aos métodos de interpretação e à classificação mencionada por Ayres Britto, remonta à produção teórica do jurista alemão Friedrich Karl Von Savigny (1779-1861), fundador da conhecida *Escola Histórica do Direito*.[10] Para Savigny, o ato hermenêutico do jurista deve buscar, racionalmente, a reconstrução do pensamento contido na lei. Recomendava que o intérprete se posicionasse no lugar do legislador, e que tivesse bom conhecimento do contexto histórico do surgimento da lei.[11] As particularidades da interpretação jurídica surgem pelo fato de que, ao ser decomposta em suas partes constitutivas, permite identificar quatro elementos diferentes, todos eles adequados para alcançar o pensamento expresso na lei, quais sejam, o *gramatical*, o *lógico*, o *histórico* e o *sistemático*. Esses quatro elementos são quatro operações diferentes cuja reunião é indispensável para interpretar a lei.[12]

Veja-se, portanto, que, ao contrário do que afirmou Ayres Britto, o método histórico integrava os quatro métodos clássicos. Na verdade era o método teleológico[13] que despertava as suspeitas de Savigny, recomendando o seu uso apenas subsidiariamente.[14] Aos poucos, foram se revezando as mais diferentes classificações para tais métodos. A Jurisprudência dos Valores, escola de interpretação que se desenvolveu ao longo da primeira metade do século XX, apregoava que a essência da norma estava nos valores a ela subjacentes, mais próximos do que

---

del derecho. Tradução de Villar Borda e Ana María Montoya. Bogotá: Universidad Externado de Colombia, 1999; LAMEGO, José. *Hermenêutica e jurisprudência*: análise de uma "recepção". Lisboa: Fragmentos, 1990; SCHAPP, Jan. *Problemas fundamentais da metodologia jurídica*. Tradução de Ernildo Stein. Porto Alegre: Sergio Antonio Fabris, 1985.

[10] Savigny via o Direito em seu tempo como o resultado formado pelas interpretações do Corpus Juris Civilis (a compilação de normas, pareceres e textos do Direito Romano produzida por Justiniano) construídas ao longo de vários séculos e pelos costumes jurídicos. Nesse sentido, desenvolveu uma metodologia do conhecimento jurídico norteadora do desenvolvimento da unidade a partir da variedade, vez que concebia o ordenamento jurídico não como o somatório das normas jurídicas vigentes, mas como uma totalidade, um todo único e sistemático formado pelo conjunto dos institutos jurídicos: um direito abstrato, profundo e racional que vive na consciência do povo (Volksgeist). Ou seja, o todo seria algo diferente da soma das partes, algo que vive na consciência do povo, mas que só poderá ser descoberto no sistema (SAVIGNY, F. K. von. *Sistema del derecho romano actual*. Tradução de M. Ch. Guenoux, Jacinto Mesía e Manuel Poley. Madrid: Góngora, 1878. v. 1, p. 66-67).

[11] SAVIGNY, F. K. von. *Metodologia jurídica*. Tradução de Hebe A. M. Caletti Marenco. Campinas: Edicamp, 2001. p. 9-10.

[12] SAVIGNY. *Sistema del drecho romano actual*, p. 187-188.

[13] Por meio do método teleológico o intérprete pode se afastar do sentido literal do texto normativo amparado pela compreensão da finalidade ou razão de ser da norma jurídica, a ratio legis.

[14] SAVIGNY. Metodologia jurídica, p. 40-44; LARENZ, Karl. *Metodologia da ciência do direito*. Tradução de José Lamego. 3. ed. Lisboa: Calouste Gulbenkian, 1997. p. 12.

demarcaria a sua finalidade. Daí por que deveria o intérprete buscar não a vontade do legislador e sim a vontade da lei, o seu sentido objetivo.

Ademais, com a aceleração das mudanças históricas, a lei, na medida da sua longevidade, passaria a exigir do intérprete um esforço crescente de adaptação a novas circunstâncias, deixando a referência ao pensamento do legislador como algo cada vez mais anacrônico.

Toda essa discussão sobre métodos e vontade da lei, contudo, ignora a reviravolta linguística operada no plano filosófico e suas repercussões no campo da hermenêutica jurídica. Tal reviravolta indica que a linguagem assume o posto fundante antes reservado ao sujeito cognoscente. Quando a referência básica é o sujeito cognoscente, o intérprete (sujeito) é visto como alguém que, ao aplicar correta e racionalmente o instrumental científico necessário (métodos), delimita o verdadeiro sentido do texto normativo (objeto). Já a partir do paradigma da linguagem, especialmente no campo da hermenêutica filosófica e na linha dos escritos de Heidegger e Gadamer,[15] percebe-se que o sujeito já pressupõe em qualquer atividade que realize, entre elas a de interpretar um texto, todo um conjunto de conceitos, valores e sentidos, sem os quais não seria sequer capaz do pensamento e da autoconsciência.[16] O mais importante não são os métodos aplicados sobre o objeto, mas sim o que subjaz à articulação dos métodos e que, no esquema cientificista tradicional é invisibilizado. O nome dado a esta dimensão, que é uma verdadeira condição de possibilidade, é o de *pré-compreensão*, ela demarca o caráter ontológico da hermenêutica para o humano. Muito mais do que métodos ou ferramentas, a hermenêutica se aloja no próprio modo de ser das pessoas.[17]

A pré-compreeensão é tanto o que permite a realização da interpretação como o que a orienta. Já foi devidamente registrado que não existe um método sobre como usar os métodos.[18] O que, num caso

---

[15] Especialmente: HEIDEGGER, Martin. *El ser y el tiempo*. Tradução de José Gaos. 2. ed. México: Fondo de Cultura Económica, 1997; GADAMER, Hans-Georg. *Verdade e método*: traços fundamentais de uma hermenêutica filosófica. Tradução de Flávio Paulo Meurer. Petrópolis: Vozes, 1997.

[16] SILVA FILHO, José Carlos Moreira da. Pessoa humana e boa-fé objetiva nas relações contratuais: a alteridade que emerge da ipseidade. *In*: SILVA FILHO, José Carlos Moreira da; PEZZELLA, Maria Cristina Cereser (Org.). *Mitos e rupturas no direito civil contemporâneo*. Rio de Janeiro: Lumen Juris, 2008.

[17] A história dessa formulação e a sua repercussão no campo da hermenêutica jurídica são desenvolvidas em José Carlos Moreira da Silva Filho (*Hermenêutica filosófica e direito*: o exemplo privilegiado da boa-fé objetiva no direito contratual. 2. ed. Rio de Janeiro: Lumen Juris, 2006).

[18] STRECK, Lenio Luiz. *Jurisdição constitucional e hermenêutica*. Porto Alegre: Livraria do Advogado, 2002. p. 238.

concreto, deverá ditar o predomínio de uma exegese literal ou o seu afastamento em homenagem à alegada finalidade da lei? A própria decisão do STF, ora em comento, evidencia que os métodos são manipulados para as mais diferentes direções. Quando os métodos e o esforço de justificação racional da decisão surgem já existe algo que está em franca operação. É por isto que uma decisão judicial ou qualquer outra interpretação andaria melhor, de modo muito mais esclarecedor, se ao invés de disfarçar os seus pressupostos como aplicação de um método científico, procurasse explicitá-los.

Tanto a ênfase no sentido objetivo da lei quanto no sentido da vontade do legislador partem do pressuposto de que o texto normativo já possui um sentido pleno e verdadeiro e que o intérprete só o descobrirá, sem que contribua de fato para a sua formulação. Ambos os enfoques, o objetivo e o subjetivo, menosprezam o papel decisivo da pré-compreensão. Parafraseando a frase de Ataliba que Ayres Britto citou em seu voto, poder-se-ia dizer que não é a lei nem o legislador que necessitam de um psicanalista, mas sim o próprio intérprete.

Na discussão sobre a lei de Anistia é patente que o contexto histórico da sua edição deveria ter sido invocado. Contudo, isto não garantiria por si só nem uma nem outra conclusão, e também não autorizaria que tal critério fosse tomado de modo exclusivo e preponderante. Tudo passa pela compreensão do juiz quanto ao contexto histórico que busca reconstruir, bem como, quanto ao próprio ordenamento jurídico em suas dimensões sistemáticas, lógicas, teleológicas, gramaticais e literais. É nesse plano que se buscará apontar neste artigo o grande desacerto dos Ministros e Ministras do STF quanto às suas concepções tanto históricas quanto sistemáticas procurando apresentar pressupostos que sejam hábeis a confrontar aqueles que levaram a Corte Suprema a decidir como decidiu.

Curioso é perceber que mesmo Eros Grau,[19] autor respeitado no âmbito da hermenêutica jurídica e que ventilou no seu voto algumas das mais avançadas reflexões nessa seara, não soube fazer uso adequado do arsenal teórico que invocou. Em sintonia com o pensamento de Gadamer, invocou a tese da *applicatio*, ou seja, de que quando se interpreta se está ao mesmo tempo a aplicar, pois é só no momento da interpretação e à luz dos pressupostos que operam naquele instante

---

[19] Disponível em: <http://www.stf.jus.br/arquivo/cms/noticiaNoticiaStf/anexo/ADPF153.pdf>. Acesso em: 28 jun. 2010.

é que o texto normativo adquire sua dimensão concreta e efetiva.[20] Coerente com tal entendimento, Eros Grau afirmou que a interpretação é constitutiva e não declarativa ou reprodutiva, e que ela se dá a partir do horizonte do presente e não do momento histórico em que surgiu o texto normativo (embora faça uma declarada exceção com relação à Lei nº 6.683/79).

Daí porque ressaltou que o texto da norma só se torna claro quando ocorre a interpretação, não sendo lícito confundir o texto da norma com a norma toda.[21] Quando afirmou isto, no entanto, Eros Grau o fez para criticar a redação da inicial oferecida pelo Conselho Federal da OAB, especificamente com relação ao seguinte trecho (no qual se fazia referência ao artigo 1º, §1º da Lei nº 6.683/79):

> É sabido que esse último dispositivo legal foi redigido intencionalmente de forma obscura, a fim de incluir sub-repticiamente, no âmbito da Anistia criminal, os agentes públicos que comandaram e executaram crimes comuns contra opositores políticos ao regime militar. Em toda a nossa história, **foi esta a primeira vez que se procurou fazer essa extensão da Anistia criminal de natureza política aos agentes do Estado, encarregados da repressão.** Por isso mesmo, ao invés de se declararem Anistiados os autores de crimes políticos e crimes comuns a ele conexos, como fez a lei de Anistia promulgada pelo ditador Getúlio Vargas em 18 de abril de 1945, redigiu-se uma norma propositalmente obscura. E não só obscura, mas tecnicamente inepta.[22]

---

[20] Neste sentido, cabe fazer uma crítica à noção de "interpretação autêntica", invocada em quase todos os votos para se fazer referência ao Art.1º, §1º da Lei 6.683/79, crítica que, aliás, já era feita por nada mais nada menos do que Savigny. Escreveu o jurista: "Só é possível falar em uma interpretação doctrinalis, e não de uma authentica, porque quando o legislador aclara uma lei, surge uma nova lei cuja origem é a primeira, de forma que não é possível falar em uma interpretação daquela" (SAVIGNY. *Metodologia jurídica*, p. 8). Ora, mesmo a lei que buscou um texto mais claro em relação ao que uma lei anterior estatuiu continua sendo alvo da interpretação do seu aplicador, seja ele juiz, advogado ou destinatário da norma, ainda mais quando o texto que deveria ser o mais claro pertence à mesma lei e é exatamente o que se torna mais obscuro e ambíguo, como é patente com relação ao Art. 1º, §1º da Lei 6.683/79. Invocar uma "interpretação autêntica" afigura-se como uma espécie de isenção de responsabilidade por parte do intérprete, limitando-se este a colocar toda a fatura das suas conclusões em nome do legislador.

[21] Tal é o entendimento firmado pelo jurista alemão Friedrich Muller, que em sua conhecida divisão da norma jurídica em programa da norma (texto normativo) e âmbito da norma (recorte da realidade social apontado pelo texto da norma) procura escapar das concepções abstratas e descritivas da norma jurídica (MÜLLER, Friedrich. *Métodos de trabalho do direito constitucional*. Tradução de Peter Naumann. 2. ed. São Paulo: Max Limonad, 2000).

[22] Disponível em: <http://www.sbdp.org.br/arquivos/material/586_ADPF%20153%20-%20pe ticao%20inicial.pdf>. Acesso em: 28 jun. 2010.

Em insistentes (sic)'s, Eros Grau ironizou parte da frase destacada em negrito, aquela que diz "se procurou". Asseverou o Ministro relator que ali estava uma tentativa de justificar a alegada obscuridade do texto normativo. Para Eros Grau a obscuridade ou a clareza do texto normativo não pode ser pressuposta. Só se poderia dizer que um texto é claro após a sua interpretação, daí porque não se poderia afirmar que o dispositivo invocado era tecnicamente inepto. Ademais, quem "procurou" estender a Anistia aos agentes repressores, segundo Eros, foi o Poder Legislativo, assim só ele poderia declinar da sua intenção ao "ter procurado" realizar tal intento.

No engenho argumentativo do Ministro relator, contudo, percebe-se um malabarismo sofístico. Ora, se a clareza do texto normativo só surge após a sua interpretação, o mesmo pode ser dito com relação à sua obscuridade. Aos olhos do Conselho Federal da OAB, após ter se debruçado sobre o texto normativo e tê-lo interpretado, apresentou-se a evidência da obscuridade da norma e da sua inépcia técnica. Tal conclusão, diga-se de passagem, só foi possibilitada de modo efetivo após quase trinta anos da edição da Lei de Anistia, quando finalmente o tema do julgamento dos agentes repressores da ditadura brasileira por violações aos direitos humanos e por cometimento de crimes contra a humanidade conseguiu sair do círculo mais restrito dos familares e amigos das vítimas do regime de exceção e dos grupos militantes, alcançando de modo insistente as páginas dos principais jornais do país e a esfera pública institucional.[23]

Em seu voto, o Ministro Cezar Peluso afirmou não entender porque a OAB hoje apresentava uma opinião diferente daquela que foi expressa por intermédio do parecer de José Paulo Sepúlveda Pertence, aprovado pelo Conselho da Ordem no ano de 1979.[24] Contrariamente

---

[23] Há um episódio que demarcou claramente esta mudança de cenário. No dia 31 de julho de 2008 a Comissão de Anistia organizou uma audiência pública no prédio sede do Ministério da Justiça em Brasília para discutir as possibilidades jurídicas de julgamento dos torturadores que atuavam em prol do governo ditatorial (ABRÃO, Paulo; TORELLY, M. D.; ALVARENGA, R. V.; BELLATO, S. A. Justiça de Transição no Brasil: o papel da Comissão de Anistia do Ministério da Justiça. *Revista Anistia Política e Justiça de Transição*, Brasília, n. 1, p. 12-21, jan.jun. 2009). A reação da imprensa foi imediata e incessante. Até então este parecia um assunto proibido. O então Presidente do Conselho Federal da OAB, Cezar Britto, compareceu à audiência e meses depois surgiu a ADPF 153 no STF. Com isto não se está a negar o papel persistente, corajoso e decisivo dos familiares dos mortos e desaparecidos que desde sempre levantaram essa discussão, mas que não eram devidamente recepcionados pelos meios de comunicação de massa e nem pelo espaço institucional.

[24] Até a conclusão deste artigo, o voto do Ministro Cezar Peluso não havia sido publicado, mas está disponível através de vídeo no sítio eletrônico do You Tube. Disponível em: <http://www.youtube.com/watch?v=bK2Hpfnk2Qg>. Acesso em: 28 jun. 2010.

à estupefação do presidente da Corte, é preciso entender que não são apenas os juízes que podem mudar de entendimento e enveredar por compreensões dissonantes. Na verdade, assim como o sentido do texto normativo, o passado também não cessa de se reapresentar. Ele não está fixo em alguma pretensa descrição absoluta e atemporal.[25] É certo que hoje se dispõe de muito mais elementos para se interpretar aquele contexto tão nebuloso da abertura lenta e gradual apregoada pelo ex-ditador Ernesto Geisel. Muitos arquivos foram abertos, muitas histórias de perseguição e terrorismo de Estado foram reveladas pelos que sobreviveram.[26] Tudo isto muda a compreensão que se tem do próprio passado.

Só recentemente é que foi possível inserir na pauta pública o tema da punição aos torturadores da ditadura militar. É de uma obviedade flagrante o fato de que na época da edição da lei, ainda em vigor o regime de exceção, não se teriam as menores condições para um debate dessa natureza. O próprio Sepúlveda Pertence no parecer citado por vários Ministros e Ministras assinalou que tal ponto era inegociável pelo governo e que, portanto, dever-se-ia priorizar a luta pela Anistia de todos os perseguidos políticos.

O que se pode dizer, concluindo este item, é que Eros Grau, mesmo fazendo uso de um referencial teórico-hermenêutico avançado,

---

[25] François Ost é preciso sobre este ponto: "o passado nunca é simples, defendemos nós. Longe de fechar-se na sua anterioridade, ele prolonga-se na actualidade que modifica a percepção que temos dele. Por outras palavras: os factos e os textos recebem uma interpretação evolutiva enquanto, por natureza, a decisão de justiça que os fixa tem um efeito retroactivo" (OST, François. *O tempo do direito*. Tradução de Pedro Henriques. Lisboa: 2001. p. 188).

[26] É compreensível que a Comissão de Anistia tenha tomado a iniciativa de intensificar este debate no seio do próprio governo e da sociedade brasileira. Como demarca a Lei 10.559/2002, que institui a Comissão e regulamenta o Art. 8º do ADCT da Constituição Federal de 1988, para que se possa conceder a reparação econômica por danos causados por perseguição política, é preciso que a perseguição seja minimamente apurada através de diferentes meios de prova, acompanhados, em muitos casos, dos testemunhos presenciais dos próprios requerentes. Tem-se uma visão das perseguições políticas empreendidas pelo olhar daqueles que foram perseguidos. A Comissão de Anistia já identificou dezenas de milhares de casos de perseguição política, aí incluídos exílios, torturas, perdas de emprego, cassações, perda de direitos políticos, prisões, entre outras. Até o ano de 2009, do total de 64.151 requerimentos de anistia, 30.967 obtiveram o reconhecimento da condição de anistiado político.Tal experiência foi gerando um acúmulo de informações que catalisou a emergência da discussão sobre a punição dos torturadores. Para mais detalhes sobre o sentido amplo de reparação que vem sendo implementado pela Comissão de Anistia, ver: ABRÃO, Paulo; TORELLY, Marcelo D. Justiça de Transição no Brasil: a dimensão da reparação. *In*: SANTOS, Boaventura de Sousa; ABRÃO, Paulo; MACDOWELL, Cecília; TORELLY, Marcelo D. (Org.). *Repressão e memória política no contexto ibero-brasileiro*: estudos sobre Brasil, Guatemala, Moçambique, Peru e Portugal. Coimbra: Universidade de Coimbra; Brasília: Ministério da Justiça, 2010. p. 26-59.

revelou a insuficiência e a fragilidade dos seus pressupostos, ou seja da sua pré-compreensão, incorrendo, inclusive, em algumas involuções historicistas. Isto ocorre quando Eros Grau faz um apelo a que a Lei de Anistia de 1979 seja interpretada a partir do contexto no qual ela foi editada e não a partir do presente. Ora, mesmo a compreensão do passado se dá a partir dos elementos que sustentam o esforço descritivo do historiador. Tais elementos estão no presente, logo o historiador do direito também executa a *applicatio*, não apenas o juiz. É o que ensina Gadamer em item de título sugestivo — *O significado paradigmático da hermenêutica jurídica* — inserido na segunda parte de Verdade e Método.[27]

No próximo item, tratar-se-á exatamente do contexto histórico que cercou a edição da Lei de Anistia de 1979, e isto sem que se deixe de admitir que a reconstrução do passado se reapresenta no presente, impulsionada pelas novas compreensões, elementos, narrativas e estudos que à própria época da ocorrência dos fatos simplesmente não existiam. Pode-se resumir o teor do próximo item com uma pergunta: Afinal, que acordo foi esse?

2 A história mal contada e o acordo inexistente

O principal objetivo deste item é denunciar a fraca e inconsistente compreensão histórica apresentada pelos Ministros e Ministras em seus votos com relação à ditadura civil-militar brasileira. É bem verdade que, sob o ponto de vista jurídico, embebido nos princípios, direitos e garantias fundamentais da Constituição de 1988 e no Direito Internacional dos Direitos Humanos, a questão sobre se houve ou não um acordo por trás da Anistia de 1979 é irrelevante, pois não deveria ser admissível qualquer acordo que buscasse passar por cima dos Direitos e Garantias Fundamentais. Segundo a Constituição de 1988, inclusive, nem mesmo uma Emenda Constitucional poderia fazer isto, quanto mais um acordo político elaborado no curso de um regime ditatorial. O mesmo entendimento pode ser depreendido de toda a legislação e jurisdição internacional voltadas aos Direitos Humanos e aos quais não apenas o Brasil se filia e se submete, mas também abriga em seu texto constitucional ao incorporar outros direitos e garantias fundamentais firmados no plano internacional e não mencionados explicitamente na Constituição.

---

[27] GADAMER, *op. cit.*, p. 482-504.

De todo modo, entende-se importante e esclarecedor vislumbrar as mais do que equivocadas análises históricas feitas pelos magistrados da suprema corte brasileira, o que muito tem a dizer inclusive sobre o próprio papel histórico do poder judiciário brasileiro, tradicionalmente elitista e subserviente aos autoritarismos de diferentes matizes que foram se firmando ao longo da conturbada história política brasileira. Este artigo filia-se à tese de que a afirmação de que a Lei de Anistia de 1979 foi o fruto de um acordo, ao menos de um que seja digno deste nome, é uma falácia.

Todos os Ministros e Ministras que votaram pelo indeferimento da ação não hesitaram em exaltar a Lei nº 6.683/79 como o fruto de um acordo realizado entre "os dois lados". Relembremos, sinteticamente, de que modo isto foi colocado pelos julgadores, começando pelo Relator.

Na inicial, indica-se que, ao se compreender o artigo 1º, §1º da Lei de Anistia de 1979 como uma Anistia a todos os agentes públicos que cometeram crimes de lesa-humanidade, estar-se-ia ferindo o princípio da isonomia, já que no §2º os perseguidos políticos condenados pela prática dos chamados "crimes de sangue" (incluídos aí o sequestro e o assalto) não teriam direito à Anistia.

Registre-se que essa excepcionalidade é anômala em relação ao próprio conceito de Anistia defendido pelos magistrados do STF, que não se cansaram de lembrar que a Anistia é objetiva, isto é, ela se volta para os atos considerados criminosos e não para os sujeitos que os praticaram. Ao menos no que toca ao grupo de perseguidos políticos condenados pela prática dos crimes indicados no §2º, a Anistia, ou para ser mais exato a ausência dela, não teve nada de "objetiva". Por mais que os seus atos se enquadrassem no que o governo ditatorial considerava crime político, a alegada "objetividade" não os socorreu.[28] Temos aqui

---

[28] Muitos brasileiros e brasileiras condenados nesta situação continuaram presos até o final do ano de 1979. Curiosamente, o grupo de guerrilheiros presos que contribuiu de forma decisiva para mobilizar a sociedade brasileira em prol da Anistia não foi Anistiado. Trata-se dos presos políticos que fizeram greve de fome Foram libertados mediante um artifício do Superior Tribunal Militar, que decidiu diminuir a pena e também mediante os indultos de João Baptista Figueiredo. Importante registrar, porém, que mesmo fora da cadeia, muitos permaneceram em liberdade condicional durante a primeira metade da década de 80 (GRECO, Heloísa Amélia. *Dimensões fundacionais da luta pela Anistia.* Tese (Doutorado) – Curso de Pós-Graduação das Faculdades de Filosofia e Ciências Humanas da Universidade Federal de Minas Gerais, Belo Horizonte, 2003. f. 279-284; ALVES, Maria Helena Moreira. *Estado e oposição no Brasil:* 1964-1984. 3. ed. Petrópolis: Vozes, 1985. p. 269; MEZAROBBA, Glenda. *Um acerto de contas com o futuro:* a anistia e suas conseqüências: um estudo do caso brasileiro. São Paulo: Associação Editorial Humanitas; FAPESP, 2006. p. 52).

um claro exemplo de que, quando convém, os conceitos imutáveis e "científicos" da dogmática jurídica são afastados ou afirmados.[29] De um lado, os perpetradores de crimes de lesa-humanidade receberam, segundo a interpretação atacada pela inicial da ADPF 153, Anistia geral, total e prévia (antes que os seus crimes pudessem ser apurados na via adequada para isto: o julgamento penal). De outro lado, os opositores do regime ditatorial obtiveram uma Anistia mutilada e incompleta, tendo já sofrido toda sorte de processamento penal (agravado pela sua inserção na esfera judicial militar), sevícias e violências físicas, morais e jurídicas. Mesmo assim, o Ministro Eros Grau simplesmente descartou o ataque ao princípio da isonomia, afirmando que na ação não se discute o artigo 1º, §2º e sim o §1º, e que os crimes políticos são mesmo muito diferentes dos crimes conexos, logo, tortuosamente conclui o relator, como crimes desiguais receberam tratamento igual, a lei também poderia tranquilamente, sem ferir o princípio da isonomia, não anistiar alguns crimes.[30]

Ora, esqueceu-se Eros Grau de que a desigualdade contrária ao princípio da isonomia, alegada pelos autores da ação, não é a desigualdade entre os crimes praticados, mas sim entre as pessoas que foram condenadas e as que ainda não haviam sido. A desigualdade está no fato de que a "objetividade" serve para alguns sujeitos e para outros não. Ademais, desqualificar a alusão ao artigo1º, §2º como argumento de que o objeto da ação é o §1º é desconhecer que o sentido de um artigo não se esclarece por si só, devendo ser confrontado, entre outros aspectos, com os outros elementos do ordenamento jurídico, especialmente os artigos da mesma lei e os princípios abrigados na Constituição, base de todo o sistema.

Todavia, caso Eros Grau admitisse que a Lei nº 6.683/79 fere o princípio da isonomia, ele não poderia ter dado início à sequência de votos que primaram pela ideia de uma proporcionalidade inexistente, de um "acordo" que é tão frágil como o simulacro de legalidade instaurado a partir dos Atos Institucionais. Disse textualmente o Ministro relator:

---

[29] O mesmo aconteceu com a discussão sobre a "conexão criminal". No julgamento em questão, quando foi conveniente, os princípios e conceitos do direito penal foram convocados pelos juízes para negar o costume internacional como fonte de direito e para repudiar a imprescritibilidade dos crimes contra a humanidade cometidos pela ditadura. Contudo, quando foi o momento de aplicar o conceito técnico de conexão no âmbito criminal, a resposta dada, entre outros, pelo Ministro relator foi de que aqui não se estaria a tratar da conexão criminal, mas sim de uma conexão sui generis, ou nas palavras do Ministro Marco Aurélio, "tivemos uma definição toda própria da conexão criminal".

[30] p. 19 do voto de Eros Grau.

Romper com a boa-fé dos atores sociais e os anseios das diversas classes e instituições políticas do final dos anos 70, que em conjunto pugnaram (...) por uma Lei de Anistia ampla, geral e irrestrita significa também prejudicar o acesso à verdade histórica.[31]

Com estas palavras de Eros Grau a Suprema Corte brasileira iniciou o que se pode chamar de *grande perversão da bandeira da Anistia no Brasil*, pois os presos políticos, os exilados, os núcleos do Movimento Feminino pela Anistia, os Comitês Brasileiros de Anistia, largos setores artísticos e intelectuais do país, instituições apoiadoras como a OAB, a CNBB, a ABI, o IAB e o MDB, entre outras, jamais desfraldaram a bandeira da "Anistia ampla, geral e irrestrita" com o intuito de defender a impunidade dos agentes da repressão.[32] O foco da expressão sempre esteve voltado para a situação daqueles que se encontravam presos, e, exilados, expurgados, na clandestinidade. Muitos deles tinham sido

---

[31] p. 21 do voto de Eros Grau.

[32] Em seu voto, a própria Ministra Cármen Lúcia reconhece isto ao dizer que a Anistia aos torturadores e a restrição da Anistia para os condenados por crimes de sangue não era o que a OAB queria e nem a sociedade brasileira (p. 5 do voto de Cármen Lúcia), aduzindo, ainda, mais adiante, que a Anistia aos torturadores não é justa e desafia o respeito integral aos Direitos Humanos (p. 14). Tal fato, porém, parece não ter sensibilizado a Ministra na sua decisão, pois, conforme escreve, o Judiciário nada pode fazer diante do que estabeleceu o Legislativo, e poder-se-ia completar: mesmo que a lei viole os Direitos Humanos e, portanto, os mais caros princípios constitucionais, consubstanciados exatamente nas garantias e direitos fundamentais. Afinal, arremata a magistrada: "O direito realiza o que precisa ser realizado num determinado momento histórico, buscando-se - em termos de legitimidade política - o que seja necessário para se chegar ao justo, em termos de paz social" (p. 14). Após esta frase de efeito, algumas perguntas ficam no ar: O que é "o direito que realiza"? O que é que "precisa ser realizado"? O que é "legitimidade política"? O que é "justo"? O que é "paz social"? Ao lermos o Ato Institucional nº 1 da ditadura civil-militar brasileira veremos que há uma resposta toda peculiar para cada uma dessas perguntas. Para a ditadura militar o direito não se identifica com a Constituição violada pelo golpe e nem com o respeito ao mandato do Presidente da República, eleito pelo voto popular. No AI-1 está escrito que "a revolução vitoriosa, como o Poder Constituinte, se legitima por si mesma", e mais adiante, que "fica, assim, bem claro que a revolução não procura legitimar-se através do Congresso. Êste é que recebe dêste Ato lnstitucional, resultante do exercício do Poder Constituinte, inerente a tôdas as revoluções, a sua legitimação". Vê-se, portanto, o tipo de direito que realiza e o que precisa ser realizado: o golpe. A "legitimação política" foi aquela imposta pelas armas e manifestada pelos mais diferentes setores da elite reacionária do país. O "justo" é apresentado como a vontade da "Nação", conceito elástico que comportou em si, durante a ditadura, a vontade daqueles que impuseram à custa de muita violência e de massiva restrição de direitos fundamentais, um Estado de força, muito longe de ser um Estado de Direito. E, por fim, a "paz social" foi apresentada como algo a ser alcançado assim que os "inimigos da pátria" e "subversivos" fossem neutralizados. Conclui-se com isto que uma defesa forte dos Direitos Humanos necessita ir além de afirmações como a que a Ministra CármenLúcia apresentou, principalmente para deixar bem clara a diferença entre a justificação de uma ditadura injustificável e o imperativo de proteção e efetivação dos Direitos e Garantias Fundamentais.

condenados pelo judiciário. Tal foco, aliás, revelou-se bem apropriado, pois foram justamente os que tinham sido condenados por envolvimento na resistência armada que acabaram não sendo alcançados pela Anistia.

A ideia do "acordo" e o consequente pressuposto de que as partes que "negociaram" possuíam igualdade suficiente para um equilíbrio de forças perpassou as falas dos magistrados que indeferiram a ação. Gilmar Mendes,[33] invocando o constitucionalismo português, fez referência ao modelo compromissário adotado pela Constituição Federal de 1988, contudo, quis inserir, na ideia de compromisso, normas que vieram antes da Constituição: a Emenda Constitucional nº 26/85 e a própria Lei de Anistia de 1979. Aproveitou também para fazer uma crítica velada à atuação do Juiz espanhol Baltazar Garzon, tornado célebre por ter exercido a jurisdição universal[34] para levar o ditador chileno Augusto Pinochet a julgamento.[35] Gilmar Mendes insinuou que Garzon, ao querer investigar os crimes da ditadura franquista, violou o "compromisso" que a sociedade espanhola teria feito para não realizar qualquer investigação, e por isto estava sendo processado por prevaricação.[36]

---

[33] Até a conclusão deste artigo, o voto do Ministro Gilmar Mendes não havia sido publicado, mas está disponível através de vídeo no sítio eletrônico do You Tube. Disponível em: <http://www.youtube.com/watch?v=gbtcKYWuO7c>.

[34] Na definição de Garapon, a Jurisdição Universal "confere a um Estado a possibilidade – por vezes a obrigação – de proceder judicialmente contra qualquer pessoa suspeita de crimes particularmente graves que atentem contra a consciência da humanidade, mesmo na ausência de critérios tradicionais de pertença territorial. Os tribunais nacionais podem julgar crimes cometidos fora do seu território, mesmo que nem o autor presumido nem a vítima sejam nacionais desse Estado" (GARAPON, Antoine. *Crimes que não se podem punir nem perdoar*: para uma justiça internacional. Tradução de Pedro Henriques. Lisboa: Piaget, 2004. p. 32).

[35] Muito embora Garzón não tenha conseguido junto aos lordes britânicos a extradição de Pinochet para ser julgado na Espanha, a sua atitude deflagrou um processo interno no Chile que culminou com a suspensão da imunidade vitalícia de Augusto Pinochet em junho de 2000. Ainda que antes da sua morte, Pinochet tenha conseguido a suspensão dos processos contra ele devido ao seu estado de saúde debilitado, muitos dirigentes e agentes do regime ainda continuam sendo julgados e condenados no Chile (*Ibidem*, p. 263-265). A Espanha, juntamente com o Brasil, é um dos países que mais dificuldade tem em confrontar suas ditaduras recentes. Ainda se sabe muito pouco sobre as atrocidades cometidas pela ditadura franquista.

[36] Ainda em relação ao "acordo" Gilmar Mendes, assim como Eros Grau, citou Raymundo Faoro como sendo um dos seus protagonistas. O jornalista Mino Carta, em Editorial escrito para a Revista Carta Capital, afastou terminantemente esta possibilidade. Escreveu Mino Carta: "Em entrevista publicada a 21 de fevereiro de 1979 por IstoÉ, que eu então dirigia, Raymundo dizia que a chave do entendimento da Anistia prometida teria de ser buscada no discurso pronunciado por Ernesto Geisel, ao anunciar o fim do AI-5, por ser este 'um impedimento ao desenvolvimento'. 'Pode ser surpreendente – acrescentava –, mas é uma chave dialética, a mesma abertura que seria há tempos empecilho agora é favorecimento

A Ministra Ellen Gracie,[37] em seu voto, limitou-se a estatuir que a desqualificação da existência do "acordo" é um argumento político e não jurídico. Cezar Peluso,[38] então presidente da Corte, afirmou que a norma da Anistia, entendida como Anistia aos torturadores, não fere o princípio da igualdade, pois os crimes que foram praticados se deram em um contexto de luta pelo poder, logo haveria crimes para "ambos os lados". E arremata: "É a mesma situação histórica e terá que receber um tratamento igual". A Ministra Cármen Lúcia afirmou que houve o "pacto", no qual "a sociedade falou altissonante", não sendo um "debate de poucos", e citou a participação da OAB, do MDB, da CNBB, dos CBA's e do IAB.[39] O decano Celso de Mello assinalou que o "acordo" foi amplo e viabilizou, pela sua bilateralidade, o "necessário consenso".[40] Eros Grau acrescentou ainda, às suas já citadas manifestações sobre o tema que a transição da ditadura para a democracia política foi uma "transição conciliada, suave em razão de certos compromissos." Em seguida, afirma que se o "acordo" fosse negado a transição poderia ter sido adiada e feita com violência, e, como afirmou, o Ministro, todos estavam fartos de tanta violência.[41]

(...), mas a dialética de Geisel tem um limite, a nossa não tem. É uma dialética de Estado-Maior (...) a primeira marca deste sistema é que se trata, em primeiro lugar, de um sistema imposto, e comandado sempre do alto, de transformações controladas'. E logo adiante: 'Tentou-se, por intermédio da coerção, fazer-se o consenso (...) é neste contexto que entra o conceito de conciliação, conceito que, na verdade, não envolve qualquer compromisso (...) a abertura não é o processo que desejávamos (...) a Anistia não pode ser restrita da maneira que se pretende'. Em ensaio também publicado por IstoÉ, no final de junho de 79, Raymundo reforçava estes conceitos, para constatar, em abril do ano seguinte, sete meses depois da promulgação da lei, que a Anistia era dolorosamente restrita. Quanto ao conceito da conciliação, ele nunca deixou de ser taxativo. Ainda nos começos de 79, ele o definia como 'oligárquico e seletivo'. Explicava: 'Não envolve compromisso algum com forças dissidentes porque é um projeto constituído num grupo fechado que se alarga um pouco mais. E se alarga não só, agora, por meio da coerção ideológica, sempre encoberta, mas com outro instrumento (...) chamado cooptação, que é igualmente autoritário'. Conciliação, coerção, cooptação. Permitem qualquer semelhança, por mais vaga, com negociação equilibrada entre oponentes? Existe algo mais lamentável, e vergonhoso, do que tentar reescrever a história ao evocar o testemunho de quem esteve do lado oposto?" (CARTA, Mino. A lição do profeta. *Carta Capital*, São Paulo, 07 maio 2010. Disponível em: <http://www.cartacapital.com.br/app/materia.jsp?a=2&a2=8&i=6642>. Acesso em: 28 jun. 2010).

[37] Até a conclusão deste artigo, o voto da Ministra Ellen Gracie não havia sido publicado, mas está disponível através de vídeo no sítio eletrônico do You Tube. Disponível em: <http://www.youtube.com/watch?v=gbtcKYWuO7c>. Acesso em: 28 jun. 2010.

[38] Disponível em: <http://www.youtube.com/watch?v=bK2Hpfnk2Qg>. Acesso em: 28 jun. 2010.

[39] p. 4 do voto de CármenLúcia.

[40] p. 17 do voto de Celso de Mello.

[41] p. 57-58 do voto de Eros Grau.

As simplificações desvirtuadoras de uma compreensão histórica mais consistente praticadas pelos magistrados acima mencionados demonstram que o problema não é, ao contrário do apontado pelo Ministro Ayres Britto, a utilização do elemento histórico de interpretação, mas sim a apresentação de uma compreensão histórica fracamente estruturada e que não resiste a um exame mais qualificado do que foi até hoje produzido sobre o contexto que cercou a edição da Lei de Anistia de 1979.[42]

Procurando construir nos breves limites deste artigo, um contraponto à compreensão histórica manifestada pelos julgadores já mencionados, é preciso repudiar fortemente a ideia de que o período de abertura "lenta e gradual", comandado pelo ditador Ernesto Geisel representou um manso ou "suave" abrandamento do regime ditatorial. Do mesmo modo, é imperioso mostrar que não houve, de fato, nenhum acordo real em torno da Lei de Anistia de 1979, e, por fim, era do interesse do próprio regime ditatorial promover a Anistia naquele contexto.

É bem verdade que no ano de 1974 iniciou-se um processo que iria evidenciar de modo crescente a insatisfação social com a continuidade do regime de força. Nas eleições ocorridas neste ano, a vitória do MDB, o partido de oposição controlada, foi assaz expressiva, o que se deu, entre outros fatores, pelo forte envolvimento do clandestino Partido Comunista Brasileiro. Naquele momento quase todas as organizações que opuseram resistência armada ao regime ditatorial haviam sido massacradas.[43]

Além da vitória eleitoral, no ano de 1975 é desencadeada a campanha pela Anistia, com o lançamento do Manifesto da Mulher Brasileira pelo Movimento Feminino pela Anistia. Este movimento

---

[42] De um modo geral, toma-se neste artigo o magnífico trabalho de doutorado produzido por Heloísa Amélia Greco (GRECO, Heloísa Amélia. *Dimensões fundacionais da luta pela Anistia*. Tese (Doutorado) – Curso de Pós-Graduação das Faculdades de Filosofia e Ciências Humanas da Universidade Federal de Minas Gerais, Belo Horizonte, 2003. 456 f.) como guia na contextualização histórica do processo de Anistia brasileiro em 1979. Igualmente, outros dois importantes trabalhos a serem referidos aqui como balizas é a dissertação de mestrado de Glenda Mezarobba (MEZAROBBA, Glenda. *Um acerto de contas com o futuro*: a Anistia e suas consequências: um estudo do caso brasileiro. São Paulo: Associação Editorial Humanitas; FAPESP, 2006) e a pesquisa de Carla Simone Rodeghero (RODEGUERO, Carla Simone; DIENSTMANN, Gabriel; TRINDADE, Tatiana. *Anistia ampla, geral e irrestrita*: história de uma luta inconclusa. Programa de Pós-Graduação em História da Universidade Federal do Rio Grande do Sul – UFRGS, Porto Alegre, 2010. 253 f. Pesquisa Acadêmica).

[43] Esclarece Jacob Gorender que quando "o general Ernesto Geisel tomou posse da Presidência da República em março de 1974, a guerrilha urbana se extinguira e a guerrilha do Araguaia agonizava" (GORENDER, *op. cit.*, p. 232).

começa forte em São Paulo, conduzido por D. Terezinha Zerbini, e, de São Paulo, espalha-se por todo o país. Surge também com vigor a mobilização sindical capitaneada pelos operários e metalúrgicos do ABCD paulista. A União Nacional dos Estudantes e as Uniões Estaduais dos Estudantes são recriadas. E, em 1978, criam-se os Comitês Brasileiros de Anistia,[44] que tiveram atuação decisiva na mobilização da opinião pública em prol da libertação dos presos políticos e do retorno dos exilados. A esta altura, como já foi registrado, a resistência armada havia sido brutalmente eliminada. A repressão passou então a mirar preferencialmente nos setores de resistência não armados, especialmente o Partido Comunista Brasileiro e o que havia sobrado do PCdoB após a Guerrilha do Araguaia, desarticulando completamente sua alta direção, prendendo e assassinando seus membros. O episódio mais emblemático dessa perseguição ficou conhecido como o "massacre da Lapa", ocorrido em dezembro de 1976, na cidade de São Paulo. Agentes do Exército assassinaram três dirigentes do Partido: João Baptista Franco Drummond, Ângelo Arroyo e Pedro Pomar. Outros seis militantes foram presos, cinco deles torturados sistematicamente durante semanas.[45] Ao longo do ano de 1975, em todo o país, o então Ministro da Justiça, Armando Falcão, deflagrou uma verdadeira caça aos comunistas. Dez dirigentes do PCB que caíram nessa ofensiva, inclusive, integram a lista de desaparecidos políticos brasileiros, como é o caso de David Capistrano da Costa.

Diante desse contexto histórico de eliminação violenta da resistência armada, fica completamente sem sentido a afirmação de Eros Grau em seu voto condutor de que se o "acordo" não houvesse acontecido, poderíamos ter uma transição mais tardia e com violência. Na verdade, a transição aconteceu sim com muita violência, exercida pelo governo ditatorial, sem que houvesse mais nenhuma possibilidade de se resistir pelas armas a esta violência.

De 1977 a 1981, registra Heloísa Greco, aconteceram cerca de 100 atentados por todo o país, sem que tenha havido qualquer apuração de responsabilidades.[46] Os episódios que ficaram mais conhecidos foram a bomba que vitimou a secretária da OAB, Lyda Monteiro da Silva,

---

[44] GRECO, *op. cit.*, p. 52.
[45] Para mais detalhes sobre o episódio ver: POMAR, Pedro Estevam da Rocha. *Massacre na Lapa*: como o Exército liquidou o Comitê Central do PCdoB: São Paulo, 1976. 3.ed. São Paulo: Fundação Perseu Abramo, 2006.
[46] GRECO, *op. cit.*, p.53.

em agosto de 1980 e a bomba no Riocentro, em abril de 1981. Durante o governo ditatorial de João Batista Figueiredo bancas de jornal eram incendiadas para impedir a circulação das publicações de esquerda.

O terrorismo de Estado também continuava ativo nos assassinatos do jornalista Vladimir Herzog e Manoel Fiel Filho nas dependências do DOI;CODI em São Paulo. Denúncias de torturas de operários e militantes tornam-se conhecidas.[47] No final de 1978, acontece em Porto Alegre o célebre sequestro dos uruguaios Lilian Celiberti e Universindo Dias,[48] no contexto da Operação Condor.[49]

A tentativa de realizar o III Encontro Nacional de Estudantes em Belo Horizonte, em junho de 1977 e a sua realização clandestina na PUC-SP são violentamente reprimidas em uma operação comandada pelo Secretário de Segurança Antonio Erasmo Dias.

Vê-se, portanto, que o ambiente estava longe de ser "suave" ou propenso a acordos nos quais pudesse haver um mínimo de igualdade e proporção entre as partes. De todos os elementos brevemente descritos nessa contextualização do período no qual surge a Lei de Anistia, o mais importante para evidenciar o equívoco dos argumentos expendidos pelos juízes do STF é o que cerca a atuação do Poder Legislativo, a ser na sequência melhor detalhado.

Como já assinalado, as eleições de 1974 manifestaram uma expressiva vitória do MDB.[50] Isso trouxe um grande enigma à ditadura Geisel, que pode ser resumido na singela pergunta: como ganhar as

---

[47] GORENDER, *op. cit.*, p. 233.

[48] Ver o minucioso relato de Luiz Cláudio Cunha, o jornalista responsável pela denúncia do sequestro: CUNHA, Luiz Cláudio. *Operação Condor*: o sequestro dos uruguaios: uma reportagem dos tempos da ditadura. Porto Alegre: L&PM, 2008.

[49] Em outro artigo, se faz referência sucinta à Operação Condor: "Os governos ditatoriais latino-americanos nesse período possuíam polícias políticas e uma verdadeira rede de informações e operações conjuntas destinadas a prender e eliminar qualquer um que fosse suspeito de ser integrante da resistência ao regime de exceção. A conhecida Operação Condor, idealizada pelo Coronel Manuel Contreras, chefe da DINA (a polícia política de Pinochet), estendeu seus tentáculos por todo o continente, prendendo, matando e sequestrando pessoas à revelia das fronteiras e dos sistemas jurídicos" (SILVA FILHO, José Carlos Moreira da. O anjo da história e a memória das vítimas: o caso da ditadura militar no Brasil. *In*: RUIZ, Castor Bartolomé (Org.). *Justiça e memória*: por uma crítica ética da violência. São Leopoldo: UNISINOS, 2009. p. 124-125).

[50] Segundo Skidmore, ao criar uma atmosfera menos rigorosa para a atuação da imprensa, Geisel contribuiu para o aumento da tendência de mobilização da opinião pública contra o regime ditatorial. "Geisel estava ajudando a sociedade civil a despertar novamente, mas não estava preparado para ouvir o que a voz da sociedade tinha para dizer" (SKIDMORE, Thomas. *Brasil*: de Castelo a Tancredo, 1964-1985. Tradução de Mario Salviano Silva. 8. ed. Rio de Janeiro: Paz e Terra, 1988. p. 369).

próximas eleições?[51] A "solução" encontrada foi fazer uso dos poderes ilimitados concedidos pelo AI-5. Em janeiro de 1976, Geisel utilizou o AI-5 para cassar os mandatos de dois deputados estaduais paulistas acusados de terem recebido apoio de comunistas. Em seguida, foi a vez de três deputados federais, e entre eles o deputado Lysâneas Maciel do MDB. Mas nada disso se compara ao que ocorreu em 01 de abril de 1977. O ditador Geisel simplesmente impõe uma Emenda Constitucional através do AI-5 pela qual o Congresso é fechado. O pretexto que utilizou para isto foi a oposição do MDB a um projeto de reforma judiciária patrocinado pelo governo. O MDB alegava que não fazia o menor sentido a reforma sem a revogação do AI-5 e da Lei de Segurança Nacional.[52] Assim, fazendo uso do AI-5, Geisel baixou o que ficou conhecido como o "pacote de Abril".

O pacote consistiu em uma série de reformas constitucionais no campo eleitoral com o indisfarçado objetivo de tornar a ARENA, partido de suporte da ditadura militar, imbatível nas próximas eleições, a saber: passa a ser exigida apenas a maioria simples; todos os governadores e um terço dos senadores seriam escolhidos indiretamente, nas eleições de 1978, por colégios eleitorais estaduais que incluíam os vereadores, o que bastava para assegurar com folga a vitória da Arena nestes colegiados; os deputados federais teriam o seu número demarcado com base na população e não no total dos eleitores registrados, o que na prática aumentava o número de parlamentares relacionados às regiões do país nas quais o apoio à ditadura era maior.

Como "cereja do bolo" o pacote incluiu também a criação de um sistema de justiça interno às Polícias Militares, antes vinculadas à esfera civil dos governos estaduais. Com isto, a atuação dessas polícias ficou imune ao controle jurisdicional civil. Por fim, acresça-se a tudo isto a existência, desde 1976, da chamada Lei Falcão, que restringia o acesso ao rádio e a televisão dos candidatos. Permitia-se apenas a imagem sem som do candidato.[53]

---

[51] Como explica Skidmore, o grande temor de Geisel eram as eleições para governadores em 1978, que seriam, em princípio, diretas e que provavelmente seriam ganhas de modo maciço pelo MDB (*Ibidem*, p. 372-373).

[52] *Ibidem*, p. 373.

[53] Esta lei foi solicitada pelo governo ditatorial ao Congresso de 1976. A estratégia do MDB, naquele momento, era parecer ponderado aos olhos da ditadura para que assim as eleições de 1978 ocorressem conforme o previsto, na relativa convicção de uma vitória nas urnas populares (*Ibidem*, p. 370-374).

Após esta súbita e autoritária mudança das regras do jogo, Geisel "reabre" o Congresso no dia 15 de abril. Contudo, já em maio do mesmo ano, a censura é estendida a todas as publicações importadas, e em junho o mandato do líder do MDB na Câmara, Alencar Furtado, é cassado e o deputado é privado por dez anos dos seus direitos políticos.[54] Como conclui Heloísa Greco em sua análise, "o efeito principal destas iniciativas é a garantia de fluidez na tramitação dos decretos-leis e das emendas constitucionais, o que permitiria ao governo prescindir da edição de novos atos institucionais".[55]

Após essas salvaguardas é que em outubro de 1978 a Emenda Constitucional 11 declara extintos os Atos Institucionais. Por outro lado, o estado de sítio é incorporado à Constituição e, da tranquilidade de um Congresso manietado e desfigurado, no qual nunca passaria qualquer projeto contrário à vontade do governo ditatorial, surge a nova Lei de Segurança Nacional (LSN), promulgada em 17 de dezembro de 1978.

Compensando a desaparição dos Atos Institucionais, a nova LSN, entre outras proezas, atribui poderes quase ilimitados ao Ministro da Justiça para censurar todo e qualquer material que seja considerado ofensivo à segurança nacional (art.50); responsabilização criminal de jovens de 16 anos (art.4); a instituição da figura da "comunicação reservada ao juiz", pela qual se permite a continuidade da incomunicabilidade e das prisões clandestinas (art.53); criminalização de qualquer tipo de vínculo com instituições estrangeiras consideradas ameaçadoras à segurança nacional (art.12); proibição de divulgar fato ou notícia que possa, de algum modo, "indispor ou tentar indispor o povo com as autoridades constituídas" (art.14).[56]

Observa Heloísa Greco que este esquema todo "proporciona ao general Geisel dispositivos legais, burocráticos e militares de tal ordem, que ele passa a se qualificar como aquele que logrou a maior concentração de poderes entre todos os generais-presidentes do período da ditadura militar".[57]

Nunca é demais destacar que a máquina de moer dissidentes políticos continuava em funcionamento, bem estruturada, e a Doutrina de Segurança Nacional (DSN) continuava a conduzir os destinos políticos predominantes do país. Basta dizer que todo esse processo de distensão fazia parte de um plano engendrado pelo cérebro da

---

[54] *Ibidem*, p. 374.
[55] GRECO, p. 59.
[56] *Ibidem.*, p. 60-61.
[57] *Ibidem*, p. 61-62

DSN: Golbery do Couto e Silva. A Anistia, inclusive, fazia parte desse planejamento, assim como a abertura ao pluripartidarismo. A intenção era manter intactos os princípios e diretivas da DSN em um ambiente político razoavelmente "democrático". O pluripartidarismo, ademais, poderia servir para desarticular o MDB, partido que havia ameaçado a hegemonia da ARENA nas eleições de 1974.[58]

Por todo o exposto, pode-se notar claramente que o ambiente no qual se deu a proposição e a votação da lei de Anistia em 1979 estava longe de ser manso e propenso a um "suave compromisso". A violência continuava em ação, as prisões arbitrárias e clandestinas, a tortura, as cassações políticas e a censura. As regras do jogo legislativo haviam sido mudadas bruscamente, de maneira ilegítima e manipulada para que os resultados das votações que interessavam à ditadura fossem sempre ao seu favor, como aconteceu visivelmente na votação da Lei de Anistia em 1979. Apesar disso, a Ministra Ellen Gracie afirmou em seu voto na ADPF 153 que não se poderia desqualificar o Congresso da época. É quase como se dissesse que não se poderia desqualificar o fechamento do Congresso Nacional e o pacote de abril em 1977, afinal fora este o responsável pela configuração do Congresso Nacional em 1979.

Ao se examinar todo o processo de votação e promulgação da Lei de Anistia é que se pode ter noção mais cabal da inexistência de um acordo que mereça este nome. Apesar de toda a mobilização social em prol da Anistia, o governo Figueiredo agiu, desde o início como se não existisse nenhum outro interlocutor além dos setores ligados à própria ditadura. Quando o ditador Figueiredo encaminha para o Congresso o Projeto de Lei da Anistia (PL nº 14/1979) em 27 de junho de 1979, realiza concomitantemente uma grande cerimônia transmitida em cadeia nacional, e na qual inclusive chora. Tudo parece ser uma concessão magnânima do governo, ou como batizou o Ministro Celso de Mello em seu voto na ADPF 153 uma "medida excepcional fundada na indulgência soberana do Estado",[59] ou ainda, como registrou o Ministro Marco Aurélio no mesmo julgamento, "um ato de amor".

Toda essa "generosidade", porém, não impediu que fosse blo-queada a participação de qualquer outro ator institucional, inclusive dos próprios parlamentares da ARENA, na elaboração do projeto.[60]

---

[58] SKIDMORE, *op. cit.*, p. 427.

[59] p. 12 do voto de Celso de Mello.

[60] (GRECO, *op. cit.*, p. 231-232). O projeto foi elaborado pelo Ministro-Chefe da Casa Civil, Golbery do Couto e Silva, pelo líder da Arena e Ex-Presidente do Senado, Petrônio Portella, pelo Chefe do SNI, Octávio Aguiar de Medeiros, pelo Chefe do Gabinete Militar, Danilo Venturini e pelo Secretário Particular do Presidente, Heitor Ferreira (MEZAROBBA, *op. cit.*, p. 38).

WILSON RAMOS FILHO (COORD.)
TRABALHO E REGULAÇÃO – AS LUTAS SOCIAIS E AS CONDIÇÕES MATERIAIS DA DEMOCRACIA

Tamanho desprendimento, igualmente, não logrou incluir na Anistia aqueles que foram condenados por terem participado diretamente da resistência armada,[61] como já se registrou acima[62] e também esteve presente no veto final do presidente à expressão "e outros dispositivos legais" que constava no *caput* do Art.1º da Lei, mantendo apenas a Anistia para os punidos com fundamento em Atos Institucionais e Complementares. Isto afastou da Anistia, por exemplo, todos os professores demitidos e os alunos expulsos pelo Decreto-Lei nº 4.77/69.

Por fim, a "generosidade" foi tão vasta que se encarregou de inserir na lei uma definição ambígua e obscura da expressão "crimes conexos", ou no dizer de alguns dos julgadores do STF na ADPF 153, uma "interpretação autêntica" do próprio *caput* do artigo 1º feita no §1º do mesmo artigo. Foi uma forma engenhosa de garantir a impunidade dos criminosos de Estado sem ao mesmo tempo admitir que os mandantes e os agentes do governo ditatorial tenham cometido tortura, assassinato, desaparecimento e outras vilanias flagrantemente ilegais até para o simulacro de legalidade da ditadura. A interpretação esdrúxula, sacramentada pelo Supremo Tribunal Federal foi "enfiada goela abaixo" da sociedade brasileira, dos juízes, parlamentares e juristas de um modo geral, em uma época que, como o próprio Pertence em seu parecer reconhece, qualquer possibilidade de excluir expressamente os torturadores da Anistia era inegociável pelo governo. Não há outra palavra para descrever tal medida senão a palavra "autoanistia".

O projeto de lei, assim delineado, foi enviado para o Congresso, onde foi formada uma Comissão Mista para a sua análise. Apesar da surpreendente presidência da Comissão Mista exercida por Teotônio Vilela, com visitas aos presídios e declarações favoráveis aos presos políticos, a Comissão já havia sido montada com uma folgada maioria da ARENA sobre o MDB: 13 contra 9, sendo que um destes 9

---

[61] Embora muitos tivessem sido indultados no final daquele mesmo ano e outros tivessem a sua pena reduzida pelo Superior Tribunal Militar, o fato é que ficaram de fora da Anistia, o que na prática significou que muitos saíram da cadeia em liberdade condicional, tendo que se apresentar periodicamente às autoridades constituídas e não podendo se ausentar inclusive do próprio estado no qual se encontravam.

[62] Curioso é que a justificativa apresentada para excluir os condenados da Anistia é que os "terroristas" teriam se envolvido em ações que não seriam simplesmente contra o regime, mas sim "contra a humanidade" (*ibidem*, p. 39). Como se verá mais adiante, a definição consagrada no direito internacional para "crimes contra a humanidade" não abriga atos de resistência diante da tirania, mas sim atos que se dão em meio a uma política de sistemática eliminação de parcela da população civil, que no caso da ditadura civil-militar brasileira era deflagrada pelo regime contra todos os que coubessem nos contornos frouxos da categoria "subversivo".

só votava em caso de necessidade de desempate, visto que era o presidente da Comissão Mista. Durante o período em que a Comissão funcionou, todas as tentativas de polemizar e discutir, empreendidas pelos membros filiados ao MDB, foram sucessivamente ignoradas pela maioria arenista, o que se evidenciou por fim no substitutivo do relator Ernani Satyro (sem dúvida, uma verdadeira *sátira* aos processos verdadeiramente democráticos), da ARENA: uma reprodução fiel do projeto enviado pelo governo, com a exceção de ter ampliado o prazo da Anistia de 28 de dezembro de 1978 para 27 de junho de 1979.[63]

A esta altura é importante registrar que o verdadeiro protagonismo na bandeira da Anistia ampla, geral e irrestrita esteve com os movimentos populares pela Anistia. Contudo, suas reivindicações não podiam ter outro canal senão a oposição consentida naquele momento, ou seja o MDB. Este, por sua vez, revelava-se muitas vezes um verdadeiro campo minado, já que muitos dos seus parlamentares haviam sido cassados e outros apresentavam uma posição moderada, insuficiente para dar vazão a todas as questões desejadas pelos movimentos de Anistia brasileiros.[64] A questão da Anistia transformou-se realmente em um fato de conhecimento massivo da população quando ela foi abraçada por autoridades como Teotônio Vilela e por instituições admitidas pelo governo como a OAB, a ABI, e a CNBB. Por esse ângulo também se percebe o equívoco dos Ministros do STF quando afirmam que a sociedade atuou ativamente em prol do "acordo", ou para usar a expressão da Ministra Cármen Lúcia, "falou altissonante".

Antes da Comissão Mista ter aprovado o substitutivo de Satyro, formou-se uma Frente Parlamentar pela Anistia, apoiada tanto

---

[63] (GRECO, *op. cit.*, p. 236-239). Esclarece ainda a historiadora Heloísa Greco que "o substitutivo do relator incorpora in totum não só o espírito mas a própria letra do projeto do governo cujo princípio se mantém incólume, acolhendo parcialmente apenas emendas inócuas de redação, 67 de um total de 305. O resultado de todas as votações é o infalível 13 a 8, sempre a favor da ARENA, garantindo a rejeição de todas as emendas que poderiam afetar ou mesmo tangenciar o disposto no projeto de lei enviado ao Congresso Nacional pelo presidente da República" (grifos da autora).

[64] Por exemplo, nas manifestações parlamentares por ocasião da discussão da Lei de Anistia em 1979, muitos deputados do MDB utilizaram a palavra "terrorista" para se referir a quem se envolveu na resistência armada, e passaram a defender a anistia recíproca. Nenhuma das duas atitudes expressava o pensamento que estruturou a atuação dos CBA's, muito pelo contrário (RODEGHERO; DIENSTMANN; TRINDADE, *op. cit.*, p. 160-162). De todo modo, a defesa da anistia recíproca neste contexto cerca-se de maior complexidade, na medida em que havia diferentes concepções de anistia em duelo. Para maior detalhamento desta questão, ver: RODEGHERO; DIENSTMANN; TRINDADE, *op. cit.* e RODEGHERO, Carla Simone. A anistia entre a memória e o esquecimento. *História Unisinos*, São Leopoldo, v. 13, n. 2, p. 131-139, maio/ago. 2009.

pelos CBA's como pelos presos políticos, no sentido de elaborar um substitutivo do MDB para confrontar o projeto do governo.[65] Naquele momento, as chances, por mais improváveis que fossem, estavam em se formar uma forte coesão em torno desse substitutivo. Surgiu então a Emenda nº7 de 9 de agosto de 1979, assinada por Ulisses Guimarães (presidente do partido), Freitas Nobre (líder da minoria na Câmara) e Paulo Brossard (líder da minoria no Senado). Dalmo Dallari e José Paulo Sepúlveda Pertence participaram ativamente da sua redação. Entre os pontos altos do substitutivo do MDB estavam: a Anistia para todos os perseguidos políticos, inclusive para os condenados por participação na resistência armada; a rejeição explícita da Anistia recíproca, ainda que não mencionasse a apuração e a responsabilização pelos crimes de lesa-humanidade; a matrícula de estudantes punidos e a instauração de inquérito para apurar os desaparecimentos políticos.

O substitutivo foi assumido como fruto da decisão unânime do MDB tanto no Senado como na Câmara. Todavia, como já se registrou, prevaleceu o placar estático de 13 a 8, pelo substitutivo de Satyro. Para fazer frente a esta situação, a estratégia imaginada pelos movimentos pela Anistia era que o MDB, na ocasião das votações no Congresso, rejeitasse o projeto do governo e trabalhasse em um projeto substitutivo próprio que incorporasse as demandas dos movimentos. Contudo, muitos parlamentares do MDB entenderam que a batalha havia sido perdida na Comissão Mista e que o melhor que tinham a fazer agora era apoiar o projeto do governo que, bem ou mal, trazia vários benefícios, ainda que parciais.

No dia da votação da lei, dia 22 de agosto de 1979, cerca de 800 soldados à paisana estavam desde a madrugada ocupando quase a totalidade dos lugares nas galerias. Os militantes pela Anistia, contudo, não esmoreceram e, finalmente, por volta das 14h, depois de muito protesto e gritaria, conseguiram que os soldados saíssem das galerias. A segurança reforçada no ambiente coibia a todo o instante as manifestações dos militantes, apreendendo faixas e cartazes. Na véspera, uma bomba havia explodido na rampa do Congresso durante uma manifestação em prol da Anistia ampla, geral e irrestrita. A ordem do Planalto era bem clara: o substitutivo de Satyro deveria ser votado na mesma forma que ele chegou ao Congresso Nacional, caso contrário Figueiredo vetaria toda a lei.[66]

---

[65] GRECO, *op. cit.*, p. 241.

[66] *Ibidem*, p. 254.

Apesar de todo o cenário até aqui apresentado, o empenho dos movimentos pela Anistia surtiu um efeito importante: a aprovação do projeto do governo foi muito menos fácil do que se imaginava. Alguns parlamentares arenistas, inclusive, demonstravam claramente a intenção de rejeitar o substitutivo de Satyro. Explica Greco, citando fontes da imprensa da época, que tais parlamentares foram "chamados à responsabilidade" pelo líder do partido na Câmara, o deputado Nelson Marchesan, que inclusive lançou mão de um recurso regimental pelo qual os deputados que desrespeitassem as diretrizes partidárias poderiam perder o seu mandato.[67]

Após a votação, colheu-se o seguinte resultado: em votação preliminar, o substitutivo do MDB é derrotado por 209 votos a favor contra 194 desfavoráveis[68] (entre estes os votos de 12 arenistas dissidentes); a aprovação do substitutivo de Satyro ocorre em bloco, pela votação dos líderes dos dois partidos, ou seja, não foi nominal. Porém, houve a discordância silenciosa de 12 dos 26 senadores e a declaração de voto contrário de 29 dos 189 deputados do MDB. Tais manifestações não puderam ser formalizadas, pois, repita-se, a votação foi em bloco, sem votação nominal.

Este foi, portanto, o "acordo" no qual a sociedade "falou altissonante". Não havia possibilidade de qualquer tipo de barganha ou jogo de influências que conseguisse afastar a intenção do governo de se autoanistiar ou de restringir a Anistia aos perseguidos políticos. Caso ocorresse a improvável conversão de um número maior de deputados arenistas, das duas uma: ou o senado biônico reverteria o resultado ou o ditador Figueiredo simplesmente vetaria o resultado na sua totalidade. Afinal, que acordo foi este?

Outro problema de se atribuir a Anistia de 1979 a um acordo é incorrer na falácia que perpassou, por exemplo, o voto do Ministro Cezar Peluso. Afirmou o magistrado que havia "dois lados", que se vivia um contexto de "luta pelo poder", e que, portanto, o princípio da isonomia não estaria sendo ferido. Tem-se aqui mais uma versão da conhecida "teoria dos dois demônios", segundo a qual as ditaduras se justificam em função de uma guerra entre duas facções políticas contrárias que disputam o mesmo poder. Para dar uma dimensão da

---

[67] *Ibidem*, p. 255.
[68] A Arena, graças ao pacote de abril de 1977, possuía a maioria numérica no Congresso. Eram 231 deputados da Arena contra 189 do MDB. Eram 41 senadores arenistas contra 26 emedebistas. Tal maioria era ainda fortalecida pelo recurso aos 22 senadores biônicos. Ou seja, qualquer "deslize" contrário aos interesses do governo ditatorial seria "sanado" no Senado.

"proporcionalidade" de forças, basta dizer que na Guerrilha do Araguaia esteve envolvido um contingente de 3.000 a 10.000 soldados, todos militarmente treinados e aparelhados de impressionante arsenal bélico, como tanques, lanchas, aviões e armas de todo o tipo naquela que ficou conhecida como a segunda maior operação militar do Brasil após a Segunda Guerra Mundial. Tudo isto para exterminar e transformar em desaparecidos políticos cerca de 75 guerrilheiros do PCdoB.[69]

A tentativa de descrever o massacre e a opressão de parcela da população civil pelo seu próprio Estado como sendo uma "guerra" não ocorreu (ocorre) apenas no Brasil. Ela foi uma tônica nas ditaduras latino-americanas e sempre se apresenta como um recurso usual para maquiar o cometimento de "crimes contra a humanidade". Compreender melhor este ponto, assim como o significativo atraso da decisão do STF em relação ao Direito Internacional Dos Direitos Humanos é o propósito do próximo item deste artigo.

3 A indiferença ao direito internacional dos direitos humanos

Eros Grau relacionou em seu voto um histórico das Anistias ocorridas no Brasil e também da jurisprudência do STF sobre o tema. Começa em 1900 e avança até a Anistia de 1979.[70] O claro intuito do juiz com tal recurso é dar a impressão de uma unicidade histórica tanto do perfil das Anistias ocorridas quanto da jurisprudência do Supremo sobre elas, enxergando na manutenção de uma mesma tendência política e jurisprudencial durante um século algum tipo de virtude. É espantoso, porém, que o surgimento dos chamados *crimes contra a humanidade* no segundo pós-guerra não tenha trazido ao Brasil nenhuma influência na compreensão do conceito de Anistia, muito menos tenha sido referido ou mencionado em qualquer um dos votos dos Ministros e Ministras do STF. Eis as perguntas incômodas que a referência a tais tipos de crimes traria: É possível a Anistia para crimes contra a humanidade? Caso afirmativo, em quais circunstâncias?

A figura dos crimes contra a humanidade surge pela primeira vez no Acordo de Londres de 8 de agosto de 1945, que institui o Tribunal

---

[69] BRASIL. Secretaria Especial dos Direitos Humanos. Comissão Especial sobre Mortos e Desaparecidos Políticos. *Direito à verdade e à memória*. Brasília: Secretaria Especial dos Direitos Humanos, 2007. p. 195.

[70] p. 34-43 do voto de Eros Grau.

Militar Internacional de Nuremberg e o torna competente para julgar crimes de guerra e crimes contra a humanidade. É muito importante a distinção entre estes dois tipos de crimes, pois será principalmente por este caminho que se poderá demonstrar a tibieza dos argumentos que descrevem a ditadura como uma guerra entre dois lados.

Sinalizar a existência de crimes de guerra pode nos levar a admitir a existência de uma guerra justa. Desde tempos imemoriais é possível identificar guerras que, deflagradas em nome de algum objetivo considerado justo e sagrado, eram justificadas e legitimadas, como foi o caso tanto das Cruzadas quanto das guerras coloniais que ocorreram no território americano, onde os indígenas eram massacrados "para o seu próprio bem".[71] Contudo, mesmo sem aceitar que uma guerra possa ser classificada como justa,[72] pode se reconhecer a importância da existência de um direito da guerra. Este direito, explicitado de modo pleno nas Convenções de Genebra, parte do pressuposto de que as mortes e violências causadas no cenário de uma batalha entre dois exércitos inimigos não se traduz em um crime de guerra. Tem-se aqui a pressuposição de um equilíbrio de armas entre os contendores. Ademais, para que a guerra não descambe para o crime de guerra ou para o crime contra a paz ela deve ter objetivos estratégicos definidos, como a conquista de um território, por exemplo.

Na medida em que o cenário da guerra sai do campo de batalha e se desloca para o cativeiro dos prisioneiros ali feitos, o equilíbrio que antes autorizava a violência contra o inimigo agora já não mais existe. Daí a necessidade de se estabelecer alguns limites que delineiam entre outras coisas a terminante vedação da tortura e o respeito aos direitos humanos mais básicos dos prisioneiros.

Se na guerra não criminosa pressupõe-se um forte equilíbrio entre as partes — uma reciprocidade — no crime contra a humanidade

---

[71] Sobre a questão da guerra justa no contexto da invasão europeia nas sociedades indígenas ver: SILVA FILHO, José Carlos Moreira da. A repersonalização do direito civil em uma sociedade de indivíduos: o exemplo da questão indígena no Brasil. *In*: MORAIS, José Luis Bolzan de; STRECK, Lênio Luiz (Org.) *Constituição, sistemas sociais e hermenêutica*: programa de pós-graduação em direito da UNISINOS: Mestrado e Doutorado: Anuário 2007. Porto Alegre: Livraria do Advogado, 2008. p. 243-270.

[72] É preciso fazer a distinção entre a "guerra justa" e o "direito de resistência". A primeira impele a identificar um conflito armado internacional no qual quem promove a guerra se vê justificado em sua ação por algum propósito considerado justo ou sagrado. Já o direito de resistência foca-se mais na imperiosidade de se defender de uma agressão externa, e traz menos complicações na aceitação da sua legitimidade. É bem verdade que o contorno entre ambas as concepções pode se tornar tênue em muitos contextos, tornando-se palpável o risco de que o que era a princípio a defesa de uma agressão se transforme na promoção de uma agressão em nome de algum objetivo considerado superior.

pressupõe-se um absoluto desequilíbrio — a ausência total de reciprocidade,[73] a negação da vítima como pessoa,[74] sua anulação completa seja pela tortura seja pela sua inclusão em um campo de concentração.

No campo não ocorre apenas a eliminação física dos internos, antes que isto ocorra, eles são privados de sua identidade jurídica, perdendo a sua nacionalidade em muitos casos e ficando totalmente fora-da-lei e desprotegidos.[75] A existência ou não de culpa é totalmente irrelevante, visto que são inimigos objetivos, para os quais de nada valem os direitos humanos. Após a morte jurídica vem a morte moral. A própria escolha moral é eliminada, em uma passividade absoluta que imobiliza qualquer ação. No caso das torturas sistemáticas ocorridas durante as ditaduras do Cone Sul, a escolha moral era eliminada na medida da inevitabilidade da delação para muitos dos prisioneiros que foram torturados. Nestes casos, a pessoa trocava a interrupção da deterioração brutal de sua integridade física pela destruição da sua integridade moral.

O fato é que, como assinala Agamben, o campo passa a ser um novo padrão político que estrutura a civilização. Quando ele afirma que "tudo é campo", aponta para a possibilidade de que o campo possa se instalar em qualquer lugar e em relação a qualquer pessoa.[76] Ou seja, até mesmo o fato de se possuir teoricamente alguns direitos não impede que a pessoa, uma vez inserida nesse espaço de exceção, seja tratada como se não tivesse "direito a ter direitos". Os casos

---

[73] GARAPON, *op. cit.*, p. 107.

[74] Garapon afirma que o "crime contra a humanidade revela que pode haver coisa pior do que a morte. Já não se visa a submissão – finalidade da guerra – mas sim a desumanização: o crime contra a humanidade representa tanto um crime real – o assassínio do outro – como a sua supressão simbólica, isto é, a perda total da consideração por outrem" (Ibidem, p. 109).

[75] ARENDT, Hannah. *Origens do totalitarismo*: anti-semitismo, imperialismo e totalitarismo. Tradução de Roberto Raposo. São Paulo: Companhia das Letras, 1989. p. 498. A este respeito são célebres as palavras de Hannah Arendt: "O conceito de direitos humanos (...) desmoronou no mesmo instante em que aqueles que diziam acreditar nele se confrontaram pela primeira vez com seres que haviam realmente perdido todas as outras qualidades e relações específicas – exceto que ainda eram humanos. O mundo não viu nada de sagrado na abstrata nudez de ser unicamente humano" (*Ibidem*, p. 333).

[76] AGAMBEN, Giorgio. *Homo Sacer*: o poder soberano e a vida nua I. Tradução de Henrique Burigo. Belo Horizonte: Ed. UFMG, 2004. p. 182-186. Já dizia Walter Benjamin em sua Tese oitava: "A tradição dos oprimidos nos ensina que o 'estado de exceção' em que vivemos é na verdade a regra geral" (BENJAMIN, Walter. Sobre o conceito da história. In: BENJAMIN, Walter. *Magia e técnica, arte e política*: ensaios sobre literatura e história da cultura. 7. ed. Tradução de Sérgio Paulo Rouanet. São Paulo: Brasiliense, 1994. p. 226. (Obras Escolhidas, v. 1).

mais emblemáticos de aparição dessa "vida nua" são os apátridas, os refugiados, os internos dos campos de concentração e os prisioneiros dos porões ditatoriais. Contudo, sua aparição se dissemina visivelmente, na contemporaneidade, para outros espaços, nos quais os direitos e os atributos de nacionalidade e cidadania já não valem nada e são impotentes para evitar a completa descartabilidade das pessoas que estão nesses lugares, como é o caso, por exemplo, das penitenciárias brasileiras e das próprias periferias, marcadas pela pobreza e exclusão étnica. Nunca é demais dizer que a tortura no Brasil continua ocorrendo em profusão,[77] apenas com a mudança de foco do subversivo para o pobre.[78]

O crime contra a humanidade foi inicialmente definido, no Acordo de Londres de 1945[79] em seu artigo 6º, como:

> o assassínio, extermínio, sujeição à escravatura, deportação ou qualquer outro ato desumano cometido contra quaisquer populações civis, ou as perseguições por motivos políticos, raciais ou religiosos, quando esses atos ou perseguições forem cometidos na sequência de um crime contra a paz ou de um crime de guerra, ou em ligação com estes crimes.[80]

A partir daí o conceito de crime contra a humanidade obteve um franco desenvolvimento nos Estatutos e nas decisões dos Tribunais Penais Internacionais, passando a figurar como uma categoria cada vez mais autônoma em relação à guerra. É possível, sucintamente, identificar a constância de três elementos que o caracterizam:[81] a) o caráter

---

[77] O recente relatório de Philip Alston, Relator Especial de execuções extrajudiciais, sumárias ou arbitrárias das Nações Unidas, baseado em sua visita ao Brasil em novembro de 2007, denuncia as execuções praticadas pela polícia, as execuções de presos e o difícil acesso à Justiça no Brasil (ORGANIZAÇÃO DAS NAÇÕES UNIDAS. Promoção e proteção de todos os direitos humanos, civis, políticos, econômicos, sociais e culturais incluindo o direto ao desenvolvimento. Relatório do Relator Especial de execuções extrajudiciais, sumárias ou arbitrárias Dr. Philip Alston referente a sua visita ao Brasil nos dias 4 a 14 de novembro de 2007).

[78] Sobre a criminalização da pobreza e a adoção do padrão do campo para o sistema penitenciário ver: ZAFFARONI, Eugenio Raul. *O inimigo no direito penal*. Tradução de Sérgio Lamarão. Rio de Janeiro: REVAN, 2007; e WACQUANT, Loïc. *Punir os pobres*: a nova gestão da miséria nos Estados Unidos. Tradução de André Telles. 3. ed. Rio de Janeiro: REVAN, 2007.

[79] Os princípios de Nuremberg foram aprovados pela Assembleia Geral da ONU em 1950, vinculando, portanto, o Brasil na qualidade de membro das Nações Unidas.

[80] GARAPON, *op. cit.*, p. 24-25.

[81] INTERNATIONAL CENTER FOR TRANSITIONAL JUSTICE – ICTJ. Parecer técnico sobre a natureza dos crimes de lesa-humanidade, a imprescritibilidade de alguns delitos e a proibição de anistias. *Revista Anistia Política e Justiça de Transição*, Brasília, n. 1, p. 352-394, jan./jun. 2009. p. 356-357.

inumano e hediondo do ato criminoso;[82] b) a enunciação não taxativa da enumeração destes atos; e c) o fato de que sejam praticados em meio a uma política de perseguição geral e sistemática a uma parcela da população civil.

Desgraçadamente, estes três aspectos têm se reunido cada vez mais em ações praticadas pelos governos nacionais contra a sua própria população.[83] E é exatamente este o caso ocorrido na ditadura civil-militar brasileira: atos de tortura, desaparecimento forçado, violência sexual e assassinato, todos cometidos em meio à vigência de uma *política delinquente*,[84] mal disfarçada por uma falsa carapaça legal, a mesma que em nossos dias está sendo legitimada pelo Supremo Tribunal Federal. O sistema de desumanização montado pelo regime ditatorial no Brasil tinha um alvo bem delimitado da população civil, que eram todos aqueles que coubessem no rótulo de "subversivo". Esse sistema envolvia não apenas as forças policiais, mas praticamente todo o espectro institucional do Estado, com destaque para o Poder Judiciário, que chancelava (chancela?) a legalidade de um sistema ilegítimo e desumano, projetando-se para as escolas, a imprensa, a igreja, o setor produtivo, enfim, alastrando-se por toda a sociedade.[85]

Tais crimes são chamados de crimes contra a humanidade porque eles visam à completa eliminação de parcela inerente à diversidade humana, expulsando este grupo da comunidade política e atacando a base do que permite a própria existência da política: a pluralidade humana.[86] É o Estado que tem se revelado o principal autor dos crimes

---

[82] Caracterizado aqui pelo processo de desumanização ao qual se fez menção anteriormente.

[83] Em seu livro Garapon nos traz alguns importantes dados estatísticos que mostram isto. Na Primeira Guerra Mundial, os civis representavam 10 por cento das vítimas e na Segunda Guerra Mundial passaram a 60 por cento. Já nos conflitos deflagrados após 1945, a cifra atingiu quase que a total plenitude, 90 por cento das vítimas eram civis. Ademais, de 1945 a 1970, de 97 conflitos registrados, 82 eram internos. No século XX, as guerras entre Estados fizeram 35 milhões de vítimas, e os conflitos internos 150 milhões (GARAPON, *op. cit.*, p. 99).

[84] *Ibidem*, p. 121.

[85] Garapon é preciso sobre este ponto: "A violência inédita empregue pelo crime contra a humanidade consiste em utilizar os meios da guerra total contra uma parte da sua própria população, não só com o envolvimento militar – armamento maciço com tecnologia de ponta -, mas também mobilizando todos os recursos de uma sociedade, desde a administração, os transportes e a investigação científica até à imprensa e à justiça" (*Ibidem*, p. 119).

[86] Para Hannah Arendt, a "pluralidade é a condição da ação humana pelo fato de sermos todos os mesmos, isto é, humanos, sem que ninguém seja exatamente igual a qualquer pessoa que tenha existido, exista ou venha a existir" (ARENDT, Hannah. *A condição humana*. Tradução de Roberto Raposo. 10. ed. Rio de Janeiro: Forense Universitária, 2004. p. 16). Na mesma obra a autora avalia as diretrizes que condicionam a humanidade do homem, utilizando as categorias de "labor" e "trabalho", como atribuições periféricas a condição de pessoa e, principalmente, a de "ação", focada nas relações sociais e políticas entre os seres humanos como própria condição indispensável para sua humanidade.

contra a humanidade. E isto traz um agravante, pois é justamente o Estado quem deveria proteger os seus cidadãos da violação dos seus direitos fundamentais.[87] Após a breve caracterização feita sobre o que vem a ser o crime contra a humanidade, aparenta no mínimo imoral dizer como o fizeram alguns Ministros do STF que havia proporcionalidade entre os "lados". Que havia uma "disputa pelo poder". Que é "a mesma situação histórica

---

[87] Ilustrando esse argumento, cito aqui trecho do voto que elaborei, na qualidade de relator, para o Requerimento de Anistia 2002.01.09770, formulado em nome de Izabel Marques Tavares da Cunha junto à Comissão de Anistia do Ministério da Justiça, e que foi apreciado na Caravana da Anistia ocorrida durante o Fórum Social Mundial de Belém em 2009: "Não foi sem um misto de tristeza, indignação e admiração que este Conselheiro leu atentamente os relatos do Sr. Humberto e da Sra. Izabel. Uma história digna de ser louvada pelo que nela há de heroísmo, de persistência, de fortaleza, de um compromisso mais forte que a morte com os valores afeitos à promoção e preservação da dignidade da pessoa humana; da lealdade com os companheiros e companheiras que poderiam ser mortos e seviciados pela brutalidade absurda dos agentes repressores caso fossem delatados; do pensamento, do coração e da ação enlaçados à causa dos mais pobres e desprotegidos; de um sentimento imorredouro de justiça. Ao mesmo tempo em que a história deste casal de heróis nos enleva, ela também nos leva a prantear e a formar o nó da garganta que indica a ausência de palavras que possam testemunhar a dor e o sofrimento; quando nela descobrimos e nos deparamos com os policiais e militares do regime ditatorial que impuseram esta inadmissível provação; que não tinham compaixão pelos corpos e almas que fustigavam, torturando o companheiro na frente da companheira e a companheira na frente do companheiro; jogando a requerente em uma cela toda pintada de cinza, com o claro intuito de quebrar o seu ânimo e deprimi-la ainda mais; arrastando, na frente da requerente e também do seu companheiro, cadáveres vítimas da tortura inclemente, puxados pelos cabelos; usurpando os bens, as roupas, as mínimas distrações da alma como até mesmo um jogo de damas feito com restos de comida e pedrinhas retiradas do chão e das paredes da cela; humilhando de todos os modos possíveis; impondo raciocínios autoritários e mirabolantes; usando e abusando do pau-de-arara; do choque elétrico nas partes sensíveis do corpo, das ameaças psicológicas, dos sufocamentos no camburão, nos afogamentos e na eliminação daquilo sem o quê não se pode viver: a esperança. Tais agentes repressores e seus mandantes, todos eles até hoje livres e impunes, são responsáveis por atos muito piores que os de um criminoso comum que viesse a sequestrar e torturar alguém, pois ao sequestrado ainda cabe a esperança de saber que existe uma força policial que poderá salvá-lo e protegê-lo, de que caso ele consiga fugir, talvez na esquina mais próxima ele encontre um policial, um funcionário público responsável pela segurança e bem-estar dos cidadãos que conseguirá salvá-lo. Mas o que fazer quando o criminoso é o Estado? O que fazer quando aquele que devia protegê-lo é na verdade o seu maior algoz? A quem recorrer? Quem vai acreditar em você, se a polícia e o Estado dizem que você deve ser torturado, que você deve ser morto, que você não tem direito aos mínimos cuidados e respeitos à sua condição humana? É também por isto que se torna imprescindível que, por este ato de Anistia, o Estado reestabeleça simbolicamente a dignidade pública de quem perseguiu injustamente, que o Estado, ainda que tardiamente, visto que a Sra. Izabel Marques Tavares da Cunha faleceu antes que o seu requerimento fosse julgado, e visto que esta Anistia demorou muito mais do que devia, peça desculpas por seus atos bárbaros e aponte para uma sociedade estruturada na esperança do respeito aos Direitos Humanos, especialmente por parte dos órgãos e agentes públicos, visto que são vocacionados desde a sua gênese à proteção dos indivíduos e à promoção do bem comum. Esta Anistia é, portanto, um ato dos mais autêntica justiça (grifos nossos)".

e, portanto, terá de receber um tratamento igual". Ou de que "há crimes de ambos os lados". Devemos antes de tudo perguntar: é crime resistir, ainda que seja pelas armas, a um Estado ilegítimo, arbitrário, censor e que elimina do cenário jurídico as garantias mais básicas da pessoa humana? Aqui o crime só deveria existir aos olhos da ditadura, pois para todos os que repudiam a prática dos crimes contra a humanidade tal ato merece outro nome: *Direito de Resistência*, fadado, todavia, dada a flagrante desproporção, a submergir na sua destruição, negação e perversão.

Os crimes contra a humanidade são, portanto, crimes internacionais, não dizem respeito apenas aos interesses internos da sociedade política na qual ocorreram. Mesmo que o Estado não possua leis hábeis à apuração das responsabilidades de quem cometeu este tipo de delito, tal não o exime de sua responsabilidade internacional.[88] A lupa pela qual os crimes contra a humanidade devem ser vistos não é a lupa do Direito nacional ou do Direito Penal, ambos voltados aos crimes comuns, mas sim a do Direito Internacional Dos Direitos Humanos. Tais crimes, pois, pela sua própria natureza, são imprescritíveis. A sua imprescritibilidade decorre das normas, princípios e costumes do Direito Internacional, aos quais um Estado se vincula quando ratifica tratados e convenções, assumindo obrigações nesse plano.

Em nenhum dos documentos internacionais que tratam dos crimes contra a humanidade se faz qualquer referência a um limite de tempo para a apuração e responsabilização de tais crimes, exatamente pelo seu caráter e pela sua gravidade.[89] A compreensão firmada na jurisprudência e nos documentos internacionais, seja da ONU ou da OEA, é de que a Convenção de 1968 apenas reconheceu algo que já existia como norma assentada no Direito Internacional pelo menos desde Nuremberg. Foi este, por exemplo, o entendimento firmado pela Suprema Corte Argentina para declarar a inconstitucionalidade das Leis do Ponto Final e da Obediência Devida.[90]

---

[88] É o que demarca o Princípio II dos Princípios de Nuremberg aprovados na ONU em 1950.

[89] Como bem indica o parecer do ICTJ, este entendimento foi adotado pela Assembleia Geral das Nações Unidas antes mesmo da aprovação da Convenção sobre a Imprescritibilidade dos Crimes de Guerra e dos Crimes Contra a Humanidade em 1968 (a qual, por motivos óbvios, na época o Brasil não ratificou), e está registrado na Resolução 2338 (XXII) de 1967 (ICTJ, *op. cit.*, p. 375-377).

[90] *Ibidem*, p. 381-382. O então presidente argentino Raul Alfonsín havia promulgado em 1986 e 1987, respectivamente, as Leis do Ponto Final e da Obediência Devida, segundo as quais os processos de apuração dos crimes de lesa-humanidade cometidos durante a ditadura foram interrompidos e os militares escusados dos seus crimes por estarem agindo em obediência às ordens dos seus superiores. Em 2005, a Corte Suprema da Argentina considerou ambas as leis inconstitucionais, permitindo que centenas de agentes da ditadura fossem a julgamento a partir de então.

Como se não bastasse isto, é conclusão difícil de ser rebatida a de que não se pode sequer cogitar de prescrição para os crimes de desaparecimento forçado, visto que configuram *crimes permanentes*, pois continuam a acontecer enquanto não é revelado o paradeiro do desaparecido. Alguns Ministros do STF, porém, como Cezar Peluso, Celso de Mello e, principalmente, Marco Aurélio, entenderam que o debate em torno da interpretação da Lei de Anistia brasileira seria meramente acadêmico, pois, mesmo que se desse ganho de causa à autora, isto não teria efeito prático algum, já que todos os crimes estariam prescritos, inclusive os de desaparecimento forçado.

O Ministro Marco Aurélio, aliás, relembrou no voto da ADPF 153 o seu raciocínio na Extradição 974, relativa a Manuel Cordero Piacentini, agente da ditadura uruguaia que atuou intensamente na Operação Condor e foi o responsável por inúmeras mortes e desaparecimentos. Naquela ocasião, Marco Aurélio acabou sendo voto vencido quando negava totalmente a extradição de Manuel Cordero. A sua justificativa era de que se os crimes de Cordero tivessem ocorrido no Brasil, eles estariam abrangidos pela Anistia, logo ao caso deveria ser aplicada uma espécie de "simetria". Veja-se, pois, que para o Ministro, que semanas antes do julgamento da ADPF 153 concedeu entrevista em cadeia nacional na qual afirmou que a ditadura foi um "mal necessário", e que "foi melhor não esperar para ver" o que iria acontecer,[91] a Anistia brasileira, além de ser imune à noção de crimes contra a humanidade e ao influxo do Direito Internacional, possui uma impressionante extensão extraterritorial.

Voltando à pergunta formulada no início deste item, é admissível a Anistia para crimes contra a humanidade? Caso seja, em que circunstâncias? Para responder a tais perguntas, é preciso partir de dois pressupostos básicos: 1. o repúdio à Anistia como exercício de esquecimento de crimes contra a humanidade; 2. a inexistência de uma fórmula abstrata na aplicação de mecanismos transicionais, estando esta a depender do contexto de cada sociedade em transição política.

Quanto ao primeiro pressuposto, Theodor Adorno demarcou incisivamente a sua imperiosidade:

---

[91] A entrevista foi dada ao repórter Kennedy Alencar no programa "É notícia" da Rede TV! E foi ao ar no dia 22 de fevereiro de 2010. O seu vídeo está disponível em: <http://mais. uol.com.br/view/e0qbgxid79uv/ditadura-foi-um-mal-necessario-diz-Ministro-do-stf-04029C3768D8C14326?types=A>. Acesso em: 28 jun. 2010.

Hitler há impuesto a los hombres en estado de no-libertad un nuevo imperativo categórico: orientar su pensamiento y su acción de tal modo que Auschwitz no se repita, que no ocurra nada parecido.[92]

O surgimento dos crimes contra a humanidade delineia uma ética negativa, isto é, não se sabe exatamente como se deve agir, mas sim como não se pode agir. A referência de humanidade deixa de ser o virtual ser humano que reúne em si todos os atributos inerentes à dignidade da pessoa humana e passa a ser o concreto refugo humano, dos campos de concentração e dos espaços atingidos pelo alastramento do seu padrão político. A memória torna-se a principal arma contra a repetição.[93] Isto não significa, contudo, que se possa afirmar que a Anistia deve ser varrida do mundo quando se defrontar com crimes contra a humanidade. Na África do Sul estabeleceu-se, na década de 90, um novo sentido para a Anistia: a Anistia sem esquecimento.[94]

No contexto da transição da África do Sul para um regime pós-*apartheid*, partiu-se do pressuposto de que impor julgamentos penais aos criminosos de lesa-humanidade que apoiaram a política delinquente do *apartheid* poderia impulsionar uma verdadeira guerra civil, tal seria o nível de ressentimento da maior parte da população negra contra os seus antigos opressores. A saída encontrada foi suspender a ordem jurídica normal, que desembocaria nos julgamentos, para colocar em ação um projeto de reconciliação que se estruturasse em dois grandes

---

[92] ADORNO, Theodor W. *Dialectica negativa*. Tradução de Alfredo Brotons Muñoz. Madrid: Akal, 2005. p. 334.

[93] Sobre a explicitação do dever de memória, apoiado principalmente na obra de Paul Ricoeur e relacionado ao contexto da transição política brasileira pós-ditadura ver: SILVA FILHO, José Carlos Moreira da. Dever de memória e a construção da história viva: a atuação da Comissão de Anistia do Brasil na concretização do Direito à Memória e à Verdade. *In*: SANTOS, Boaventura de Sousa; ABRÃO, Paulo; MACDOWELL, Cecília; TORELLY, Marcelo D. (Org.). *Repressão e memória política no contexto ibero-brasileiro*: estudos sobre Brasil, Guatemala, Moçambique, Peru e Portugal. Coimbra: Universidade de Coimbra; Brasília: Ministério da Justiça, 2010. p. 185-227.

[94] Tal aspecto é demarcado na obra de François Ost que pensa "na Comissão Verdade e Reconciliação criada na África do Sul por ocasião da abolição do regime de apartheid: nestes casos, pretendem-se estabelecer os factos e actos que tiveram lugar ao longo do período anterior, não para punir os culpados, mas pelo direito à verdade. Assim, ninguém ignora aquilo que se passou e quem tomou parte nisso; o passado não é manipulado e o silêncio não é imposto à história. Acontece apenas que, por razões superiores, o perdão é concedido aos responsáveis, pelo menos em certas condições. (...) Como no processo de Orestes, a opção tomada a favor de um futuro reconciliado não se paga com o preço da amnésia; pelo contrário, é por ter sido feito um gesto forte de memória que o perdão e, logo, a libertação dos espíritos, pode intervir sem temer o regresso permanente do recalcado" (OST, *op. cit.*, p. 187, grifos do autor).

pilares: a verdade e a voz das vítimas.[95] A Comissão se dirigia ao povo e por ele era permeada. Para que a verdade dos crimes do *apartheid* fosse revelada pelos seus agentes e para que se pudesse fortalecer o espírito de reconciliação, optou-se pela concessão da Anistia. Simbolicamente, ocorre a aproximação do arrependimento que induz ao perdão.[96] Independente de ponderações críticas que possam ser feitas sobre a aceitação dessa saída restaurativa sul-africana, é indubitável que ela sinaliza para uma possibilidade de se permitir a Anistia para crimes de lesa-humanidade, com a condição de que a Anistia seja dissociada do exercício de esquecimento.

É no mínimo uma trapalhada histórica querer equiparar a Anistia sul-africana com a Anistia brasileira, mas é exatamente o que o Ministro Cezar Peluso faz em seu voto na ADPF 153:

> Não se trata aqui de um caso de auto-Anistia, censurada pelos Tribunais Internacionais. Seria de auto-Anistia se tivesse provindo de um Ato Institucional ou de um ato normativo equivalente, ela não proveio, ela proveio de um acordo, como tantos outros celebrados no mundo, e dos quais, só para relembrar o caso que me parece mais exemplar, o da África do Sul, que também concedeu uma Anistia ainda mais ampla que a nossa.[97]

Veja-se que na manifestação do Ministro vem a clara tentação de querer equiparar na moldura conceitual do "acordo", casos tão distintos

---

[95] TELES, Edson Luís de Almeida. *Brasil e África do Sul*: os paradoxos da democracia; memória política em democracias com herança autoritária. Tese (Doutorado) – Curso de Pós-Graduação em Filosofia da Faculdade de Filosofia, Letras e Ciências Humanas da Universidade de São Paulo – USP, São Paulo, 2007. f. 102-103.

[96] Paul Ricoeur em seu livro A memória, a história e o esquecimento, dedica páginas memoráveis para tratar do perdão difícil. Conclui o filósofo que o perdão não pode voltar-se ao ato em si, absolutamente abominável, mas sim àquele que cometeu o ato. "Finalmente, tudo se decide na possibilidade de separar o agente de sua ação. Esse desligamento marcaria a inscrição, no campo da disparidade horizontal entre a potência e o ato, da disparidade vertical entre o muito alto do perdão e o abismo da culpabilidade. O culpado, que se tornou capaz de recomeçar, tal seria a figura desse desligamento que comanda todos os outros. (...) separar o culpado de seu ato, ou em outras palavras, perdoar o culpado sem deixar de condenar sua ação, seria perdoar um sujeito outro que não aquele que cometeu o ato" (RICOEUR, Paul. *A memória, a história, o esquecimento*. Tradução de Alain François *et al.* Campinas: UNICAMP, 2007. p. 500). Ricoeur vê no perdão quando se apresenta na cena pública não um perdão propriamente dito, que, seguindo as pistas de Derrida, fica reservado à esfera íntima de cada pessoa, mas sim uma consideração, parente distante do perdão. De todo modo, para que esta consideração possa ser acionada, é preciso o arrependimento, pois sem ele a pessoa não se desvincula do seu ato, isto é, continua a ser a mesma pessoa que em tendo cometido o crime no passado continuaria a cometê-lo hoje (*Ibidem*).

[97] Disponível em: <http://www.youtube.com/watch?v=bK2Hpfnk2Qg>. Acesso em: 28 jun. 2010.

como são o da África do Sul e o do Brasil. Se a partir dos mecanismos restaurativos praticados no contexto sul-africano é possível cogitar-se da não realização de julgamentos penais para apurar crimes contra a humanidade, no caso brasileiro não estão presentes razões que sejam semelhantes para que se possa abrir mão de tais julgamentos. Os agentes públicos que cometeram crimes contra a humanidade e seus mandantes no contexto da ditadura civil-militar brasileira não só não se arrependeram publicamente dos seus atos, como até hoje impedem o acesso a documentos públicos que registram episódios não devidamente esclarecidos, insistindo no negacionismo (da política sistemática de torturas, por exemplo)[98] e projetando-o para parcelas desavisadas da sociedade brasileira.[99] Que espécie de perdão pode ser cogitado neste contexto? Crê-se que apenas aquele perdão registrado pelo Ministro Ayres Britto em uma das passagens mais inspiradas do seu voto, ocorrida justamente quando leu trecho de um poema de sua autoria, intitulado *A propósito de Hitler*:

A humanidade não é o homem para se dar a virtude do perdão
A humanidade tem o dever de odiar os seus ofensores
Porque o perdão coletivo é falta de memória e de vergonha
Convite masoquístico à reincidência.[100]

Como se não bastasse a esdrúxula comparação e além de insistir na tese do "acordo", atacada no segundo item deste artigo, o Ministro Cezar Peluso tentou esquivar-se de maneira pouco convincente da jurisprudência da Corte Interamericana de Direitos Humanos, segundo a qual a autoanistia para crimes contra a humanidade é inadmissível. Aliás, nisto ele não ficou sozinho. O Ministro Celso de Mello, apesar de

---

[98] Um exemplo paradigmático de tal atitude está na entrevista concedida pelo General Maynard Marques Santa Rosa ao Jornal Folha de São Paulo, publicada em 17 de maio de 2010. Quando perguntado sobre a tortura durante a ditadura militar no Brasil, respondeu: "Nunca foi institucionalizada, é um subproduto do conflito. A tortura começou com os chamados subversivos. Inúmeros foram justiçados e torturados por eles próprios, porque queriam mudar de opinião. A tortura nunca foi oficial" (FERRAZ, Lucas; CATANHEDE, Eliane. Entrevista Maynard Marques Santa Rosa. *Folha de S.Paulo*, São Paulo, 17 maio 2010).

[99] Tal contexto revela a inutilidade das advertências feitas por Cezar Peluso, CármenLúcia, Eros Grau e Celso de Mello no sentido de que a Anistia aos torturadores não impedirá o esclarecimento da verdade histórica e política. É duvidoso que sem a possibilidade de uma investigação criminal os agentes públicos que cometeram crimes de lesa-humanidade venham a se revelar diante de uma eventual Comissão da Verdade.

[100] Disponível em: <http://www.youtube.com/watch?v=5ranNPsDDAk>. Acesso em: 28 jun. 2010.

ter sido o único magistrado que fez referência aos casos de Barrios Alto, do Peru, e de Aureliano Almonacid, do Chile,[101] exatamente os casos que consagraram a tese da vedação da autoanistia na jurisprudência da Corte Interamericana, afastou abruptamente a sua incidência do caso brasileiro, com o incompreensível argumento de que se a Anistia foi bilateral, logo ela não foi uma autoanistia.

Ora, ainda que a Anistia tenha favorecido os perseguidos políticos (não todos como se viu), o fato de ela ter se voltado, segundo interpretação até hoje chancelada pelo Poder Judiciário brasileiro, para os próprios agentes públicos e seus respectivos mandantes, em um processo de discussão e votação totalmente imposto por estes mesmos agentes e mandantes, em nada abranda a óbvia constatação de que se trata de uma autoanistia. Repita-se, em 1979 o Brasil ainda era refém da ditadura civil-militar, e em 1977, o Congresso foi fechado tendo as regras da sua composição manipuladas com base no Ato Institucional nº 5, para que nunca fosse possível a aprovação de um projeto de lei que contrariasse os interesses do governo ditatorial. O resultado disto, como se viu, foi que o projeto enviado pelo governo Figueiredo ao Congresso Nacional foi aprovado sem que nenhuma das objeções feitas pela oposição fossem admitidas em qualquer etapa do processo.

Por fim, é preciso registrar igualmente a fragilidade do argumento de que se a ação fosse vencedora, todos os Anistiados, inclusive os que foram perseguidos políticos, teriam suas Anistias anuladas. A Ministra Ellen Gracie chegou a mencionar que seria um "paradoxo" considerar a não recepção da Lei de Anistia pela Constituição de 1988, pois deste modo, ficariam excluídos todos os que já foram por ela beneficiados.[102] O Ministro Cezar Peluso registrou que considerar o vício da fonte na produção da lei, ou seja, apontar a ilegitimidade do Congresso que a

---

[101] O caso Barrios Altos diz respeito a uma chacina ocorrida em Lima, no Peru em 1991 durante o governo ditatorial de Fujimori. O grupo de extermínio COLINA, composto por membros do exército peruano, assassinou 15 pessoas e feriu mais 4. A anistia para os criminosos veio em 1995. A sentença da CIDH veio no ano de 2001 e desqualificou a Anistia concedida por considerá-la uma auto-Anistia. A sentença do caso está disponível em: <http://www.corteidh.or.cr/docs/casos/articulos/Seriec_75_esp.pdf>.Acesso em: 28 jun. 2010. Já o caso Almonacid Arellano, ocorrido no Chile em 1973, refere-se ao caso do assassinato do senhor Almonacid Arellano pelos agentes da repressão chilena. Com a anistia de 1978, os agentes que cometeram este crime não foram julgados. A Corte considerou, em sentença de 2006, a inadmissibilidade de que a Lei de Anistia chilena alcançasse tais agentes, configurando o entendimento contrário à auto-Anistia. A sentença do caso está disponível em: <http://www.corteidh.or.cr/docs/casos/articulos/seriec_154_esp.doc>. Acesso em: 28 de jun. 2010.
[102] Disponível em: <http://www.youtube.com/watch?v=gbtcKYWuO7c>. Acesso em: 28 jun. 2010.

votou, nos levaria a considerar revogadas todas as leis produzidas no período, anulando, inclusive, todas as Anistias concedidas.[103]

Ora, é cristalino que a ação proposta pela OAB não tinha em mira toda a Lei de Anistia de 1979, mas sim a interpretação dada ao artigo 1º, §1º.[104] O grande problema aqui apresentado não diz respeito simplesmente à ilegitimidade do Congresso Nacional à época da aprovação da Lei. O que está em jogo é a possibilidade de se convalidar um aspecto desta Lei, que é conflitante não só com os princípios da Constituição de 1988, mas com os princípios do Direito Internacional dos Direitos Humanos e dos seus organismos, tratados e instituições, exatamente ali onde ela pode se mostrar complacente com o cometimento de crimes contra a humanidade, demarcando sem apelo a autoanistia entre nós.

Considerações finais

A decisão tomada pela Suprema Corte brasileira revela com clareza solar o que é certamente um dos maiores óbices da cultura jurídica brasileira rumo a uma verdadeira democracia: a continuidade do simulacro de legalidade. É como se a Constituição de 1988 não tivesse significado uma verdadeira ruptura com os atos de força e com o autoritarismo hiperlativo do período ditatorial.

A Constituição de 1988, durante o julgamento da ADPF 153 no STF, chegou, inclusive, a ser remetida para normas construídas em plena vigência ditatorial. Celso de Mello é o que foi mais longe, regredindo até a Emenda Constitucional nº 11, que revogou os atos institucionais.[105] Foram, porém, Gilmar Mendes e Eros Grau os magistrados que com maior ênfase atrelaram a Constituição brasileira a atos normativos que vieram antes dela. Eros Grau identificou na Emenda Constitucional nº 26/85 a "norma origem" da Constituição Federal,[106] e arrematou

---

[103] Disponível em: <http://www.youtube.com/watch?v=bK2Hpfnk2Qg>. Acesso em: 28 jun. 2010.

[104] É o que se depreende do seguinte trecho da ação: "Caso se admita, como parece pacífico, que a Lei 6.683/79 foi recepcionada pela nova ordem constitucional, é imperioso interpretá-la e aplicá-la à luz dos preceitos e princípios fundamentais consagrados na Constituição Federal".

[105] p. 9-12 do voto de Celso de Mello.

[106] Pág. 68 do voto de Eros Grau. É sempre bom lembrar que na vigência do governo Sarney as perseguições políticas comandadas pela orientação da DSN continuaram acontecendo, principalmente na repressão a inúmeras greves deflagradas no período. Tanto é assim, que a Constituição estabelece um lapso temporal para as Anistias, depois reproduzido pela Lei 10.559/2002, que vai de 18 de setembro de 1946 (data da promulgação da última Constituição democrática que o Brasil teve antes da de 1988) a 05 de outubro de 1988.

arguindo que a EC nº 26 só seria incompatível com a Constituição de 1988 caso esta a tivesse revogado expressamente. Já Gilmar Mendes afirmou que a Emenda Constitucional nº 26/85 ratificou a Anistia aos torturadores e a impôs como conteúdo material da nova Constituição. Seria, portanto, uma limitação material ao próprio Constituinte.[107] Sobre a tese de Eros Grau quanto à continuidade de uma Emenda Constitucional relacionada à Constituição anterior, a própria Ministra Cármen Lúcia já se encarregou de rebater, afirmando que a nova Constituição revoga totalmente a Constituição anterior, passando ela a ser a nova referência jurídica do país,[108] lição básica de Direito Constitucional, diga-se de passagem. Quanto à imposição de uma limitação material à Constituição, é flagrante a sua incompatibilidade com a característica soberana da qual se reveste uma Assembleia Nacional Constituinte, especialmente quando essa limitação material guarda a sua origem em um regime de força ilegítimo. Embora a EC nº 26/85 não reproduza em seu texto a obscura definição de crimes conexos presente no artigo 1º, §1º da Lei nº 6.683/79, Eros Grau, Cármen Lúcia e Gilmar Mendes afirmaram que a Emenda veio a constitucionalizar a Anistia bilateral, em outras palavras, a Anistia aos agentes públicos e aos seus mandantes, que cometeram crimes contra a humanidade.

Nem mesmo o Ministro Ayres Britto, a despeito do seu voto favorável à ação interposta pela OAB, escapou de chancelar o continuísmo de uma ordem legal "cambaia".[109] Ayres Britto afirmou que o verdadeiro mal foi cometido pelos agentes torturadores, nas palavras do magistrado, verdadeiros "tarados", "monstros" e "cascavéis que mordem o próprio som do seu chocalho", que violaram mesmo a legalidade da ditadura, pois embora ainda o país vivesse sob um regime de força, afirmou Ayres Britto, continuava a existir uma República.[110]

É possível entrever dois graves entendimentos nessas afirmações. O primeiro deles é pensar que todo o problema está na desumanidade do torturador. Foi o mesmo erro do Tribunal de Nuremberg que, ao sentenciar algumas dezenas de nazistas à morte, acreditou que a humanidade estaria purgada dos crimes cometidos pelo nazismo. O

---

[107] Disponível em: <http://www.youtube.com/watch?v=gbtcKYWuO7c>. Acesso em: 28 jun. 2010.

[108] p. 10 do voto de Cármen Lúcia.

[109] O Ministro Cezar Peluso utilizou este adjetivo para designar o que, no seu entendimento, seria uma "Anistia cambaia", ou seja uma Anistia que não fosse bilateral.

[110] Disponível em: <http://www.youtube.com/watch?v=5ranNPsDDAk>. Acesso em: 28 jun. 2010.

decisivo, porém, é que, como assinalou Hannah Arendt em *Eichmann em Jerusalém*,[111] o verdadeiro mal não está na pessoa que cometeu a tortura ou que executou diretamente as ordens de extermínio, mas sim no sistema político e social que abrigou na sua lógica de funcionamento a prática sistemática de tais violações, muitas vezes apresentadas como imposições hierárquicas aos agentes encarregados de executá-las. O segundo problema é considerar que um governo ilegítimo, oriundo de um golpe de Estado e estruturado em Atos Institucionais que, como bem lembrou o Ministro Celso de Mello, eram imunes à qualquer espécie de jurisdição e controle,[112] possa indicar a existência de uma República. Eis aí uma grave ofensa ao princípio republicano que diz tudo sobre a ausência de uma ruptura democrática no Brasil e o entrave que isto representa para o seu desenvolvimento político e humano.

Finalmente, para completar o gosto amargo do escárnio que permanece na boca da sociedade brasileira após o julgamento da ADPF 153 pelo Supremo Tribunal Federal, a autoanistia ocorrida no Brasil foi atribuída, tanto pelo Ministro Relator quanto pelo Ministro Presidente da Corte à época do julgamento, ao "caráter cordial e superior do povo brasileiro". Para dar uma ideia mais precisa da perplexidade que a apresentação desta ideia em um país extremamente violento como o Brasil assume, não há outro remédio senão citarmos as palavras finais do voto do Ministro Cezar Peluso:

> Se é verdade que cada povo resolve os seus problemas históricos de acordo com a sua cultura, com os seus sentimentos, com a sua índole, também com a sua história, o Brasil fez uma opção pelo caminho da concórdia. E digo, se eu pudesse concordar com a afirmação de que certos homens são monstros, eu diria que os monstros não perdoam, só o homem perdoa, só uma sociedade superior, qualificada pela consciência dos mais elevados sentimentos de humanidade é capaz de perdoar, porque só uma sociedade que, por ter grandeza é maior do que os seus inimigos, é capaz de sobreviver. Uma sociedade que queira lutar contra os seus inimigos com as mesmas armas, os mesmos instrumentos e os mesmos sentimentos está condenada a um fracasso histórico.[113]

---

[111] ARENDT, Hannah. *Eichmann em Jerusalém*: um relato sobre a banalidade do mal. Tradução de José Rubens Siqueira. São Paulo: Companhia das Letras, 1999.

[112] p. 2-3 do voto de Celso de Mello.

[113] Disponível em: <http://www.youtube.com/watch?v=bK2Hpfnk2Qg>. Acesso em: 28 jun. 2010.

Em primeiro lugar, é preciso esclarecer, como logo se apressou a apontar Luís Fernando Veríssimo em sua coluna no jornal Zero Hora,[114] que Sérgio Buarque de Holanda, ao demarcar a noção de "homem cordial" para representar o caráter do brasileiro, não quis dizer que ele seria necessariamente bom. Por mais criticada que hoje possa ser a tese do culto à personalidade como característica brasileira, o fato é que Sérgio Buarque quis indicar, antes de tudo, a aversão construída na sociedade brasileira ao plano do impessoal e da civilidade, justamente as condições indispensáveis para a democracia. Aquele que é bom com os que lhe são próximos e alvos do seu afeto poderá ser cruel e implacável na mesma intensidade com os que considerar seus inimigos.

Em segundo lugar, é de uma extrema falta de sensibilidade, dado o contexto da ditadura civil-militar brasileira, taxar de monstros aqueles que não perdoam. É como se pudéssemos considerar um monstro uma mãe que não perdoa o agente público que, além de ter matado o seu filho, desapareceu com os seus restos mortais privando-a de velar e sepultar aquele que um dia saiu do seu ventre. É preciso também lembrar que não se trata, como disse Peluso, de a sociedade querer lutar contra os seus inimigos com as mesmas armas, instrumentos e sentimentos. Se fosse assim, a ação proposta estaria defendendo a utilização de instrumentos de tortura como o pau-de-arara e a cadeira do dragão, movida pelo mais baixo sentimento de total desprezo à vida e à dignidade dos que cometeram crimes de lesa-humanidade. A expectativa presente na inicial é a de que tais criminosos tivessem os seus crimes apurados e fossem por eles responsabilizados, reconhecendo, contudo, os seus direitos ao devido processo legal e a todas as garantias processuais

---

[114] Uma semana após o julgamento da ADPF 153 no STF, Luis Fernando Veríssimo publicou no Jornal Zero Hora, em sua coluna, o texto intitulado "Cordialidade". Eis um trecho significativo: "Mas o sentido original da tese do Sérgio Buarque de Holanda foi recuperado, há dias, pelo Ministro do Supremo Eros Grau, ao atribuir as Anistias dadas, tanto a recente quanto as outras no nosso passado, à cordialidade inata do povo brasileiro. Está no seu voto de relator, um voto perfeitamente respeitável, ainda mais que Grau foi perseguido pela ditadura e tinha motivos pessoais para votar contra manter o perdão sem exceção. Mas invocar a velha tese da cordialidade para justificar o perdão foi estranho. Poucas vezes na nossa História a cordialidade brasileira foi tão dolorosamente desmentida como nos porões da última ditadura, onde a tortura, expressamente ou implicitamente autorizada pelo braço armado do Estado, foi prática sistemática. Um voto a favor da velha e simpática concepção de cordialidade brasileira deveria ser um voto contra a impunidade dos que a desmentiram oficialmente e institucionalizaram seus crimes, tanto que hoje rejeitam sua averiguação sob pretexto de proteger a instituição. 'Cordialidade', no caso, sendo sinônimo de convívio civilizado, em qualquer circunstância" (VERÍSSIMO, Luis Fernando. Cordialidade. *Zero Hora*, Porto Alegre, 6 maio 2010. Disponível em: <http://zerohora.clicrbs.com.br/zerohora/jsp/default2.jsp?uf=1&local=1&source=a2895154.xml&template=3916.dwt&edition=14634&section=70>. Acesso em: 28 jun. 2010).

estabelecidas a partir da Constituição Federal, exatamente os mesmos direitos que a ditadura negou aos que sucumbiram nos seus porões e perante os seus juízos ilegítimos e submetidos a medidas de força.

O resultado do julgamento da ADPF 153 no STF[115] e principalmente os argumentos que o sustentaram revelam, talvez como nenhum outro julgamento no Supremo foi capaz de fazer, a urgente necessidade que a comunidade jurídica nacional tem de repensar tanto os critérios para a investidura do cargo de Ministro da Suprema Corte no Brasil, como as condições para o seu exercício, buscando novas propostas que possam estar mais sensíveis ao direito que a sociedade brasileira tem ao desenvolvimento da sua própria democracia.

Referências

ABRÃO, Paulo; TORELLY, M. D.; ALVARENGA, R. V.; BELLATO, S. A. Justiça de Transição no Brasil: o papel da Comissão de Anistia do Ministério da Justiça. *Revista Anistia Política e Justiça de Transição*, Brasília. n. 1, p. 12-21, jan./jun., 2009.

ABRÃO, Paulo; TORELLY, Marcelo D. Justiça de transição no Brasil: a dimensão da reparação. *In*: SANTOS, Boaventura de Sousa; ABRÃO, Paulo; MAcDOWELL, Cecília; TORELLY, Marcelo D. *Repressão e memória política no contexto ibero-brasileiro*: estudos sobre Brasil, Guatemala, Moçambique, Peru e Portugal. Coimbra: Universidade de Coimbra; Brasília: Ministério da Justiça, 2010. p. 26-59.

ABRÃO, Paulo; VIEIRA, José Ribas; LOPES, J. R. L.; TORELLY, M. D. (Org.). Dossiê: o que é justiça de transição?. *Revista Anistia Política e Justiça de Transição*, Brasília, n. 1, p. 31-112, jan./jun. 2009.

---

[115] Interessante perceber que o julgamento desta ação, que jazia com o relator desde o ano de 2008, ocorreu exatamente um mês antes da audiência na Corte Interamericana de Direitos Humanos relativa ao caso que ficou conhecido como o caso Araguaia, no qual familiares de desaparecidos políticos na Guerrilha do Araguaia provocaram a Comissão Interamericana de Direitos Humanos para a condenação do Brasil, tendo em vista a impunidade desses crimes e a não revelação pelo Estado brasileiro do paradeiro dos restos mortais dos desaparecidos. A decisão da Corte veio no dia 24 de novembro de 2010, condenando o Brasil de modo completamente avesso ao raciocínio que guiou a decisão do STF. Um dos pontos-chave desta decisão é o de estabelecer que a lei de anistia brasileira não siga mais sendo um obstáculo para a investigação e a responsabilização dos agentes públicos que praticaram crimes contra a humanidade durante a ditadura civil-militar brasileira. Certamente seria bem mais difícil para o STF decidir como decidiu caso a sentença da Corte da OEA se antecipasse à sua decisão. Assim foi estratégico para o STF que o julgamento da ADPF 153 ocorresse antes. De todo modo, a decisão do STF ainda não transitou em julgado (considerando-se a época da escrita deste artigo), restando ainda a pendência de embargos de declaração interpostos pela OAB, nos quais se pede, inclusive, que o STF se manifeste explicitamente sobre a compatibilidade da sua decisão com a da Corte da OEA. Pelo que se viu até aqui, corremos o risco de vermos manifestado pelo STF um supremo desprezo não só ao Direito Internacional dos Direitos Humanos, mas também à jurisdição da Corte Interamericana de Direitos Humanos, à qual o Brasil soberanamente submeteu-se.

ADORNO, Theodor W. *Dialectica negativa*. Tradução de Alfredo Brotons Muñoz. Madrid: Akal, 2005.

AGAMBEN, Giorgio. *Homo Sacer*: o poder soberano e a vida nua I. Tradução de Henrique Burigo. Belo Horizonte: Ed. UFMG, 2004.

ALVES, Maria Helena Moreira. *Estado e oposição no Brasil*: 1964-1984. 3. ed. Petrópolis: Vozes, 1985.

ARENDT, Hannah. *A condição humana*. Tradução de Roberto Raposo. 10. ed. Rio de Janeiro: Forense Universitária, 2004.

ARENDT, Hannah. *Eichmann em Jerusalém*: um relato sobre a banalidade do mal. Tradução de José Rubens Siqueira. São Paulo: Companhia das Letras, 1999.

ARENDT, Hannah. *Origens do totalitarismo*: anti-semitismo, imperialismo e totalitarismo. Tradução de Roberto Raposo. São Paulo: Companhia das Letras, 1989.

BAGGIO, Roberta. Justiça de Transição como reconhecimento: limites e possibilidades do processo brasileiro. *In*: SANTOS, Boaventura de Sousa; ABRÃO, Paulo; MACDOWELL, Cecília; TORELLY, Marcelo D. *Repressão e memória política no contexto ibero-brasileiro*: estudos sobre Brasil, Guatemala, Moçambique, Peru e Portugal. Coimbra: Universidade de Coimbra; Brasília: Ministério da Justiça, 2010. p. 260-285.

BENJAMIN, Walter. Sobre o conceito da história. *In*: BENJAMIN, Walter. *Magia e técnica, arte e política*: ensaios sobre literatura e história da cultura. Tradução de Sérgio Paulo Rouanet. 7. ed. São Paulo: Brasiliense, 1994. (Obras Escolhidas; v. 1).

BRASIL. Secretaria Especial dos Direitos Humanos. Comissão Especial sobre Mortos e Desaparecidos Políticos. *Direito à verdade e à memória*. Brasília: Secretaria Especial dos Direitos Humanos, 2007.

CARTA, Mino. A lição do profeta. *Carta Capital*, São Paulo, 07 maio 2010. Disponível em: <http://www.cartacapital.com.br/app/materia.jsp?a=2&a2=8&i=6642>. Acesso em: 17 jun. 2010.

CUNHA, Luiz Cláudio. *Operação Condor*: o sequestro dos uruguaios; uma reportagem dos tempos da ditadura. Porto Alegre: L&PM, 2008.

FERRAZ, Lucas; CATANHEDE, Eliane. Entrevista Maynard Marques Santa Rosa. *Folha de São Paulo*, São Paulo, 17 maio 2010.

GADAMER, Hans-Georg. *Verdade e método*: traços fundamentais de uma hermenêutica filosófica. Tradução de Flávio Paulo Meurer. Petrópolis: Vozes, 1997.

GARAPON, Antoine. *Crimes que não se podem punir nem perdoar*: para uma justiça internacional. Tradução de Pedro Henriques. Lisboa: Piaget, 2004.

GORENDER, Jacob. *Combate nas trevas*: a esquerda brasileira: das ilusões perdidas à luta armada. 2. ed. São Paulo: Ática, 1987.

GRECO, Heloísa Amélia. *Dimensões fundacionais da luta pela Anistia*. Tese (Doutorado) – Curso de Pós-Graduação das Faculdades de Filosofia e Ciências Humanas da Universidade Federal de Minas Gerais, Belo Horizonte, 2003. 456 f.

HEIDEGGER, Martin. *El ser y el tiempo*. 2. ed. Tradução de José Gaos. México: Fondo de Cultura Económica, 1997.

INTERNATIONAL CENTER FOR TRANSITIONAL JUSTICE – ICTJ. Parecer técnico sobre a natureza dos crimes de lesa-humanidade, a imprescritibilidade de alguns delitos e a proibição de anistias. *Revista Anistia Política e Justiça de Transição*, Brasília, n. 1, p. 352-394, jan./jun. 2009.

LARENZ, Karl. *Metodologia da ciência do direito*. Tradução de José Lamego. 3. ed. Lisboa: Calouste Gulbenkian, 1997.

MEZAROBBA, Glenda. *Um acerto de contas com o futuro*: a anistia e suas consequências: um estudo do caso brasileiro. São Paulo: Associação Editorial Humanitas; FAPESP, 2006.

MÜLLER, Friedrich. *Métodos de trabalho do direito constitucional*. Tradução de Peter Naumann. 2. ed. São Paulo: Max Limonad, 2000.

NAÇÕES UNIDAS. Conselho de Segurança. O Estado de Direito e a Justiça de Transição em sociedades em conflito ou pós-conflito. Relatório do Secretário Geral S/2004/616. *Revista Anistia Política e Justiça de Transição*, Brasília, n. 1, p. 320-351, jan./jun. 2009.

OLIVEIRA, Manfredo Araújo de. *Reviravolta linguístico-pragmática na filosofia contemporânea*. São Paulo: Loyola, 1996.

ORGANIZAÇÃO DAS NAÇÕES UNIDAS. Promoção e proteção de todos os direitos humanos, civis, políticos, econômicos, sociais e culturais incluindo o direto ao desenvolvimento. Relatório do Relator Especial de execuções extrajudiciais, sumárias ou arbitrárias Dr. Philip Alston referente a sua visita ao Brasil nos dias 4 a 14 de novembro de 2007.

OST, François. *O tempo do direito*. Tradução de Pedro Henriques. Lisboa: Piaget, 2001.

POMAR, Pedro Estevam da Rocha. *Massacre na Lapa*: como o Exército liquidou o Comitê Central do PCdoB: São Paulo, 1976. 3. ed. São Paulo: Fundação Perseu Abramo, 2006.

RICOEUR, Paul. *A memória, a história, o esquecimento*. Tradução de Alain François *et al.* Campinas: UNICAMP, 2007.

RODEGHERO, Carla Simone. A anistia entre a memória e o esquecimento. *História Unisinos*, São Leopoldo, v. 13, n. 2, p. 131-139, maio/ago. 2009.

RODEGUERO, Carla Simone; DIENSTMANN, Gabriel; TRINDADE, Tatiana. *Anistia ampla, geral e irrestrita*: história de uma luta inconclusa. Programa de Pós-Graduação em História da Universidade Federal do Rio Grande do Sul – UFRGS, Porto Alegre, 2010. 253 f. Pesquisa Acadêmica.

SAVIGNY, F. K. von. *Metodologia jurídica*. Tradução de Hebe A. M. Caletti Marenco. Campinas: Edicamp, 2001.

SAVIGNY, F. K. von. *Sistema del derecho romano actual*. Tradução de M. Ch. Guenoux, Jacinto Mesía e Manuel Poley. Madrid: Góngora, 1878.

SILVA FILHO, José Carlos Moreira da. A repersonalização do direito civil em uma sociedade de indivíduos: o exemplo da questão indígena no Brasil. *In*: MORAIS, José Luis Bolzan de; STRECK, Lênio Luiz (Org.). *Constituição, sistemas sociais e hermenêutica*: programa de pós-graduação em direito da UNISINOS: Mestrado e Doutorado: Anuário 2007. Porto Alegre: Livraria do Advogado, 2008. p. 243-270.

SILVA FILHO, José Carlos Moreira da. Dever de memória e a construção da história viva: a atuação da Comissão de Anistia do Brasil na concretização do direito à memória e à verdade. *In*: SANTOS, Boaventura de Sousa; ABRÃO, Paulo; MACDOWELL, Cecília; TORELLY, Marcelo D. (Org.). *Repressão e memória política no contexto ibero-brasileiro*: estudos sobre Brasil, Guatemala, Moçambique, Peru e Portugal. Coimbra: Universidade de Coimbra; Brasília: Ministério da Justiça, 2010. p. 185-227.

SILVA FILHO, José Carlos Moreira da. *Hermenêutica filosófica e direito*: o exemplo privilegiado da boa-fé objetiva no direito contratual. 2. ed. Rio de Janeiro: Lumen Juris, 2006.

SILVA FILHO, José Carlos Moreira da. O anjo da história e a memória das vítimas: o caso da ditadura militar no Brasil. *In*: RUIZ, Castor Bartolomé (Org.). *Justiça e memória*: por uma crítica ética da violência. São Leopoldo: UNISINOS, 2009. p. 121-157.

SILVA FILHO, José Carlos Moreira da. Pessoa humana e boa-fé objetiva nas relações contratuais: a alteridade que emerge da ipseidade. *In*: SILVA FILHO, José Carlos Moreira da; PEZZELLA, Maria Cristina Cereser (Org.). *Mitos e rupturas no direito civil contemporâneo*. Rio de Janeiro: Lumen Juris, 2008. p. 291-323.

SILVA FILHO, José Carlos Moreira da; ALMEIDA, Lara Oleques de; ORIGUELLA, Daniela. Ensino do Direito e hermenêutica jurídica: entre a abordagem metodológica e a viragem linguística. *In*: CERQUEIRA, Daniel Torres de; FRAGALE FILHO, Roberto (Org.). *O ensino jurídico em debate*: o papel das disciplinas propedêuticas na formação jurídica. Campinas: Millenium, 2007. p. 23-43.

SKIDMORE, Thomas. *Brasil*: de Castelo a Tancredo, 1964-1985. Tradução de Mario Salviano Silva. 8. ed. Rio de Janeiro: Paz e Terra, 1988.

STRECK, Lenio Luiz. *Jurisdição constitucional e hermenêutica*. Porto Alegre: Livraria do Advogado, 2002.

TELES, Edson Luís de Almeida. *Brasil e África do Sul*: os paradoxos da democracia; memória política em democracias com herança autoritária. Tese (Doutorado) – Curso de Pós-Graduação em Filosofia da Faculdade de Filosofia, Letras e Ciências Humanas da Universidade de São Paulo – USP, São Paulo, 2007. 153 f.

VERÍSSIMO, Luis Fernando. Cordialidade. *Zero Hora*, Porto Alegre, 6 maio 2010. Disponível em: <http://zerohora.clicrbs.com.br/zerohora/jsp/default2.jsp?uf=1&local=1&source=a2895154.xml&template=3916.dwt&edition=14634&section=70>. Acesso em: 27 jun. 2010.

WACQUANT, Loïc. *Punir os pobres*: a nova gestão da miséria nos Estados Unidos. Tradução de André Telles. 3. ed. Rio de Janeiro: REVAN, 2007.

ZAFFARONI, Eugenio Raul. *O inimigo no direito penal*. Tradução de Sérgio Lamarão. Rio de Janeiro: REVAN, 2007.

Informação bibliográfica deste texto, conforme a NBR 6023:2002 da Associação Brasileira de Normas Técnicas (ABNT):

SILVA FILHO, José Carlos Moreira da. O julgamento da ADPF 153 pelo Supremo Tribunal Federal e a inacabada transição democrática brasileira. *In*: RAMOS FILHO, Wilson (Coord.). *Trabalho e regulação*: as lutas sociais e as condições materiais da democracia. Belo Horizonte: Fórum, 2012. v. 1, p. 129-177. ISBN 978-85-7700-566-6.

A PRECARIZAÇÃO DAS RELAÇÕES DE TRABALHO E O ESTADO CONSTITUCIONAL

JUAN CARLOS ZURITA POHLMANN

MARCOS AUGUSTO MALISKA

Introdução

O presente estudo busca resgatar o caráter humano e social do trabalho. Trata-se de uma reflexão crítica sobre a condição do trabalho nas sociedades pré-capitalistas e na sociedade capitalista. De fruto do esforço físico, de justificação religiosa para a finalidade da própria vida, passando pelo atendimento do bem comum, o trabalho no mundo capitalista moderno se caracteriza como peça chave para a compreensão do fenômeno que caracteriza o capitalismo, a exploração. A remuneração do trabalhador no mundo capitalista não é proporcional à contribuição do mesmo trabalhador para a obtenção do lucro do empregador.

A este cenário se agrega o fenômeno da flexibilização das relações de trabalho, um fator que na prática tem precarizado as condições dos trabalhadores. Fruto da internacionalização da economia e do enfraquecimento da regulação estatal, o mundo capitalista do século XXI se caracteriza pelo fomento de uma sociedade que aos poucos se autodestrói. A lógica econômica capitalista levada ao extremo tem propiciado a ampla precarização das condições de trabalho, nas quais os trabalhadores, sem as garantias de uma vida segura, sofrem constantemente com a instabilidade das conjunturas econômicas locais e internacionais. Apesar de todo esse cenário, a Constituição, formalmente, tem garantido os direitos dos trabalhadores. Esse fator, importante no contexto de enfrentamento político e social para a construção de um mundo mais justo, acaba por encontrar no Estado Constitucional um porto seguro. Nesse aspecto, as reflexões que aqui se colocam apontam para a importância do Estado Constitucional enquanto elemento garantidor dos direitos dos trabalhadores. No contexto de um mundo globalizado que já se desencantou quanto às possibilidades da política e da democracia em amplas estruturas políticas, o Estado Constitucional retoma o seu espaço, ainda que para isso não esteja desatento às exigências de abertura ao mundo, bem como das necessidades de cooperação e integração inevitáveis.[1]

1 As concepções de "trabalho" antes e depois do surgimento do capitalismo

Os avanços científicos e tecnológicos possibilitaram mudanças recentes em todas as relações humanas. As relações de trabalho não estão excluídas desse processo, visto que se chega hoje admitir que nem os grandes autores de ficção científica estariam preparados a inventar algo parecido em um passado não muito distante.[2] A isso se soma a verificação de que o poder econômico alcançou um grau de supremacia nunca antes visto.[3]

Quanto ao conceito "trabalho", Ramos Filho esclarece que a natureza polissêmica do conceito se deve ao fato de que o mesmo vocábulo pode abrigar distintos significados dependendo do contexto histórico local em que é aplicado.[4] O entendimento que aqui se utiliza é o que

---

[1] Ver MALISKA, Marcos Augusto. *Fundamentos da Constituição*: abertura, cooperação e integração: pesquisa de pós-doutoramento junto ao Instituto Max Planck de Direito Público estrangeiro e direito internacional de Heidelberg, Alemanha, 2010-2012. Bolsa DAAD-CAPES para julho 2011. Mimeo.

[2] PALOMINO, Teodosio A. Las relaciones laborales en La nueva sociedad. *Revista de Direito do Trabalho*, São Paulo, ano 37, n. 141, jan./mar. 2011. p. 46.

[3] FORRESTER, Viviane. *O horror econômico*. Tradução de Álvaro Lorencini. São Paulo: Ed. USP, 1997. p. 51.

[4] Para melhor esclarecer a assertiva, se exemplifica a possibilidade de utilização do termo "trabalho" para a designação de uma obra artística, científica, ou mesmo em expressões, como "trabalho de parto", "trabalho mecânico", entre outros, que nada têm a ver com o significado que se pretende evidenciar.

o compreende como "atividade humana que transforma a natureza", observando que a sua concepção não é estanque, mas modifica-se no transcurso dos tempos.[5] Ao se recorrer a estudos sobre as fases humanas de produção é possível se vislumbrar de maneira mais clara como ocorreu a alienação do trabalhador e a substituição dos paradigmas anteriores pelo paradigma capitalista, e ainda, suas recentes mudanças ideológicas que acompanharam a sua transformação, em que "[...] sob distintas fundamentações ideológicas, percebe-se a convivência antagônica e conflitiva de perspectivas analíticas que, privilegiando a constatação de que as relações de trabalho experimentaram significativas metamorfoses principalmente na recente virada de século, defendem novas formas de regulação do trabalho e de percepção sobre o papel do trabalho subordinada na sociedade atual".[6]

Assim uma análise do conceito de trabalho necessariamente irá se remeter à distinção entre os fenômenos anteriores e posteriores ao modo de produção capitalista. Uma característica importante dessa distinção encontra-se na ideia de liberdade, que substituiu o pensamento escravocrata inserindo a noção da força de trabalho livre, na qual o trabalhador segundo o seu discernimento assume o compromisso laboral.

Quanto ao período anterior à implementação do capitalismo, as sociedades eram, em regra, eminentemente agrárias, com a presença de senhores (os donos de propriedades), do clero, de camponeses e de escravos. Sobre os escravos, o senhor detinha poderes de vida e de morte, podendo os camponeses ser considerados semilivres, com o direito de cultivar a terra onde residiam, mas as quais pertenciam ao senhor feudal, o qual cobrava destes uma sorte de serviços, em especial, o cultivo das terras destinadas exclusivamente ao senhor, e tributos.[7]

A influência religiosa era marcante em muitos aspectos, promovendo ingerências no campo da política, da economia, artes, etc. Enfim, a religião imperou neste período como fonte superior de justificação.[8]

---

5 RAMOS FILHO, Wilson. Trabalho e regulação: o direito capitalista do trabalho e as crises econômicas. *In*: RAMOS FILHO, Wilson (Coord.). *Trabalho e regulação no Estado Constitucional*. Curitiba: Juruá, 2010. p. 341.

6 RAMOS FILHO. *Trabalho e regulação*: o direito capitalista, p. 342.

7 WEBER, Max. *Historia económica general*. Tradução de Manuel Sánches Sarto. Cidade do México: Fondo de Cultura Económica, 1942. p. 78-81.

8 VILLEY, Michel. *A formação do pensamento jurídico moderno*. Tradução de Cláudia Berliner. São Paulo: Martins Fontes, 2005. p. 95.

Na Europa feudal, o trabalho era entendido inicialmente como o fruto do esforço físico, e os ensinamentos religiosos o justificavam como sendo a própria finalidade da vida, e a sua falta era um sintoma da ausência do estado de graça. Posteriormente, passou-se a admitir que o trabalho apenas era necessário para o sustento da vida individual e coletiva, admitindo-se que aqueles que poderiam viver de seus bens, sem a necessidade do trabalho, não estariam cometendo qualquer falta, sobretudo porque passou a ser compreendido popularmente não apenas em seu significado literal, reconhecendo-se à época que a sua forma mais digna seria aquela voltada às obrigações religiosas.[9]

A ideia da significação do trabalho foi revisitada e recompreendida dentro das diferentes correntes que se instalaram, mantendo-se o caráter religioso da fundamentação. São Tomás de Aquino atribuía a divisão do trabalho e das profissões aos planos divinos, ao que Lutero interpretou que, uma vez que a divisão era obra de Deus, a permanência na posição entendida como designada era um dever religioso.

Posteriormente, os puritanos disseminaram a ideia de que o caráter do trabalho só poderia ser entendido pelos seus resultados, em especial por aqueles voltados ao bem comum. É em nome desse ideal utilitarista que se irá provar o seu estado de graça, ou seja, diferentemente de Lutero, para estes, o trabalho seria fruto do treino moral de uma vocação e não um mero desígnio, podendo-se passar por vários ofícios antes da descoberta da profissão.[10]

Verifica-se que, nas correntes estudadas, o trabalho anteriormente à implantação do capitalismo possuía como principais características a (i) ligação aos desígnios divinos, portanto, obrigatório e (ii) o seu exercício deveria ser em prol da coletividade.

Ao contrário do que parece, o lucro não era excluído, porém a própria riqueza obtida como fruto do trabalho deveria estar em conformidade com as demais características sob pena de ser considerada imoral, ou seja, socialmente condenada, demonstrando que a sua busca, de longe, não era a razão principal do próprio trabalho. Com o

---

[9] Com o passar do tempo, os fundamentos cristãos puramente sacros, defendidos por Santo Agostinho, passaram a ser contestados por não mais responderem às necessidades sociais, exigindo uma nova filosofia de justificação, adaptadas a um mundo novo. Aos poucos, principalmente pela influência de São Tomás de Aquino, formou-se uma filosofia que superava a filosofia clássica greco-latina e a fundia à tradição cristã (VILLEY. *A formação do pensamento jurídico moderno*, p. 139).

[10] WEBER, Max. Die protestantische Ethik und der Geist des Kapitalismus. 2. Aufl. Munique: Beck, 2006. p. 185-187.

trabalho se buscava a satisfação das necessidades e não a pura e simples acumulação.[11] Por sua vez, o momento social de implementação do capitalismo pode ser resumido como o de ascensão da classe burguesa, a qual via em seu espírito,[12] sobretudo na noção de igualdade formal, a possibilidade de libertação contra as antigas formas de impedimentos ao pleno desenvolvimento econômico impostos pela sociedade arcaica, como os privilégios decorrentes do nascimento, religião ou *status social*. Neste momento, o trabalho passa a ser considerado como mais uma mercadoria.[13]

A implantação do capitalismo não foi linear, não ocorrendo uma ruptura abrupta dos padrões sociais. A percepção de que a Igreja Católica guarnecia os privilégios dos quais a classe burguesa pretendia se livrar acarretou o afastamento desta classe da moral monárquico-feudal. Porém, no entanto, manteve-se a forte influência religiosa, agora das crenças contestadoras da antiga ordem, as quais disseminavam ideias favoráveis à ascensão do capitalismo, em especial a de que o lucro a partir do trabalho deveria ser entendido como o resultado do cumprimento dos desígnios divinos, promovendo uma ética da organização racional do capital e do trabalho em nível nunca antes experimentado.

Ainda que as bases deste novo pensamento já tivessem sido lançadas na idade média, nesta primeira fase é que se verificam os traços do

---

[11] WEBER. *Historia económica general*, p. 81.

[12] O "Geist des Kapitalismus", segundo Weber, tem a sua significação atrelada a um complexo de elementos que constituem conceitualmente os aspectos de seu significado cultural em um todo (WEBER. *Die protestantische Ethik und der Geist des Kapitalismus*, p. 73-74). Por esta razão, não pode o capitalismo ser entendido sem que se considerem as ideologias que o justificam, ainda que estas impliquem na transmutação de seus valores para uma maior adesão. A legitimidade do capitalismo se originou da elevação do progresso individual ao grau de principal critério do bem-estar social, podendo apontar em seu espírito três pilares fundamentais: a) progresso material; b) eficácia e eficiência na satisfação das necessidades; c) modo de organização social favorável ao exercício das liberdades econômicas e compatível com regimes políticos liberais. Após, o capitalismo deixa de ser focado no empresário individual e passa à organização, na qual se enfatiza a solidariedade institucional, e a socialização da produção, da distribuição e do consumo, bem como a colaboração entre as grandes empresas e o Estado com o objetivo de alcançar a justiça social. Neste ponto, há uma profunda mudança do capitalismo, marcada pela atenuação da luta de classes, e pela separação entre a propriedade do capital e do controle empresarial, e, apesar do fim ser a tentativa de remobilização pelo oferecimento de garantias pela adesão ao capitalismo, verifica-se que estas garantias são cada vez menos possíveis, levando-se ao questionamento do sistema, obrigando-o a novamente se modificar, podendo ser apontado o surgimento de um "capitalismo globalizado", apoiado nas novas tecnologias, o que seria o seu terceiro espírito (BOLTANSKI, Luc; CHIAPELLO, Ève. *O novo espírito do capitalismo*. Tradução de Ivone C. Benedetti. São Paulo: WMF Martins Fontes, 2009. p. 39-46).

[13] RAMOS FILHO. *Trabalho e regulação*: o direito capitalista, p. 344.

espírito do capitalismo. Nas palavras de Weber, "esse ascetismo secular do protestantismo – por essa denominação é que podemos resumir o que dissemos até agora – opunha-se, assim, poderosamente, ao espontâneo usufruir das riquezas, e restringia o consumo, especialmente o consumo do luxo. Em compensação, libertava psicologicamente a aquisição de bens das inibições da ética tradicional, rompendo os grilhões da ânsia de lucro, com o que não apenas a legalizou, como também a considerou (no sentido aqui exposto) como diretamente desejada por Deus. A luta contra as tentações da carne e da dependência dos bens materiais era – como, aliás, os puritanos e também o grande apologista do quackerismo Barclay, textualmente afirmava – não uma campanha contra o enriquecimento, mas contra o uso irracional da riqueza".[14]

O caminho entre a proibição do consumo e a liberalização da busca pela riqueza redundou em sua consequência lógica: a acumulação. Mas não se alude à simples acumulação, a novidade foi justamente a sua forma racional de aumento de riqueza por uma vida econômica racional e burguesa, promovendo transformações cujo âmbito, o ritmo e a intensidade "abalavam a tal ponto modos de vida ancestrais, lealdades até então inquestionadas, processos de regulação econômica, social e política julgados mais que legítimo, insubstituíveis, práticas sociais tidas por naturais de tão confirmadas histórica e vivencialmente, que a sociedade do século XIX parecia perder toda a sua solidez, evaporada, juntamente com os seus fundamentos, numa vertigem aérea".[15]

Lançadas as bases do capitalismo, foi elevada à primeira grandeza a obtenção do lucro, como forma de evidenciar o favorecimento individual divino, por métodos racionais de aumento da riqueza desatrelados das antigas obrigações morais, as quais continuaram sendo impostas ao homem comum. Nesta etapa de transição entre a concepção medieval do trabalho e a concepção capitalista cooptaram-se as antigas características do trabalho para a finalidade da acumulação, utilizando-se, num primeiro momento, dos desígnios divinos como forma de justificação da imposição do poder econômico.

Ainda que possa se reconhecer na religiosidade um dos fatores essenciais ao estabelecimento do capitalismo, explicando as razões pelas quais houve a adesão inicial, este não é suficiente para se entender o trabalho na conjectura capitalista.[16]

---

[14] WEBER. *Die protestantische Ethik und der Geist des Kapitalismus*, p. 193.
[15] SANTOS, Boaventura de Sousa. *Pela mão de Alice*: o social e o político na pós modernidade. 9. ed. São Paulo: Cortez, 2003. p. 23.
[16] WEBER. *Die protestantische Ethik und der Geist des Kapitalismus*, p. 196-198.

O lucro como o objetivo primordial da atividade econômica acabou por promover distorções que, no âmbito do trabalho, fez aparecer o termo "exploração". Esta é a prova de força típica do capitalismo e diz respeito a não remuneração proporcional do trabalhador à sua contribuição para a obtenção do lucro.[17]

A relação de trabalho em condições capitalistas se torna uma relação desequilibrada, na qual o empregador se apresenta como detentor de poder e o trabalhador como detentor de nenhum poder, tendo-se uma relação de sujeição cuja principal característica é a exploração. Em comparação às antigas lutas dos não proprietários, Weber expõe que "os não proprietários da Antiguidade e da Idade Média protestaram contra os monopólios, as compras antecipadas, açambarcamento, e a retenção de bens do mercado com a finalidade de aumentar os preços. Hoje em dia, a questão central é a determinação do preço do trabalho".[18]

O trabalho moderno acabou sendo entendido como a atividade humana sobre a natureza, criando riqueza e ordenando a sociedade para o aumento da produção com o objetivo de criar mais riqueza, ordenando também as funções que os atores sociais desempenharão na ordem social,[19] na qual a instabilidade e as incertezas produzidas pela fragilização dos direitos vinculados à rede de proteção do assalariamento são as características fundamentais da condição precarizada do trabalhador.[20]

2 A precarização das relações de trabalho no capitalismo globalizado

As mudanças significativas ocorridas após os anos 1980, consistentes na crise do Estado providência, no agravamento das

---

[17] BOLTANSKI; CHIAPELLO. *O novo espírito do capitalismo*, p. 383-384.

[18] WEBER. *Ensaios de sociologia*. Tradução de Waltensir Dutra. Rio de Janeiro: Zahar, 1963. p. 218.

[19] Sem dúvidas, o trabalho ocupa parte importante do tempo, se não a maior parte da vida humana contemporânea. Ao contrário da concepção materialista, ele não é apenas um meio para a satisfação das necessidades, mas também fonte de identificação e de auto-estima, por ele sendo possível o desenvolvimento das potencialidades humanas, e ainda hoje se reconhecendo a sua importância na inclusão social, propiciando o sentimento de participação nos objetivos da comunidade a que pertence. Trabalho e profissão, portanto, se somam a um número infindável de outros elementos para a formação da identidade, e, apesar das transformações do capitalismo impor uma visão estritamente racional, as pessoas continuam ancorando sua existência na própria atividade laboral, inclusive os desempregados (NAVARRO, Vera Lucia; PADILHA, Valquíria. Dilemas do trabalho no capitalismo contemporâneo. Psicologia & Sociedade, vol.19, n. especial, p. 14, 2007.

[20] BARBOSA, Attila Magno e Silva. O empreendedor de si mesmo e a flexibilização no mundo do trabalho. *Revista de Sociologia Politica*, v. 19, n. 38, p. 123, 2011.

WILSON RAMOS FILHO (COORD.)
TRABALHO E REGULAÇÃO – AS LUTAS SOCIAIS E AS CONDIÇÕES MATERIAIS DA DEMOCRACIA

desigualdades sociais e do processo de exclusão social, na desvalorização internacional dos produtos postos no mercado mundial, no decréscimo da ajuda externa, no aumento das assimetrias sociais entre países e dentro dos próprios países, na incorporação da crítica ao neoliberalismo, acompanhada do reconhecimento da sua substituição por uma nova ordem econômica internacional, trouxeram novos desafios.[21] Santos enumera as seguintes perplexidades que dão contorno a estes desafios: (i) os problemas que tomam a maior parte das agendas políticas são os problemas econômicos; (ii) a intensificação das práticas transnacionais (internacionalização da economia; comunicação; consumo; e a translocalização maciça de pessoas); (iii) valorização individualista, em detrimento das práticas comunitárias; (iv) consenso mundial quanto à democracia; (v) desterritorialização das relações sociais contraditoriamente aliadas à nova formulação de identidades regionais.[22]

Neste período, a concorrência se tornou cada vez mais acirrada, devido à desaceleração da economia e ao aumento do número de desempregados, tornando o desenvolvimento mais difícil, identificando-se o pretexto econômico para as mudanças havidas.

Como resposta a estes problemas, o mercado concebeu a ideia de empresa enxuta[23] e a organização do trabalho em projetos. Quanto à empresa enxuta, esta representa a empresa que perdeu a maioria dos escalões hierárquicos, desfazendo-se de grande número de funções e tarefas, terceirizando[24] tudo o que não for inerente à sua própria

---

[21] SANTOS. *Pela mão de Alice*, p. 17-18.

[22] SANTOS. *Pela mão de Alice*, p. 19-22.

[23] BARBOSA. *O empreendedor de si mesmo*, p. 126.

[24] Delgado esclarece que a expressão terceirização se trata de um neologismo, com origem na palavra terceiro, entendida como alguém que se encontra afastado, intermediando a relação, e visa enfatizar a descentralização de atividades da empresa para outro. Assim, para o Direito do Trabalho, a "terceirização é o fenômeno pelo qual se dissocia a relação econômica de trabalho da relação justrabalhista que lhe seria correspondente" (DELGADO, Maurício Godinho. *Curso de direito do trabalho*. 9. ed. São Paulo: LTr, 2010. p. 414). É uma relação relativamente nova para o Direito brasileiro, passando a ter relevância entre o fim da década de 60 e início dos anos 70, e, num primeiro momento, dizendo respeito apenas ao segmento estatal, consoante o Decreto-Lei nº 200/67 e Lei nº 5.645/70. Posteriormente, houve a regulamentação do trabalho temporário (Lei nº 6.019/74; vigilância bancária em caráter permanente (Lei nº 7.102/83). Além da legislação heterônoma estatal, o Tribunal Superior do Trabalho editou a súmula 256, posteriormente cancelada pela súmula 331, demonstrando a preocupação com as transformações do mercado de trabalho, de ordem jurídica e social, promovida pelo processo, cada vez mais utilizado, de terceirização (DELGADO. *Curso de direito do trabalho*, p. 415-416). Entendendo-se o problema da terceirização sob o ponto de vista do valor do trabalho, fica clara a preocupação em se evitar o abuso desta, o que acarretará aumentos nos índices de desemprego, como ocorre atualmente

atividade, realizando investimentos em colaboração com outras empresas, por meio de alianças, razão pela qual se fala em rede de empresas, ou seja, uma empresa enxuta rodeada por várias outras que a guarnecem naquilo que não é o seu objeto.[25] Pela reengenharia, ocorreu a transformação das empresas, na qual, além da manutenção de pessoal efetivo em menor escala e ligado diretamente aos objetivos da empresa, e sua organização em equipes ou projetos, passou-se a valorizar aqueles profissionais que conseguissem trabalhar com pessoas muito diferentes, que fossem abertos e flexíveis, e

---

na Europa, devendo haver clara preocupação em colocar freios ao liberalismo selvagem, implantado a nível planetário, deixando o hipossuficiente desprotegido ante o poderoso, implacável ditador, para quem o trabalhador é apenas uma ferramenta (PALOMINO. *Las relaciones laborales em La nueva sociedad*, p. 144).

[25] A flexibilização deve ser entendida sob duas maneiras, uma interna e outra externa. A flexibilização interna é inerente à organização do trabalho e das técnicas utilizadas, enquanto a externa supõe a organização do trabalho em rede, com empresas "enxutas", suprindo sua demanda de trabalhadores pela subcontratação. A flexibilização interna se deu, sobretudo, nas indústrias de base, negando-se ao taylorismo, sendo certo que alguns aspectos, como a maior autonomia dos assalariados, estão amplamente disseminados, especialmente para os situados em grau hierárquico mais elevado. Maior ênfase se dá à transformação do tecido produtivo, pois o progresso da terceirização é considerável. Em regra, limita-se à terceirização das vendas, mantendo aos empregados a tarefa de sua produção, o que não impede a subcontratação em vários níveis, pois, tanto mais complexo o produto final, maior será a cadeia de terceirização. Somado à terceirização, há ainda o trabalho temporário e em tempo parcial, todos em ampla ascensão, sobretudo nas grandes empresas, invertendo-se a lógica de que quanto maior a empresa, maior será o número de empregados, tendo em vista que grande parte dos trabalhadores possui contrato não com a tomadora de serviço. Há, em verdade, uma reestruturação das empresas, pois de uma única se originam várias empresas menores para lhe dar suporte, trabalhando em rede, concluindo-se ser apenas aparente esta configuração, pois em verdade, é a facilidade na ruptura do vínculo com trabalhadores que dará maior mobilidade à empresa. Esta nova relação raramente é estudada, facilitando a sua perpetuação, culminando na precarização do emprego. A nova estrutura admite um número mínimo de empregados com contrato por prazo indeterminado, os quais coexistem internamente com trabalhadores com contratos precários (terceirizados, tempo parcial, temporários, estagiários, etc.). Além do descompromisso do empregador para com o trabalhador possuidor de contrato precário, que lhe confere maior mobilidade, há ainda a "vantagem" da ocultação do real empregador, posto que seu contrato está firmado com terceiro, buscando com isso evitar a aplicação do direito do trabalho em face do tomador de serviços. A tendência de precarização dos contratos de trabalho acabou por dualizar os empregados da mesma empresa, de um lado aqueles que possuem certa estabilidade e de outro os que não possuem nenhuma, a despeito de estes desenvolverem as mesmas atividades. O crescimento destas novas formas de mercados de trabalho, que atingem, sobretudo, os não qualificados, demonstram a intenção de manutenção de um exército de reserva que, devido a esta própria condição, provavelmente nunca terá os requisitos necessários para ascender a um tipo de contrato mais digno, sendo obrigado a constantemente trocar de emprego, e até mesmo de endereço ou de cidade, aprisionando-os ainda mais na pobreza, sobretudo quando se constata que a preocupação mostrada pela literatura empresarial é apenas com os empregados mais bem remunerados e protegidos, marginalizando os trabalhadores precários (BOLTANSKI, Luc; CHIAPELLO, Ève. *O novo espírito do capitalismo*, p. 240-258.

com grande capacidade de adaptação a novas circunstâncias,[26] exigindo-se uma polivalência do empregado.[27] A oferta de garantias deixou, no entanto, de ser um valor dominante, e isto se deve à substituição da ideia de carreiras hierárquicas pela possibilidade de sucessão de projetos, não mais se admitindo na cultura empresarial a estabilidade, impondo-se uma dinâmica na qual o trabalhador constantemente deve mudar de projeto, o que lhe possibilitaria uma maior experiência com pessoas variadas.

Criou-se o conceito de empregabilidade, sendo esta definida como a capacidade de que as pessoas precisam ter para serem buscadas no desenvolvimento de um projeto, ou seja, é o capital pessoal constituído pela soma de suas competências mobilizáveis.[28]

Ainda que se tenha abordado quanto ao conceito de flexibilização funcional, pode-se fazer um apanhado geral para se afirmar que a proposta flexibilizatória não surtiu os efeitos prometidos,[29] podendo ser entendida em sentido amplo como sinônimo de precarização. "Qualquer que seja a acepção escolhida verifica-se que o aumento da flexibilidade não conduziu aos resultados macroeconômicos a que se supunha destinada, embora tenha servido como argumento para que se reconfigurasse o direito capitalista do trabalho em vários países do mundo, com a globalização da flexibilização, compreendida como globalização da precariedade na regulação estatal das relações de trabalho. De fato, flexibilidade tem sido utilizada nos discursos jus-laboralistas como eufemismo para significar precariedade, de modo

---

[26] BARBOSA. O empreendedor de si mesmo e a flexibilização no mundo do trabalho, p. 137.

[27] Alude-se à descrição da flexibilização interna ou funcional, caracterizada como contra-ponto à especialização fordista-taylorista. No entanto, esta não é a única admitida na doutrina, podendo ainda serem apontadas a flexibilidade externa, quanto ao número de funcionários; flexibilidade salarial. RAMOS FILHO. *Trabalho e regulação*: o direito capitalista do trabalho e as crises econômicas, p. 368.

[28] BOLTANSKI; CHIAPELLO. *O novo espírito do capitalismo*, p. 125-126.

[29] A partir da segunda metade da década de 80, anos de implantação extensiva da segunda resposta ao capitalismo, a qual visava à melhoria das condições de trabalho, a estratégia adotada para tanto passou a ser o aumento da flexibilização e do papel dos sindicatos, o que não fora questionado pela crítica, acabando por possibilitar a redução das garantias pela precarização das relações de trabalho (BOLTANSKI; CHIAPELLO. *O novo espírito do capitalismo*, p. 228-230). No Brasil, desde o início dos anos 90, a postura de confronto dos sindicatos vinha perdendo fôlego, dando lugar à política de negociação e cooperação entre capital e trabalho em torno de projetos mútuos e específicos de autopreservação que a nova conjuntura econômica exigia. A reestruturação produtiva nas empresas faria do desemprego o grande vilão do processo de retração dos sindicatos e do avanço de iniciativas empresariais e do governo no tema da flexibilização do mercado de trabalho (COSTA. O sistema de relações de trabalho no Brasil: alguns traços históricos e sua precarização atual. *Revista Brasileira de Ciências Sociais*, v. 20, n. 59, p. 120, 2005.

que, quando a doutrina ou a jurisprudência trabalhistas aludem à flexibilização de fato se referem à precarização das condições de trabalho e de remuneração, caudatária de algumas mudanças substanciais ocorridas no processo de produção de riqueza no capitalismo descomplexado da virada do século".[30] Além da contradição clássica, à qual se reputa de máxima importância para a compreensão do capitalismo, simbolizada na taxa de exploração, Santos acrescenta uma segunda, qual seja, a tendência de mutação do capitalismo, que, sempre ao se encontrar numa crise, busca novas maneiras de redução de custos para sobreviver, apropriando-se de modo autodestrutivo, de tudo o quanto interesse a seus fins (força de trabalho, meio ambiente, natureza, espaço, etc).[31]

Por esta razão, compreende-se que o problema da precarização das relações de trabalho decorre do resultado de um momento mundial de convergência de fatores complexos que facilitam aos empregadores a redução dos custos de produção pela flexibilização dos contratos de trabalho. Uma releitura simplificada do contexto demonstra que o terreno esteve propício à sedimentação da precarização das relações de trabalho,[32] não apenas pelo aspecto econômico, mas também, e em igual intensidade, pela internalização de ideais capitalistas pelos trabalhadores e pelos operadores do direito, e, ainda, pela atuação do Estado.

Os aspectos econômicos são notórios, em especial a globalização da economia,[33] utilizada como pretexto a partir dos anos 1980 e 1990 para o favorecimento da precarização, sob o argumento de que este

---

[30] RAMOS FILHO. *Trabalho e regulação*: o direito capitalista do trabalho e as crises econômicas, p. 369-370.

[31] SANTOS. *Pela mão de Alice*, p. 19-44.

[32] Ramos Filho entende que são fatores para que se consiga precarizar o direito capitalista do trabalho: "(i) debilitar o contrapoder da classe trabalhadora que é tradicionalmente maior nos períodos de quase pleno emprego e bastante menor nos momentos de desemprego massivo; (ii) diminuir o conjunto de compensações fordistas pelo direito de subordinar por intermédio de leis mais protetivas dos interesses dos empregadores e (iii) sequestrar a subjetividade dos operadores do direito do trabalho, acostumados a interpretar o direito segundo os cânones legitimadores do primeiro e do segundo espírito do capitalismo" (RAMOS FILHO. *Trabalho e regulação*: o direito capitalista do trabalho e as crises econômicas, p. 373).

[33] Pertinente a ilustrar a assertiva é a citação de Hobsbawm para quem "a história da economia mundial tem sido de acelerado progresso técnico, de contínuo mas irregular crescimento econômico, e de crescente 'globalização', ou seja, de uma divisão mundial cada vez mais elaborada e complexa; uma rede cada vez maior de fluxos e intercâmbios que ligam todas as partes da economia mundial ao sistema global" (HOBSBAWM. *Era dos extremos*, p. 92).

era necessário para o combate ao desemprego e fortalecimento das empresas nacionais para a concorrência internacional.[34] No processo de internalização do capitalismo pelos agentes de quem se esperava justamente combatê-lo, é certo que o declínio do comunismo levou a esquerda a buscar um novo modelo de sociedade e organização, mobilizando outras vertentes da crítica que não a social. Neste sentido, outros problemas tiveram destaque, como o ecológico, o que obrigou o capitalismo a se transformar, adotando um discurso de adaptação para justificá-lo, havendo insuficiência de atividade crítica, sobretudo pelo fato de que os temas costumeiramente reivindicados eram artificialmente adaptados à descrição de novas modalidades de fazer lucro, capazes de permitir a realização das aspirações mais pessoais, o que fora possível graças à facilidade do capitalismo de cooptar as ideias que lhe eram inimigas, podendo este período ser entendido não apenas como de superação do capitalismo, mas especialmente como superação do anticapitalismo.[35]

Aliás, o elemento ideológico é, em si, uma mediação fundamental (e fundante) da "experiência percebida" da classe do trabalho, na medida em que contribui para instaurar o conteúdo ideacional dos novos métodos de gestão de cariz toyotista. Métodos baseados no envolvimento participativo de operários e empregados e, no plano da reprodução social, dos novos modos de sociabilidade, organizados a partir dos valores-fetiches, expectativas e utopias de mercado. Na medida em que se dissemina sob a era neoliberal, a ideologia de mercado, com suas implicações na prática social (e coletiva), "precariza-se", de certo modo, a "experiência percebida" (ou a consciência social) da classe do proletariado.[36]

Aliada a todos estes fatores, a crítica ao Estado, que não se confunde com a renúncia ao Estado de Bem Estar Social, acabou, de modo inconsciente, propiciando à criação de um capitalismo de esquerda, o que se deu pela rejeição ao segundo espírito e a intenção de encontrar uma forma de conciliação entre os contrários.

A relação Estado — Poder — Capitalismo tem origem na aliança forçada entre a classe burguesa, o Estado nacional[37] e o capital, ficando

---

[34] RAMOS FILHO. *Trabalho e regulação*: o direito capitalista do trabalho e as crises econômicas, p. 374.

[35] BOLTANSKI; CHIAPELLO. *O novo espírito do capitalismo*, p. 237.

[36] ALVES, Giovanni. Trabalho e reestruturação produtiva no Brasil neoliberal: precarização do trabalho e redundância salarial. *Revista Katálysis*, v. 12, n. 2, p. 190, 2009.

[37] O princípio de nacionalidade triunfou no final da Primeira Guerra Mundial, resultando, principalmente, do colapso dos grandes impérios multinacionais da Europa central e

clara a dependência estatal do capitalismo. A ideologia nacionalista dos Estados não foi em si mesma o grande diferencial em favor do capitalismo, mas sim a racionalidade a que esta obrigava para a sua implantação e manutenção, isto porque o Estado racional teve como base o funcionalismo especializado e o direito racional, o qual se originou, em seus aspectos formais, do direito romano.[38]

O capitalismo, assim, precisou também da previsibilidade do Direito, não se admitindo interferências externas, o que foi conseguido quando o Estado se aliou também aos juristas. Assim, a influência do direito romano no ocidente e a especialização de seus operadores[39] favoreceram indiretamente o próprio capitalismo.[40]

---

oriental e da Revolução Russa, restando que pela primeira e última vez em sua história, o continente europeu se configurou como um conjunto de Estados-nações definidas, porém, essa situação durou muito pouco. No período entre guerras, a maioria dos novos Estados eram multinacionais, porém, em média, um pouco menores e os 'povos oprimidos' dentro deles eram agora chamados 'minorias oprimidas', que, se viam expulsas do território ou exterminadas na intenção de formação de Estados coerentes, habitados por uma população homogênea, separada étnica e linguisticamente, sendo esta a consequência criminosa do nacionalismo territorial. Resultando a conclusão de que nacionalidade e Estados não podiam ser forjados para coincidirem, no entanto as fronteiras delineadas foram mantidas, ainda que o ideal nacionalista não coincidisse com a real auto-identificação do povo que o compõe. O nacionalismo pós 1918, nos leva para fora das tradicionais áreas de disputas de fronteiras e de necessidades linguísticas, isto porque nas sociedades modernas, com alta tecnologia, propiciou novos meios de se comunicar, como a moderna comunicação de massa, pelos quais a ideologia podia ser padronizada e passível de difundir propaganda, reconhecendo a importância da comunicação de massa para transformar os símbolos nacionais em parte da vida de qualquer indivíduo, rompendo com as divisões entre as esferas privadas e local, partindo para as esferas pública e nacional (HOBSBAWM. *Nações e nacionalismo desde 1780*, p. 169-170).

[38] A ressurreição do direito romano se deve às universidades, porém, o que fora decisivo ao seu desenvolvimento foi a racionalização do processo, o que supria os interesses capitalistas. Ou seja, não se pode indicar no direito romano a causa do surgimento do capitalismo, tendo em vista que a Inglaterra, berço do capitalismo, nunca o adotou. Desvincula-se, portanto, o surgimento do capitalismo à ressurreição do direito romano como fator primordial para tanto, pois o capitalismo, em verdade, se aproveitou do pensamento formaljuridico criado por aquele, pois enquanto a justiça de toda teocracia e de todo absolutismo é orientada em sentido formal, para a burocracia orienta-se no sentido formal-jurídico, e a grande cooperação do direito romano foi propiciar a extirpação do direito material em favor do direito formal (WEBER. *Economia e sociedade*, p. 519-520).

[39] Neste momento, o Direito tira dos indivíduos o fardo das normas morais e as transfere para as leis, que garantem as liberdades de ação. Essas leis obtêm sua legitimidade através de um processo legislativo que se apoia no princípio da soberania do povo. Os direitos que garantem ao cidadão o exercício de sua autonomia política podem explicar o paradoxo do surgimento da legitimidade a partir da legalidade. Para o positivismo, o direito subjetivo é o interesse protegido objetiva e juridicamente como liberdade de arbítrio, a autorização subjetiva é garantida através da vontade de um detentor de poder e revestida de uma validade deontológica (HABERMAS, Jürgen. *Faktizität und Geltung. Beiträge zur Diskurstheorie des Rechts und des demokratischen Rechtsstaats*. Frankfurt: Suhrkamp, 1998. p. 110-114).

WILSON RAMOS FILHO (COORD.)
TRABALHO E REGULAÇÃO – AS LUTAS SOCIAIS E AS CONDIÇÕES MATERIAIS DA DEMOCRACIA

Sem o patrocínio estatal os ideais capitalistas não teriam prevalecido, sendo o Direito determinante, pois "[...] no estado moderno, o direito disciplina a ordenação dos lugares sociais a serem ocupados não só pelas classes sociais como um todo, mas também o espaço social de cada indivíduo. [...] Sendo assim, o papel de regulador das condições de funcionamento da sociedade, a partir da implantação do modo de produção capitalista, caberá ao direito, que, atribuindo *locus* sociais, designa papéis, organiza a distribuição de poder e de riqueza no interior de cada formação historicamente considerada". [41]

Até o fim de 1995, a flexibilização promovida não foi combatida, sendo que, na Europa, paradoxalmente, foi a partir da ascensão dos socialistas ao poder que se acelerou a flexibilização e consequente precarização da mão de obra. [42]

No Brasil, pode-se apontar como marco da intensificação[43] da precarização das relações contratuais a abertura comercial

---

[40] WEBER, Max. *Economia e sociedade*: fundamentos da sociologia compreensiva. Tradução de Regis Barbosa e Karen Elsabe Barbosa. Brasília: Ed. UnB, 1999. v. 2, p. 517-523.

[41] RAMOS FILHO. *Trabalho e regulação*: o direito capitalista do trabalho e as crises econômicas, p. 346.

[42] Entre os socialistas, ganhou força o entendimento de que apenas as empresas poderiam promover a criação de empregos, e como o Estado não poderia obrigá-los a tanto, passou-se a conceder a suas reivindicações, sobretudo quanto à flexibilidade, ao que se soma a dificuldade de emprego, o que limitava o poder dos sindicatos na negociação, pois já não tinham certeza de que poderiam mobilizar as suas bases. Gradativamente foi questionada a intervenção pública nas relações de emprego, buscando as empresas diminuí-la ao máximo, para compatibilizá-la ao mercado, ao que se somam a elevação dos custos de investimentos em novas tecnologias e os problemas econômicos. Tal quadro acarretou a troca das garantias pela autonomia, abrindo caminho ao novo espírito do capitalismo, sobretudo por incorporar a mobilidade e adaptabilidade como virtudes (BOLTANSKI; CHIAPELLO. *O novo espírito do capitalismo*, p. 230-237).

[43] Utiliza-se o termo "intensificação da precarização" tendo em vista o reconhecimento de que anteriormente a este período já havia, como exceção, a possibilidade legal de primitivas práticas legais de relações precárias de trabalho, ainda que não da maneira hoje entendidas. Neste sentido, a CLT já regulava, desde a década de 40, duas figuras de terceirização, quais sejam: a empreitada e a subempreitada (art. 455); e a pequena empreitada (art. 652, "a", III). Posteriormente, houve a legitimação da terceirização no segmento estatal pelo Decreto-Lei nº 200/67 e Lei nº 5.645/70, e na esfera privada, Lei nº 6.019/74, e posteriormente pela Lei nº 7.102/83 (DELGADO. *Curso de direito do trabalho*, p. 415). Ainda que se reconheça que as figuras da terceirização e a precarização não se equivalham, é certo que a semente do hoje presenciado se confunde com a possibilidade facilitada por aquela figura de muitas vezes legitimar a maquiagem de uma real relação de emprego. A intensificação, portanto, se deu com a legitimação do afastamento das normas trabalhistas sob o pretexto da abertura econômica, a qual se iniciou com a queda abrupta das tarifas de importação para uma grande variedade de produtos, ao que se acrescentou o discurso da competitividade, em especial a internacional, para possibilitar a entrada brasileira no comércio global. A reestruturação produtiva necessária acarretou: fechamento de fábricas, renovação tecnológica, terceirização, subcontratação, enxugamento de quadros de funcionários, etc., resumindo-se estes à racionalização de custos, em especial, os custos do trabalho.

promovida no governo de Fernando Collor de Mello, que culminou num novo projeto de industrialização focado na competitividade internacional, no qual se aliaram duas significativas e independentes transformações: a flexibilização dos regimes de trabalho e a progressiva desregulamentação do sistema legal de proteção ao trabalho, rompendo com dois padrões regulamentares pré-existentes: a estabilidade e a jornada de trabalho pré-estabelecida.[44]

O resultado do modelo econômico adotado é que, se num primeiro momento se entendeu por atender às exigências patronais com o fim de se atrair as indústrias para dentro de seus territórios, esta estratégia acabou por tornar os Estados cada vez mais dependentes dos mercados externos e de seus interesses, constantemente ameaçados pela mobilidade da produção enxuta,[45] que possibilita a rápida desinstalação de uma planta industrial e a sua quase imediata reinstalação em qualquer outro lugar do mundo.[46]

Como consequência, tem-se a diminuição da industrialização nos países com tradição de respeito aos direitos dos trabalhadores, ainda que tenham subvertido a ordem em detrimento da classe obreira. Mesmo os países que hoje se mostram mais voltados à defesa do capital em detrimento do fator humano se veem desprotegidos devido aos constantes deslocamentos mundiais das plantas, o que os obriga à manutenção do *status quo*, ao que se soma o aumento progressivo do desemprego em massa por todo o planeta, com a substituição, em ritmo cada vez mais acelerado, dos empregos estáveis por empregos precários, o que foi passivamente aceito na organização interna dos Estados como sendo o resultado lógico, e inquestionável, da economia globalizada.

A posição adotada em favor desta configuração não é isolada, ao contrário, deu-se em escala global. "A sociedade mundial constitui-se como uma conexão unitária de uma pluralidade de âmbitos de comunicação em relações de concorrência e, simultaneamente, de complementaridade. Trata-se de uma *unitas multiplex*. Não se confunde

---

Acrescenta-se a este novo panorama a conjuntura recessiva e uma avalanche de medidas liberais de privatização e o abandono das políticas públicas (ALVES, Giovanni. Trabalho e reestruturação produtiva no Brasil neoliberal: precarização do trabalho e redundância salarial. *Revista Katálysis*, v. 12, n. 2, p. 188-197, 2009. p. 189). O resultado imediato dessas mudanças é que até a primeira metade dos anos 90 mais de 1 milhão de postos de empregos foram suprimidos, acarretando o aumento da informalidade ou seu deslocamento para o setor de serviços, no qual predominam os contratos de baixa qualificação e baixos salários (COSTA. *O Sistema de Relações de Trabalho no Brasil*, p. 120).

[44] COSTA. *O Sistema de Relações de Trabalho no Brasil*, p. 122.

[45] GIDDENS, Anthony. *O Estado-nação e a violência*. São Paulo: EDUSP, 2001. p. 294.

[46] BARBOSA. *O empreendedor de si mesmo*, p. 127.

com a ordem internacional, pois esta diz respeito às relações entre Estados. A ordem internacional é apenas uma das dimensões da sociedade mundial".[47]

Pode-se verificar, como regra em todo o mundo ocidental, as mesmas características de atuação conivente, ou mesmo ativa, dos Estados em favor do fenômeno da precarização, que se agravou com a fragilização dos sindicatos, a qual se deu tanto pelos ideais neoliberais, que patrocinaram a ideia da imposição da descentralização das negociações coletivas,[48] controlando a sua atuação direta,[49] quanto pela mudança de foco dos líderes sindicais, passando da defesa do trabalhador para a conquista de espaços políticos, obrigando os sindicatos a direcionarem suas forças às campanhas eleitorais.[50]

Os Estados se encontram encurralados pela ameaça constante de perda de competitividade comercial, e consequente perda de receita, pela retirada das empresas hoje localizadas em seus territórios, voltando todo o seu aparato para justificar a opção destas pela permanência, o que vincula os atos oficias pela ideia de que "desvalorizar a economia é mais fácil de se realizar do que o contrário; as tentativas de aumento das taxas de crescimento econômico normalmente demandam o incremento da participação na economia mundial, ampliando assim a vulnerabilidade das flutuações externas".[51]

Tem-se plena consciência do momento mundial vivenciado, no qual se percebe que a manutenção dos mesmos modelos historicamente utilizados necessariamente conduzirão a humanidade a um dos momentos mais graves da sua história, e ainda que seja tentadora a possibilidade de imposição de um retrocesso no modelo econômico, este não se mostra uma possibilidade viável.

Reconhecendo-se o papel fundamental do Estado para a configuração atual quanto à subtração do caráter humano da relação de trabalho, legitimando a imposição da vontade do economicamente mais forte, é que se busca a sua vocação como um dos principais agentes contra a própria precarização.

---

[47] NEVES, Marcelo. *Transconstitucionalismo*. São Paulo: Martins Fontes, 2009. p. 27.
[48] ALVES. *Trabalho e reestruturação produtiva no Brasil neoliberal*, p. 192.
[49] COSTA. *O Sistema de Relações de Trabalho no Brasil*, p. 112.
[50] BOLTANSKI; CHIAPELLO. *O novo espírito do capitalismo*, p. 301-305.
[51] GIDDENS. *O Estado-nação e a violência*, p. 298.

3 O trabalho no Estado Constitucional

Em que pese ter ficado claro que a precarização das relações de trabalho é aqui analisada mais como um problema humano do que econômico, e reconhecendo o impacto social que o desemprego derivado da flexibilização das relações de trabalho causa, é dever do Estado promover o emprego, pois, conforme Palomino, o desemprego é um mal social e o pleno emprego um bem público. O Estado e os que administram a economia do país devem assumir o dever e a obrigação de evitar o desemprego e fomentar o trabalho; somente desta forma será possível acabar com todo tipo de problemas sociais, contornando com efetividade a crise que hoje afeta o mundo.[52]

Fica evidente que a resposta a ser dada ao problema não pode ser a mesma resposta frequentemente utilizada e isto se deve a diversos fatores. Dentro de uma ótica global, evidencia-se que o próprio mundo já não é mais o mesmo,[53] justificando assim a busca pelos novos mecanismos necessários.

Ilustrativamente, quanto ao fator subjetivo-voluntarista, o que poderia ser defendido dentro de uma concepção liberal, Boltanski e Chiapello reconhecem a posição de que "nenhum operador do mercado quer ser o primeiro a oferecer 'vida digna' àqueles que ele emprega, pois os custos de produção seriam assim aumentados, e ele ficaria em desvantagem perante a concorrência que o opõe a seus pares".[54] Esta resposta eminentemente econômica se encontra não apenas nas empresas, mas também internalizada nos trabalhadores, como se representasse um beco sem saída, demonstrando a impossibilidade de que a solução seja alcançada naturalmente.

---

[52] PALOMINO. Las relaciones laborales em La nueva sociedad, p. 55.

[53] Evidencia-se que no mundo atual não há apenas uma separação da lei, poder e saber, tão pouco o simples reconhecimento das liberdades, mas um amplo processo de diferenciação sistêmico-funcional, pelo qual a sociedade se torna "multicêntrica". A diferença entre sistema e ambiente se desenvolve em diversos âmbitos de comunicação, com a afirmação de distintas pretensões contrapostas de autonomia sistêmica; e, ainda, toda diferença se torna não apenas relevante, mas central, implicando uma pluralidade de autodescrições da sociedade, culminando em diversas racionalidades parciais conflitantes. Mesmo que se entenda que todas as questões são centrais, a própria sociedade deixa de ter um centro que irradie influência, tornando todo sistema concorrente dos outros, o que se estende à política, economia, artes, religião, etc.; tornando impossível a compreensão social por apenas um único fator, levando à existência de infinitos códigos-diferença orientadores da comunicação nos diversos campos sociais, confrontando-se entre si as diversas racionalidades, e cada uma delas com pretensão de universalidade (NEVES. *Transconstitucionalismo*, p. 23-24).

[54] BOLTANSKI; CHIAPELLO. *O novo espírito do capitalismo*, p. 52.

Ainda que se cogite da imposição de uma solução pelo intervencionismo estatal, Ramos Filho defende que este é regido pela oscilação econômica e política, o que não representaria a segurança necessária a uma modificação sólida. Mesmo depois de instituído o intervencionismo estatal, a acumulação de capital continuaria dependendo do grau maior ou menor de democracia econômica e da política que se estabelecer, de tal forma que durante os períodos de restrição democrática, será perceptível a ampliação das taxas de acúmulo de capital e, nos períodos que permitam maior protagonismo à classe trabalhadora e suas entidades representativas, a melhor distribuição dos excedentes da produção capitalista.[55]

O mundo se transformou num complexo emaranhado de conexões governamentais e não governamentais, interinfluenciadas simultaneamente, em maior ou menor grau, por todos os atores, com os problemas vivenciados sem que se possa delimitá-los às fronteiras estatais,[56] tornando árdua a tarefa de adequar as soluções já conhecidas à nova realidade, razão pela qual se aponta a resposta como uma opção de percepção do mundo vinculada ao que o torna tão especial, ou seja, a sua qualidade, até o momento única, de suportar a vida, e, em especial, a vida humana.

Sendo justamente em razão da presença humana que torna o mundo o que ele é que se deveria pautar a própria conduta humana, ou seja, anteriormente a qualquer interesse o que deveria prevalecer deveria ser o reconhecimento de que, direta ou indiretamente, sempre estar-se-á lidando com pessoas, as quais, apesar de biologicamente semelhantes, possuem uma complexidade que as tornam únicas. Esta seria a condição ideal, porém utópica, ou no mínimo inesperada. No entanto, é justa a observação pelo papel que tem a crítica para impulsionar as mudanças.[57]

---

[55] RAMOS FILHO. *Trabalho e regulação*: o direito capitalista do trabalho e as crises econômicas, p. 346.

[56] NEVES. *Transconstitucionalismo*, p. 32.

[57] Possui a crítica o papel de impulsionar as mudanças do espírito do capitalismo, pois sem os pontos morais levantados por esta, apontando o que lhe falta incorporar, este perderia força pelo não engajamento, não se admitindo a crítica pela crítica, pois para ser válida precisa estar em condições de se justificar. São de três maneiras que a crítica influencia o espírito do capitalismo: deslegitimando os espíritos anteriores, subtraindo-lhes a eficácia; coagindo os seus defensores a justificá-lo em termos do bem comum; obrigando-o a escapar da exigência de reforço da justiça social. Das três respostas identificáveis, a terceira é a menos desejável, pois, em tese, não levaria à instauração de procedimentos mais justos, como as demais, mas sim criaria novos modos de acumulação, desconhecidos pela crítica, e, portanto, demandariam novos estudos, enfraquecendo momentaneamente seus opositores, conduzindo à elaboração de um novo espírito, mudando as regras do jogo, culminando na degradação das vantagens sociais até então obtidas (BOLTANSKI; CHIAPELLO. *O novo espírito do capitalismo*, p. 62-65).

Dentro dos modelos de Estado conhecidos e admitidos,[58] o que melhor se apresenta capaz de responder às novas questões dos tempos modernos é o Estado Constitucional. "O constitucionalismo foi utilizado, de um lado, para contrapor ao contratualismo e à soberania popular, ideias-chave da Revolução Francesa, os poderes constituídos no Estado. De outro, utilizou-se a Constituição contra os poderes do monarca, limitando-os. Dessa forma, a Constituição do Estado evitaria os extremos do poder do monarca (reduzido à categoria de órgão do Estado, portanto, órgão regido constitucionalmente) e da soberania popular (o povo passa a ser visto como um dos elementos do Estado). Embora liberais, as Constituições não serão, ainda, democráticas. E, mais importante, a Constituição não é do rei ou do povo, a Constituição é do Estado, assim como o direito é direito positivo, posto pelo Estado".[59]

No Estado Constitucional, o modelo de constituição prevalente é a democrática, a qual propicia o desenho da forma de governo e reforça a garantia dos direitos, contendo, em primeiro lugar, os princípios fundamentais invioláveis e as condições para que a constituição se situe acima da lei e do parlamento, dispondo os deveres mais amplos do Estado. A constituição democrática não o é apenas por seu fundamento, mas também pelo seu resultado final, ou seja, ela pretende reforçar a

---

[58] Tomando-se o parâmetro europeu, pode ser reconhecida a transformação do modelo estatal. O primeiro modelo analisado é o de Estado Jurisdicional, o qual possuía como características: a composição por um território unitário; a existência de um direito comum; e existência de um governo que exprime seus poderes de imperium dentro do território por meio da jurisdição. Nesta forma se encontram os Estados Absolutos, no qual o soberano governa reduzindo ao máximo os poderes das outras forças, podendo coincidir, mas não necessariamente sendo, com a monarquia. Negativamente, o que o caracteriza é a falta do princípio-guia da soberania, pois o direito e interesses do soberano se sobrepunha a todos os dos demais. O Estado Jurisdicional caiu no tempo da Revolução Francesa, na qual se fez conhecido o princípio de soberania, o qual possibilitava o exercício da autoridade e da coação exclusivamente ao Estado sobre todos, neutralizando a antiga subjetividade por uma forma de aplicação mecânica e uniforme da vontade soberana, contida na lei, evidenciando o Estado de Direito. Neste Estado de Direito admitia-se que a lei conteria a vontade da nação, do povo, a ser executada pela administração pública, a qual representa o Estado em ação, formando um Estado legislativo e administrativo. Neste, a força da lei residiria no princípio da igualdade, e, assim, a soberania seria uma força que nasce limitada em si mesma, cuja finalidade é a garantia dos direitos dos indivíduos em condição de igualdade, em contraposição aos privilégios do Estado jurisdicional, durando até a metade do século XX. O Estado Constitucional tem como características a presença de vários elementos presentes nos Estados europeus, em distintas épocas, não apenas nos Estados de direito, mas também nos jurisdicionais, respeitando a tradição pluralista. Não se confunde com a constituição liberal do Estado de direito, tratando-se de uma constituição democrática (FIORAVANTI, Maurício. *Estado y Constitución*. Madrid: Trota, 2001. p. 13-29).

[59] BERCOVICI, Gilberto. Constituição e política: uma relação difícil. *Lua Nova*, n.61. p. 5, 2004.

mediação pacífica dos conflitos, tutelando a pluralidade de seu corpo social e evitando interpretações unilaterais.[60] Ainda que se reconheçam as inúmeras formas do que se admite como sendo o constitucionalismo dentro de um Estado Constitucional democrático, a sua característica básica é de que "a supremacia normativa da Constituição exercerá um empuxo sobre todas as atividades do Estado [...], os problemas de ciência constitucional se transmudarão a problemas de política constitucional", imprimindo a necessidade de que "as regras e os limites que definem o Estado constitucional democrático de direito [...] apontam para a necessidade da institucionalização de uma metódica constitucional capaz de dar conta, entre outras tarefas, da justificação jurídica que inclui a pretensão de correção normativa ou a retitude das normas na estrutura do juízo ponderativo constitucional".[61]

Em outras palavras, este modelo além de elencar, como direitos fundamentais, os preceitos considerados mais valiosos pelo Estado, acaba impondo a todos a sua observação, possibilitando ainda a judicialização destes direitos.

Estando constitucionalmente definida a proteção ao trabalhador, caberá ao Estado a sua execução, seja no plano legislativo executivo ou judiciário, possuindo o Direito papel fundamental para fazer valer o que consta da Constituição.

O direito, portanto, impõe coerções para limitar as condutas excessivamente predatórias que colocariam em risco a lógica deste mundo, contribuindo para garantir a sua legitimidade, o que, num círculo, aumentará conforme se fizer mais respeitada, pois é na proteção dos mais fracos que está um dos seus papéis mais importantes.[62]

Neste sentido, havendo orientação estrita, disposta na constituição, cuja rigidez de alteração deve ser observada,[63] a proteção do trabalhador ficará protegida da casuística econômica ou política, vinculando-se a uma interpretação que leve em consideração a efetivação do direito fundamental ao trabalho, o seu caráter humano e não de mercadoria.

---

[60] FIORAVANTI. *Estado y Constitución*, p. 37-40.
[61] DUARTE, Écio Oto Ramos; POZZOLO, Susanna. *Neoconstitucionalismo e positivismo jurídico*: as faces da teoria do direito em tempos de interpretação moral da Constituição. São Paulo: Landy, 2006. p. 22-23.
[62] BOLTANSKI; CHIAPELLO. *O novo espírito do capitalismo*, p. 415-416.
[63] CHUEIRI, Vera Karam de; GODOY, Miguel G. Constitucionalismo e democracia: soberania e poder constituinte. *Revista de Direito GV*, v. 6, n. 1, p. 159-174, 2010. p. 166.

As normas constitucionais que garantem os direitos dos trabalhadores devem servir como meios de contenção dos avanços econômicos que procuram restringir esses direitos. Por esta nova possibilidade entende-se que o dever do jurista não é o de admirar o Direito, mas de saber criticar os desajustes entre o "ser" e o "dever ser", especificamente quanto aos direitos constitucionalmente prometidos e que acabam sendo frustrados pelas circunstâncias econômicas. Assim, a ciência do Direito assume uma função crítica e política ao se posicionar frente às contingências econômicas e fazer impor os direitos protegidos constitucionalmente.[64]

A norma constitucional deixa então de ser um mero pedaço de papel, ganhando vida ao ser aplicada no caso concreto. Para a hermenêutica constitucional "não é possível descolar a norma jurídica do caso jurídico por ela regulamentado nem o caso da norma. Ambos fornecem de modo distinto, mas complementar, os elementos necessários à decisão jurídica. Cada questão jurídica entra em cena na forma de um caso real ou fictício. Toda e qualquer norma somente faz sentido com vistas a um caso a ser (co)solucionado por ela. Esse dado fundamental da concretização jurídica circunscreve o *interesse de conhecimento* peculiar da ciência e da práxis jurídicas, especificamente jurídico, como um *interesse de decisão*".[65]

Considerações finais

Demonstrou-se no presente estudo que o trabalho é uma característica eminentemente humana, a qual possuía seu valor pautado na sua própria dignidade, reconhecendo-se, dentro do pensamento religioso dominante, a sua justificação e importância social e ainda que houvesse exploração da parcela trabalhadora, esta não se dava sem motivos, posto que vinculada à satisfação das necessidades do dominador, afastando-se o termo do que se entende nos moldes capitalista.

A racionalização imposta pelo capitalismo, que privilegia o individualismo e a acumulação, acabou por retirar o caráter humano do trabalho, colocando-o em patamar equivalente a qualquer outra mercadoria. Diante do afastamento do reconhecimento humanístico do

---

[64] Ver SANCHÍS, Luis Pietro. *Justicia constitucional y derechos fundamentales*. Madrid: Trotta, 2003. p. 106-107

[65] MÜLLER, Friedrich. *Métodos de trabalho do direito constitucional*. 3. ed. Rio de Janeiro: Renovar, 2005. p. 50.

trabalho o mundo passou a conhecer a exploração capitalista, ou seja, o afastamento entre o valor do trabalho e do seu produto.

Tendo como característica a busca do maior lucro possível, foram criados modelos de exploração, dentre os quais se destaca o modelo da flexibilização, podendo esta ser denominada de precarização das relações de trabalho por flexibilizar todas as garantias anteriormente conquistadas, fazendo valer os interesses dos economicamente mais fortes.

Novamente, o que fora importante para a sua sedimentação foi a coisificação do trabalhador, podendo ser identificado três fatores essenciais para tanto: a) o econômico; b) o subjetivo; c) o modelo de Estado.

O econômico se justifica, entre outros fatores, pela competitividade internacional. O subjetivo está na internalização dos ideais capitalistas pelos trabalhadores e pelos operadores do direito. A participação estatal está na sua omissão ou mesmo ação em prol dos interesses capitalistas, o que acabou por enfraquecer os Estados e colocá-los como reféns das oscilações de mercado.

Aponta-se no Estado Constitucional uma das respostas possíveis à precarização das relações do trabalho, sobretudo porque a constituição democrática possibilita uma metaproteção aos direitos dos trabalhadores quando esta se encontra elencada entre os direitos fundamentais.

Esta metaproteção se dá pelo fato de que os direitos fundamentais acabam por direcionar a ação dos poderes Executivo, Legislativo e Judiciário, impossibilitando que estas se deem em virtude das oscilações econômicas e políticas, cabendo, em última instância, ao poder judiciário a conformação do caso concreto ao comando principiológico.

A fim de que esta proteção seja eficaz, não basta que se encontre positivado na Constituição, mas também que haja um compromisso dos operadores do direito em prol do restabelecimento do caráter humano do trabalho, o que acarretará o afastamento das medidas meramente econômicas, em especial, da precarização.

Referências

ALVES, Giovanni. Trabalho e reestruturação produtiva no Brasil neoliberal: precarização do trabalho e redundância salarial. *Revista Katálysis*, v. 12, n. 2, p. 188-197, 2009.

BARBOSA, Attila Magno e Silva. O empreendedor de si mesmo e a flexibilização no mundo do trabalho. *Revista de Sociologia Política*, v. 19, n. 38, p. 121-140, 2011.

BERCOVICI, Gilberto. Constituição e política: uma relação difícil. *Lua Nova*, n. 61. p. 5-24, 2004.

BOLTANSKI, Luc; CHIAPELLO, Ève. *O novo espírito do capitalismo*. Tradução de Ivone C. Benedetti. São Paulo: WMF Martins Fontes, 2009.

CHUEIRI, Vera Karam de; GODOY, Miguel G. Constitucionalismo e democracia: soberania e poder constituinte. *Revista de Direito GV*, v. 6, n. 1, p. 159-174, 2010.

COSTA, Márcia da Silva. *O sistema de relações de trabalho no Brasil*: alguns traços históricos e sua precarização atual. *Revista Brasileira de Ciências Sociais*, v. 20, n. 59, p. 111-131, 2005.

DELGADO, Maurício Godinho. *Curso de direito do trabalho*. 9. ed. São Paulo: LTr, 2010.

FIORAVANTI, Maurício. *Estado y Constitución*. Madrid: Trota, 2001.

FORRESTER, Viviane. *O horror econômico*. Tradução Álvaro Lorencini. São Paulo: Ed. Universidade Estadual Paulista, 1997.

GIDDENS, Anthony. *O Estado-nação e a violência*. São Paulo: EDUSP, 2001.

HABERMAS, Jürgen. *Faktizität und Geltung. Beiträge zur Diskurstheorie des Rechts und des demokratischen Rechtsstaats*. Frankfurt: Suhrkamp, 1998.

HOBSBAWM, Eric J. *Era dos extremos*: o breve século XX (1914-1991). São Paulo: Companhia das Letras, 1995.

HOBSBAWM, Eric J. *Nações e nacionalismo desde 1780*: programa, mito e realidade. Tradução de Maria Célia e Anna Maria Quirino. 5. ed. São Paulo: Paz e Terra, 2008.

MALISKA, Marcos Augusto. *Fundamentos da Constituição*: abertura, cooperação e integração: pesquisa de pós-doutoramento junto ao Instituto Max Planck de Direito Público estrangeiro e direito internacional de Heidelberg, Alemanha, 2010-2012. Bolsa DAAD-CAPES para julho 2011. Mimeo.

MÜLLER, Friedrich. *Métodos de trabalho do direito constitucional*. 3. ed. Rio de Janeiro: Renovar, 2005.

NAVARRO, Vera Lucia; PADILHA, Valquíria. Dilemas do trabalho no capitalismo contemporâneo. *Psicologia & Sociedade*, v .19, n. especial, p. 14-20, 2007.

NEVES, Marcelo. *Transconstitucionalismo*. São Paulo: Martins Fontes, 2009.

PALOMINO, Teodosio A. Las relaciones laborales em La nueva sociedad. *Revista de Direito do Trabalho*, São Paulo, ano 37, n. 141, jan./mar. 2011.

RAMOS FILHO, Wilson. Trabalho e regulação: o direito capitalista do trabalho e as crises econômicas. *In*: RAMOS FILHO, Wilson (Coord.). *Trabalho e regulação no Estado Constitucional*. Curitiba: Juruá, 2010.

SANCHÍS, Luis Pietro. *Justicia constitucional y derechos fundamentales*. Madrid: Trotta, 2003.

SANTOS, Boaventura de Sousa. *Pela mão de Alice*: o social e o político na pós-modernidade. 9. ed. São Paulo: Cortez, 2003.

VILLEY, Michel. *A formação do pensamento jurídico moderno*. Tradução de Cláudia Berliner. São Paulo: Martins Fontes, 2005.

WEBER, Max. *Die protestantische Ethik und der Geist des Kapitalismus*. 2. Aufl. München: Beck, 2006.

WEBER, Max. *Economia e sociedade*: fundamentos da sociologia compreensiva. Tradução de Regis Barbosa e Karen Elsabe Barbosa. Brasília: Ed. UnB, 1999. v. 2.

WEBER, Max. *Ensaios de sociologia*. Tradução de Waltensir Dutra. Rio de Janeiro: Zahar, 1963.

WEBER, Max. *Historia económica general*. Tradução de Manuel Sánches Sarto. Cidade do México: Fondo de Cultura Económica, 1942.

Informação bibliográfica deste texto, conforme a NBR 6023:2002 da Associação Brasileira de Normas Técnicas (ABNT):

POHLMANN, Juan Carlos Zurita; MALISKA, Marcos Augusto. A precarização das relações de trabalho e o estado constitucional. *In*: RAMOS FILHO, Wilson (Coord.). *Trabalho e regulação*: as lutas sociais e as condições materiais da democracia. Belo Horizonte: Fórum, 2012. v. 1, p. 179-202. ISBN 978-85-7700-566-6.

O SINDICALISMO NO BRASIL E A POTENCIAL REPERCUSSÃO NEGATIVA DO PRINCÍPIO DA UNICIDADE SINDICAL

O CASO DO SETOR DE TELECOMUNICAÇÕES

LUIZ ANTONIO GRISARD

A discussão sobre representação e representatividade passa, necessariamente, pela análise, ainda que breve, da crise do sindicalismo em três perspectivas: local, global e interna, referente à própria estrutura sindical.

Na perspectiva local, a fragilização do sindicalismo tem origem na própria legislação, que, ao mesmo tempo, por sua rigidez conceitual e procedimental, impede a atuação democrática das entidades. Adicionalmente, podem ser mencionados outros elementos, tais como a contribuição sindical obrigatória, a restrição do direito de greve, o descaso em relação a práticas antissindicais e a contaminação política da ação sindical. No plano global, atentam contra o fortalecimento da representação sindical o discurso de flexibilização, a dispersão da unidade entre trabalhadores em razão da pulverização dos locais de trabalho, a inexistência de um ideário coletivo operário, as novas formas de contratação e organização do trabalho, a liquidez e a mobilidade das atividades produtivas. Finalmente, os sindicatos carregam consigo uma inércia orgânica, resquício de sua própria formação. A falta de percepção sobre as transformações que se operam a sua volta e a impossibilidade de se repensar dentro de uma estrutura econômica diferenciada.[1] A importância dos sindicatos, cada vez mais marginal, aproxima o movimento de uma decisão inexorável: assumir um papel secundário de negociação em um cenário de disponibilidade de direitos, sem a sustentação de uma política pública de efetiva garantia de direitos aos trabalhadores ou reconhecer o campo político como seu único âmbito de atuação efetiva, aproximando-se mais ainda do Estado e escapando ao conflito com a ordem econômica.

Ao serem desafiados à realidade do movimento, instados a manter direitos adquiridos anteriormente, conquistar novos direitos, compreender aspectos econômicos e políticos que viabilizem suas propostas e aceitar a realidade de integração mundial, se percebe que o caminho que se coloca à frente dos sindicatos é cada vez mais incerto.[2]

Não há dúvida de que a dinâmica do mercado de trabalho, cercado por número crescente de variáveis, de diversas naturezas, exige não apenas a regulação como meio de evitar a precarização completa das condições de trabalho, mas também a adoção de postura mais ativa da representação de trabalhadores, de forma a tornar-se veículo essencial no diálogo entre as partes, o que contemplaria não apenas o equilíbrio entre interesses econômicos e sociais, mas, fundamentalmente, a aproximação de um cenário de pleno gozo dos direitos fundamentais.[3]

A atuação sindical no contexto do liberalismo assume contornos fundamentais na medida em que representa não apenas o cumprimento protocolar da dialética capital-trabalho, descompromissado e desconectado dos reais objetivos da classe trabalhadora, mas o elemento que garante a observância de direitos inscritos. Vale dizer, nesse contexto, que aos sindicatos também se aplicam os princípios de democracia e pluralismo político e, em assim sendo, entende-se que a atuação das entidades de representação consolida a expressão de cidadania pretendida pelo Estado Democrático de Direito.[4]

---

[1] VIANA, Marco Túlio. A reforma sindical, entre o consenso e o dissenso. Disponível em: <http://ojs.c3sl.ufpr.br/ojs2/index.php/direito/article/download/1734/1434>. Acesso em: 22 jan. 2011.

[2] ARAÚJO, Silvia Maria de; BRIDI, Maria Aparecida; FERRAZ, Marcos (Org.). *O sindicalismo equilibrista*: entre o continuísmo e as novas práticas. Curitiba: UFPR/SCHLA, 2006. p. 14.

[3] LOURENÇO FILHO, Ricardo Machado. *Liberdade Sindical, autonomia e democracia na Assembléia Constituinte de 1987/1988*: uma reconstrução do dilema entre unicidade e pluralidade. Dissertação (Mestrado) – Programa de pós-graduação em Direito da Universidade de Brasília, Brasília, 2008. f. 5.

[4] AROUCA, José Carlos. Registro sindical: democracia e cidadania. *Revista LTr*, ano 71, n. 9, p. 1065, set. 2007.

Mesmo diante desse quadro, o sindicalismo brasileiro ainda não consegue se desvencilhar de seus estágios mais básicos de afirmação na medida em que a própria legislação lhe restringe a atuação com plena liberdade.

O artigo 8º da Constituição Federal de 1988[5] garante a liberdade sindical, a vedação de interferência do Poder Público na fundação de sindicatos, o monopólio sindical dentro da base territorial mínima de um município, a prerrogativa de defesa dos interesses dos trabalhadores em juízo, a participação obrigatória nas negociações coletivas, a garantia de trabalho aos dirigentes sindicais e o custeio compulsório do sistema confederativo.

O texto constitucional, infelizmente, possui inconsistências fatais, às quais podem ser atribuídas, em certa medida, o descompasso e a fragilidade do movimento sindical brasileiro.

A liberdade sindical prevista no inciso I do artigo 8º não é absoluta, devendo ser interpretada à luz dos outros incisos do mesmo dispositivo. Ademais, não se pode falar em liberdade plena quando a própria Constituição vincula a existência das entidades no plano jurídico ao registro no órgão competente.

Curiosamente, portanto, no Brasil, a liberdade sindical apresenta um caráter curioso: existe no momento em que cada indivíduo possui o direito constitucional de associar-se ou não a um sindicato, mas, ao

---

[5] BRASIL. Constituição da República Federativa do Brasil de 1988. Disponível em: <http://www.planalto.gov.br/ccivil_03/constituicao/ConstituicaoCompilado.htm>. Acesso em: 20 nov. 2010.

"Art. 8º É livre a associação profissional ou sindical, observado o seguinte:

I - a lei não poderá exigir autorização do Estado para a fundação de sindicato, ressalvado o registro no órgão competente, vedadas ao Poder Público a interferência e a intervenção na organização sindical;

II - é vedada a criação de mais de uma organização sindical, em qualquer grau, representativa de categoria profissional ou econômica, na mesma base territorial, que será definida pelos trabalhadores ou empregadores interessados, não podendo ser inferior à área de um Município;

III - ao sindicato cabe a defesa dos direitos e interesses coletivos ou individuais da categoria, inclusive em questões judiciais ou administrativas;

IV - a assembléia geral fixará a contribuição que, em se tratando de categoria profissional, será descontada em folha, para custeio do sistema confederativo da representação sindical respectiva, independentemente da contribuição prevista em lei;

V - ninguém será obrigado a filiar-se ou a manter-se filiado a sindicato;

VI - é obrigatória a participação dos sindicatos nas negociações coletivas de trabalho;

VII - o aposentado filiado tem direito a votar e ser votado nas organizações sindicais;

VIII - é vedada a dispensa do empregado sindicalizado a partir do registro da candidatura a cargo de direção ou representação sindical e, se eleito, ainda que suplente, até um ano após o final do mandato, salvo se cometer falta grave nos termos da lei.

Parágrafo único. As disposições deste artigo aplicam-se à organização de sindicatos rurais e de colônias de pescadores, atendidas as condições que a lei estabelecer."

WILSON RAMOS FILHO (COORD.)
TRABALHO E REGULAÇÃO – AS LUTAS SOCIAIS E AS CONDIÇÕES MATERIAIS DA DEMOCRACIA

mesmo tempo, desaparece em razão da impossibilidade de se constituir livremente uma organização de representação ou de se associar àquela que se entende mais conveniente. O princípio da liberdade jamais alcança seu objetivo constitutivo, primado básico da liberdade sindical e ratificado na Convenção nº 87 da Organização Internacional do Trabalho (OIT). O trabalhador possui a liberdade de filiação, ou não, apenas ao sindicato "oficial", qual seja aquele que se submeteu ao filtro estatal de reconhecimento e investidura.[6]

O procedimento do registro sindical, ao descaracterizar a liberdade e abrir as portas à ingerência estatal, como veremos em seguida, fulmina a verdadeira representatividade que o *caput* do mesmo artigo 8º pretendeu observar.[7]

Vale lembrar que no âmbito da representação processual o procedimento de registro foi considerado, nesse caso, até com certa procedência, como elemento fundamental, conforme Orientação Jurisprudencial 15 da Seção de Dissídios Coletivos (SDC) do Tribunal Superior do Trabalho.[8]

Para todos os outros efeitos, encontram-se limitados, às entidades devidamente registradas no Ministério do Trabalho, os benefícios dos demais incisos do artigo 8º, em especial a unicidade prevista pelo inciso II, a investidura como substituto processual do inciso III, a contribuição sindical compulsória do inciso IV e a obrigatória participação em negociações coletivas do inciso V.

Como, então, dentro desse contexto, pode-se falar em representatividade?

Em nossa opinião, tal não é possível. O que se tem, no Brasil, é pura e simplesmente um mecanismo de representação formal, desprovido, salvo casos específicos, de efetiva representatividade.

---

[6] SCHWARZ, Rodrigo Garcia. Liberdade e representatividade sindical e mecanismos legais de representação e participação dos trabalhadores na empresa: uma introdução. *In*: THOME, Candy Florencio; SCHWARZ, Rodrigo Garcia (Org.). *Direito coletivo do trabalho*: curso de revisão e atualização. Rio de Janeiro: Elsevier, 2010. p. 141.

[7] VIANA, 2010, p. 114.

[8] BRASIL. Tribunal Superior do Trabalho. Livro de Súmulas, Orientações Jurisprudenciais -SBDI-1, SBDI-2 e SDC - e Precedentes Normativos. Disponível em <http://www.tst.gov.br/jurisprudencia/Livro_Jurisprud/livro_pdf_atual.pdf>. Acesso em: 22 jan. 2011. OJ-SDC-15 SINDICATO. LEGITIMIDADE "AD PROCESSUM". IMPRESCINDIBILIDADE DO REGISTRO NO MINISTÉRIO DO TRABALHO (INSERIDA EM 27.03.1998). A comprovação da legitimidade "ad processum" da entidade sindical se faz por seu registro no órgão competente do Ministério do Trabalho, mesmo após a promulgação da Constituição Federal de 1988.

A representação está ligada ao plano da legalidade e é nele que se manifesta. Apenas nesse âmbito é que se pode compreender toda a plataforma de registro sindical.[9] Na teoria de Arouca, inclusive, a organização de uma estrutura que exerça uma espécie de controle tem sentido como meio de respeito à democracia interna e cidadania, na medida em que a liberdade ampla e desmedida para a formação de sindicatos pode enfraquecer ainda mais as entidades já existentes. A dissociação de associações já organizadas apenas se admitiria quando essa for a vontade da maioria dos interessados, assim manifestada em assembleia soberana. Independente de o sindicato ser omisso ou inoperante, há que se ter um objetivo razoável para a dissociação, ou seja, no mínimo, a existência de uma categoria profissional efetiva, com número razoável de representados, cujos interesses sejam comuns e a vontade coletiva seja prestigiada.[10]

Representação é um conceito que cristaliza o vínculo de determinado trabalhador, individualmente considerado, a um interlocutor que possui a faculdade de atuar em seu nome. É, portanto, uma relação privada que se estabelece entre o trabalhador e a entidade que a lei indica como intérprete de seus interesses.[11]

O conceito atual de representação, então, nos parece contaminado pela confusão que se estabelece a partir da premissa de que o sindicato seja, de fato, uma associação de interesses. Essa concepção purista desconsidera os contextos históricos em que foram criados e dentro do quais os sindicatos pautaram sua atuação. Assim, partindo do princípio que os sindicatos assumiram, especialmente no Brasil e em outros países da América Latina, papéis mais voltados à atuação política, faz sentido dizer que a representação seja a outorga legal para que atue nessa perspectiva. Desafortunadamente, essa atuação política — impulsionada por favores estatais e concessões movidas por interesses — encontra-se cada vez mais distante dos desejos da classe trabalhadora.[12]

---

[9] NASCIMENTO, Amauri Mascaro. *Compêndio de direito sindical.* 5. ed. São Paulo: LTr, 2008. p. 242.

[10] AROUCA, 2007, p. 1065-1066.

[11] ÁLVAREZ CUESTA, Henar *apud* KAUFMANN, Marcus de Oliveira. Da formal representação à efetiva representatividade sindical: problemas e sugestões em um modelo de unicidade. *Revista do Tribunal Superior do Trabalho,* v. 76, n. 2, p. 119, abr./jun. 2010.

[12] FREITAS JUNIOR, Antonio Rodrigues. O sindicato na experiência jurídica brasileira: autonomia e liberdade versus favoritismo estatal. *In:* THOME, Candy Florencio; SCHWARZ, Rodrigo Garcia (Org.). *Direito coletivo do trabalho:* curso de revisão e atualização. Rio de Janeiro: Elsevier, 2010. p. 107.

Esse é ponto de distinção entre a representação e a representatividade.

A representatividade contempla um poder, uma qualidade[13] outorgada pela categoria representada, que, reconhecendo determinada entidade como um interlocutor de fato e de direito, lhe confere o papel de porta-voz, de sujeito coletivo na defesa de seus interesses. É a representatividade que exprime o pensamento coletivo dos representados e é ela quem define — ou pelo menos deveria definir — a agenda de participação nos debates sociais e as plataformas da atuação na discussão das políticas públicas referentes às relações de trabalho.[14]

Agora, como se pode falar em efetiva representatividade se o envolvimento dos sindicatos nas negociações coletivas possui eficácia *erga omnes* a todos os representados? Como se pode ter a garantia, em um cenário normativo que privilegia a representação formal, que garante o financiamento e beneficia o jogo político, que os reais interesses da categoria serão considerados em detrimento dos interesses institucionais do próprio sindicato e de seus dirigentes?

A questão, então, retorna às idiossincrasias da estrutura dos sindicatos e do momento histórico de formação das suas bases, conforme visto no primeiro capítulo.

1 Breve histórico da privatização do setor de telecomunicações no Brasil

O setor de telecomunicações, em âmbito nacional e internacional, a partir das duas últimas décadas do século XX, tornou-se importante foco de investimentos e de novas políticas públicas.[15]

Considerado de fundamental importância para o desenvolvimento econômico e social da atualidade, especialmente em razão do movimento de transição de uma sociedade marcadamente industrial para a sociedade da informação e da interatividade, o setor de telecomunicações experimentou avanços inéditos nesse período.[16]

---

[13] MASSONI, Tulio Oliveira. *Liberdade sindical e representação dos trabalhadores no local de trabalho*. São Paulo: LTr, 2007. p. 108.

[14] KAUFMANN, 2010, p. 118.

[15] ALMEIDA, Ivana Cristina de Lima. *In*: ARAÚJO, Silvia Maria de; BRIDI, Maria Aparecida; FERRAZ, Marcos (Org.). *O sindicalismo diante das transformações no mundo do trabalho*: o setor de telecomunicações do Paraná no pós-privatização. Curitiba: UFPR/SCHLA, 2006. p. 163.

[16] LARANGEIRA, Sônia M. Guimarães. A reestruturação das telecomunicações e os sindicatos. *Revista Brasileira de Ciências Sociais*, v. 18, n. 52, p. 82, jun. 2003.

Com a aceleração das mudanças tecnológicas nos últimos tempos, aproximava-se a digitalização do sistema, que tornaria a prestação de serviços de telefonia mais baratos, formando um ambiente extremamente favorável a sua rápida difusão.[17]

A desregulamentação acabou por trazer profundas mudanças não apenas na organização do setor, mas também para os sindicatos, uma vez que as novas empresas e segmentos não possuem histórico ou estrutura de sindicalização e, não raro, há uma visão negativa pré-concebida sobre a atuação dos sindicatos.[18]

As primeiras experiências de privatização foram registradas nos Estados Unidos e no Reino Unido e, posteriormente, seguiram-se movimentos de adaptação das estruturas de controle único pelo Estado em países como o Japão, França, Alemanha e Itália.[19]

No Brasil, o novo padrão de organização institucional e política para o setor não demorou a chegar. Foi na década de 90 que se iniciou um movimento irreversível de alteração do modelo da Telebrás, então controladora única do sistema de telecomunicações nacional.[20]

Desde a década de 1930, a filosofia política de desenvolvimento econômico organizava-se sobre um modelo que permitisse a adoção de estratégias de implantação de um capitalismo que pudesse auxiliar o Brasil em seu processo de aproximação das principais economias desenvolvidas.[21]

Nesse contexto, cabia ao Estado o papel fundamental de indutor da economia, promovendo a regulação sobre o mercado e, de outro, intervindo em espaços ainda pouco interessantes à iniciativa privada. No ramo específico das telecomunicações, o papel protagonizado pelo Estado justificava-se pela frágil capacidade de investimento das empresas privadas nacionais, até mesmo em virtude das crônicas dificuldades financeiras que o país atravessou ao longo dos tempos, ao atraso tecnológico e à falta de estrutura produtiva local em relação a fornecedores e bens de produção.[22]

---

[17] LARANGEIRA, *op. cit.*

[18] *Id.*, 2003, p. 84.

[19] ALMEIDA, 2006, p. 164.

[20] ALMEIDA, *op. cit.*

[21] DEPARTAMENTO INTERSINDICAL DE ESTATÍSTICA E ESTUDOS ECONÔMICOS – DIEESE. O emprego no setor de telecomunicações 10 anos após a privatização. jul. 2009. p. 2. (Série Estudos e Pesquisas, n. 46). Disponível em: <https://www.dieese.org.br/assinante/download.do?arquivo=esp/estPesq46PrivatizacaoTelecomunicacoes.pdf>. Acesso em: 1º jun. 2011.

[22] DEPARTAMENTO INTERSINDICAL DE ESTATÍSTICA E ESTUDOS ECONÔMICOS – DIEESE, *op. cit.*

Anteriormente à criação da EMBRATEL, em 1965, a principal empresa do ramo de telefonia era Companhia Telefônica Brasileira (CTB), subsidiária da empresa canadense *Canadian Tractions Light and Power Company*, responsável por 62% das linhas telefônicas fixas existentes no país.[23]

O restante dos serviços, justamente pelas dificuldades já apontadas, era provido de forma bastante pulverizada, deficiente e com baixa qualidade por pequenas empresas privadas, prefeituras e cooperativas.[24]

Em 1972, através da Lei nº 5.792, de 11 de julho de 1972, foi criada a Telecomunicações Brasileiras S/A (TELEBRÁS), vinculada ao Ministério das Comunicações, com atribuições de planejar, implantar e operar o sistema nacional de telefonia.

Após sua criação, dentro do modelo operacional proposto, a TELEBRÁS assumiu o controle das companhias telefônicas existentes, mediante a aquisição de seus acervos ou de seus controles acionários, e constituiu empresas-polo em cada Estado da Federação. Neste período, impulsionado por recursos do Fundo Nacional de Telecomunicações, a Estatal registrou expansão expressiva das linhas telefônicas, passando de 1,4 milhões para 5 milhões de terminais instalados.[25]

Nos anos 80, as constantes modificações no cenário político nacional e o agravamento da situação econômica do país, especialmente com o crescimento descontrolado da inflação, impediram a confirmação do plano de expansão conforme o esperado.[26]

A inflação, adicionalmente, gerou a necessidade de que o governo adotasse uma política severa de controle de preços das tarifas públicas, medida que refletiu negativamente na arrecadação e capacidade de investimentos.[27]

Adicionalmente às variáveis externas que dificultavam a viabilidade da empresa, a Telebrás enfrentava conflitos internos derivados de sua condição de empresa estatal: pouca autonomia na gestão do negócio, impossibilidade de tomada de decisões relacionadas a novos investimentos, planos de modernização da planta telefônica, decisões

---

[23] ALMEIDA, 2006, p. 90.

[24] *Ibid.*, p. 4.

[25] TELEBRÁS. Disponível em <http://www.telebras.com.br/historico.html>. Acesso em: 1º jun. 2011.

[26] TELEBRÁS. Disponível em <http://www.telebras.com.br/historico.html>. Acesso em: 1º jun. 2011.

[27] LARANGEIRA, 2003, p. 91.

referentes aos níveis de endividamento, administração de recursos e política tarifária.[28]

O retrocesso econômico generalizado provocado na década de 80 impôs um processo irreversível de atraso da infraestrutura básica, ampliando as dificuldades para que o modelo brasileiro conseguisse acompanhar a modernização que viria em seguida com a digitalização da rede e a disponibilização de serviços mais sofisticados.[29]

O início do processo de transferência da administração e dos direitos de propriedade de empresas estatais para a iniciativa privada ocorreu com a edição da Lei nº 8.031/1990, que criou o Programa Nacional de Desestatização (PND) e definiu alguns objetivos centrais.[30]

A partir da edição do PND, o segmento passou por transformações que lhe permitiram ser atrativo ao investimento da iniciativa privada. Alterou-se a estrutura tarifária do setor, baseado num mecanismo em que os preços praticados nas operações de longa distância subsidiavam os baixos preços dos serviços locais. Interrompeu-se a transferência entre operadoras mais eficientes para as menos eficientes, e investiu-se pesadamente na melhoria da infraestrutura geral do sistema. Ao lado dessas medidas, foram elaborados planos de demissão voluntária de modo a permitir a redução e renovação do quadro de empregados.[31]

A edição da Lei nº 9.472, de 16 de julho de 1997, também conhecida como Lei Geral de Telecomunicações (LGT), consolidou a

---

[28] DEPARTAMENTO INTERSINDICAL DE ESTATÍSTICA E ESTUDOS ECONÔMICOS – DIEESE, *op. cit.*, p. 5.

[29] LARANGEIRA, *op. cit.*

[30] BRASIL. Lei nº 8.031, de 12 de abril de 1990. Disponível em: <http://www.planalto.gov.br/ccivil_03/LEIS/L8031.htm>. Acesso em: 20 nov. 2010.
Art. 1º É instituído o Programa Nacional de Desestatização, com os seguintes objetivos fundamentais:
I - reordenar a posição estratégica do Estado na economia, transferindo à iniciativa privada atividades indevidamente exploradas pelo setor público;
II - contribuir para a redução da dívida pública, concorrendo para o saneamento das finanças do setor público;
III - permitir a retomada de investimentos nas empresas e atividades que vierem a ser transferidas à iniciativa privada;
IV - contribuir para modernização do parque industrial do País, ampliando sua competitividade e reforçando a capacidade empresarial nos diversos setores da economia;
V - permitir que a administração pública concentre seus esforços nas atividades em que a presença do Estado seja fundamental para a consecução das prioridades nacionais;
VI - contribuir para o fortalecimento do mercado de capitais, através do acréscimo da oferta de valores mobiliários e da democratização da propriedade do capital das empresas que integrarem o Programa.

[31] DEPARTAMENTO INTERSINDICAL DE ESTATÍSTICA E ESTUDOS ECONÔMICOS – DIEESE, *op. cit.*, p. 6.

reorientação do papel do Estado no setor, que deixou de ser o provedor direto dos serviços para assumir uma condição de regulador do sistema através da Agência Nacional de Telecomunicações (ANATEL).

O Sistema TELEBRÁS foi privatizado em 29 de julho de 1998, data em que ocorreu a passagem à iniciativa privada das empresas de telefonia fixa, da Embratel (responsável pelos serviços de longa distância) e das empresas de telefonia celular.

2 Reflexos do modelo de privatização na atuação dos sindicatos

O movimento de desregulamentação trouxe significativos reflexos nos índices de sindicalização mesmo nos países que, historicamente, sempre apresentaram taxas elevadas de participação. Dados indicam que em 1984, quando da quebra do monopólio do Bell System, a AT&T era o maior empregador privado do mundo, com cerca de 1 milhão de empregados, e maior sindicato de telecomunicações. Congregava cerca de 650 mil filiados. Posteriormente, em que pese o aumento no número de empregados, o número de empregados sindicalizados apenas diminuiu.[32]

Vários são os fatores que podem ser apontados como responsáveis por esse cenário de menor participação sindical, tanto em âmbito internacional quanto no plano nacional.

A diversificação dos serviços, por exemplo, provoca divisão quase que infindável de tarefas e multiplica as profissões, modelo que auxilia no surgimento de novas formas de prestação de serviços e contratação. Esse cenário mais heterogêneo aprofunda a tendência a um comportamento mais individualista, que, por sua vez, dificulta a convergência de interesses, elemento essencial na atuação dos sindicatos.[33] O setor passou a abrigar, no momento pós-privatização, junto com os empregados que foram absorvidos pelas novas empresas, um sem número de trabalhadores temporários, autônomos e subcontratados.[34]

Da mesma forma, com a abertura do segmento à iniciativa privada, nota-se um incremento em movimentos de fusão e incorporação

---

[32] LARANGEIRA, 2003, p. 84.
[33] OLIVEIRA, Roberto Véras. Novo padrão de relações de trabalho e de ação sindical no setor de telecomunicações brasileiro: contribuição ao debate a partir do caso da Paraíba. *Revista Política e Sociedade*, v. 10, n. 18, p. 275, abr. 2011.
[34] ALMEIDA, 2006, p. 90.

de empresas, tendência que auxilia na consolidação de um modelo de organização empresarial menos suscetível às pressões sindicais.[35] Finalmente, importante mencionar a tendência de expansão do setor de telecomunicações para áreas com histórico de baixa sindicalização, como serviços de transferência de dados (computação e informação), com pouca possibilidade de apresentarem altos índices de sindicalização no futuro.[36]

No plano das negociações coletivas, se os sindicatos já possuíam dificuldades em razão do declínio da sindicalização, os obstáculos pareciam ser ainda maiores. Com a diversidade de tarefas e maior complexidade de estruturação do próprio segmento, as organizações sindicais tinham a necessidade de negociar com inúmeras empresas — que agora contemplava não apenas as novas concessionárias do serviço de telefonia fixa, mas também as operadoras de telefonia celular, empresas de *call centers*, fornecedores de equipamentos e várias empresas subcontratadas.[37]

A descentralização da negociação fragilizou a organização e a atuação sindical. O novo contexto da ação sindical no setor de telecomunicações segue um roteiro muito conhecido de outros países: sindicalização e arrecadação em queda, negociações coletivas pulverizadas entre diversas empresas e dificuldade na manutenção de direitos aos trabalhadores.[38]

3 O movimento sindical no âmbito das telecomunicações: a disputa entre a Federação Nacional dos Trabalhadores em Empresas Telefônicas (FENATTEL) e a Federação Interestadual dos Trabalhadores em Empresas de Telecomunicações e Operadores de Mesas Telefônicas (FITTEL)

Em meio às dificuldades apontadas no tópico anterior e à potencial crise do movimento sindical no âmbito das telecomunicações, a disputa que se trava entre as duas entidades profissionais em grau superior (Federação) é paradoxal.

---

[35] LARANGEIRA, *op. cit.*, p. 85.
[36] LARANGEIRA, *op. cit.*
[37] OLIVEIRA, 2011, p. 283.
[38] OLIVEIRA, *op. cit.*

Até 1985, os sindicatos que representavam a categoria dos trabalhadores em empresas de telefonia, à exceção do SINTETEL de São Paulo, eram filiados à Federação Nacional dos Trabalhadores em Empresas Telefônicas (FENATTEL).

A FENATTEL recebeu a Carta Sindical pelo então Ministério do Trabalho em 07 de janeiro de 1958 (arquivada no Livro: 00B – Página: 036 – Ano: 1957), tornando-se, então, legítima representante da categoria profissional dos trabalhadores em empresas telefônicas.

Posteriormente, em 1973, tendo em vista o requerido no Processo MTPS nº 320.533/73 e a substituição determinada pela Portaria Ministerial nº 3.099/73, das categorias profissionais do 1º grupo do plano da CNTCP, pela categoria unificada "trabalhadores em empresas de telecomunicações e operadores de mesas telefônicas", passou a denominar-se "Federação Nacional dos Trabalhadores em Empresas de Telecomunicações e Operadores de Mesas Telefônicas".

Seu Estatuto, no artigo 1º, define a base territorial e as categorias representadas.[39]

A efervescência do movimento sindical brasileiro observada na década de 80 e a proximidade com o cenário político nacional apontando para a abertura ao regime democrático, fez com que, curiosamente, as eleições realizadas em diversos sindicatos espalhados pelo país registrassem maciças vitórias das oposições.

---

[39] Disponível em: <http://www.fenattel.org.br/site/arquivos/pdf/estatuto_2005.pdf>. Acesso em: 1º jun. 2011. Artigo 1º - A FEDERAÇÃO NACIONAL DOS TRABALHADORES EM EMPRESAS DE TELECOMUNICAÇÕES E OPERADORES DE MESAS TELEFÔNICAS - FENATTEL, com sede na cidade de São Paulo, à Rua Bento Freitas n.º 162, cj. 01 Centro, Cep 01200-000, é entidade sindical de grau superior com base territorial nacional, constituída para fins de coordenação, proteção e representação legal da categoria profissional organizada ou não em sindicatos dos trabalhadores em empresas de telecomunicações e operadoras de telefonia fixa local e de longa distância, de mesas telefônicas (telefonistas em geral) e similares, telefonia móvel celular, serviços troncalizados de comunicação, provedores de redes de transmissão via Internet e satélites similares, trabalhadores em empresas prestadoras de serviços a operadoras de sistemas de televisão por assinatura, a cabo, MMDS Distribuições de Multiponto e Multicanal, serviços especiais de radiochamada e telemarketing, circuito fechado de televisão; trabalhadores em empresas instaladoras, reparadoras, beneficiadoras, mantenedoras de equipamentos e sistemas de telecomunicações, trabalhadores de empresas fabricantes de equipamentos e aparelhos de telefonia e telecomunicações, trabalhadores em telecentros (call center) e empresas de teleatendimento ativo e receptivo, e trabalhadores entregadores de correspondências, telex e telegramas, malotes, encomendas, sedex, serviços de triagem e manipulação interna e externa de correspondências, ajudantes de serviços de descarregamento de cargas postais aéreas e terrestres, em serviços de atendimento para postagem e passagem de correspondências e afins, condutores de veículos destinados ao transporte de correspondência, malas e malotes postais, entregadores de correspondências motorizados e afins e trabalhadores de serviços gerais em empresas franqueadas pela Empresa Brasileira de Correios e Telégrafos.

Justamente nesse ano de 1985, após tentativas mal sucedidas de democratização da FENATTEL, os Sindicatos que representavam a categoria profissional nos Estado de Minas Gerais, Bahia, Rio de Janeiro, Rio Grande do Sul, Pernambuco e Distrito Federal, todos alinhados com a ideologia da Central Única dos Trabalhadores (CUT), optaram por formar um "Bloco Independente", negociando em separado com o governo e a Telebrás, então controladora do sistema de telecomunicações no Brasil.

Com essa base de atuação, em 11 de fevereiro de 1986, foi criada a Federação Interestadual dos Trabalhadores em Empresas de Telecomunicações e Operadores de Mesas Telefônicas (FITTEL).[40]

Em fevereiro de 1990, a FITTEL requereu, administrativamente, seu registro sindical junto ao Ministério do Trabalho e Emprego, tendo o pedido sido impugnado pela FENATTEL.

Seguiu-se, então, além do trâmite administrativo, uma batalha jurídica nas esferas judiciais que se arrasta até os dias atuais e da qual traremos, em seguida, breve retrospectiva histórica.

3.1 Retrospectiva histórica: a primeira instância

Buscando obter decisão judicial que a reconhecesse como única representante legítima da categoria, a FENATTEL ingressou, em 13 de setembro de 1995, com Ação Declaratória na 15ª Vara Cível de Brasília (Autos 40.757/1995) contra a FITTEL alegando, em síntese, que a concessão de registro sindical à FITTEL, Federação com clara coincidência de base territorial, violaria o princípio constitucional da unicidade sindical.

Em decisão de primeira instância, o pedido da FENATTEL foi julgado improcedente sob o argumento de que a convivência de duas Federações no âmbito do território nacional seria possível uma vez que podem representar grupos de sindicatos diferentes. Admitir-se-ia, então, a partir de pluralidade de base territorial, uma espécie de pluralidade sindical no nível supraestadual.

Inconformada, recorreu à instância superior através da competente medida de Apelação Cível como o fito de ver reformada a decisão da 15ª Vara Cível que julgou improcedente seu pedido de reconhecimento como única e legítima representante da categoria.

---

[40] OLIVEIRA, Roberto Véras. Novo padrão de relações de trabalho e de ação sindical no setor de telecomunicações brasileiro: contribuição ao debate a partir do caso da Paraíba. *Política e Sociedade*, v. 10, n. 18, abr. 2011. Disponível em: <http://www.periodicos.ufsc.br/index. php/politica/article/viewFile/19041/17544>. Acesso em: 1º jun. 2011.

3.2 Retrospectiva histórica: a segunda instância

Inconformada com a decisão de origem nos autos 40.757/1995, a FENATTEL ingressou com a Medida Cautelar (MCT 111/96) com o objetivo de resguardar seus direitos referentes à arrecadação da contribuição sindical obrigatória. Em seus argumentos, pontuou que a decisão de primeira instância da 15ª Vara Cível de Brasília nos Autos 40.757/1995 lhe causaria danos irreparáveis porque a contribuição sindical vinha sendo destinada à FITTEL, que, à época, congregava os Sindicatos mais representativos e com maior destinação de renda.

No entender da FENATTEL, se, ao final, fosse declarada única representante legítima da categoria, o dano restaria configurado porque não conseguiria recuperar as contribuições já recebidas pela FITTEL, que, em tese, deixaria de existir.

A liminar, decidida em sede recursal em virtude de a sentença de primeiro grau nos autos da Ação Declaratória já ter sido proferida, foi deferida pelo Des. Valter Xavier, da 1ª Turma Cível do Tribunal de Justiça do Distrito Federal e dos Territórios, para determinar o bloqueio das contribuições feitas à FITTEL até a decisão definitiva, evitando que a contribuição que poderia ser, em tese, devida a uma Federação fosse direcionada à outra.

Descontente com a decisão de bloqueio, a FITTEL recorreu, sem sorte, tendo sua pretensão encontrado obstáculo na impossibilidade processual de o juiz de origem decidir, em sede de cautelar, tema sobre o qual já havia se pronunciado, hipótese na qual a competência para decidir passa à segunda instância.[41]

Objeto de Embargos de Declaração, melhor sorte não restou à FITTEL, que, posteriormente, via Recurso Especial, levou a discussão ao Superior Tribunal de Justiça, cujo resultado será conhecido no item a seguir.

---

[41] PROCESSO CIVIL. MEDIDA CAUTELAR EM FEITO SENTENCIADO. COMPETÊNCIA. 1. Ao prolatar a sentença de mérito, o juiz cumpre e acaba o seu ofício jurisdicional. Consequentemente e em princípio, a competência para decidir sobre medida cautelar passa ao Tribunal, sendo processada perante o relator do apelo, se o caso. Impertinente defluir-se a impossibilidade de tutela jurisdicional na hipótese vertente, pelo simples fato de encontrar-se em trâmite regular o recurso, porque isto significaria violar-se o mandamento encontrado no artigo quinto, inciso XXXVI, da Constituição Federal. 2. Posto que o corolário lógico e natural do pedido formulado é a declaração de impossibilidade da contribuição devida a uma das partes ser entregue para a outra, não se cuida, evidentemente, de uma ação declaratória pura, mas de uma ação constitutiva de direito, sendo de todo irrelevante o nome dado à exordial. Medida Cautelar julgada procedente. Unânime (BRASIL. Tribunal de Justiça do Distrito Federal e dos Territórios. MCT 111/96. Data de Julgamento: 26 mai. 1997. Relator Desembargador: Valter Xavier. 1ª Turma, Data de Divulgação: *DJ* 24 set. 1997. Disponível em: <http://www.tjdft.jus.br>. Acesso em: 1º set. 2011).

Em paralelo à Medida Cautelar, tramitava a Apelação Cível contra a decisão que negou à FENATTEL o reconhecimento de sua exclusividade na representação da categoria.

No Tribunal de Justiça do Distrito Federal e dos Territórios, a ação originária foi autuada como APC 40.388/1996, sendo designados à 1ª Turma na Relatoria do Des. Valter Xavier.

A decisão, unânime, deu provimento ao apelo para julgar procedente o pedido e declarar a legitimidade da FENATTEL, de forma exclusiva, em todo o território nacional, para representar as categorias profissionais dos "trabalhadores em empresas de telecomunicações e operadores de mesas telefônicas".[42]

O fundamento principal que conduziu o voto do eminente Desembargador Relator é o fato de não ser admissível a pluralidade de base dentro de um único território nacional. Não se pode considerar factível a existência de uma entidade que representa a categoria em "todo" o território nacional e outra que representa a mesma categoria em apenas alguns estados dessa mesma base geográfica. Tal apenas seria possível com o desmembramento, respeitadas as formas e condições para tal, qual seja a concordância das entidades e convocação de assembleia, o que não é a hipótese em questão.

No caso da discussão em tela, de dupla representação sindical dentro do mesmo território, portanto, o critério mais coerente seria reconhecer a representatividade apenas àquela entidade que já existia quando da criação da segunda, concretizando, assim, o corolário da unicidade sindical.

Entendendo haver omissão no julgamento da instância recursal, a FITTEL opôs Embargos de Declaração, os quais restaram improvidos,

---

[42] CONSTITUCIONAL. ENTIDADES SINDICAIS. BASE TERRITORIAL. PRINCÍPIO DA UNICIDADE. 1. A "Federação", entidade de grau superior, é pessoa jurídica distinta dos sindicatos que congrega e, por isso, sua base territorial não varia de acordo com a variação das filiações, mas deve ser estabelecida quando de sua criação e constar do respectivo estatuto. Presente a dupla representação no mesmo território, resolve-se o conflito pela prevalência da entidade existente quando da criação da segunda, em homenagem ao princípio da unicidade sindical, assegurado na Constituição da República. 2. O conceito de base territorial não guarda elasticidade suficiente para permitir a convivência de uma entidade que se diga "nacional" e outra apenas "interestadual", haja vista que o termo "nacional", no caso, abrange todas as unidades que integram o território brasileiro. Os dissidentes têm toda liberdade para desfiliar-se de determinada entidade; o que não se lhes apresenta lícito é constituir uma nova entidade sobre a mesma base territorial daquela que antes integravam. 3. Apelo provido. Unânime (BRASIL. Tribunal de Justiça do Distrito Federal e dos Territórios. APC4038896. Data de Julgamento: 26 mai. 1997. Relator Desembargador: Valter Xavier. 1ª Turma, Data de Divulgação: *DJ* 08 set. 1997. Disponível em: <http://www.tjdft.jus.br>. Acesso em: 1º set. 2011).

218 | WILSON RAMOS FILHO (COORD.)
TRABALHO E REGULAÇÃO – AS LUTAS SOCIAIS E AS CONDIÇÕES MATERIAIS DA DEMOCRACIA

basicamente, pelos mesmos motivos da decisão embargada, quais sejam, a ausência de um processo regular de desmembramento, prevalência da entidade anteriormente constituída e a impossibilidade de pluralidade na mesma base, ainda que ela se refira a todo o território nacional.[43]

Ainda inconformada com a decisão que reconhecia a legitimidade exclusiva da FENATTEL para a representação da categoria em âmbito nacional, a FITTEL ingressou, em 11 de dezembro de 1997, com Recurso Especial e com Recurso Extraordinário.

3.3 Retrospectiva histórica: a batalha nos Tribunais Superiores

O juízo de admissibilidade do Recurso Especial na MCT 111/96 foi negativo sob o fundamento de que nenhum dos temas que sustentaria eventual conhecimento do Especial teria sido objeto da decisão em sede de Medida Cautelar, de forma que a ausência de pré-questionamento se constituiria como óbice suficiente à negativa de processamento. Objeto de Agravo de Instrumento (19.0952/DF) e posterior Agravo Regimental, a decisão transitou em julgado em 22 de fevereiro de 2000.

No que diz respeito à APC 40.388/1996, o juízo de admissibilidade foi negativo, em despacho do qual a FITTEL interpôs Agravo de Instrumento. A decisão do Superior Tribunal de Justiça nos Autos 19.0961/DF foi no sentido de confirmar o entendimento do Juízo de origem acerca do descabimento do Recurso Especial.

Em resumo, a negativa fundamenta-se no entendimento, já consolidado naquela Corte, de que o princípio da unicidade não se restringe à limitação de existência de apenas um sindicato representativo da

---

[43] CIVIL. ENTIDADE SINDICAL DE CARÁTER NACIONAL. BASE TERRITORIAL. DESFILIAÇÃO DOS SINDICATOS-MEMBROS. PRINCÍPIO DA UNICIDADE. IRRELEVÂNCIA. 1. Consideram-se irrelevantes as desfiliações de sindicatos, antes vinculados a uma das federações, para o fim de integrar um outro ente. Os dissidentes têm toda a liberdade para filiar-se ou desfiliar-se segundo a sua conveniência. O que não se lhes apresenta lícito é constituir uma nova entidade sindical sobre a mesma base do território daquela que antes integravam. 2. Existindo uma entidade representativa da categoria no nível nacional, vale dizer, em todo o território brasileiro, apenas com o desmembramento dessa entidade mais abrangente é que se pode cogitar da constituição de uma nova entidade, de sorte a evitar-se a colisão proibida constitucionalmente. 3. A Constituição Federal permite a pluralidade sindical, limitada essa pluralidade, no entanto, ao princípio da unicidade quanto à mesma base territorial. 4. Embargos de Declaração improvidos. Unânime (BRASIL. Tribunal de Justiça do Distrito Federal e dos Territórios. EMDAPC 4038896. Data de Julgamento: 13 out. 1997. Relator Desembargador: Valter Xavier. 1ª Turma, Data de Divulgação: DJ, 26 nov. 1997. Disponível em: <http://www.tjdft.jus.br>. Acesso em: 1º set. 2011).

categoria profissional, mas tem um objetivo maior que é o impedimento de que mais de um sindicato represente o mesmo grupo profissional, justamente o caso em análise.

Em suas razões no Recurso Extraordinário, a FITTEL alegou violação aos artigos 5º, XX, e 8º, II e V, da Constituição Federal. Quanto ao artigo 5º, XX, não houve pré-questionamento anterior, o que inviabilizaria o processamento com esse fundamento. Todavia, em relação ao artigo 8º, inciso II, da Carta Magna, houve entendimento que haveria espaço para discutir o desmembramento na medida em que a base originária — nacional — da Federação criada por primeiro, a FENATTEL, não mais existiria na medida em que alguns Sindicatos se manifestaram formalmente pela desfiliação e posterior constituição de uma nova entidade.

Prevaleceu, na oportunidade, o argumento de que a FITTEL não representaria o mesmo grupo de trabalhadores da FENATTEL, uma vez que os sindicatos que hoje agrupam-se na FITTEL o fazem porque primeiramente procederam a desfiliação à FENATTEL, em estrita observância ao princípio da liberdade de associação sindical constitucionalmente consagrado.

Não reconhecer que o princípio de liberdade sindical contempla a possibilidade de desmembramento de uma entidade que a própria categoria não reconhece como sua legítima representante violaria os ditames constitucionais, situação que demanda a intervenção do Supremo Tribunal Federal.

Já com a confirmação de processamento do Extraordinário e ainda confiante na procedência de sua interpretação quanto ao Recurso Especial, a FITTEL interpôs o competente Agravo Regimental, cuja decisão, proferida pelo Ministro José Delgado em 06 de outubro de 1998 e publicada no DJ em 23 de novembro do mesmo ano, confirmou a negativa de trânsito ao Recurso Especial.[44]

Finalmente, a decisão foi atacada pela via dos Embargos de Declaração, os quais restaram rejeitados, conforme decisão de 02 de fevereiro de 1999, transitada em julgado em 18 de maio de 1999.[45]

---

[44] PROCESSO CIVIL. RECURSO ESPECIAL. AGRAVO REGIMENTAL. INADMISSIBILIDADE. 1. Não cabe recurso especial para discutir matéria de natureza constitucional. 2. Homenagem à decisão que entendeu não admitir recurso especial para discutir o princípio da unicidade sindical. 3. Agravo regimental improvido. Unânime. (BRASIL. Superior Tribunal de Justiça. AGRGAG 190961/DF. Data de Julgamento: 06 out. 1998. Relator Ministro: José Delgado. 1ª Turma, Data de Divulgação: DJ 23 nov. 1998. Disponível em: <http://www.stj.jus.br>. Acesso em: 1º set. 2011).

[45] PROCESSUAL CIVIL. EMBARGOS DE DECLARAÇÃO. OMISSÃO. INEXISTÊNCIA. 1. Se o acórdão embargado não questionou o mérito da demanda, em face de ter prestigiado

3.4 Retrospectiva histórica: o capítulo final no Supremo Tribunal Federal

O trâmite do Recurso Extraordinário no Supremo Tribunal Federal foi, em que pese o longo tempo que permaneceu naquela instância, breve.

O RE 331.173 foi autuado distribuído ao Min. Carlos Velloso em 18 de dezembro de 2001 e, em 20 de março de 2006, foi redistribuído do Min. Ricardo Lewandowski.

Em 04 de setembro de 2008, através da Petição 114.495/2008-STF, a FITTEL requereu a desistência do feito, pedido prontamente deferido pelo Min. Relator em despacho publicado no DJE em 22 de setembro de 2008. Deu-se o trânsito em julgado em 29 de setembro do mesmo ano.

Encerrava-se, assim, uma longa batalha de mais de 10 anos pelo reconhecimento de legitimidade da FITTEL. Com o trânsito em julgado na decisão na maior instância judiciária do país, resolvia-se, em favor da FENATTEL, a questão da representatividade da categoria dos empregados em empresas de telecomunicações e operadores de mesas telefônicas.

Novo capítulo, todavia, estava a se desenhar, agora na Justiça do Trabalho, já com a competência ampliada a partir da Emenda Constitucional nº 45/2004.

3.5 A disputa entre a FITTEL e a FENATTEL na Justiça do Trabalho: o caso dos autos 01022-2008-007-10-00-2

Em 30 de setembro de 2008, um dia após o trânsito em julgado e arquivamento definitivo no Supremo Tribunal Federal do RE 331.173, a FITTEL ingressou, na 7ª Vara do Trabalho de Brasília, com ação trabalhista de rito ordinário que denominou "Ação Desconstitutiva de Base Territorial de Representação de Entidade Sindical".

Formulou, na ocasião, sob a alegação de potencial dano e prejuízos à entidade — bastante similar ao que havia sido elaborado pela FENATTEL há quase 12 anos atrás — pedido de liminar para que as

---

decisão de segundo grau que inadmitiu recurso especial, não pode ser apontado como contendo omissão. 2. No caso, para que o aresto discutido tratasse da extensão territorial da embargante, definindo o seu alcance, havia de, primeiramente, afastar o obstáculo imposto para a apreciação da matéria de fundo explorada pelo recurso especial. 3. Embargos de declaração rejeitados. Inexistência de omissão. Unânime (BRASIL. Superior Tribunal de Justiça. EDAGRGAG 190961/DF. Data de Julgamento: 02 fev. 1999. Relator Ministro: José Delgado. 1ª Turma, Data de Divulgação: DJ 03 maio 1998. Disponível em: <http://www.stj.jus.br>. Acesso em: 1º set. 2011).

O SINDICALISMO NO BRASIL E A POTENCIAL REPERCUSSÃO NEGATIVA DO PRINCÍPIO DA UNICIDADE SINDICAL: ...

LUIZ ANTONIO GRISARD | 221

contribuições sindicais fossem recolhidas e depositadas em uma conta vinculada ao Juízo. A pretensão, em decisão proferida pelo Exmo. Dr. Oswaldo F. Neme Jr., foi indeferida.

Naturalmente, entendendo que a questão já havia sido solucionada judicialmente, a FENATTEL apresentou Reconvenção, com pedido cautelar, a qual restou indeferida.

Em 21 de janeiro de 2009, foi proferida sentença de mérito pela Exma. Dra. Érica de Oliveira Angoti, que julgou extinto o processo sem julgamento de mérito em razão do acolhimento da preliminar de coisa julgada. Em resumo, o Juízo entendeu que a simples mudança de nome para "Ação Desconstitutiva de Base Territorial de Entidade Sindical" não elide o fato de que as partes são as mesmas do processo APC 40.388/96, assim como a causa de pedir. A desistência, pela FITTEL, do Recurso Extraordinário acabou por atrair o peso da coisa julgada ao tema, impedindo que o Juízo possa se manifestar novamente sobre questão já decidida definitivamente.

Em razão da sentença de origem, a FITTEL interpôs Recurso Ordinário ao Tribunal Regional do Trabalho da 10ª Região, o qual, colocado à análise da 3ª Turma sob a relatoria do Des. Braz Henriques de Oliveira, não foi conhecido.[46]

Opostos Embargos de Declaração, por duas vezes pela FITTEL, os mesmos tiveram, respectivamente, negado provimento e concedido provimento para fins de pré-questionamento das premissas fáticas.

Ato contínuo, foi proposto Recurso de Revista ao Tribunal Superior do Trabalho, autuado em 04 de janeiro de 2011, que se encontra em tramitação sob o número RR - 102200-85.2008.5.10.0007 na 1ª Turma, com relatoria do Min. Luiz Philippe Vieira de Mello Filho.

4 A disputa entre FENATEL e FITTEL: teoria e prática

Como foi possível perceber pela retrospectiva histórica da longa batalha travada entre as duas Federações, existem inúmeras variáveis

---

[46] RECURSO ORDINÁRIO. RECONVENÇÃO. DEPÓSITO RECURSAL EFETUADO A MENOR. DESERÇÃO. Tendo sido a Federação Autora condenada em pecúnia (pagamento de honorários advocatícios) em sede de reconvenção, deveria efetuar o depósito recursal nos termos do parágrafo único do art. 2º da Instrução Normativa nº 27/TST. O depósito recursal em valor inferior ao prescrito no ATO.SEJUD.GP. n.º 493/2008, editado pelo TST em face o disposto no item VI da Instrução Normativa nº 3/TST, implica na deserção do apelo. (BRASIL. Tribunal regional do Trabalho da 10ª região. 01022-2008-007-10-00-2-RO. Data de Julgamento: 12 jan. 2010. Relator Desembargador: Braz Henrique de Oliveira. 3ª Turma, Data de Divulgação: DJ, 29 jan. 2010. Disponível em: <http://www.trt10.jus.br>. Acesso em: 1º set. 2011).

WILSON RAMOS FILHO (COORD.)
TRABALHO E REGULAÇÃO – AS LUTAS SOCIAIS E AS CONDIÇÕES MATERIAIS DA DEMOCRACIA

em jogo que extrapolam a simples discussão acerca do reconhecimento formal da representatividade.

Discutem-se, ao olharmos mais atentamente sobre o caso, os fundamentos do comando constitucional de unicidade sindical, a base principiológica que daí decorre, os reflexos – positivos e negativos – da coisa julgada e da declaração da FENATTEL como única representante da categoria em que pese ser reconhecido, em todas as instâncias, que os Sindicatos que se filiaram à FITTEL o fizeram com observância das exigências legais para tal, o fato de restar ignorada a manifestação de uma categoria na escolha de seus legítimos representantes, enfim, diversos elementos que não podem passar incólumes na análise do momento atual do sindicalismo brasileiro.

Analisemos, inicialmente, dentro dos pronunciamentos judiciais que se ocuparam da questão, qual o entendimento sobre a pluralidade sindical no caso específico da representação de trabalhadores no ramo das telecomunicações.

4.1 Pronunciamentos judiciais tendentes à aceitação da pluralidade no âmbito federativo

Desde o início da longa disputa judicial entre FITTEL e FENATTEL, algumas decisões reconheceram a possibilidade de se admitir, dentro do mesmo sistema de unicidade sindical proposto pela CF/88, a pluralidade no nível Federativo.

A primeira decisão da 15ª Vara Cível de Brasília indica que a legislação não veda a existência de mais de uma Federação sobre o território nacional, pois, nesse caso, há uma pluralidade de base territorial, o que representaria, então, a possibilidade de pluralidade sindical no nível supraestadual.

De fato, a afirmação faz sentido.

O território nacional contempla, ao menos, 27 possibilidades de entidades sindicais de primeiro grau, que representariam trabalhadores nos 26 Estados da Federação e no Distrito Federal.

Não seria absurdo, tampouco ilegal, em nossa opinião, imaginar que possam existir Federações que representem macrorregiões geográficas do país. Poderíamos ter, hipoteticamente, respeitando o comando do artigo 534 da CLT que exige o mínimo de 5 sindicatos para a constituição de uma entidade de grau superior, uma Federação "A" que representasse os sindicatos nos Estados do Rio Grande do Sul, Santa Catarina, Paraná, Mato Grosso e Mato Grosso do Sul; uma Federação "B" que representasse os sindicatos dos Estados de São Paulo, do Rio de Janeiro, do Espírito Santo, de Minas Gerais e Goiás; uma Federação "C" que representasse os sindicatos dos Estados da Bahia, Sergipe, Alagoas, Paraíba, Pernambuco, Rio Grande do Norte; uma Federação "D" que representasse os sindicatos nos Estados do Ceará, Piauí, Maranhão, Tocantins e Distrito Federal; e uma Federação "E" que representasse os sindicatos nos Estados do Pará, Amapá, Roraima, Amazonas, Rondônia e Acre.

Se, legitimamente, os sindicatos de cada Estado manifestarem, via assembleia, sua intenção de representatividade por uma determinada Federação, atendendo os requisitos quantitativos mínimos exigidos pela CLT, qual o motivo dessa opção ser considerada contrária ao princípio da unicidade sindical?

Podemos admitir como razoável que uma entidade de segundo grau (Federação) possa arrogar, a seu bel-prazer, a representação de todos os Sindicatos estaduais? O fato de denominar-se "nacional" no momento de sua filiação, mesmo não tendo a concordância de sindicatos representantes da categoria em todos os Estados, como é sabido e foi reconhecido durante o trâmite das ações judiciais, é suficiente para dar à FENATTEL a representatividade exclusiva e abrangência nacional?

Com a devida vênia ao argumento manifestado pelo Des. Valter Xavier no julgamento da APC 40388/1996 no sentido de que a base territorial não varia de acordo com a variação das filiações e que é única a partir do momento da criação da entidade, conforme constar de seu respectivo estatuto não nos parece o mais acertado.

O estatuto de uma entidade não pode ser uma carta em branco para a criação de uma representação fictícia.

Como conferir legitimidade a uma entidade "nacional" quando diversos sindicatos não se manifestaram na forma da Lei ou, quando, atuando dentro de suas prerrogativas, se desfiliam regularmente?

Como justificar que 5 sindicatos podem criar uma Federação que se diz "nacional" quando existem, ainda, outros 22 sindicatos que sequer se manifestaram sobre a abrangência de tal entidade?

Mesmo que admitíssemos o argumento do I. Magistrado de que a abrangência territorial não varia, qual seria, então, a pertinência do art. 534 da CLT? Tanto a CLT autoriza a coexistência de mais de uma Federação que admite o desmembramento desde que se mantenham, na entidade precedente, ao menos 5 sindicatos.

Nesse diapasão, o próprio Des. Xavier, no julgamento dos Embargos de Declaração, indica que existe a liberdade de desfiliação. Segundo ele, todavia, a ilicitude estaria na criação de uma nova entidade sindical sobre a mesma base do território daquela que antes integravam.

In casu, estaria a admitir que a partir do momento que 5 sindicatos se unam para criar uma Federação que se diga "nacional", independente da manifestação dos demais sindicatos, resta definida a organização sindical da categoria em âmbito federativo.

Fulmina-se, inclusive, ao arrepio do *caput* do próprio artigo 8º da Constituição Federal, que prega a liberdade sindical, e do art. 534 da CLT, a possibilidade do desmembramento, admitindo uma espécie de constituição de entidades sindicais de grau superior pela prevenção, isto é, tão somente para impedir a formação de outras.

No juízo de admissibilidade do Recurso Especial na APC 40388/1996, inclusive, esse foi o entendimento. Segundo o despacho, o princípio da unicidade sindical teria a finalidade de impedir que mais de um sindicato represente o mesmo grupo profissional.

Nos juízos de admissibilidade do Recurso Extraordinário, todavia, ficou assentado um dos principais fundamentos para a admissão da pluralidade em nível federativo. Ali, restou claro que a situação fática vivida no âmbito da categoria profissional, com duas Federações representando bases distintas, não contraria o princípio constitucional da unicidade sindical. Esse, aliás, é o fundamento que autorizaria, inclusive, que a matéria fosse levada à decisão definitiva ao STF.

Posteriormente, já dentro da competência da Justiça do Trabalho, o pronunciamento judicial não adentra ao mérito da questão por entender que a situação em discussão nos autos, embora tenha recebido uma nomenclatura diferente daquela que revestiu a discussão original, não poderia ser objeto de nova decisão em relação às mesmas partes e mesmo objeto.

A estratégia da FITTEL em desistir do Recurso Extraordinário para evitar litispendência e lhe possibilitar, no âmbito administrativo, seguimento de pedido de registro sindical, acabou por lhe trazer um efeito processual ainda mais complexo: a coisa julgada.

Sob esse fundamento, não houve decisão de mérito em relação ao pedido, mas simples extinção do processo em razão de já haver decisão definitiva sobre a questão.

No breve momento que se toca o núcleo da discussão, a I. Magistrada resume seu entendimento no sentido de que o impedimento de filiação à FITTEL representaria desrespeito ao princípio constitucional de liberdade sindical:

> Ainda que este Juízo entenda estar com razão a autora, pois a realidade dos fatos demonstra que 15 sindicatos se desfiliaram da FENATTEL,

filiando-se à FITTEL e que, **com todo o respeito, a decisão anteriormente proferida desrespeite a liberdade sindical (já que os sindicatos somente podem se filiar à FENATTEL e não é possível existir outra Federação, já que a citada detém base nacional)**, tem-se que sua atuação encontra-se obstada pela coisa julgada.

Após análise dos pronunciamentos exarados dentro da longa discussão judicial travada sobre a questão, nos parece que há espaço, sim, para que se possa lançar o debate acerca da possibilidade de coexistência das entidades no grau superior (Federações).

Como meio de tangibilizar esse debate, faz-se necessária uma breve análise da atuação concreta da FITTEL na representação dos trabalhadores daqueles sindicatos que a ela permanecem filiados.

4.2 Pluralidade na prática: a atuação da FITTEL no contexto de representatividade da categoria profissional

Na prática, não há dúvida de que estamos diante da coexistência real entre FITTEL e FENATTEL.

Atualmente, são filiados à FITTEL os sindicatos dos seguintes Estados: Maranhão, Minas Gerais, Pará, Paraíba, Piauí, Rio Grande do Norte, Rio Grande do Sul, Rondônia e Sergipe, além do Distrito Federal. Por sua vez, a FENATTEL é representante dos Sindicatos nos seguintes Estados: Acre, Alagoas, Amapá, Amazonas, Bahia (desde abril de 2011), Ceará, Espírito Santo, Goiás, Mato Grosso, Mato Grosso do Sul, Paraná, Pernambuco, Rio de Janeiro, Roraima, Santa Catarina, São Paulo e Tocantins.

A FITTEL não representa o mesmo grupo de trabalhadores que a FENATTEL. Os sindicatos hoje filiados à FITTEL o são porque primeiramente efetivaram a desfiliação da FENATTEL, em estrita observância ao princípio da liberdade de associação sindical constitucionalmente consagrado.

Esse fato, como dito anteriormente, é incontroverso durante o trâmite das ações.

Na prática, cada uma das Federações possui atuação distinta no contexto de negociação coletiva com as empresas de telecomunicações.

No contexto das negociações coletivas, FENATTEL e FITTEL compõe comissões nacionais de negociação, as quais representam, em mesa, os interesses dos sindicatos filiados.

As empresas, por sua vez, reconhecem a existência das duas Federações e negociam separadamente com cada uma delas.

Os sindicatos filiados à FITTEL não levam à assembleia qualquer proposta negociada pela FENATTEL, embora seja ela, por decisão judicial transitada em julgado, a única representante da categoria profissional. Exigem, para que se formalize um processo de negociação coletiva, que a proposta seja negociada com uma comissão específica da FITTEL.

Na prática, por exemplo, uma proposta para a formalização de um acordo coletivo de trabalho que tenha sido negociada com a FENATTEL será levada à assembleia apenas nos Sindicatos a ela filiados. Nos demais, filiados à FITTEL, essa mesma proposta não seria levada à assembleia. Apenas o seria se o processo de negociação fosse conduzido com uma comissão de representantes dos sindicatos filiados à FITTEL.

Poder-se-ia, então, questionar se não estaria sendo desrespeitada a decisão da Justiça do Trabalho de restringir à FITTEL "efetuar qualquer tratativa de negociação com a categoria econômica".

Concretamente, não, pois a FITTEL não negocia diretamente. Quem negocia são os sindicatos, através de seus representantes, os quais foram eleitos em assembleia para exercer tal função.

Curiosamente, na FENATTEL ocorre o mesmo. Em que pese ter a prerrogativa judicial de negociar em nome de sindicatos de todo o território nacional, também opta por selecionar representantes e aprovar seus respectivos nomes em assembleia para que participem das negociações coletivas.

Tem-se, então, na prática, uma convivência que se justifica pela política sindical e pela existência de vertentes ideológicas diferentes em casa uma das federações.

Considerações finais

Diante do novo contexto de relações sociais, a reinvenção e renovação do movimento sindical são essenciais na criação de um novo contexto de democracia social aplicada ao trabalho, com maior ressonância dos interesses coletivos e mais solidário, afastando-se do modelo político que se identificou na revisão histórica do sindicalismo.[47]

---

[47] FERREIRA, Antonio Casimiro. Para uma concepção decente e democrática do trabalho e dos seus direitos: (re)pensar o direito das relações laborais. *In*: SANTOS, Boaventura de Sousa. *A globalização e as ciências sociais*. São Paulo: Cortez, 2002. p. 291.

Os pilares do movimento sindical no Brasil — especialmente a unicidade sindical que garante o monopólio de representação e a contribuição sindical obrigatória — impedem o pleno atingimento dos objetivos do sindicalismo em um contexto democrático que privilegia o alcance de direitos humanos através do trabalho.

A necessidade de redirecionamento do sindicalismo vincula-se de forma direta e imediata aos direitos fundamentais.

A pluralidade sindical tem intrínseca relação com o exercício da democracia e a liberdade individual dos trabalhadores como indivíduos. Proibir a liberdade de opção do trabalhador pela criação, associação, organização, gestão e atuação das entidades, afronta a cidadania. Não há dúvida que, num contexto plural, a liberdade sindical deve representar a possibilidade de cada trabalhador expressar sua vontade quanto à associação ou renúncia a determinadas organizações sindicais.[48]

A liberdade sindical plena representa o repúdio a qualquer limitação ou regulação, imposta por via legal aos trabalhadores, na forma de estruturar ou organizar os sindicatos, resguardando-se à categoria a possibilidade de administrar uma unidade de representação.[49]

Esse ambiente de diversidade, que, de forma compreensível, é capaz de assustar e gerar críticas daqueles acostumados, por décadas, aos privilégios de uma cultura cartorial e com "lutas de classe" muito dóceis, é o único capaz de contrapor posições ideológicas diferentes e apresentar opções de associação colocadas à disposição de cada indivíduo. Adicionalmente, a proximidade do centro de decisão é que confere a aspiração de se adotar uma determinada bandeira.[50]

A cidadania não pode se furtar à determinação social de garantir o direito. A força social se realiza na medida em que os cidadãos organizados têm objetivamente o conhecimento do processo do direito e, por conseguinte, suas consequências, tanto no que se refere aos indivíduos sociais quanto às instituições da sociedade. Haverá, por certo, motivações necessárias para que a cidadania legitime o direito, especialmente porque os indivíduos em qualquer sociedade são passíveis de confrontos, especificamente voltados aos interesses de grupos, de instituições e até entre indivíduos. Condutas nocivas deverão ser coibidas de um modo ou de outro. Por isso, "Não como fim, mas sim

---

[48] ROZICKI, Cristiane. Unidade e pluralidade sindicais: um par de princípios antinômicos conciliáveis. *Seqüência*, v. 16, n. 30, 1995. p. 3. Disponível em: <http://periodicos.ufsc.br/index.php/sequencia/article/view/15829/14320>. Acesso em: 23 jul. 2010.

[49] DELGADO, Maurício Godinho. *Curso de direito do trabalho*. São Paulo: LTr, 2002. p. 1308.

[50] ROZICKI, *loc. cit.*

como meio específico é que se caracteriza o direito, o que, em outras palavras, implica reconhecer que o direito é um instrumento estrutural que mantém vivas as relações sociais e as garante no sentido de fortalecer os elos entre todos — torna-se assim o meio pelo qual a sociedade fortalece suas formações institucionais". [51]

Esse breve estudo demonstrou, enfim, que existem alternativas ao esvaziamento do movimento sindical e o questionamento sobre o papel que ele desempenha na efetiva defesa e garantia dos direitos dos trabalhadores.

A coexistência de entidades sindicais em âmbito superior, que atuam, cada qual, segundo seus princípios, métodos e ideologias, contribui para o amadurecimento de princípios democráticos de representação dos trabalhadores, reconhecendo, inclusive, a capacidade que a categoria tem de escolher seus representantes e qual deles melhor se alinha a seus objetivos coletivos.

Ignorar a realidade que se apresenta de forma cristalina no âmbito do ramo das telecomunicações representa não apenas um desprestígio à própria categoria, mas, acima de tudo, uma negação ao princípio de liberdade sindical e, de forma reflexa, à própria dignidade da pessoa humana.

Referências

ALMEIDA, Ivana Cristina de Lima. *In*: ARAÚJO, Silvia Maria de; BRIDI, Maria Aparecida; FERRAZ, Marcos (Org.). *O sindicalismo diante das transformações no mundo do trabalho*: o setor de telecomunicações do Paraná no pós-privatização. Curitiba: UFPR; SCHLA, 2006.

ÁLVAREZ CUESTA, Henar *apud* KAUFMANN, Marcus de Oliveira. Da formal representação à efetiva representatividade sindical: problemas e sugestões em um modelo de unicidade. *Revista do Tribunal Superior do Trabalho*, v. 76, n. 2 abr./jun. 2010.

ARAÚJO, Silvia Maria de; BRIDI, Maria Aparecida; FERRAZ, Marcos (Org.). *O sindicalismo equilibrista*: entre o continuísmo e as novas práticas. Curitiba: UFPR; SCHLA, 2006.

AROUCA, José Carlos. Registro sindical: democracia e cidadania. *Revista LTr*, ano 71, n. 9, set. 2007.

DELGADO, Maurício Godinho. *Curso de direito do trabalho*. São Paulo: LTr, 2002.

DEPARTAMENTO INTERSINDICAL DE ESTATÍSTICA E ESTUDOS ECONÔMICOS – DIEESE. *O emprego no setor de telecomunicações 10 anos após a privatização*. jul. 2009. p. 2. (Série Estudos e Pesquisas, n. 46). Disponível em: <https://www.dieese.org.br/assinante/download.do?arquivo=esp/estPesq46PrivatizacaoTelecomunicacoes.pdf>. Acesso em: 1º jun. 2011.

---

[51] KELSEN, Hans. Teoria pura do direito: introdução à problemática científica do direito. 3. ed. Tradução de J. Cretella Jr. e Agnes Cretella. São Paulo: Revista dos Tribunais, 2003. p. 71.

FERREIRA, Antonio Casimiro. Para uma concepção decente e democrática do trabalho e dos seus direitos: (re)pensar o direito das relações laborais. *In*: SANTOS, Boaventura de Sousa. *A globalização e as ciências sociais*. São Paulo: Cortez, 2002.

FREITAS JUNIOR, Antonio Rodrigues. O sindicato na experiência jurídica brasileira: autonomia e liberdade *versus* favoritismo estatal. *In*: THOME, Candy Florencio; SCHWARZ, Rodrigo Garcia (Org.). *Direito coletivo do trabalho*: curso de revisão e atualização. Rio de Janeiro: Elsevier, 2010.

KELSEN, Hans. *Teoria pura do direito*: introdução à problemática científica do direito. Tradução de J. Cretella Jr. e Agnes Cretella. 3. ed. São Paulo: Revista dos Tribunais, 2003.

LARANGEIRA, Sônia M. Guimarães. A reestruturação das telecomunicações e os sindicatos. *Revista Brasileira de Ciências Sociais*, v. 18, n. 52, jun. 2003.

LOURENÇO FILHO, Ricardo Machado. *Liberdade Sindical, autonomia e democracia na Assembléia Constituinte de 1987/1988*: uma reconstrução do dilema entre unicidade e pluralidade. Dissertação (Mestrado) – Programa de pós-graduação em Direito da Universidade de Brasília, Brasília, 2008. 157 f.

MASSONI, Tulio Oliveira. *Liberdade sindical e representação dos trabalhadores no local de trabalho*. São Paulo: LTr, 2007.

NASCIMENTO, Amauri Mascaro. *Compêndio de direito sindical*. 5. ed. São Paulo: LTr, 2008.

OLIVEIRA, Roberto Véras. Novo padrão de relações de trabalho e de ação sindical no setor de telecomunicações brasileiro: contribuição ao debate a partir do caso da Paraíba. *Política e Sociedade*, v. 10, n. 18, abr. 2011. Disponível em: <http://www.periodicos.ufsc.br/index.php/politica/article/viewFile/19041/17544>. Acesso em: 1º jun. 2011.

ROZICKI, Cristiane. Unidade e pluralidade sindicais: um par de princípios antinômicos conciliáveis. *Seqüência*, v. 16, n. 30, 1995. Disponível em: < http://periodicos.ufsc.br/index. php/sequencia/article/view/15829/14320>. Acesso em: 23 jul. 2010.

SCHWARZ, Rodrigo Garcia. Liberdade e representatividade sindical e mecanismos legais de representação e participação dos trabalhadores na empresa: uma introdução. *In*: THOME, Candy Florencio; SCHWARZ, Rodrigo Garcia (Org.). *Direito coletivo do trabalho*: curso de revisão e atualização. Rio de Janeiro: Elsevier, 2010.

TELEBRÁS. Disponível em <http://www.telebras.com.br/historico.html>. Acesso em: 1º jun. 2011.

VIANA, Marco Túlio. A reforma sindical, entre o consenso e o dissenso. Disponível em: <http://ojs.c3sl.ufpr.br/ojs2/index.php/direito/article/download/1734/1434>. Acesso em: 22 jan. 2011.

Informação bibliográfica deste texto, conforme a NBR 6023:2002 da Associação Brasileira de Normas Técnicas (ABNT):

GRISARD, Luiz Antonio. O sindicalismo no Brasil e a potencial repercussão negativa do princípio da unicidade sindical: o caso do setor de telecomunicações. *In*: RAMOS FILHO, Wilson (Coord.). *Trabalho e regulação*: as lutas sociais e as condições materiais da democracia. Belo Horizonte: Fórum, 2012. v. 1, p. 203-229. ISBN 978-85-7700-566-6.

CUSTEIO DAS ORGANIZAÇÕES SINDICAIS

FORTALECIMENTO DO PODER NORMATIVO LABORAL AO DIRIMIR CONFLITOS DE NATUREZA SINDICAL

MARCELO GIOVANI BATISTA MAIA
MAURO JOSÉ AUACHE

Introdução

Dezembro de 2004 restava promulgada uma importante alteração constitucional que trouxe em seu bojo vários reflexos no âmbito laboral: Emenda Constitucional nº 45.

Com a promulgação, ocorreu uma série de mudanças no poder judiciário trabalhista, a começar pela competência material nos litígios de representação sindical, através da alteração do artigo 114 da Carta Magna, inciso III, versando especificamente acerca dos chamados conflitos sindicais, cuja competência, antes, era da justiça comum estadual e passou a ser da jurisdição dos juízes laborais (cuja justiça especializada a que pertencem, chegou a ser aventada sua extinção pelos privatistas e neoliberais, antes da EC nº 45/2004).

WILSON RAMOS FILHO (COORD.)
TRABALHO E REGULAÇÃO – AS LUTAS SOCIAIS E AS CONDIÇÕES MATERIAIS DA DEMOCRACIA

Conforme apontam Luiz Alberto de Vargas e Ricardo Carvalho Fraga,[1] já por ocasião da promulgação da alteração constitucional, nota-se na redação do inciso III do artigo 114, "entre as mais importantes novidades trazidas pela Reforma do Judiciário relativamente à ampliação de competência da Justiça do Trabalho está o deslocamento da competência que, até então, detinha a Justiça comum para ações relativamente às relações sindicais e sobre exercício de greve."

Ainda os mesmos autores, informam que "há muito tais modificações se impunham, já que pouco sentido fazia que a apreciação de tais demandas fosse feita por juiz que não detinha também a competência para apreciar o núcleo das relações jurídicas (no caso, a relação de trabalho) do qual emanam os fenômenos do sindicato e da greve. Exatamente por este motivo, não são raras decisões judiciais que, em seu teor, desconhecem a peculiaridade das entidades sindicais em relação a entidades em geral ou que desconsideram a greve como um direito instrumental, vinculado a uma legítima pressão exercida pelas entidades sindicais".[2]

Havia um descompasso jurídico na lei anterior, ao atribuir competência apenas incidentalmente à justiça laboral, quando a temática versasse sobre situações conflituosas no âmbito sindical. Com grande acerto, a EC nº 45/2004 avocou à justiça do trabalho todas as situações litigiosas (incidentais ou não) que envolvam sindicatos/empregadores/ trabalhadores entre si, incluindo eleições sindicais e discussões sobre estatutos e também temas que versem sobre território ou base dos sindicatos e suas categorias. Já não era sem tempo. Não se discute apenas a questão atinente à identidade da matéria com o juízo laboral, mas também a possibilidade antes existente de iminente perigo de decisões contraditórias emanadas do poder judiciário, por divisão da competência em principal e incidental, o que restou ajustado a partir daquele instante.

1 O caminhar da questão competencial

Com a Constituição Federal de 1988, criou-se uma celeuma em torno da competência em matéria de representação sindical, pois a

---

[1] VARGAS, Luiz Alberto de; FRAGA, Ricardo Carvalho. Relações coletivas e sindicais: novas competências após a EC-45. In: *Jurisdição e competência da justiça do trabalho*: atualizado de acordo com a EC n.45/04 e as últimas decisões do STF: acidentes do trabalho. São Paulo: LTr, 2006. p. 49.

[2] *Ibid*, p. 98.

mesma já fazia referência à competência da Justiça do Trabalho em conciliar e julgar os dissídios individuais e coletivos relativos ao que se denominava de outras controvérsias oriundas de relação de trabalho.

Em face da norma Constitucional ampla, e estando a Justiça do Trabalho, mais preparada para dirimir questões relativas à representação sindical, havia lógica que o endereçamento da competência fosse da Justiça Especializada.

Entretanto, o Judiciário Brasileiro, havia estabelecido precedente jurisprudencial, matéria inclusive sumulada, Súmula 04 do STJ, limitando a competência da Justiça do Trabalho e informando que os litígios sindicais seriam resolvidos pela Justiça Comum Estadual.

Com a EC nº 45, os conflitos intersindicais e intrassindicais — que eram de competência da justiça comum dos estados,[3] os atos decorrentes da greve, o *habeas corpus*, o mandado de segurança, habeas data, ações de indenização por ato ilícito patronal, as multas administrativas aplicadas pelos órgãos administrativos e afins, são temas para embate no âmbito laboral.

"A Emenda Constitucional nº 45, promulgada em 08.12.2004, apenas cuidou de realizar um acerto de contas histórico, devolvendo para a Justiça do Trabalho matérias que dela jamais deveriam ter saído, além de ter-lhe acrescido outras tantas questões competenciais".[4]

Como ramo especializado, a Justiça do Trabalho detém mais especificidade para o enfrentamento e julgamento de todos os casos relacionados com as chamadas relações de trabalho.

Segundo o professor da Universidade Federal Fluminense, Ivan Alemão,[5] não se criou novas competências, mas "o que houve foi o deslocamento da competência de outros poderes jurisdicionais para a especializada do trabalho. Sem dúvida, trata-se de um novo encargo, inclusive com a transferência de processos já em andamento nas outras justiças para a JT, já que a EC nº 45 não manteve a competência residual, como ocorreu em 1988 com as mudanças de competência do Poder Judiciário."

---

[3] Súmula 4, do Superior Tribunal de Justiça – "Compete à Justiça Estadual julgar causa decorente do processo eleitoral sindical".

[4] MENEZES, Cláudio Armando Couce de; BORGES, Leornado Dias. Algumas questões relativas à nova competência material da justiça do trabalho: nova competência da justiça do trabalho.

[5] ALEMÃO, Ivan. A JT e a reforma do Judiciário. Disponível em: <http://ww1.anamatra.org.br/003/00301015.asp?ttCD_CHAVE=62567>.

WILSON RAMOS FILHO (COORD.)
TRABALHO E REGULAÇÃO – AS LUTAS SOCIAIS E AS CONDIÇÕES MATERIAIS DA DEMOCRACIA

A competência da Justiça do trabalho está definida pelo artigo 114 da Constituição Federal de 1988, sendo que a alteração advinda com a EC nº 45 apenas estabeleceu que todos os conflitos, sejam eles no plano individual ou coletivo, resultante da relação de trabalho, seriam competência da Justiça do Trabalho, inclusive aqueles conflitos decorrentes das relações intersindicais e intrassindicais. Destaca-se que não se trata unicamente da permanência desta justiça especializada do Poder Judiciário para solucionar lides resultantes da relação empregatícia, mas de ampliação de suas competências dispostas constitucionalmente no artigo 114.[6]

Em relação à repercussão do inciso III do artigo mencionado, as ações sobre representação sindical, entre sindicatos, entre estes e trabalhadores, e entre sindicatos e empregadores, os autores, Rodnei Doreto Rodrigues e Gustavo Doreto Rodrigues[7] consideram tais litígios como "conflito exógeno à relação de trabalho, ainda que a ela conectado", embora não estejam diretamente ligados à relação de trabalho, está relacionado com essa.

---

[6]   Art. 114. Compete à Justiça do Trabalho processar e julgar:
   I - as ações oriundas da relação de trabalho, abrangidos os entes de direito público externo e da administração pública direta e indireta da União, dos Estados, do Distrito Federal e dos Municípios;
   II - as ações que envolvam exercício do direito de greve;
   III - as ações sobre representação sindical, entre sindicatos, entre sindicatos e trabalhadores, e entre sindicatos e empregadores;
   IV - os mandados de segurança, habeas corpus e habeas data, quando o ato questionado envolver matéria sujeita à sua jurisdição;
   V - os conflitos de competência entre órgãos com jurisdição trabalhista, ressalvado o disposto no art. 102, I, o;
   VI - as ações de indenização por dano moral ou patrimonial, decorrentes da relação de trabalho;
   VII - as ações relativas às penalidades administrativas impostas aos empregadores pelos órgãos de fiscalização das relações de trabalho;
   VIII - a execução, de ofício, das contribuições sociais previstas no art. 195, I, a, e II, e seus acréscimos legais, decorrentes das sentenças que proferir;
   IX - outras controvérsias decorrentes da relação de trabalho, na forma da lei.
   §1º(...)
   §2º Recusando-se qualquer das partes à negociação coletiva ou à arbitragem, é facultado às mesmas, de comum acordo, ajuizar dissídio coletivo de natureza econômica, podendo a Justiça do Trabalho decidir o conflito, respeitadas as disposições mínimas legais de proteção ao trabalho, bem como as convencionadas anteriormente.
   §3º Em caso de greve em atividade essencial, com possibilidade de lesão do interesse público, o Ministério Público do Trabalho poderá ajuizar dissídio coletivo, competindo à Justiça do Trabalho decidir o conflito."

[7]   RODRIGUES, Rodnei Doreto; RODRIGUES, Gustavo Doreto. A nova competência da justiça do trabalho: uma abordagem inicial. Disponível em: <http://www.amatra5.org.br/artigos26_05.php>.

Ainda, segundo os mesmos autores, "essa competência, que poderia ser instituída pela via legal, por autorização do inciso IX, na verdade, acabou ganhando status constitucional ao ser contemplada pelo inciso III do art. 114, que, a rigor, foi além, para ampliar a abrangência competencial, com também abrigar os conflitos de representação sindical, os conflitos entre trabalhadores e sindicatos (de trabalhadores e de empregadores) e entre empregadores e sindicatos (não só de trabalhadores, como já previa a norma legal ordinária, mas também de empregadores) ".

Trata-se de "competência material derivada ou decorrente", porém constitucionalizada, uma vez que "a despeito da autorização constitucional para sua instituição pela via da lei ordinária, em alguns casos foi constitucionalizada", conforme os autores citados.

Sendo assim, a partir da redação do inciso III do art. 114 da Constituição Federal, passam a ser competência da Justiça do Trabalho todas as questões envolvendo matéria sindical, sejam: entre sindicatos entre si, sindicatos e empregados, sindicatos e empregadores, além de controvérsias envolvendo terceiros, como exemplarmente, o Ministério Público do Trabalho, nas questões de registro sindical.

Portanto, como bem esclarece Flávia Moreira Guimarães Pessoa,[8] *"todas as controvérsias envolvendo os direitos fundamentais coletivos do trabalho insertos no art. 8º da Constituição Federal entram na competência da Justiça do Trabalho".*

A ampliação de competência inserida pelo inciso III veio a corroborar a posição do TST no sentido de competência para cobrança de contribuições previstas em normas coletivas, o que levou inclusive ao cancelamento da Súmula 224 do TST que aduzia *"ser a Justiça do Trabalho incompetente para julgar ação na qual o sindicato, em nome próprio, pleiteia recolhimento de desconto assistencial previsto em sentença normativa, convenção ou acordos coletivos".*

Novidade, portanto, foi a inserção da competência para a cobrança da contribuição sindical.

---

[8] PESSOA, Flávia Moreira Guimarães. Competência da justiça do trabalho para julgar litígios sindicais: análise crítica da jurisprudência dos tribunais superiores. *In:* COUTINHO, Grijalbo Fernandes e Marcos Neves Fava (Org.). *O que estão fazendo da Nova Competência da Justiça do Trabalho?.* São Paulo: LTr, 2011.

2 Representação e enquadramento sindical

Primeiramente, cabe-nos conceituar Enquadramento Sindical. Segundo Bruno Marcos Guarnieri,[9] "a noção de categoria (tanto profissional quanto econômica) possui fundamental importância no ordenamento fascista, já que constitui o pilar sobre o qual se estrutura o ordenamento corporativo italiano, no qual se ordenam as categorias a serviços dos fins superiores da produção nacional. E nessa ordenação das categorias inspira a noção de enquadramento sindical".

O Enquadramento Sindical encontra previsão nos artigos 570 *usque* 577 da CLT; o quadro anexo de que fala este último artigo está no apêndice da referida norma. Nesse quadro, é feito o enquadramento por grupos, em que são numeradas as atividades das categorias econômicas e profissionais.[10]

Embora, em nossa Carta Magna, em seu artigo 8º, haja previsão da unicidade sindical, é comum o conflito de base territorial ou de representação entre o sindicato e outro que representa atividade conexa, ou ainda entre sindicato de trabalhadores e de empregadores, bem como pedidos de nulidade ou cancelamento de entidade sindical,[11] criadas por desmembramento de entidade de representação eclética.

Estas podem se envolver em diversas espécies de relações conflituosas com outras associações sindicais, observando-se comumente aquelas decorrentes de pretensão de desmembramento ou dissociação do sindicato originário.

Através do desmembramento, sindicato eclético, constituído por categorias não específicas, porém similares ou conexas, pode sofrer redução em sua representação de uma categoria a ele até então acoplada pelo critério genérico da similitude ou conexão.

Outra disputa que se observa deriva de alteração no alcance da amplitude geográfica de representação da entidade sindical, que pode vir a ser reduzida em sua base territorial de representação a partir de ato volitivo de integrantes da categoria que se dissociem para constituírem sindicato autônomo com representação geográfica mais delimitada.[12]

---

[9] GUARNIERI, Bruno Marcos. *Iniciação ao Direito Sindical*. LTr: São Paulo, 2004. p. 75

[10] MARTINS, Sergio Pinto. *Direito do trabalho*. 21. ed. Atlas: São Paulo, 2005. p. 727-728.

[11] As entidades sindicais podem ser constituídas por formação simples, por união, por incorporação e por dissociação ou por desmembramento (GUARNIERI, Bruno Marcos. *Iniciação ao direito sindical*. São Paulo: LTr, 2004. p.79.

[12] SILVA, Humberto Halison de Carvalho e. *A Justiça do Trabalho e os conflitos sindicais*. Presidente da Amatra 13 e professor de Direito Coletivo do Trabalho da ESMAT-PB.

Assim, todas as ações que discutem a legitimação de novas entidades sindicais, base territorial de atuação e alcance do sindicato, representação sindical, eleições, registro, criação, assembleia e todos os atos necessários à constituição dos entes sindicais, passaram à competência da justiça do trabalho.

Em outras palavras, pacificado está que a competência para dirimir controvérsias a respeito de questões de representatividade no âmbito sindical passou a ser da Justiça do Trabalho, como se vê em Acórdãos proferidos em datas próximas à promulgação da Emenda 45:

> Primeiramente, cumpre esclarecer que entendo que a Emenda Constitucional n.º 45/2004, ao impingir nova redação ao art. 114, §2º, da Constituição Federal, acerca da exigência do "comum acordo", viabilizou o ajuizamento do dissídio coletivo de natureza econômica por entidade patronal, máxime quando a recusa à submissão do impasse à intervenção estatal é facultada a qualquer uma das partes envolvidas no conflito.
>
> Nesse primeiro enfoque, em tese, afigura-se a legitimidade do Sindicato patronal Suscitante para figurar no polo ativo da relação processual.
>
> Resta examinar a pretensão do Sindicato patronal Opoente formulada em recurso ordinário.
>
> No particular, importa ressaltar que **as lides intersindicais cujo objeto consista na declaração do direito de representação legal da categoria econômica, ou da categoria profissional, da Justiça estadual para a Justiça do Trabalho, consoante resulta do art. 114, inciso III, da Constituição Federal.**
>
> Não sem tempo, pois cada justificativa exclui da órbita do Judiciário Trabalhista tais dissídios porquanto são solucionados por normas e princípios do Direito do Trabalho.
>
> **Tal alteração da Constituição Federal culminou no cancelamento da Orientação Jurisprudencial nº 4 SDC, que consagrava a diretriz da incompetência material da Justiça do Trabalho para o julgamento de lides desta natureza.**
>
> **A discussão sobre a representatividade de categoria econômica ou profissional, todavia, insere-se na competência funcional da Vara do Trabalho.** Com efeito, em realidade, os sindicatos demandam na tutela de uma pretensão jurídica própria — o reconhecimento do direito de representar legalmente a categoria profissional, ou a categoria econômica — e não buscando resguardar interesse na categoria.
>
> **ACÓRDÃO TST-RODC nº 20344-2004-000-02-00.6** Rel. p/o Ac. Min. João Oreste Dalazen (grifo nosso)

Como já esclarecido no item anterior, nossa Constituição já continha elementos para considerar as matérias de representação sindical como de competência da Justiça do Trabalho, tanto que até antes da EC 45, ocorriam decisões ainda que minoritárias reconhecendo essa competência, como se vê da decisão do TRT 2ª. Região:

> O dissídio coletivo constitui ação especial que tem como objeto um conflito de interesses entre sindicatos, um representativo dos trabalhadores, outro dos empregadores, ou, um sindicato profissional de um lado e uma ou mais empresas de outro. Para a solução do conflito, o juiz deve necessariamente reconhecer a legitimidade das partes e assim, havendo disputa de representação, dirimi-la previamente. De outra parte, o texto constitucional não se refere a controvérsia fundada na relação de emprego, mas de trabalho, mais ampla. Merece destacar que a Lei 8.984, de 1995, atribuiu competência à Justiça do Trabalho para conciliar e julgar os dissídios – melhor dizendo, litígios – que tenham origem no cumprimento de convenções coletivas de trabalho ou acordos coletivos de trabalho, mesmo quando ocorram entre sindicatos ou entre sindicato de trabalhadores e empregadores. De tal modo, induvidosamente, compete à Justiça do Trabalho e não à Justiça Comum dirimir os conflitos de representação sindical. 2. Unicidade sindical. Dissociação e desmembramento. Possibilidade. Unicidade não significa monopólio, sendo possível a dissociação da categoria e desmembramento de base territorial, dando-se interpretação extensiva ao artigo 571 da Consolidação das Leis do Trabalho. (TRT 2ª R. – AA 20007 – (2004002040) – SDC – Rel. p/o Ac. Juiz Jose Carlos da Silva Arouca – DOESP 28.09.2004) JCLT.571.

Após a EC nº 45/2004, a Justiça do Trabalho passou, portanto, a deter competência para processar e julgar as ações sobre representação sindical - externa, relativa à legitimidade sindical e interna, relacionada à escolha dos dirigentes sindicais, ficando superada a jurisprudência que tinha como parâmetro a Orientação Jurisprudencial 04, da Secção de Dissídios Coletivos, do Tribunal Superior do Trabalho, segundo a qual "A disputa intersindical pela representatividade de certa categoria refoge ao âmbito da competência material da Justiça do Trabalho", pelos mesmos motivos dos discorridos neste artigo, tal OJ foi cancelada pela DJ de 18.10.2006.

No mesmo sentido, as primeiras decisões que, em acórdão dos autos de nº 20012-2004-000-02-00-1, são taxativas:

> Em segundo lugar, entendo que tal providência deflui também do reconhecimento incidental de que ostenta o SINDICATO DOS METALÚRGICOS DO ABC a qualidade de representante legal da categoria profissional na base territorial.

À luz do inciso III do art. 114 da Constituição Federal, trazido pela EC nº 45/2004, tenho por inarredável a competência da Justiça do Trabalho para dirimir a controvérsia. ACÓRDÃO TST-RODC nº 20012-2004-000-02-00.1 Rel. p/o Ac. Min. João Oreste Dalazen

Os conflitos de representação sindical estão amplamente contemplados pela mudança constitucional que não mais restringe tais questões apenas quando originadas em convenções ou acordos coletivos de trabalho, mas também situações conflituosas advindas de fontes heterogêneas.

3 Litígios entre sindicatos

De acordo com Jouberto de Quadros P. Cavalcante e Francisco Ferreira Jorge Neto,[13] em relação aos litígios entre sindicatos, denominados conflitos intersindicais coletivos e intersindicais não-coletivos, sendo que os "conflitos intersindicais não-coletivos são os que têm como partes os sindicatos, mas com interesses próprios e não da categoria representada, exemplo disso, é o dissídio declaratório de vínculo jurídico-sindical a uma federação" e os dissídio intersindicais coletivos de representatividade "envolvem a discussão quanto à legitimação ou âmbito de representação das categorias econômicas ou profissionais".

Exemplificativamente, trata-se aqui de "todas as ações que dizem respeito à legitimidade sindical, em especial aquelas que decorrem de fusão ou desmembramento territorial ou categorial de sindicatos já existentes. Podem ser apontados os mandados de segurança para obtenção de código na CEF para contribuição sindical, a ação declaratória de representação sindical, a ação para delimitação de base territorial, as relativas à filiação ao sistema confederativo, da criação de entidade, realização de atos constitutivos, assembleia geral e registro da entidade, a ação declaratória de vínculo associativo com determinada entidade sindical, bem como diversas controvérsias sobre eleições sindicais".[14]

---

[13] RODRIGUES, Américo Plá *apud* CAVALCANTE, Jouberto de Quadros P.; JORGE NETO, Francisco Ferreira. A EC nº 45/2004 e a competência da Justiça do Trabalho para questões que decorram do exercício do direito de greve (e lock out) e as questões sindicais. *Revista LTr*, 69-04/424.

[14] VARGAS, Luiz Alberto de; FRAGA, Ricardo Carvalho. Relações coletivas e sindicais: novas competências após a EC-45. *In*: *Jurisdição e competência da justiça do trabalho*: atualizado de acordo com a EC n.45/04 e as últimas decisões do STF: acidentes do trabalho. São Paulo: LTr, 2006.

Mesmo contra entendimento do STJ, o Tribunal Superior do Trabalho, nos dissídios coletivos de trabalho, manifestava-se sobre as disputas intersindicais de representatividade em caráter incidental, em dissídios coletivos de natureza econômica ou de greve, para possibilitar o julgamento do pedido principal. Essas decisões não tinham o atributo de coisa julgada, em consonância com o disposto nos artigos114 da CF e 469, III, do CPC, mas eram consideradas como uma questão prejudicial. Este entendimento pode se verificar em várias decisões do C. TST, entre os quais o acórdão da Seção de Dissídios Coletivos do Tribunal Superior do Trabalho (TST-RODC-40678/2002-900-02-00.8, rel. Min. João Oreste Dalazen), publicado em 08.05.2003, ao apreciar a disputa intersindical de representatividade em caráter incidental como mera questão prejudicial no tocante à legitimação processual passiva para a causa e, sobretudo, para a solução do pedido principal de declaração de abusividade da greve e imposição de responsabilidades ao sindicato respectivo, declarando, a competência material da Justiça do Trabalho para tanto, como se vê a seguir:

> Em caráter incidental, sem atributo de coisa julgada, a Justiça do Trabalho pode solucionar disputa intersindical de representatividade. Evidenciada a representatividade de Sindicato excluído da relação processual pelo Tribunal Regional do Trabalho, anula-se o acórdão recorrido e determina-se o retorno dos autos ao Tribunal de origem para que, afastada a ilegitimidade passiva ad causam, julgue o mérito a causa, como entender de direito. Recurso ordinário do Sindicato dos Metalúrgicos do ABC provido.

Portanto, em se tratando de demanda entre sindicatos, seja envolvendo disputa de representatividade ou matérias estranhas à relação de emprego, a competência material para processar e julgar o feito é da Justiça do Trabalho, ficando superada a Orientação Jurisprudencial nº 4 da SDC do TST, que estabelecia a incompetência material da Justiça do Trabalho para resolver a disputa intersindical de representatividade.

4 Ações entre sindicatos e trabalhadores

Nos litígios entre sindicatos e trabalhadores, denominados conflitos intrassindicais (ou internos), segundo Jouberto de Quadros Cavalcante e Francisco Ferreira Jorge Neto "são os que surgem na administração da entidade sindical ou entre a entidade e seus associados".[15]

Antes da EC nº 45, o Judiciário declarava a competência da Justiça Estadual para julgamento dessas matérias.

O espectro de abrangência das ações entre sindicatos e obreiros (basicamente as questões atinentes às eleições sindicais e estatutárias), vai desde o questionamento acerca de impugnação de candidatura até o pedido de nulidade da assembleia e consequente convocação para realização de nova assembleia geral.

Entre sindicatos e patrões, temos a questão das ações coletivas (as restritas hipóteses do trabalhador ser substituído processualmente pelo sindicato) já eram da seara da Justiça Trabalhista. A novidade é tão somente no sentido de que a defesa de interesses do próprio sindicato, mesmo que não esteja discutindo direito de natureza coletiva, são da competência da Justiça do Trabalho.

"Os conflitos entre integrante de categoria ou entre a própria categoria, coletivamente organizada, e o respectivo sindicato inserem-se no contexto de funcionalidade intrassindical, ou seja, entre representados e representante, entre 'sindicato e trabalhadores' ou entre 'sindicatos e empregadores', na dicção da Carta Política vigente."[16]

> Aqui se incluem todas as chamadas demandas intra-sindicais, ou seja, todas as ações relativas a eleições sindicais e aos estatutos da entidade sindical, como impugnação de candidaturas, convocação ou anulação de assembleias gerais ou, mesmo, cobrança de mensalidade associativa. O termo "trabalhador" não pode ser rigorosamente interpretado, uma vez que, por óbvio, nele estão abrangidos os desempregados e os aposentados, pois o vínculo sindical não se rompe com o fim do contrato de emprego, tanto é assim que o próprio artigo oitavo, inciso sétimo, assegura ao aposentado filiado o direito de votar e ser votado nas organizações sindicais.[17]

---

[15] CAVALCANTE, Jouberto de Quadros P.; JORGE NETO, Francisco Ferreira. A Ec N 45/2004 e a competência da Justiça do Trabalho para questões que decorram do exercício do direito de greve (e lock out) e as questões sindicais. *Revista LTr*, 69-04/424.

[16] SILVA, De Plácido e. *Vocabulário jurídico*. 27. ed. Rio de Janeiro: Forense, 2006.

[17] PORTARIA DO MINISTÉRIO DO TRABALHO SOBRE CONTRIBUIÇÃO ASSISTENCIAL BOLETIM ADMINISTRATIVO Nº 06-A, de 26 de março de 2009, do Ministério do Trabalho e Emprego. 1. GABINETE DO MINISTRO. ORDEM DE SERVIÇO Nº 01, DE 24 DE MARÇO DE 2009.
O MINISTRO DE ESTADO DO TRABALHO E EMPREGO, no uso de suas atribuições e em face da necessidade de baixar interpretação, a ser seguida pelos órgãos singulares do Ministério do Trabalho e Emprego, no que concerne à cobrança da contribuição assistencial pelas entidades sindicais, resolve:

Portanto, as questões intrassindicais referem-se à atuação e dinâmica de funcionamento dos sindicatos. Todas as questões que circundam temáticas conflitantes, inclusive aquelas acerca das chamadas contribuições sindicais, que serão tratadas mais adiante, especificamente, que restam agora relegadas à discussão também na órbita da Justiça Laboral.

5 Formas de custeio dos sindicatos: contribuições/taxas

Preliminarmente, e antes de adentrar especificamente nessa questão, convém ressaltar a diferença conceitual entre contribuição e taxa, de acordo com Vocabulário Jurídico do professor De Plácido e Silva.[18]

Para o referido autor, por contribuição, entende-se a parte que se atribui a uma pessoa ou a participação que deve ter para formação de qualquer acervo ou cumprimento de qualquer obrigação. Por taxa, é entendido o preço, ou a quantia que se estipula como compensação de certo serviço, ou como remuneração de certo trabalho.

A organização sindical no Brasil possibilita que a categoria profissional coletivamente fortaleça o sindicato que a representa e defende, conforme estabelece o artigo 8º, III da Constituição Federal, *"ao sindicato cabe a defesa dos direitos e interesses coletivos e individuais da categoria..."*, deixando, ao mesmo tempo, o trabalhador individualmente livre para

---

Art. 1º É possível a cobrança da contribuição assistencial de todos os trabalhadores, quando:
I - for instituída em assembléia geral, com ampla participação dos trabalhadores da categoria;
II - estiver prevista em convenção ou acordo coletivo de trabalho; e
III - for garantido ao empregado não sindicalizado o direito de oposição ao desconto no salário.
Art. 2º Para a legalidade da cobrança, o sindicato deverá informar ao empregador e aos empregados o valor ou a forma de cálculo da contribuição assistencial.
§1º O direito de oposição do empregado não sindicalizado deve ser exercido por meio de apresentação de carta ao sindicato, no prazo de dez dias do recebimento da informação prevista no caput.
§2º Havendo recusa do sindicato em receber a carta de oposição, o empregado poderá enviá-la via postal, com aviso de recebimento.
§3º Deverá o empregado não sindicalizado apresentar ao empregador, para que ele se abstenha de efetuar o desconto, comprovante de recebimento, pelo sindicato, da carta de oposição, ou o aviso de recebimento da empresa de correios.
Art. 3º No cumprimento dos pressupostos desta Ordem de Serviço, não deverá ser considerada ilegal, pelos órgãos do Ministério do Trabalho e Emprego, a cláusula de instrumento normativo que institua a contribuição assistencial.

[18] SILVA, De Plácido e. *Vocabulário jurídico*. 27. ed. Rio de Janeiro: Forense, 2006.

associar-se, ou não, sem prejuízo, jamais, dos direitos e deveres de representado do sindicato, de integrante da categoria.

A representatividade do sindicato é uma relação jurídica entre o sindicato e todos os trabalhadores da categoria profissional, portanto, o dever de custear o sistema da representação emana dessa relação jurídica e do dever que a Constituição Federal impõe ao sindicato de defender a todos.

Sendo assim, a obrigação de custear o sistema de representação é plenamente conciliável com o preceito constitucional da liberdade de filiação, ou seja, dita liberdade não impede a cobrança de contribuições, impede apenas a filiação obrigatória, a cobrança de mensalidades associativas não autorizadas, o abuso de cobrança.

Dessa feita, dentre outros conflitos intrassindicais, será analisada a (i)legalidade das taxas assistenciais com escopo na liberdade sindical.

5.1 Contribuição sindical

Referida contribuição é devida por empregados e empregadores para os seus respectivos sindicatos, definida, portanto como sendo um tributo, em face de sua compulsoriedade.

Restou estabelecida pelos artigos 578 a 610 da CLT e foi mantida pela Constituição Federal de 1988 em seu artigo 8º, IV.

Assim, todos os trabalhadores e empregadores são obrigados ao pagamento e não tem direito à oposição, pois fixada em lei, artigo 545 da CLT, sendo que para os empregados com variações para autônomos e rurais, ela corresponde basicamente a um dia de trabalho e para os empregadores um valor sobre o capital social da empresa.

A Caixa Econômica Federal é a gestora dessa contribuição e cabe a ela fazer a distribuição na forma do artigo 586 da CLT, em que 5% é destinado para a confederação, 15% para a federação, 60% para o sindicato, 10% para a União e 10% para as centrais sindicais.

5.2 Contribuição confederativa

No tocante à contribuição confederativa, tem-se que a mesma serve para custear o sistema confederativo da representação sindical patronal ou profissional, ou seja, para custear os sindicatos, federações e confederações da categoria profissional e econômica.

A contribuição confederativa, tratada no artigo 8º, inciso IV da Constituição Federal, encontra-se inclusa no rol dos direitos sociais previstos no artigo 8º da Carta Magna, fixando ampla liberdade sindical, sendo que somente poderá ser exigida dos filiados do sindicato respectivo, não tendo, portanto, natureza tributária, vez que será instituída pela Assembleia sindical e obrigará somente aos associados. Vejamos:

> Art. 8º – É livre a associação profissional ou sindical, observado o seguinte:
>
> ...
>
> IV – assembleia geral fixará a contribuição que, em se tratando de categoria profissional, será descontada em folha, para custeio do sistema confederativo da representação sindical respectiva, independentemente da contribuição prevista em lei; ...

Verifica-se que a referida contribuição é muito parecida com a contribuição assistencial e por isso muitas vezes confundida com a mesma, contudo, são totalmente distintas, pois a contribuição confederativa visa custear o sistema confederativo. Já a contribuição assistencial, também denominada taxa de reversão, estabelecida por acordos ou convenções coletivas de trabalho, visa custear as atividades assistenciais do sindicato. Dessa forma, ambas são cumuláveis uma vez que são distintas.

Uma vez deliberada, o seu desconto adotará o procedimento previsto no artigo 545 da CLT, que trata do desconto autorizado em folha.

O inciso IV do artigo 8º da CF ainda continua prescrevendo que "a assembleia geral fixará a contribuição que, em se tratando de categoria profissional, será descontada em folha, para custeio do sistema confederativo da representação sindical respectiva, independentemente da contribuição prevista na lei".

O posicionamento do STF nessa seara é de entender que a contribuição confederativa não tem natureza tributária, vejamos:

> Súmula 666 STF – A contribuição confederativa de que trata o art. 8º, IV, da Constituição, só é exigível dos filiados ao sindicato respectivo.

Assim é o entendimento do C. TST:

> SINDICATO – CONTRIBUIÇÃO CONFEDERATIVA – APROVAÇÃO PELA ASSEMBLÉIA GERAL – A contribuição confederativa quando instituída pela Assembleia Geral de entidade sindical torna-se compulsória e auto-executória, não dependendo de inserção na sentença normativa. (TST – RODC 76.637/93.3 – AC. SDC 585/94 – Rel. Ursulino Santos – DJU 18.11.1994).

Dessa forma, o Poder Judiciário somente intervirá na ocorrência de abuso na fixação da contribuição confederativa pela assembleia.

5.3 Contribuição assistencial

Também denominada de taxa assistencial, taxa de reversão ou de desconto assistencial.

Esse tipo de contribuição encontra-se prevista no artigo 513 da CLT e visa custear atividades negociais e assistenciais. É exigível de filiados e não filiados, sendo deliberada em assembleia e inclusa na Convenção ou Acordo Coletivo de Trabalho.

Ainda, verifica-se que o artigo 513, alínea "e", assegura às entidades sindicais o direito de "impor contribuições a todos aqueles que participam das categorias econômicas ou profissionais ou das profissões liberais representadas".

Destaca-se, ainda, a orientação contida no Verbete nº 324 do Comitê de Liberdade Sindical da OIT, o qual admite a existência de previsão legal para a cobrança de quotas de solidariedade para os trabalhadores não associados, desde que os mesmos sejam beneficiados em norma coletiva.

Portanto, o desconto não é compulsório, porém a amplitude de dita cobrança é que deve ser analisada à luz dos instrumentos jurídicos contidos em nosso ordenamento, visando a não-abusividade.

Verifica-se que o legislador não faz qualquer distinção entre associado e não associado, pelo contrário, dota de licitude a cobrança da taxa negocial, de toda a categoria profissional, até porque os sindicatos representam toda a categoria profissional e não somente filiados.

Por outro lado, fazer uma interpretação restritiva do artigo 513, "e", da CLT, que não veda a cobrança de valores pelos serviços prestados pelo sindicato, significa impossibilitar a entidade de propiciar à sua categoria outros serviços além dos obrigatórios em virtude de lei, pois, se, apenas os associados do sindicato devem contribuir para manter o sindicato, não seria justo que os benefícios conquistados pela entidade se aplicassem apenas aos associados?

Mas não é assim que acontece, e então, pela mesma razão deve toda a categoria propiciar recursos para que o sindicato continue defendendo os trabalhadores.

Também o artigo 613, VII da CLT, legitima o direito da entidade sindical de cobrar o recolhimento, pela empresa, dos valores da taxa negocial descontadas do empregado.

Dessa forma, há o dever da empresa em repassar ao sindicato os valores descontados dos empregados, haja vista que o seu ônus é apenas ser o intermediário no recolhimento da taxa.

Cabe acrescentar ainda que o Ministério do Trabalho e Emprego, publicou uma Portaria[19] específica sobre o assunto, a fim de orientar seus órgãos fiscalizadores quanto à legalidade da cobrança da taxa assistencial.

Sendo assim, a taxa assistencial consiste em um pagamento feito pela pessoa pertencente à categoria profissional ou econômica ao sindicato da respectiva categoria, em virtude de este ter participado das negociações coletivas, de ter incorrido em custos para esse fim, ou para pagar determinadas despesas assistenciais realizadas pela agremiação. Forma de compensar os gastos decorrentes do processo de negociação.

Convém ressaltar o entendimento do STF de que a contribuição assistencial é devida por todos os integrantes da categoria profissional, desde que o empregado não se oponha à cobrança dentro de certo prazo, que seria de 10 dias antes do primeiro pagamento do salário reajustado.

Esse passou a ser também o entendimento do Precedente 74 do TST que assim dispõe: *"subordina-se o desconto assistencial sindical a não*

---

[19] PORTARIA DO MINISTÉRIO DO TRABALHO SOBRE CONTRIBUIÇÃO ASSISTENCIAL BOLETIM ADMINISTRATIVO Nº 06-A, de 26 de março de 2009, do Ministério do Trabalho e Emprego. 1. GABINETE DO MINISTRO. ORDEM DE SERVIÇO Nº 01, DE 24 DE MARÇO DE 2009.

O MINISTRO DE ESTADO DO TRABALHO E EMPREGO, no uso de suas atribuições e em face da necessidade de baixar interpretação, a ser seguida pelos órgãos singulares do Ministério do Trabalho e Emprego, no que concerne à cobrança da contribuição assistencial pelas entidades sindicais, resolve:

Art. 1º É possível a cobrança da contribuição assistencial de todos os trabalhadores, quando:

I - for instituída em assembléia geral, com ampla participação dos trabalhadores da categoria;

II - estiver prevista em convenção ou acordo coletivo de trabalho; e

III - for garantido ao empregado não sindicalizado o direito de oposição ao desconto no salário.

Art. 2º Para a legalidade da cobrança, o sindicato deverá informar ao empregador e aos empregados o valor ou a forma de cálculo da contribuição assistencial.

§1º O direito de oposição do empregado não sindicalizado deve ser exercido por meio de apresentação de carta ao sindicato, no prazo de dez dias do recebimento da informação prevista no caput.

§2º Havendo recusa do sindicato em receber a carta de oposição, o empregado poderá enviá-la via postal, com aviso de recebimento.

§3º Deverá o empregado não sindicalizado apresentar ao empregador, para que ele se abstenha de efetuar o desconto, comprovante de recebimento, pelo sindicato, da carta de oposição, ou o aviso de recebimento da empresa de correios.

Art. 3º No cumprimento dos pressupostos desta Ordem de Serviço, não deverá ser considerada ilegal, pelos órgãos do Ministério do Trabalho e Emprego, a cláusula de instrumento normativo que institua a contribuição assistencial.

oposição do trabalhador, manifestada perante a empresa até 10 dias antes do primeiro pagamento reajustado". Vejamos o entendimento do E. TRT da 9ª Região, 3ª Turma, sobre o assunto:

> EMENTA: TAXA ASSISTENCIAL. PREVISÃO EM NORMA COLETIVA. DESCONTO DOS SALÁRIOS DOS EMPREGADOS EM FAVOR DE SINDICATO DE CATEGORIA PROFISSIONAL. Ressalvado o entendimento deste Relator, de que o desconto relativo à contribuição assistencial somente é lícito em relação aos trabalhadores sindicalizados e desde que haja autorização para tanto, sendo nulas as cláusulas coletivas que preveem o contrário, sob pena de ofensa ao direito de livre associação e sindicalização, a douta maioria dos integrantes desta 3ª Turma entende que é lícito o desconto a título de taxa assistencial de todos os empregados da categoria, sindicalizados ou não, assegurado o direito de oposição em face de abuso. Recurso ordinário do Sindicato autor conhecido e parcialmente provido. (TRIBUNAL REGIONAL DO TRABALHO DA 9ª REGIÃO, 3ª. Turma, autos de RECURSO ORDINÁRIO Nº TRT-PR-RO-03866-2010-021-09-00-4, RELATOR Desembargador Altino Pedrozo dos Santos).

A transcrita ementa adota como critério de parametrização acerca dos descontos assistenciais, aquele advindo da razoabilidade: Não abusividade do desconto!

Tal decisão, decerto é fruto de continuadas decisões que resultaram na Orientação Jurisprudencial da 3ª. Turma do TRT do Paraná, que estabelece o seguinte:

> DESCONTOS SALARIAIS
>
> ....
>
> I - São válidos descontos a título de contribuição confederativa (por inteligência da Súmula 666 do STF), desde que:
>
> a) autorizados nos instrumentos normativos;
>
> b) sejam dirigidos e aplicados somente aos associados ao sindicato;
>
> c) os instrumentos normativos assegurem o direito de oposição aos associados, sendo que o ônus da prova da sindicalização compete ao empregador;
>
> II - É lícito o desconto a título de taxa assistencial de todos os <u>integrantes</u> da categoria, sindicalizados ou não, assegurado o direito de oposição em face de abuso.

Por fim, verifica-se que a Constituição de 1988, manteve a organização sindical brasileira, e, portanto, o artigo 513 da CLT, que estabelece a prerrogativa do sindicato cobrar taxas denominadas de reversão ou assistencial, permanece em pleno vigor .

5.4 Oposição ao desconto da contribuição

A justificativa do sindicato de cobrar a taxa assistencial encontra respaldo uma vez que todos os trabalhadores, sem distinção, são contemplados pelos benefícios e garantias previstos no acordo coletivo de trabalho, sendo que os mesmos são resultados da negociação coletiva pela atuação do sindicato representativo.

O sindicato tem o direito de estabelecer cláusula que trate de contribuições assistenciais, devendo oportunizar o direito de oposição (faculdade do trabalhador), fortalecendo o sindicato e suas formas de manutenção e ampliação das atividades sindicais.

Sendo assim, todos os trabalhadores são convocados a participarem das assembleias sindicais, tendo esta ampla publicidade, seja por meio de boletins, internet, como pela publicação de Edital nos jornais de grande circulação na base territorial dos Sindicatos. Nelas, o trabalhador encontra o momento oportuno para se manifestar a favor ou contra, ou ainda modificando o teor da cláusula da minuta que é discutida abertamente, e que entenda seja prejudicial a si mesmo e à categoria profissional.

Evidente que se todas condições pactuadas são válidas para todos integrantes de uma determinada categoria profissional, mesmo os não-sócios, e para aqueles que ainda irão integrar esta categoria, motivo algum explica a invalidade de cláusula que fixa desconto assistencial independente da anuência do trabalhador.

A oposição ao desconto por parte do obreiro, posteriormente à elaboração do instrumento coletivo, portanto, não encontra justificativa, nem respaldo legal, pois se assim fosse, o empregador poderia, da mesma forma, se opor ao cumprimento de uma outra cláusula desta mesma Convenção Coletiva, o que não se concebe.

Nesta mesma linha, com julgamento unânime, o Egrégio Tribunal Regional do Trabalho da 15ª Região, Campinas, relator Juiz JOSÉ PEDRO DE CAMARGO, assim redigiu a ementa:

CONTRIBUIÇÃO ASSISTENCIAL - FALTA DE ANUÊNCIA DO EMPREGADO - INOPONIBILIDADE. CONTRIBUIÇÃO ASSISTENCIAL - CONVENÇÃO COLETIVA - INOPONIBILIDADE DE FALTA DE ANUÊNCIA DO EMPREGADO CONTRA O DESCONTO.

Quando as Cartas Constitucionais reconhecem as Convenções e Acordos Coletivos de Trabalho, implicitamente frustram a possibilidade de os empregados, individualmente considerados, insurgirem contra as normas coletivas ali pactuadas com a categoria econômica, o mesmo se diz em relação às empresas. Por isso, incumbe aos empregados participarem das assembleias de negociações e da aprovação das normas coletivas, sendo esta a única oportunidade de se rebelarem contra a contribuição sindical. A reclamada, por sua vez, deve cumprir o disposto na cláusula convencional (efetuar o desconto e repassá-lo ao sindicato), eis que validamente assumida pela respectiva categoria, que se obrigam em nome dos atuais e futuros empregadores (art. 7º, XXVI, e art. 8º, inc. IV, da CF)" (TRT da 15ª R - Ac. un. 2ª T RO 3655/89 - Rel. Juiz JOSÉ PEDRO CAMARGO - Sindicato dos Vidreiros - SP)

18006150 JCF.7 JCF.7.VI – CONTRIBUIÇÃO ASSISTENCIAL – CLÁUSULAS CONVENCIONAIS – LEGITIMIDADE – GARANTIDA OPOSIÇÃO PRÉVIA DO TRABALHADOR SINDICALIZADO OU NÃO – Em consonância com a orientação do Supremo Tribunal Federal, cláusula de acordo ou convenção coletiva que impõe o recolhimento de contribuição assistencial tanto a empregados sindicalizados como a não sindicalizados somente pode ser considerada legítima se garantir o direito de oposição ao desconto da parcela a todos os empregados da categoria, indistintamente. Se assim não o for, a cláusula atenta contra o comando constitucional previsto no art. 7º, VI, da CF, que constitui um dos direitos inalienáveis do trabalhador, que é a garantia à irredutibilidade salarial. No caso em tela, as cláusulas que instituíram a contribuição assistencial aos trabalhadores da categoria do Sindicato Recorrente, filiados ou não à entidade sindical, não lhes oportunizou direito de se manifestarem favorável ou desfavoravelmente aos descontos respectivos, por isso tais cláusulas revestem-se de nulidade, visto que deixaram de observar preceito constitucional traduzido pelo princípio da irredutibilidade salarial (art. 7º, inciso VI, da CF). (TRT 23ª R. – RO 3519/99 – (1238/2000) – TP – Rel. Juiz João Carlos – DJMT 23.06.2000 – p. 43).

Ressalte-se que não se pode conceber o uso equivocado do preceito da liberdade de filiação para elidir prerrogativas sindicais socialmente saudáveis, confundindo a expressão "filiar-se" com ser representado pelo sindicato.

Aduz o professor Benito Perez,[20] de forma impecável, o argumento inafastável de defesa do desconto assistencial para todos

---

[20] PEREZ, Benito. El patrimônio sindical. *In: Trabajo e Seguridad Social.* Buenos Aires: 1986. p. 1065. p. 1065.

os membros da categoria: Referido autor afirma que *"não parece justo que um grande número de trabalhadores seja beneficiado pelas conquistas logradas pelo sindicato com o esforço dos seus filiados, que contribuíram para conquistá-las e permaneçam à margem das organizações profissionais sem contribuir de alguma forma para elas"*.

Na forma da Constituição e da CLT, a contribuição assistencial, desde que aprovada em assembleia de trabalhadores, inclusa em acordo ou convenção coletiva é devida por todos os trabalhadores representados pelo sindicato, associados ou não associados, sendo que o pagamento da mesma, não implica em associação compulsória à entidade.

Finalmente, no que concerne a julgamento de ações que versem sobre as contribuições e taxas aos sindicatos, ou a discussão do reconhecimento do direito à contribuição, a competência é da Justiça do Trabalho, como se vê a seguir:

> **Contribuição sindical rural. Competência. Justiça do Trabalho.** *É pacífico o entendimento da Corte, segundo o qual compete à Justiça do Trabalho processar e julgar ações que versem sobre representação sindical entre sindicatos, entre sindicatos e trabalhadores e entre sindicatos e empregadores,* **quando não há sentença de mérito, antes da promulgação da EC 45/2004.** (RE 476.890-AgR, Rel. Min. Cezar Peluso, julgamento em 30-10-2007, Segunda Turma, DJ de 30-11-2007).

Diante do disposto no artigo 1º da Lei nº 8.984/1995, à Justiça do Trabalho já competia julgar ação de sindicato de categoria econômica contra empregador, visando à contribuição assistencial estabelecida em contrato coletivo. (...) A competência da Justiça do Trabalho para processar e julgar ações sobre representação sindical, entre sindicatos, entre sindicatos e trabalhadores e entre sindicatos e empregadores — inciso III do art. 114 da CF, com a redação da Emenda nº 45, de 2004, *abrange demandas propostas por sindicato de categoria econômica contra empregador, objetivando o reconhecimento do direito à contribuição assistencial.*

6 Ações entre sindicatos de trabalhadores e empregadores

Aqui estariam abrangidas entre outras as ações de prevenção e repressão à conduta antissindical, inclusive com previsão de normatização específica do tema, no Projeto de Lei de Reforma Sindical, que assegura o direito de ação, "sempre que o empregador comportar-se de maneira a impedir ou limitar a liberdade e a atividade sindical, bem como o exercício do direito de greve, o juiz do trabalho, em decisão imediatamente executiva, poderá ordenar a cessação do comportamento ilegítimo e a eliminação de seus efeitos".

Nesses casos, a legitimidade seria da entidade sindical e do próprio trabalhador prejudicado pela conduta antissindical.

A mudança processual nesse âmbito já vinha ocorrendo desde a aprovação da Lei nº 8.984/95, que atribuiu à JT competência para processar lides "entre sindicatos e entre sindicatos de trabalhadores e empregador", sendo que aqui o sindicato atuava não na condição de substituto processual, mas em causa própria, cobrando verbas da entidade. Compete à Justiça do Trabalho julgar ações, versando o cumprimento de cláusulas constantes de acordos coletivos, nos termos do artigo 1º da Lei nº 8.984/95.

Nas décadas de 70 e 80, sob a influência do CPC de 1973, a JT foi abraçando diversos procedimentos do CPC, mas ainda relacionados com empregados e empregadores. A primeira grande exceção ocorreu com o advento da Lei 8.984/95, que atribuiu à JT competência para processar lides "entre sindicatos e entre sindicatos de trabalhadores e empregador", sendo que aqui o sindicato atuava não na condição de substituto processual, mas em causa própria, cobrando verbas da entidade.[21]

Nas palavras de Humberto Halison de Carvalho e Silva, "de fato, a disposição constitucional específica, ao inserir a possibilidade de julgamento, pela Justiça do Trabalho, de ações entre "sindicatos e trabalhadores" e entre "sindicatos e empregadores", certamente não pretendeu apenas enfatizar o comando alusivo às "ações sobre representação sindical". Estas, como visto, apenas podem ocorrer entre os atores sindicais. Aquelas, ao contrário, verificam-se entre qualquer membro da categoria e o seu respectivo órgão de classe. O próprio representado em conflito com o representante, ou este em confronto com aquele".[22]

Desde a edição da Lei nº 8.984/95, a Justiça do Trabalho passou a ser a competente para processar e julgar ações judiciais que têm origem no cumprimento de acordo ou convenção coletiva de trabalho, nos termos do artigo 1º do referido diploma, independente da homologação ou não do acordo ou da convenção.

---

[21] SILVA, Humberto Halison de Carvalho e. *A Justiça do Trabalho e os conflitos sindicais*. Presidente da Amatra 13 e professor de Direito Coletivo do Trabalho da ESMAT-PB.

[22] *Ibid.*, p. 59.

Conclusão

Evidentemente que a Justiça do Trabalho restou fortalecida com a mudança constitucional promovida pela EC nº 45/2004. Esta representa medida de suma importância, para que tenhamos uma justiça, de fato, do trabalho. Com as alterações efetivadas e necessárias adaptações à nova regra constitucional, temos a grande expectativa de que tal medida é um grande arcabouço para a realização de intensos e profundos debates, no âmbito em que tais sempre deveriam se situar: na justiça laboral, cuja continuidade chegou a ser questionada antes do advento da EC nº 45/2004. Logo, passamos da fase da dúvida ao sacramento jurídico da norma que trouxe ao juiz trabalhista o poder de aplicar a lei ao caso concreto em matéria sindical, tanto em conflito intra, quanto intersindical.

Ademais, cumpre ressaltar ainda que o Judiciário tem interpretado equivocadamente a questão da liberdade sindical, separando a liberdade de associação da liberdade de organização sindical. Assim, as taxas previstas em acordo ou convenção coletiva de trabalho, bem como aquelas taxas estabelecidas para o custeio do sistema confederativo, desde que estipuladas em assembleia dos trabalhadores e não-abusiva, serão devidas por todos os trabalhadores e por todos os empregadores respectivamente uma vez que o sindicato profissional representa a todos os trabalhadores independentemente de filiação, bem como o sindicato da categoria econômica representa a todas as empresas independentemente de filiação.

O dever de contribuir com a organização sindical não significa imposição de associação, tampouco implica em renúncia à representação. No entanto, o empregado terá direito individual de se opor à cobrança das taxas (confederativa e assistencial) se houver abuso, sendo compulsória a todos a contribuição sindical prevista no artigo 580 da CLT, e obrigatória ao associado a mensalidade sindical prevista em estatuto, sendo entendido de que a oposição está vinculada ao "abuso", como posto com muito acerto pela Egrégia 3ª Turma do TRT paranaense, como antes dito.

Os desafios não são poucos e com a ampliação da competência da Justiça do Trabalho, sacramentada há alguns anos pela emenda nº 45 de 2004, resta aos operadores do direito um papel de suma importância: o de implementar, de fato, à vontade do legislador, quando trouxe à justiça especializada laboral, várias questões que merecem profundos e salutares debates para a formação basilar de decisões justas e parcimoniosas.

Referências

ALEMÃO, Ivan. A JT e a reforma do Judiciário. Disponível em: <http://ww1.anamatra. org.br/003/00301015.asp?ttCD_CHAVE=62567>.

CAVALCANTE, Jouberto de Quadros P.; JORGE NETO, Francisco Ferreira. A EC nº 45/2004 e a competência da Justiça do Trabalho para questões que decorram do exercício do direito de greve (e *lock out*) e as questões sindicais. *Revista LTr*, 69-04/424.

GUARNIERI, Bruno Marcos. *Iniciação ao direito sindical*. São Paulo: LTr, 2004.

MARTINS, Sergio Pinto. *Direito do trabalho*. 21. ed. São Paulo: Atlas, 2005.

MENEZES, Cláudio Armando Couce de; BORGES, Leornado Dias. Algumas questões relativas à nova competência material da justiça do trabalho: nova competência da justiça do trabalho.

PEREZ, Benito. El património sindical. *In: Trabajo e Seguridad Social*. Buenos Aires: 1986. p. 1065.

PESSOA, Flávia Moreira Guimarães. Competência da justiça do trabalho para julgar litígios sindicais: análise crítica da jurisprudência dos tribunais superiores. *In:* COUTINHO, Grijalbo Fernandes e Marcos Neves Fava (Org.). *O que estão fazendo da Nova Competência da Justiça do Trabalho?*. São Paulo: LTr, 2011.

RODRIGUES, Américo Plá *apud* CAVALCANTE, Jouberto de Quadros P.; JORGE NETO, Francisco Ferreira. A EC nº 45/2004 e a competência da Justiça do Trabalho para questões que decorram do exercício do direito de greve (*e lock out)* e as questões sindicais. *Revista LTr*, 69-04/424.

RODRIGUES, Rodnei Doreto; RODRIGUES, Gustavo Doreto. A nova competência da justiça do trabalho: uma abordagem inicial. Disponível em: <http://www.amatra5.org. br/artigos26_05.php>.

SILVA, De Plácido e. *Vocabulário jurídico*. 27. ed. Rio de Janeiro: Forense, 2006.

SILVA, Humberto Halison de Carvalho e. *A Justiça do Trabalho e os conflitos sindicais*. Presidente da Amatra 13 e professor de Direito Coletivo do Trabalho da ESMAT-PB.

VARGAS, Luiz Alberto de; FRAGA, Ricardo Carvalho. Relações coletivas e sindicais: novas competências após a EC-45. *In: Jurisdição e competência da justiça do trabalho*: atualizado de acordo com a EC n.45/04 e as últimas decisões do STF: acidentes do trabalho. São Paulo: LTr, 2006.

Informação bibliográfica deste texto, conforme a NBR 6023:2002 da Associação Brasileira de Normas Técnicas (ABNT):

MAIA, Marcelo Giovani Batista; AUACHE, Mauro José. Custeio das organizações sindicais: fortalecimento do poder normativo laboral ao dirimir conflitos de natureza sindical. *In:* RAMOS FILHO, Wilson (Coord.). *Trabalho e regulação*: as lutas sociais e as condições materiais da democracia. Belo Horizonte: Fórum, 2012. v. 1, p. 231-253. ISBN 978-85-7700-566-6.

O TRABALHADOR DOMÉSTICO NO BRASIL E A CONVENÇÃO 189 DA OIT

UMA QUESTÃO DE IGUALDADE

MARIANA KRIEGER

Introdução

Aos 16 dias do mês de junho de 2011 foi aprovada, em Genebra, a Convenção 189 da OIT.

O objetivo desta norma internacional é equiparar os direitos dos trabalhadores domésticos aos dos demais trabalhadores, incluindo: horário regular; descanso semanal de pelo menos 24 horas consecutivas; fixação de um limite para pagamentos em espécie; informações claras sobre os termos e condições do emprego e respeito pelos princípios e direitos fundamentais no trabalho, incluindo liberdade de associação e negociação coletiva.

De acordo com estimativas recentes da OIT, baseadas em estudos e pesquisas nacionais de 117 países, o número de trabalhadores domésticos no mundo é de pelo menos 53 milhões, sem se considerar os trabalhadores em situação irregular. Considerando-se os trabalhadores em situação de informalidade, estima-se que haja no planeta em torno de 100 milhões de trabalhadores domésticos. Nos países em desenvolvimento, os trabalhadores domésticos representam entre 4% e 12% do trabalho assalariado.[1] Conforme dados do Instituto de Pesquisa Econômica Aplicada (IPEA), o trabalho doméstico, no Brasil, é exercido por aproximadamente sete milhões de pessoas e preponderantemente por mulheres (93% do total).

A Convenção entrará em vigor após a ratificação por pelo menos 02 (dois) países, e, para ser aplicável aos trabalhadores brasileiros, terá que ser ratificada pelo Congresso Nacional.

Ocorre que, no caso dos trabalhadores domésticos no Brasil, há uma "discriminação legal", prevista na própria Constituição — art. 7º, parágrafo único — ,a qual necessita ser repensada de acordo com os novos institutos legais.

É sabido que a discriminação observada no mercado de trabalho, seja por aqueles que procuram emprego, seja por aqueles que já se encontram empregados, não é um tema novo. No Brasil, o processo discriminatório está vinculado a uma complexa estrutura, em que se encontram interligados fatores de ordem econômica, cultural e social.

E no caso específico dos trabalhadores domésticos, esta discriminação salta aos olhos. Estes trabalhadores são considerados pela sociedade como uma "segunda classe" de trabalhadores.

Assim, se faz necessário analisar tal categoria de trabalhadores e os novos institutos legais que tratam a esse respeito, sob a ótica dos princípios da igualdade, da não-discriminação e da dignidade humana. É este o tema que pretendemos abordar no presente artigo.

1 Os trabalhadores domésticos

Trabalhador doméstico é o que presta serviços de natureza contínua e de finalidade não-lucrativa à pessoa ou à família no âmbito residencial destas.[2]

Assim, o traço diferenciador do emprego doméstico é o caráter não-econômico da atividade exercida no âmbito residencial do empregador. Assim, são domésticos o motorista, o jardineiro, a enfermeira,

---

[1] Dados obtidos do site da OIT Brasil. Disponível em: <http://www.oit.org.br/topic/housework/news/news_220.phphttp://www.oit.org.br/topic/housework/news/news_220.php>. Acesso em: 05 jul. 2011.

[2] Lei nº 5.859/72, art. 1º Ao empregado doméstico, assim considerado aquele que presta serviços de natureza contínua e de finalidade não lucrativa à pessoa ou à família no âmbito residencial destas, aplica-se o disposto nesta lei.

a babá, a cozinheira, enfim, qualquer trabalhador que se enquadre no conceito antes exposto.

Os trabalhadores domésticos fazem parte de uma das categorias profissionais historicamente mais negligenciada do mundo do trabalho.[3] De acordo com Matilde Ribeiro, a origem do trabalho doméstico no Brasil se reporta ao período da escravização negra, no qual as mulheres estiveram à frente da organização de lares, alimentando filhos e famílias de escravocratas em meio à violência física e sexual. No pós-abolição, o trabalho doméstico representou a possibilidade real de sustentabilidade das famílias negras. Entretanto, as mulheres continuaram subjugadas a jornadas similares à escravidão, cuja paga em geral era feita em troca de alimentação e moradia.[4]

Assim, a história do serviço doméstico no Brasil remonta à escravidão. Antes da abolição da escravatura, escravos domésticos eram encarregados das tarefas do lar. Essa era uma fonte adicional de trabalho doméstico que, depois da abolição, tornou-se a maior fonte de trabalho feminino. A industrialização e a urbanização, com a expansão da categoria média, transformaram a chamada "ajuda" em serviço doméstico — realizado sobre as bases de casa e comida — para a população de mulheres jovens nascidas no campo.[5]

Atualmente, a maioria das empregadas domésticas atua de maneira informal e, muitas vezes, nem os poucos direitos previstos para a categoria são respeitados: os salários recebidos são ínfimos e as jornadas de trabalho, extensas, muito além das quarenta e quatro horas semanais.

Dados do Ministério do Trabalho indicam que 15% das trabalhadoras domésticas do mundo estão no Brasil, sendo que existem no país cerca de 7,2 milhões de trabalhadoras nesta categoria.[6]

Segundo o IBGE, a média é de 58 horas semanais de trabalho para esta categoria de trabalhadoras, e o salário médio de uma empregada doméstica é inferior ao salário mínimo (inferior a R$ 400 por mês).[7]

---

[3] Afirmação do ministro do Trabalho, Carlos Lupi, em conferência para o Sindicato dos Bancários.

[4] RIBEIRO, Matilde. Trabalhadoras domésticas. Disponível em: <http://www.planalto.gov.br/seppir/ministra/artigos/13_5_2006empregadas.htm>. Acesso em: 15 jul. 2011.

[5] MELO, Hildete Pereira de. O serviço doméstico remunerado no Brasil: de criadas a trabalhadoras. Disponível em: <http://www.ipea.gov.br/pub/td/td0565.pdf>. Acesso em: 15 jul. 2011.

[6] Segundo dados da Pesquisa Nacional por Amostra de Domicílios do IBGE, o trabalho doméstico remunerado empregava, em 2009, aproximadamente 7,2 milhões de trabalhadores e trabalhadoras, o equivalente a 7,8% do total de ocupados no País. A formalização da categoria é baixa: em 2009, somente 1,7 milhão de trabalhadoras possuíam alguma garantia de usufruto de direitos.

[7] Dados retirados da Pesquisa Nacional por Amostra de Domicílios 2009.

Toda essa situação é agravada pela dificuldade de se fiscalizar esse tipo de trabalho, já que por trabalharem em residências familiares, muitos desses trabalhadores são "invisíveis" à proteção do Ministério do Trabalho e Emprego – MTE.

Além disso, muitos entendem que a luta pelos diretos dos trabalhadores domésticos é também uma luta contra a discriminação face às mulheres, já que a desqualificação do trabalho doméstico está associada à desvalorização da mulher. Dados da Pesquisa Nacional por Amostra de Domicílios do IBGE indicam que as mulheres correspondem a 93% do total de domésticos, sendo que as negras representam 61,6% das ocupadas na profissão.

Segundo Daniele Valverde,[8] assistente de programa da Organização das Nações Unidas para as mulheres, o trabalho doméstico "é um trabalho que tem grande componente de gênero, porque é exercido por mulheres, e também etnicorracial. No caso do Brasil, é feito por mulheres negras".

Em entrevista concedida à Rede Brasil Atual,[9] Creuza de Oliveira, presidente da Federação Nacional das Trabalhadoras Domésticas (Fenatrad), esclareceu que "com raras exceções, o trabalho doméstico ainda é sinônimo de exploração em todo o mundo. Ainda existe trabalho análogo à escravidão, quando se tem pessoas que ganham R$ 100 por um mês exaustivo de trabalho. Isso é muito menos que um salário mínimo".

Conforme já dito, o trabalhador doméstico no Brasil não tem os direitos previstos na Consolidação das Leis do Trabalho (CLT), como os demais empregados.

A Lei nº 5.859, de 11 de dezembro de 1972, regulamentada pelo Decreto nº 71.885, de 9 de março de 1973, dispõe sobre a profissão do trabalhador doméstico, conceituando e atribuindo-lhe direitos.

A Constituição Federal de 1988, por sua vez, reconheceu alguns outros direitos sociais aos empregados domésticos, tais como: salário mínimo; irredutibilidade salarial; repouso semanal remunerado; gozo de férias anuais remuneradas com, pelo menos, 1/3 a mais do que o salário normal; licença à gestante, sem prejuízo do emprego e do

---

[8] VALVERDE, Danielle. Entrevista concedida à Rede Brasil Atual. Disponível em: <http://www.redebrasilatual.com.br/temas/trabalho/2011/04/descendente-da-escravidao-trabalho-domestico-ainda-tem-maioria-de-negras/?searchterm=creuza>. Acesso em: 13 jul. 2011.

[9] Entrevista disponível em: <http://www.redebrasilatual.com.br/temas/trabalho/2011/06/ratificacao-de-convencao-sobre-trabalho-domestico-vai-exigir-201cnova-batalha201d-no-congresso-diz-ativista>. Acesso em: 13 jul. 2011.

salário, com duração de 120 dias; licença-paternidade; aviso-prévio; aposentadoria e integração à Previdência Social.

Com a edição da Lei nº 11.324, de 19 de julho de 2006, que alterou artigos da Lei nº 5.859, de 11 de dezembro de 1972, foram reconhecidos aos trabalhadores domésticos o direito a férias de 30 dias, à estabilidade para gestantes, aos feriados civis e religiosos, além da proibição de descontos de moradia, alimentação e produtos de higiene pessoal utilizados no local de trabalho.

Destarte, verifica-se que os trabalhadores domésticos possuem legislação própria, que lhes assegura menos direitos do que os previstos na CLT (Parágrafo único do art. 7º da CF-88; Lei nº 5.859/72 e Decretos nº 71.885/73 e nº 3.361/00). Como exemplos, pode-se citar que esses trabalhadores não têm direito ao recebimento de horas extras; ao adicional noturno; ao adicional de insalubridade ou periculosidade; ao FGTS (facultativo para o empregador) e ao Seguro Desemprego (vinculado ao FGTS).

Frise-se que dos 34 direitos expressos no artigo 7º da CF/88, somente nove se aplicam às trabalhadoras domésticas!

Assim, da análise dos dispositivos legais previstos em nosso ordenamento jurídico aplicáveis a esta categoria, verifica-se que tais trabalhadores sofrem de uma "discriminação legal", já que há expressa previsão legal limitando os direitos da categoria.

2 A convenção 189 da OIT

Em 16 de Junho de 2011, a centésima conferência da OIT (Organização Internacional do Trabalho), realizada em Genebra na Suíça e relativa à "Igualdade de Remuneração entre a mão de obra Masculina e a mão de obra Feminina em Trabalho de Valor Igual", aprovou por 396 votos a favor, 16 contra[10] e 63 abstenções, a Convenção 189, que normatiza as condições de trabalho dos trabalhadores domésticos.

Na mesma oportunidade, foi também aprovada, por 434 votos favoráveis, 8[11] contra e 42 abstenções, a Recomendação nº 201, cuja função é dar orientações mais detalhadas sobre a implementação das normas.

---

[10] Os países que votaram contra são: Chipre, República de Coréia, Dinamarca, Etiópia; República da Macedônia, Índia, Indonésia, Kiribati, Líbano, Reino Unido, Servia, Eslovênia, Suécia, Suíça e Venezuela.

[11] Os países que votaram contra são: Indonésia, Japão, Dinamarca, Kiribati, Malásia, Portugal, Reino Unido e Suécia.

Conforme já dito, o objetivo desta norma internacional é o de equiparar os direitos dos trabalhadores domésticos aos dos demais trabalhadores.

O texto introdutório da Convenção 189 diz que:

> O trabalho doméstico continua sendo desvalorizado e invisível, feito principalmente por mulheres e meninas, muitas das quais são migrantes ou pertencem a comunidades desfavorecidas e são particularmente vulneráveis à discriminação relativa ao emprego e trabalho, bem como de outras violações dos direitos humanos.

Assim, a Convenção prevê em seus 27 artigos, os seguintes direitos aos trabalhadores domésticos:

1. Jornada de trabalho, não menos favorável do que aquela aplicada aos outros trabalhadores, com direito ao recebimento de horas extras;
2. Descansos diários e descanso semanal remunerado de, ao menos, 24 horas consecutivas, como regra;
3. Horas de sobreaviso;
4. Férias anuais remuneradas, que no caso do Brasil, são acrescidas de 1/3 constitucional;
5. Garantia de salário mínimo e pago, no mínimo, 1 vez por mês;
6. Limite para pagamentos de salários in natura
7. Direito ao trabalho seguro e saudável;
8. Direito à seguridade social, inclusive em relação à proteção à maternidade;
9. Direito à idade mínima de acordo com as disposições das Convenções nº 138 e nº 182, que no Brasil já foi pacificada pelo Decreto nº 6.481, de 12/06/2008;
10. Direito à liberdade de associação e à liberdade sindical, reconhecendo o direito à negociação coletiva;
11. Direito às medidas relativas à Inspeção do trabalho, aplicação das normas e as sanções a serem aplicadas levando em conta as características especiais do trabalho doméstico.

Para que a Convenção seja ratificada pelo Brasil, há de se verificar se a mesma está em consonância com os princípios que vigem em nosso ordenamento jurídico.

É o que se pretende fazer nos próximos tópicos.

3 Do princípio da igualdade

A Constituição Federal de 1988 adotou o princípio da igualdade de direitos, prevendo que todos os cidadãos têm o direito de tratamento idêntico pela lei, em consonância com os critérios albergados pelo ordenamento jurídico, conforme artigo 5º, caput, que assim dispõe: "Art. 5º – Todos são iguais perante a lei, sem distinção de qualquer natureza".

O princípio da igualdade consagrado pela Constituição opera em dois planos distintos: de uma parte, frente ao legislador ou ao próprio executivo, na edição, respectivamente, de leis, atos normativos e medidas provisórias, impedindo que possam criar tratamentos abusivamente diferenciados a pessoas que se encontram em situações idênticas; em outro plano, a obrigatoriedade ao intérprete, basicamente, a autoridade pública, de aplicar a lei e atos normativos de maneira igualitária, sem estabelecimento de diferenciações em razão de sexo, religião, convicções filosóficas, ou políticas, raça, categoria social.[12]

Acerca do conceito do princípio da igualdade, oportuno transcrever os ensinamentos de Joaquim Barbosa Gomes:

A noção de igualdade, como categoria jurídica de primeira grandeza, teve sua emergência como princípio jurídico incontornável nos documentos constitucionais promulgados imediatamente após as revoluções do final do século XVIII. Com efeito, foi a partir das experiências revolucionárias pioneiras dos EUA e da França que se edificou o conceito de igualdade perante a lei, uma construção jurídico-formal segundo a qual a lei, genérica e abstrata, deve ser igual para todos, sem qualquer distinção ou privilégio, devendo o aplicador fazê-la incidir de forma neutra sobre as situações jurídicas concretas e sobre os conflitos interindividuais. Concebida para o fim específico de abolir os privilégios típicos do *ancien régime* e para dar cabo às distinções e discriminações baseadas na linhagem, no «rang», na rígida e imutável hierarquização social por categorias («categoriament par ordre»), essa clássica concepção de igualdade jurídica, meramente formal, firmou-se como idéia-chave do constitucionalismo que floresceu no século XIX e prosseguiu sua trajetória triunfante por boa parte do século XX. Por definição, conforme bem assinalado por Guilherme Machado Dray, «o princípio da igualdade perante a lei consistiria na simples criação de um espaço neutro, onde as virtudes e as capacidades dos indivíduos livremente se poderiam desenvolver. Os privilégios, em sentido inverso, representavam nesta perspectiva a criação pelo homem de espaços e de zonas delimitadas,

---

[12] MORAES, Alexandre de. *Direito constitucional.* 5. ed. rev. e ampl. São Paulo: Atlas, 1999. p. 62.

susceptíveis de criarem desigualdades artificiais e nessa medida intoleráveis. Em suma, segundo esse conceito de igualdade que veio a dar sustentação jurídica ao Estado liberal burguês, a lei deve ser igual para todos, sem distinções de qualquer espécie.[13]

Ocorre que no nosso país o princípio da igualdade é por vezes interpretado a partir de uma visão formal, acreditando-se que a simples previsão normativa a um tratamento isonômico é suficiente para o estabelecimento da igualdade, ainda que entre pessoas ou grupos essencialmente distintos.

Esta visão, além de não impedir ou minimizar desigualdades, contribui para o seu fortalecimento, eis que partes em situações desiguais não podem ter seus interesses aferidos por critérios idênticos, sob pena de transportar-se a desigualdade dos fatos para o mundo jurídico.

Portanto, ainda que a previsão legal seja indispensável, a realidade demonstrou que esta, por si só, não tem o condão de assegurar a devida proteção ao princípio da igualdade. Ou seja, garantir apenas que todos sejam iguais perante a lei não é suficiente para a efetivação do princípio da igualdade jurídica.

Neste sentido, Gomes Canotilho[14] considera que:

Um dos princípios estruturantes do regime geral dos direitos fundamentais é "o princípio da igualdade, cujos traços mais importantes são os seguintes: a igualdade na aplicação do direito (todos os cidadãos são iguais perante a lei) e a igualdade quanto à criação do direito. (...)."
"Ser igual perante a lei não significa apenas a aplicação igual da lei. A lei por ela própria deve tratar por igual todos os cidadãos. O princípio da igualdade dirige-se ao próprio legislador, vinculando-o à criação de um direito igual para todos os cidadãos". (...) "O princípio da igualdade, no sentido de igualdade na própria lei, é um postulado de racionalidade prática: para todos os indivíduos com as mesmas características; devem prever-se, através da lei, iguais situações ou resultados jurídicos. Todavia, o princípio da igualdade, reduzido a um postulado de universalização, pouco adiantaria, já que ele permite discriminação quanto ao conteúdo (exemplo: todos os indivíduos de raça judaica devem ter sinalização na testa; todos os indivíduos de raça negra devem ser tratados igualmente em escolas separadas das escolas reservadas a

---

[13] GOMES, Joaquim B. Barbosa. O debate constitucional sobre as ações afirmativas. Disponível em: <http://www.lpp-uerj.net/olped/documentos/ppcor/0049.pdf>. Acesso em: 15 jul. 2011.

[14] CANOTILHO, Gomes. *Direito constitucional e teoria da Constituição*. 4. ed. Coimbra: Livraria Almedina, 2000. p. 416-418.

brancos)". (...) "Reduzindo a um sentido formal o princípio da igualdade, acabaria por se traduzir num simples princípio de prevalência da lei em face da jurisdição e da administração. Conseqüentemente, é preciso delinear o princípio da igualdade em sentido material. Isto não significa que o princípio da igualdade formal não seja relevante nem seja correcto. Realça-se apenas o seu caráter tendencialmente tautológico, uma vez que o cerne do problema permanece irresolvido, qual seja saber quem são os iguais e quem são os desiguais". (...) A concretização do princípio da igualdade exige uma igualdade material através da lei, "devendo tratar-se igual o que é igual e desigualmente o que é desigual". Diferentemente da estrutura lógica formal de identidade, igualdade pressupõe diferenciações. A igualdade designa uma relação entre diversas pessoas e coisas.

Assim, faz-se necessário também que esta igualdade se concretize nas relações sociais, e por consequência, viu-se a necessidade de uma reavaliação deste princípio, a partir da distinção entre igualdade meramente formal e igualdade material (isonomia).

A igualdade formal é então aquela que teve origem na Revolução Francesa e no Código Napoleônico e decorre do princípio da primazia da lei no Estado de Direito. Prevalece a ideia de que "a lei não deve ser fonte de privilégio, perseguições, mas instrumento regulador da vida social que necessita tratar equitativamente todos os cidadãos".[15]

Por igualdade material, devemos entender como a busca pela real igualdade entre as partes, caracterizada pela máxima: *tratar igualmente os iguais e desigualmente os desiguais na medida das suas desigualdades.*

Dessa forma, a definição de tal máxima deve ser entendida como uma forma de se promover a igualdade daqueles que foram e são marginalizados por preconceitos da cultura dominante de uma sociedade.

Segundo Hesse,[16] a igualdade jurídica material não consiste em um tratamento igual sem distinção de todos em todas as relações. Senão, só aquilo que é igual deve ser tratado igualmente. O princípio da igualdade proíbe uma regulação desigual de fatos iguais; casos iguais devem encontrar regra igual. A questão é, quais fatos são iguais e, por isso, não devem ser regulados desigualmente.

Neste sentido, eis as palavras de Hans Kelsen sobre o princípio em questão: "quando os indivíduos são iguais — mais rigorosamente:

---

[15] MELLO, Celso Antonio Bandeira de. *O conteúdo jurídico do princípio da igualdade*. 3. ed. São Paulo: Malheiros, 1998. p. 10.

[16] HESSE, Konrad. *Elementos de direito constitucional da República Federal da Alemanha*. Tradução de Luiz Afonso Heck. Porto Alegre: Sergio Antonio Fabris, 1998. p. 330.

quando os indivíduos e as circunstâncias externas são iguais — devem ser tratados igualmente, quando os indivíduos e as circunstâncias externas são desiguais, devem ser tratados desigualmente."

Ainda acerca do tema, oportuno ainda citar as lições de Boaventura de Sousa Santos:[17] "temos o direito a ser iguais quando a nossa diferença nos inferioriza; e temos o direito de ser diferentes quando a nossa igualdade nos descaracteriza. Daí a necessidade de uma igualdade que reconheça as diferenças e de uma diferença que não produza, alimente ou reproduza as desigualdades".

Destarte, pode-se conceituar o princípio da isonomia (igualdade material) como aquele que busca equalizar o tratamento jurídico a pessoas ou situações que tenham relevante ponto de contato entre si. É exemplo de aplicação do princípio isonômico dentro do âmbito do Direito do Trabalho, a determinação de tratamento justrabalhista igual a empregados e trabalhadores avulsos. Ora, são trabalhadores diversos, que não se confundem tecnicamente com empregados, mas que possuem os mesmos direitos trabalhistas destes.

Por fim, insta esclarecer que a exigência contemporânea de uma igualdade substantiva e real, implica necessariamente na implementação conjunta de duas estratégias básicas: o combate à discriminação e à promoção da igualdade.

4 O princípio da não-discriminação

O princípio da não-discriminação não é um princípio autônomo, se colocando como umas das principais facetas do princípio da igualdade.

Américo Plá Rodrigues[18] aponta com propriedade a diferenciação entre estes princípios, dizendo ser princípio da não-discriminação "a versão mais simples" do princípio da igualdade (ou isonomia); por este princípio "proíbe-se introduzir diferenciações por razões não-admissíveis". Pela proposição não-discriminatória excluem-se "todas aquelas diferenciações que põem um trabalhador numa situação de inferioridade ou mais desfavorável que o conjunto, e sem razão válida nem legítima".

---

[17] SANTOS, Boaventura de Sousa. *Reconhecer para libertar*: os caminhos do cosmopolitanismo multicultural. Rio de Janeiro: Civilização Brasileira, 2003. p. 56.

[18] RODRIGUEZ, Américo Plá. *Princípios de direito do trabalho*. São Paulo: LTr, 2000. p. 442.

A palavra discriminação tem origem anglo-americana e do ponto de vista etimológico, significa o caráter infundado de uma distinção.

O princípio da não-discriminação é princípio de proteção denegatório de conduta que se considera gravemente censurável, podendo-se citar como exemplo, a existência de discriminação entre homens e mulheres.

Para Leonardo Vieira Wandelli,[19] a discriminação se caracteriza como sendo uma "diferenciação infundada", sendo que "o caráter infundado de uma diferenciação somente se revela diante da situação concreta, interpretada de maneira completa, à luz do conjunto de normas *prima facie* aplicáveis".

No plano internacional está assentado que a discriminação consiste em qualquer distinção, exclusão ou preferência que altere a igualdade de oportunidades ou de tratamento.

Assim, pode-se afirmar que a discriminação pressupõe um tratamento diferenciado, comparativamente desfavorável, com base em critérios injustificados e injustos, tais como sexo, raça, idade, religião, entre outros.

A discriminação pode ser positiva ou negativa. A discriminação negativa refere-se à noção comum de discriminação acima mencionada, representada pelo tratamento injusto, excludente ou diferenciado ao indivíduo.

Já a discriminação positiva ocorre quando se exige uma conduta positiva do Estado, por meio de políticas públicas, representadas pelas "ações afirmativas", destinadas a eliminar situações de desigualdade, com o intuito de se buscar compensar diferenças existentes e garantir a igualdade material para os indivíduos excluídos.

No âmbito do contrato de trabalho, há discriminação quando o empregador impede a contratação ou a continuidade da relação de trabalho por motivo arbitrário, entendido este como a utilização de critérios como raça, cor, etnia, sexo, deficiência física ou mental, orientação sexual, religião, sem correlação lógica com a diferença.

O combate à discriminação é um dos objetivos da Constituição Federal Brasileira e é também uma das principais preocupações dos organismos internacionais de proteção ao trabalhador.

A Constituição Federal em seu art. 3º estabelece que constituem objetivos fundamentais da República Federativa do Brasil "construir

---

[19] WANDELLI, Leonardo Vieira. *Despedida abusiva*: o direito (do trabalho) em busca de uma racionalidade. São Paulo: Saraiva, 2004. p. 382.

uma sociedade livre, justa e solidária" e "promover o bem de todos, sem preconceitos de origem, raça, sexo, cor, idade e quaisquer outras formas de discriminação".

A Organização das Nações Unidas, na Declaração Universal de 1948, exalta a proteção à dignidade e à igualdade no preâmbulo, ressaltando em seu artigo I que *"todas as pessoas nascem livres e iguais em dignidade e direitos"*.

No Pacto Internacional dos Direitos Econômicos, Sociais e Culturais, datado de 1966, ratificado pelo Brasil em 1992, a ONU consagrou novamente esse valor fundamental.

A Organização Internacional do Trabalho, por sua vez, editou sobre a matéria as Convenções nº 27, 87, 98, 100, 105, 111, 138 e 168.

A Convenção nº 111, a principal delas, define como discriminação "toda distinção, exclusão ou preferência fundada na raça, cor, sexo, religião, política, ascendência nacional ou origem social, que tenha por efeito destruir ou alterar a igualdade de oportunidade ou de tratamento em matéria de emprego ou profissão" (alínea a).

Nesse conceito insere ainda "qualquer outra distinção, exclusão ou preferência que tenha por efeito destruir ou alterar a igualdade de oportunidade ou de tratamento em matéria de emprego ou profissão" (alínea b).

O conceito revela que nem todo tratamento diferenciado é tido por discriminatório na OIT, mas apenas aquele que vise anular ou alterar a igualdade de tratamento ou de oportunidades. De todo modo, a Convenção não oferece rol taxativo de condutas discriminatórias, limitando-se a um enunciado amplo e aberto, com flexibilidade que possibilita maior eficácia e espaço de aplicação.

Essa abertura conceitual é exemplarmente completada, sem risco de conflito ou contradição entre normas internacionais, pela Convenção nº 168, que estatui, no artigo 6º, igualdade de tratamento, sem discriminação por motivo de idade ou outros critérios, e propõe medidas especiais para fomentar o emprego de pessoas desfavorecidas.

Para a OIT, o ambiente de trabalho é um ponto de partida estratégico na luta pelo trabalho decente e no combate à exclusão. Como é sabido, a relação de emprego e o poder diretivo propiciam muitas práticas discriminatórias, embora, é claro, estas igualmente vitimem outros trabalhadores, inclusive autônomos.

É neste cenário de combate à discriminação e de promoção da igualdade que se insere a Convenção 189 da OIT, que visa conceder tratamento igualitário entre os trabalhadores domésticos e os demais trabalhadores.

5 O princípio da dignidade humana e a convenção 189 da OIT

O princípio da dignidade humana foi estabelecido como fundamento de todos os constitucionalismos, como alicerce universal dos direitos humanos e fundamentais.

A Constituição Federal de 1988 elegeu como um dos fundamentos da República Federativa do Brasil a "dignidade da pessoa humana".[20] A conceituação da dignidade humana é tarefa árdua, por se tratar de uma expressão reconhecidamente vaga e indeterminada.

Além disso, não se trata de um conceito imutável, visto que deve estar em constante evolução e acompanhando as atuais necessidades do ser humano.

Segundo Ingo Wolfgang Sarlet[21] dignidade humana significa:

> a qualidade intrínseca e distintiva de cada ser humano que o faz merecedor do mesmo respeito e consideração por parte do Estado e da comunidade, implicando, neste sentido, um complexo de direitos e deveres fundamentais que asseguram a pessoa tanto contra todo e qualquer ato de cunho degradante e desumano, como venham a lhe garantir as condições existenciais mínimas para uma vida saudável, além de propiciar e promover sua participação ativa e co-responsável nos destinos da própria existência e da vida em comunhão com os demais seres humanos.

O Ministro Marco Aurélio em seu voto na ADI 4277 / ADPF 132, acerca do tema, esclareceu:

> A unidade de sentido do sistema de direitos fundamentais encontra-se no princípio da dignidade humana, porque aqueles existem exatamente em função da necessidade de garantir a dignidade do ser humano. A dificuldade de extrair o exato significado da expressão "dignidade humana" conduz à conclusão de que os órgãos investidos de legitimidade democrático-eleitoral devem ter papel destacado nesse mister, mas não impede o reconhecimento de uma "zona de certeza positiva" no tocante aos elementos essenciais do conceito.

---

[20] Art. 1ºA República Federativa do Brasil, formada pela união indissolúvel dos Estados e Municípios e do Distrito Federal, constitui-se em Estado Democrático de Direito e tem como fundamentos: I – a soberania; II – a cidadania; III – a dignidade da pessoa humana; IV – os valores sociais do trabalho e da livre iniciativa; V – o pluralismo político.

[21] SARLET, Ingo Wolfgang. *Dignidade da pessoa humana e direitos fundamentais*. Porto Alegre: Livraria do Advogado, 2001. p. 60

A proibição de instrumentalização do ser humano compõe o núcleo do Princípio, como bem enfatizado pelo requerente. Ninguém pode ser funcionalizado, instrumentalizado, com o objetivo de viabilizar o projeto de sociedade alheio, ainda mais quando fundado em visão coletiva preconceituosa ou em leitura de textos religiosos. A funcionalização é uma característica típica das sociedades totalitárias, nas quais o indivíduo serve à coletividade e ao Estado, e não o contrário. As concepções organicistas das relações entre indivíduo e sociedade, embora ainda possam ser encontradas aqui e acolá, são francamente incompatíveis com a consagração da dignidade da pessoa humana.

Dos conceitos acima expostos, podemos concluir que a dignidade humana é um valor intrínseco a todos os seres humanos e que como princípio fundante da República Brasileira deve promover e garantir a inclusão das minorias, entre elas as domésticas.

Neste sentido, é oportuno transcrever os ensinamentos de Maria Celina Bodin de Morais:[22]

(...) neste ambiente de um renovado humanismo, a vulnerabilidade humana será tutelada, prioritariamente, onde quer que ela se manifeste. De modo que terão precedência os direitos e prerrogativas de determinados grupos considerados, de uma maneira ou de outra, frágeis e que estão a exigir, por conseguinte, a especial proteção da lei. Nestes casos, estão as crianças, os adolescentes, os idosos, as mulheres, os portadores de deficiências físicas e mentais, os não proprietários, os consumidores, os contratantes em situação de inferioridade, as vítimas de acidentes anônimos e de atentados a direitos da personalidade, os membros de família, os membros de minorias, dentre outros.

Percebe-se, desta maneira, que não há como se falar em princípio da dignidade humana sem se respeitar a diferença, sem se buscar a inclusão de minorias excluídas.[23]

---

[22] MORAES, Maria Alice Bodin de. *O conceito da dignidade humana*: substrato axiológico e conteúdo normativo. *In*: SARLET, Ingo Wolgang (Org). *Constituição, direitos fundamentais e direito privado*. Porto Alegre: Livraria do Advogado, 2003. P. 116.

[23] "Se não fossem iguais, os homens não seriam capazes de compreender-se entre si e aos seus ancestrais, nem de prever as necessidades das gerações futuras. Se não fossem diferentes, os homens dispensariam o discurso ou a ação para se fazerem entender, pois com simples sinais e sons poderiam comunicar suas necessidades imediatas e idênticas." (MORAES, Maria Alice Bodin de. *O conceito da dignidade humana*: substrato axiológico e conteúdo normativo. *In*: SARLET, Ingo Wolgang (Org). *Constituição, direitos fundamentais e direito privado*. Porto Alegre: Livraria do Advogado, 2003. p. 109).

Afinal, conforme ensina Hannah Arendt,[24] a pluralidade humana se apresenta neste duplo aspecto: o da igualdade e da diferença. E como já dito acima, os trabalhadores domésticos enfrentam o preconceito tanto em sua forma direta como velada.[25]

Assim, ainda que o constituinte nacional tenha reconhecido que a garantia dos direitos fundamentais constitui uma das principais exigências da dignidade da pessoa humana,[26] a realidade brasileira vem demonstrando que preconceitos históricos não foram superados e que muitos grupos de pessoas continuam sem ter acesso a iguais oportunidades de trabalho.

Não há como fechar os olhos para essa realidade e por isso a iniciativa de ampliar os direitos dos trabalhadores domésticos deve ser incentivada.

Por isso, faz-se necessário um olhar panorâmico sobre todo o direito constitucional, incluindo os institutos internacionais, para que se alcance uma real igualdade entre as partes.

A aprovação da Convenção 189 da OIT demonstra que há um reconhecimento mundial a respeito da questão, o que nos impõe a impulsionar a melhoria da condição social dos trabalhadores, com erradicação de discriminação negativa, assegurando direitos fundamentais a estes trabalhadores, que são, comumente, mulheres e que por isso sofrem também discriminação pelo gênero.

Conforme bem observa a Convenção 189 da OIT, a necessidade de equiparação dos trabalhadores domésticos aos demais empregados urbanos é questão de direito fundamental daqueles.

O que se pretende, com a equiparação de direitos e com a ratificação da Convenção 189 da OIT, é assegurar os direitos mínimos de qualquer trabalhador ao trabalhador doméstico, evitando-se, assim, a aceitação da discriminação enfrentada por esta categoria de trabalhadores, que merecem ser respeitados e valorizados como todas as outras categorias de trabalhadores e de cidadãos.

---

[24] AREDNT, Hannah. *A condição humana*. 10. ed. Rio de Janeiro: Forense Universitária, 2001. p. 188.

[25] De acordo com dados do IBGE, muitos trabalhadores domésticos mudaram de área recentemente, face às péssimas condições de trabalho. O total de brasileiros ocupados cresceu 2,4% em fevereiro de 2011, comparado com fevereiro de 2010; enquanto o número de domésticos caiu 6,6%.

[26] WOLFGANG, Ingo Sarlet. *Dignidade da pessoa humana e direitos fundamentais na Constituição Federal de 1988*. Porto Alegre: Livraria do Advogado. 2001

Considerações finais

A elaboração do presente trabalho, em momento algum, teve a pretensão de esgotar o estudo do tema proposto.

Ainda que temas como a efetividade do princípio da igualdade, discriminação e mercado de trabalho, não sejam recentes, suas problemáticas permanecem cada vez mais atuais, porém não resolvidas.

É verdade que desde a publicação da Declaração Universal dos Direitos Humanos de 1948, no plano internacional, e da Constituição Federal Brasileira de 1988, no plano nacional, a aplicação do princípio da igualdade tem evoluído significativamente.

Acontece que, conforme acima demonstrado, a realidade brasileira demonstrou que a discriminação existente em nossa sociedade ainda não foi completamente superada e que muitos grupos de pessoas continuam sem ter acesso a iguais oportunidades de participação na vida econômica, política e social, vivendo à margem da convivência em sociedade.

Neste aspecto, se encaixa perfeitamente a categoria de trabalhadores domésticos, os quais vivenciam uma "discriminação legal" prevista na própria Constituição Federal.

No entanto, se vivemos em uma sociedade democrática, que possui como base fundante os princípios da igualdade e da dignidade humana, se torna necessário o respeito a qualquer cidadão e o reconhecimento do direito à igualdade de tratamento e de direitos entre estes, independente de sua categoria profissional.

Desta maneira, se faz de fundamental importância a ratificação da Convenção 189 da OIT, com sua imediata entrada em vigor em nosso ordenamento jurídico, nos termos do artigo 5º, §2º da CF/88.[27]

Reitere-se que nos termos de tal dispositivo constitucional e a exemplo do que ocorreu quando da retificação da Convenção 132 da OIT,[28] para a imediata aplicação da Convenção 189 não se faz necessária a realização de Emenda à Constituição ou a aprovação de Lei Ordinária neste sentido.

A ratificação da referida Convenção pelo Congresso Nacional, com sua publicação, já a insere dentro de nosso ordenamento jurídico, tornando-a válida a produzir efeitos imediatamente.

---

[27] Art. 5º, §2º- Os direitos e garantias expressos nesta Constituição não excluem outros decorrentes do regime e dos princípios por ela adotados, ou dos tratados internacionais em que a República Federativa do Brasil seja parte.

[28] A Convenção 132 da OIT, que trata sobre o direito a férias, entrou em vigor no Brasil com a publicação do Decreto nº 3.197/99.

Ou seja, conforme ensina Marcelo Neves,[29] estamos diante da necessidade de diálogo entre as disposições legais prevista no ordenamento jurídico brasileiro e a Convenção Internacional 189 da OIT. Nem se diga que a ratificação desta Convenção, acarretaria prejuízos aos próprios domésticos e que possivelmente aumentaria a informalidade ou o número de desempregos. Isso porque tal argumento, extremamente conservador, foi utilizado todas as vezes que se garantiu algum direito aos trabalhadores e, conforme se sabe, os referidos prejuízos nunca ocorreram na prática!

Desta maneira, para que se possibilite a equiparação dos direitos dos trabalhadores domésticos aos demais trabalhadores, com intuito de por fim às longas décadas de discriminação suportadas por essa categoria de trabalhadores, imperioso será a aplicação imediata da Convenção 189 da OIT, a partir de sua ratificação, independente de aprovação de Lei ou Emenda à Constituição.

Referências

AREDNT, Hannah. *A condição humana*. 10. ed. Rio de Janeiro: Forense Universitária, 2001.

CANOTILHO, J. J. Gomes. *Direito constitucional e teoria da Constituição*. 4. ed. Coimbra: Livraria Almedina, 2000.

GOMES, Joaquim B. Barbosa. O debate constitucional sobre as ações afirmativas. Disponível em: <http://www.lpp-erj.net/olped/documentos/ppcor/0049.pdf>. Acesso em: 15 jul. 2011.

IBGE. Disponível em: <http://www.ibge.gov.br>.

IPEA. Disponível em: <http://www.ipea.gov.br>.

MELO, Hildete Pereira de. O serviço doméstico remunerado no Brasil: de criadas a trabalhadoras. Disponível em: <http://www.ipea.gov.br/pub/td/td0565.pdf>. Acesso em: 15 jul. 2011.

MORAES, Maria Alice Bodin de. O conceito da dignidade humana: substrato axiológico e conteúdo normativo. *In*: SARLET, Ingo Wolgang (Org.). *Constituição, direitos fundamentais e direito privado*. Porto Alegre: Livraria do Advogado, 2003.

NEVES, Marcelo. *Transconstitucionalismo*. São Paulo: Martins Fontes, 2009.

RATIFICAÇÃO de norma sobre trabalho doméstico vai exigir "nova batalha" no Congresso, diz ativista. *Rede Brasil Atual*. Disponível em: <http://www.redebrasilatual.com.br/temas/trabalho/2011/06/ratificacao-de-convencao-sobre-trabalho-domestico-vai-exigir-201cnova-batalha201d-no-congresso-diz-ativista>. Acesso em: 13 jul. 2011.

---

[29] NEVES, Marcelo. *Transconstitucionalismo*. São Paulo: Martins Fontes, 2009.

RIBEIRO, Matilde. *Trabalhadoras domésticas*. Disponível em: <http://www.planalto.gov. br/seppir/ministra/artigos/13_5_2006empregadas.htm>. Acesso em: 15 jul. 2011.

RODRIGUEZ, Américo Plá. *Princípios de direito do trabalho*. São Paulo: LTr, 2000.

WANDELLI, Leonardo Vieira. *Despedida abusiva*: o direito (do trabalho) em busca de uma racionalidade. São Paulo: Saraiva, 2004.

WOLFGANG, Ingo Sarlet. *Dignidade da pessoa humana e direitos fundamentais na Constituição Federal de 1988*. Porto Alegre: Livraria do Advogado, 2001.

Informação bibliográfica deste texto, conforme a NBR 6023:2002 da Associação Brasileira de Normas Técnicas (ABNT):

KRIEGER, Mariana. O trabalhador doméstico no Brasil e a Convenção 189 da OIT: uma questão de igualdade. *In*: RAMOS FILHO, Wilson (Coord.). *Trabalho e regulação*: as lutas sociais e as condições materiais da democracia. Belo Horizonte: Fórum, 2012. v. 1, p. 255-272. ISBN 978-85-7700-566-6.

DIGNIDADE HUMANA E ASSÉDIO MORAL
A DELICADA QUESTÃO DA SAÚDE MENTAL DO TRABALHADOR

NEY STANY MORAIS MARANHÃO

Para uns, falta de trabalho e inutilidade para o mundo;para outros, excesso de trabalho e indisponibilidade para o mundo.
(Alain Supiot) [1]

Introdução

Em 5 de maio de 1789, o filósofo político Edmund Burke disse, em Londres, no púlpito do Parlamento: "Deu-se um acontecimento sobre o qual é difícil falar, e impossível silenciar". O nobre orador, invocando violação das "leis eternas da justiça", exigia o *impeachment* de Warren Hastings, então comandante da Companhia Inglesa das Índias Orientais.[2]

À margem do fato histórico destacado, o que quero enfatizar com essa reprodução é que existem determinadas situações que

---

[1] *Apud* OST, François. *O tempo do direito*. Tradução de Maria Fernanda Oliveira. Lisboa: Instituto Piaget, 2001. p. 392.

[2] SEN, Amartya. *A ideia de justiça*. Tradução de Denise Bottmann e Ricardo Doninelli Mendes. São Paulo: Companhia das Letras, 2011. p. 31.

nos provocam um profundo incômodo. Regra geral, calar-se diante dessas circunstâncias tem o nefasto efeito de gerar uma contundente inquietação de espírito, que não se ajusta, de modo algum, com a cômoda voz do silêncio.

A temática da saúde do trabalhador, na ambiência pós-moderna, é um dos itens dessa específica pauta que forçosamente nos insufla a abrir a boca. Enfim, tratar da temática da saúde do trabalhador é um daqueles temas sobre o qual, mercê de sua intrincada complexidade, sempre será difícil falar, malgrado seja impossível silenciar.

Neste breve arrazoado, procurei reproduzir algumas reflexões que lancei em evento científico cujo tema central foi a saúde *mental* dos trabalhadores.[3] É um tema profundo. Retrata a visão do trabalhador não apenas no papel social de quem exerce um ofício laboral, mas, bem além disso, expressa a ideia de enxergá-lo como alguém que merece ter dignidade, respeito, atenção e proteção, inclusive na esfera emocional de sua projeção existencial.

1 Firmando os alicerces de raciocínio: refletindo sobre dois equívocos comumente incrustados em nossa mente, quando o tema é "direito do trabalho"

Quando o mundo do trabalho nos é apresentado, logo nos primeiros anos da academia, ou seja, quando estudamos o Direito, Direito do Trabalho principalmente, geralmente assimilamos dois equívocos. Algo, aliás, que nos é transmitido pelos próprios manuais. Vejamos.

1.1 A conotação insistentemente *desagradável* da palavra "trabalho"

O primeiro equívoco que assimilamos é pensar no trabalho como um *sacrifício*. Que o trabalho, em si, é *esforço*, é *dor*. Nessa linha, geralmente se invoca um preceito bíblico dizendo que o trabalho envolve aquilo que alcançamos do *suor do próprio rosto*.[4] Há, embutido nisso, a

---

[3] Este texto expressa, em grande parte, o conteúdo de intervenção feita pelo autor em painel intitulado *"Assédio Moral e Saúde Mental do Trabalhador"*, como discussão integrante do evento **"Transformações no Mundo do Trabalho na Região Norte e a Saúde Mental dos Trabalhadores"**, ocorrido junto à Universidade Federal do Pará, *campus* de Belém (Pará-Amazônia-Brasil), nos dias 12 e 13 de setembro de 2011.

[4] "Do suor do teu rosto comerás o teu pão, até que tornes à terra, porque dela fostes tomado; pois és pó, e ao pó tornarás" (BÍBLIA SAGRADA. *Gênesis*, cap. 3, vers. 19).

noção de *enfado, canseira*. Percebe-se envolto na palavra "trabalho" um insistente traço de *desagradabilidade*, como se lhe fosse algo imanente. Colho do ensejo para desfazer esse equívoco. Mesmo aqueles que não tenham a Bíblia como um livro espiritual, mas apenas como um livro histórico, penso que seja importante esse breve esclarecimento.

É interessante saber que quando a Bíblia fala em "suor do rosto", no tocante ao trabalho, faz isso em Gênesis, capítulo 3. Ocorre que já em Gênesis, capítulo 2, antes do homem "errar", antes de recair no que se chama "queda",[5] quando ainda envolvido, segundo a teologia, em um ambiente de perfeição, marcado por um contato diário e prazeroso com Deus, pois bem, já nesse Capítulo 2, vemos Deus ofertar *trabalho* para Adão. Atribuiu-lhe, naquela ocasião, segundo as Escrituras, as tarefas de *lavrar* e *guardar* o Jardim do Éden.[6] Além disso, Deus deu ao homem a honra de *conferir nome* a todos os animais criados.[7]

O que concluímos disso? Que o *trabalho*, biblicamente falando, em sua origem, bem ao contrário do que comumente se propala, era uma verdadeira expressão de *prazer*, era um elemento que integrava a realidade humana como elevado fator de *felicidade*. No fundo, Deus ensina ao homem que o trabalho deve fazer parte da sua vida, como fator de concreção de realização pessoal. Ensina, enfim, que trabalhar integra de forma expressiva um quadro existencial mais amplo, tendente a produzir felicidade ao viver humano.

---

[5] "As Escrituras ensinam que Deus criou o Universo e nos fez à sua imagem (...). Mesmo assim, Deus nos amou de tal maneira que nos deu a dignidade única de sermos agentes morais livres — criaturas com habilidade de fazer escolhas, optar entre o bem ou o mal. Com o propósito de criar as condições nas quais pudessem exercitar essa liberdade, Deus estabeleceu um limite moral aos nossos primeiros ancestrais: Ele os proibiu de comer do fruto da árvore da sabedoria do bem e do mal. Os humanos originais, Adão e Eva, exerceram sua liberdade de escolha e optaram por fazer o que Deus mandara que não fizessem. Assim, rejeitaram o modo de vida proposto por Deus, bem como a sua vontade, abrindo o mundo para a morte e o mal. O termo teológico para esta catástrofe é Queda" (COLSON, Charles; PEARCEY, Nancy. *E agora, como viveremos?*. Tradução de Benjamim de Souza. 3. ed. Rio de Janeiro: CPAD, 2005. p. 185-186). Nessa esteira de raciocínio, afirma C. S. Lewis que "o homem decaído não é simplesmente uma criatura imperfeita que precisa ser melhorada; é um rebelde que precisa depor as armas" (LEWIS, C. S. *Cristianismo puro e simples*. Tradução de Álvaro Oppermann e Marcelo Brandão Cipolla. São Paulo: WMF Martins Fontes, 2009. p. 76).

[6] "O Senhor Deus tomou o homem, e o pôs no jardim do Éden para o lavrar e o guardar" (BÍBLIA SAGRADA, *Gênesis*, cap. 2, vers. 15).

[7] "Havendo, pois, o Senhor Deus formado da terra todos os animais do campo e todas as aves do céu, trouxe-os ao homem, para ver como lhes chamaria; e tudo o que o homem chamou a todo ser vivente, isso foi o seu nome. Assim o homem deu nome a todos os animais domésticos, às aves do céu e a todos os animais do campo..." (BÍBLIA SAGRADA. *Gênesis*, cap. 2, vers. 19-20).

Já o capítulo 3 de Gênesis aponta para um outro cenário, inteiramente diverso. Ali, o homem, teologicamente, está afastado da perfeição, "caiu", incidindo-lhe o duro encargo de viver do trabalho, da labuta, do seu esforço, enfim, do "suor de seu próprio rosto"...[8] Já não haveria o prazer de antigamente, quando da ambiência espiritualmente perfeita de Gênesis 2, de modo que soa mesmo imperioso que, ao cuidar desse assunto, sempre tenhamos a cautela de traçar essa distinção entre o trabalho como *prazer*, encontrado em *Gênesis 2*, e o trabalho como *sacrifício*, encontrado em *Gênesis 3*, distinção essa quase sempre olvidada. Em síntese bem apertada, é isso.

1.2 O viés insistentemente *patrimonial* da palavra "trabalho"

Mas existe um segundo equívoco que eu gostaria de ressaltar, que é este: tratar o Direito do Trabalho debaixo de uma lente estritamente *patrimonial*.

Quando nós recebemos os primeiros contatos com o mundo do Direito do Trabalho, ainda nas fileiras da Universidade, essa ótica estreita já nos é imposta, mesmo que de forma inconsciente. Perceba-se ser muito comum a compreensão de que estudar Direito do Trabalho se resume a estudar o *pagamento* de aviso prévio, férias, 13º salário, horas extras, adicional de insalubridade e por aí vai. Ou seja, tudo o que assimilamos acerca dessa bela disciplina "Direito do Trabalho" gira em torno do que entra no bolso do trabalhador.

Trata-se de algo até certo ponto já mesmo profundamente inculcado no próprio consciente coletivo. Pior: não apenas da sociedade em geral, dos trabalhadores, dos empregadores, mas, infelizmente, também, das próprias pessoas que tecnicamente deveriam ser preparadas para refutar esse odioso matiz patrimonialista então imperante na lida com o Direito do Trabalho. E isso, decididamente, não está correto. O Direito do Trabalho não é só isso. É muito mais.

---

[8] "Para ser um homem autêntico, realizado, em plena posse de sua humanidade, deve o ser humano trabalhar (...). De princípio, o trabalho era alegre, desprovido de toda fadiga que o marca hoje. (...) A corrupção da humanidade, porém, privou-a da graça que acompanhava o trabalho. (...) de espontâneo e agradável que era, tornou-se o trabalho para o homem uma obrigação, a que se deve submeter por obediência. (...) pondera Calvino que a maldição não abole completamente a bênção que se associava primitivamente ao trabalho; perduram nele 'sinais' que dão ao homem o gosto do labor" (BIÈLER, André. *O pensamento econômico e social de Calvino*. Tradução de Waldyr Carvalho Luz. São Paulo: Casa Ed. Presbiteriana, 1990. p. 523-524).

E, para reverter essa situação, basta que nos voltemos para um documento jurídico. Para quem se recusa a sair do círculo jurídico, opondo-se, por algum motivo, a refletir sobre aspectos outros, que não o do Direito, trago à discussão, então, o texto da própria Constituição Federal de 1988, que, já em sua abertura, no artigo 1º, inciso III, deixa claro que a **dignidade da pessoa humana** constitui fundamento da República Federativa do Brasil.

Isso quer dizer que o valor *fundante* do ordenamento jurídico brasileiro gira em torno do respeito e da promoção da dignidade humana. Impõe-se uma primazia, portanto, no tocante às relações jurídicas, da ótica *existencial*. Logo, à vista da *força normativa* dos vetores principiológicos constitucionais, aquele que lida com o Direito *deve* reler e reestudar todos os institutos e todas as categorias do Direito, não importando de que ramo seja, à luz de uma pauta que sempre se incline a privilegiar a *pessoa humana*.[9]

Mais à frente, quando lemos o artigo 7º da Constituição, vemos um rol de direitos conferidos ao trabalhador. É verdade que ali se

---

[9] Noutra oportunidade, ao refletir sobre o fenômeno da *constitucionalização do Direito* e a necessidade de impor *força normativa* aos princípios da Constituição Federal brasileira de 1988, assentei: "Nesses mais de 20 anos de Constituição, muita coisa ainda há por fazer. E a principal delas talvez seja justamente a conscientização de todos da sociedade — principalmente daqueles que diuturnamente lidam com o Direito — acerca do próprio papel da Constituição de 1988. Muitos falam da Constituição, ensinam sobre a Constituição, lidam com a Constituição. Poucos, porém, conhecem a alma da Constituição, a sua essência, a sua vocação, o seu propósito de vida. Vai aqui um pouco da porosidade pós-moderna: nosso vínculo com a Constituição tem sido muitas vezes tíbio, indolente, superficial, líquido. A Constituição está em nossas mesas, mas não ocupou ainda a nossa pauta de prioridades. Seus inúmeros artigos, gravados em nossa mente; seus elevados propósitos, todavia, continuam longe do nosso coração. (...) Esse é o ousado projeto neoconstitucionalista. Um constitucionalismo compromissório, dirigente. A Constituição ocupa o centro do ordenamento jurídico. Os direitos fundamentais vicejam como o coração da Constituição. A dignidade da pessoa humana é o precioso líquido carmesim que circula por todas as células do corpo jurídico. Essa novel disposição alinha o sistema, dispondo-o em um lindo arranjo constitucional dotado de perfeita sincronia humanista e vocacionado a homenagear, em alta dosagem, o ser ao invés do ter, as pessoas ao invés das coisas, o existencial ao invés do patrimonial. Razão e sentimento se unem para conduzir, tudo e todos, ao mais glorioso de nossos anseios constitucionais: a paulatina construção de uma sociedade efetivamente livre, realmente justa e verdadeiramente solidária" (MARANHÃO, Ney Stany Morais. *Responsabilidade civil objetiva pelo risco da atividade*: uma perspectiva civil-constitucional. São Paulo: GEN; Método, 2010. p. 141-143). Vale o registro de que "construir uma sociedade livre, justa e solidária" constitui um dos expressos objetivos da República Federativa do Brasil (Constituição Federal/1988, artigo 3º, inciso I). Ainda segundo o texto constitucional, também são objetivos da República Federativa do Brasil: i) garantir o desenvolvimento nacional; ii) erradicar a pobreza e a marginalização e reduzir as desigualdades sociais e regionais; iii) promover o bem de todos, sem preconceito de origem, raça, sexo, cor, idade e quaisquer outras formas de discriminação (Constituição Federal/1988, artigo 3º, incisos II, III e IV).

enxerga a garantia de pagamento de aviso prévio, horas extras etc. Mas é bom recordar que ali também há claro comando no sentido de que o trabalhador tem o direito de que seu empregador reduza os riscos inerentes ao trabalho, por meio de normas de saúde, higiene e segurança.[10]

Com isso, fica notório que a própria Constituição Federal, dentro desse fluxo de intensa busca da promoção da pessoa humana, confere ao trabalhador o *direito* — é uma *obrigação* do empregador! — de ter um ambiente de trabalho hígido, sadio e seguro. E, vale o registro, quando trata de higidez no ambiente de trabalho, a Constituição Federal de 1988 não está se restringindo a aspectos meramente físicos. Não está falando de aspectos meramente ergonômicos. Está falando, também, e acima de tudo, na higidez e na saúde *mental* do trabalhador.

Deveras, de que vale o trabalhador sentar em uma poltrona confortável ou mesmo usar capacete, se, nesse mesmo ambiente, ele estiver sendo vítima de assédio moral? De que adianta o trabalhador estar inserido em um ambiente fisicamente seguro se, em paralelo, estiver sendo humilhado, desconsiderado, desprezado? Não seria isso uma degradação do meio ambiente de trabalho? Não seria isso um considerável fator de risco à saúde mental do trabalhador?

Como vemos, nossa Constituição Federal foi bem além do aspecto meramente patrimonial. Não cuida apenas de dinheiro. Ela não resguarda apenas a esfera do *ter*, mas também a esfera do *ser*. Na verdade, ela se preocupa, sobretudo, com a defesa da *pessoa humana*, em suas múltiplas dimensões: física, mental, social e espiritual. E isso se dá justamente porque, como já consignado, a dignidade da pessoa humana constitui *fundamento* da República Federativa do Brasil.

Então, ficam esclarecidos esses dois aspectos, esses dois alicerces do meu raciocínio. *Primeiro*, trabalho deveria significar *prazer*. Foi assim no início de tudo. Infelizmente, por incontáveis motivos, nós estragamos isso e, hoje, o trabalho acaba sendo sinônimo de angústia, sacrifício, dor e, para alguns, custa até a própria vida. *Segundo*, precisamos enxergar o trabalho como elemento que dignifica, como instrumento de afirmação pessoal e social do ser humano, deixando-se de lado, de uma vez por todas, esse triste viés exclusivamente patrimonial tão presente na discussão do tema.

---

[10] Constituição Federal/1988, artigo 7º, XXII: "Art. 7º. São direitos dos trabalhadores urbanos e rurais, além de outros que visem à melhoria de sua condição social: (...) XXII – redução dos riscos inerentes ao trabalho, por meio de normas de saúde, higiene e segurança".

Ou seja: urge que se veja o trabalhador não mais como alguém que está friamente inserido em um complexo empresarial, integrando o esquema produtivo e gerador de lucro. É preciso focá-lo, isto assim, como um genuíno *ser humano*, como alguém que demanda respeito, consideração e proteção, ampla proteção, *em suas múltiplas dimensões existenciais*. Deve ser respeitado, portanto, da mesma forma que ele deve ser respeitado quando está no ônibus, na rua, no parque ou no *shopping* com sua família. Afinal de contas, ambiente de trabalho também é lugar de respeito.

2 A estridente *complexidade* do fenômeno "assédio moral laboral"

Quanto à figura do **assédio moral** praticado no ambiente de trabalho, penso que seja importante destacar, de início, o delicado momento que hoje vivenciamos. Nesse particular, nós estamos vivendo uma situação verdadeiramente alarmante. É possível afirmar que já é inteiramente rotineira, nas salas de audiência, a análise de processos envolvendo alguma denúncia de assédio, ainda que velado. De minha parte, em média, pelo menos um processo por semana traz alguma discussão expressa sobre assédio praticado no ambiente de trabalho.

Isso sem contar os casos em que se pede indenização por dano moral por fatos isolados. Por exemplo, se um chefe de setor, em uma reunião, perde o controle e humilha um empregado diante dos demais colegas de trabalho, chamando-o de "incompetente" e "imprestável", impõe-se a reparação pelo abalo moral, muito embora não se cuide de hipótese de assédio, cujo contorno, de regra, bem se sabe, exige uma prática habitual e dissimulada.[11] Todavia, em ambos as hipóteses algo parece patente: *o baixo nível de respeito humano nos locais de trabalho.*

Cumpre rememorar, para quem ainda não se deu conta, que o ordenamento jurídico brasileiro, expressamente, exige que tanto a *propriedade* quanto o *contrato*, para serem reputados como legítimos, necessariamente devem atingir uma *função social*.[12] Noutras palavras:

---

[11] "A doutrina pátria define o assédio como uma conduta abusiva, de natureza psicológica, que atenta contra a dignidade psíquica, de forma repetitiva e prolongada, e que expõe o trabalhador a situações humilhantes e constrangedoras, capazes de causar ofensa à personalidade, à dignidade ou à integridade psíquica, e que tem por efeito excluir o empregado de sua função ou deteriorar o ambiente de trabalho" (NASCIMENTO, Sônia Mascaro. *Assédio moral*. São Paulo: Saraiva, 2009. p. 02).

[12] Constituição Federal/1988, artigo 5º, XXIII: "a propriedade atenderá a sua função social"; Código Civil/2002, artigo 421: "a liberdade de contratar será exercida em razão e nos limites da função social do contrato".

o empregador, seja na dimensão jurídico-patrimonial de seus bens, seja na dimensão jurídico-contratual de seus trabalhadores, de fato, precisa se realizar, como pessoa jurídica, no cotidiano, dentro das asas da "livre iniciativa", todavia vinculado ao desiderato maior de, em última instância, sempre prestar homenagem à dignidade humana e aos demais princípios substanciais incrustados no bojo constitucional. No fundo mesmo, a verdade é que a iniciativa empresarial nada tem de "livre", à vista da sua necessária adstrição à *função social* que a Constituição se lhe impõe.

Não sem razão, nossa Constituição Federal, ao elencar os fundamentos da República Federativa do Brasil, também aponta como tal "os valores sociais do trabalho e da livre iniciativa" (Constituição Federal/1988, artigo 1º, IV). Perceba-se, por oportuno, que, pela clara dicção do texto constitucional, nem o "trabalho" e nem a "livre iniciativa", em si mesmos considerados, constituem fundamento da República Federativa do Brasil, mas, isto sim, a *expressão social* advinda desses fenômenos, a sua incontornável *conformação axiológica* aos ditames constitucionais, ou seja, *se* e *somente se* densificados na realidade prática enquanto elementos que se harmonizam para a construção de uma sociedade cada vez mais livre, justa e solidária (Constituição Federal/1988, artigo 3º, I), com a promoção do bem de todos (Constituição Federal/1988, artigo 3º, IV). Ambos não são vistos, dessa forma, como conceitos "puros", "isolados", só ganhando mesmo o valioso *status* de *fundamento* da República Federativa do Brasil na exata medida em que *funcionalizados* a um compromisso maior, de ordem ético-social.

Dessarte, quando uma empresa permite, tácita ou expressamente, que um sórdido ambiente de assédio se instale em suas dependências, a estruturação jurídica daí advinda deixa de cumprir sua finalidade social, desborda daquelas preciosas balizas ético-sociais que lhe foram constitucionalmente impostas, seja por ofensa direta à dignidade de um ou de alguns trabalhadores específicos — vítimas do assédio — seja por ofensa indireta à própria sociedade — que, ali, naquele "microcosmos" fático-social, vê frustrado o intento constitucional de garantir o bem de todos .

Feitas essas considerações de ordem mais geral, há de se pontuar, finalmente, quanto ao tema em si, que o assédio moral é figura reconhecidamente *multidimensional*. Cuida-se de fenômeno altamente *complexo* e que se realiza de *diferentes maneiras*.

Existe o chamado assédio *horizontal*, praticado entre pessoas que estão no mesmo nível hierárquico. Embora possa parecer estranho, mas o fato é que até entre empregados é possível ocorrer assédio, sendo que se o empregador aceita esse ambiente hostil, é responsável pelos danos ocorridos à vítima, já que, como mencionei, sobre ele se impõe o dever constitucional de manter o ambiente de trabalho sempre sadio, inclusive no sentido emocional da coisa.

Há o assédio dito por *vertical*, que ocorre entre pessoas envolvidas com algum grau de subordinação. Esse tipo de assédio pode ser vertical *descendente*, o mais conhecido e comum, que é o assédio praticado do chefe para com um ou alguns de seus subordinados, o que é típico da esfera das empresas privadas. E pode ser também vertical *ascendente*, que é o assédio dos subordinados para com seu chefe, figura que é mais encontrada no âmbito do serviço público.

Existe também o assédio *misto*. Alguém fica no centro e o assédio vem tanto dos colegas quanto do chefe, paralelamente. Este é o mais doentio, mais perverso e mais grotesco que alguém pode sofrer. É a modalidade de assédio que mais dilacera o emocional da vítima. De semelhante efeito lesivo é o chamado assédio *estratégico*, identificado como "uma estratégia da empresa para reduzir o número de pessoal ou, buscando conter custos, substituir o quadro por pessoas mais jovens e, consequentemente, pagar salários mais baixos. A empresa organiza sua estratégia de modo tal a levar o empregado a demitir-se".[13]

E qual seria a causa de tanto assédio? A resposta, por óbvio, não é simples, como a realidade não o é. Mas uma boa pista é compreendermos que o mundo do trabalho se transforma. Já não é mais o mesmo de algumas décadas atrás. O capitalismo se transmuda de acordo com suas necessidades.[14]

Até bem pouco tempo, imaginávamos que os assédios morais visualizados em determinados casos judiciais eram fruto da mente doentia do assediador. Críamos que o chefe de setor de uma empresa, apontado como o assediador, era alguém portador de alguma espécie de desequilíbrio mental ou emocional, sendo essa a causa do assédio. Logo, para resolver a situação, bastava à empresa remover aquela pessoa

---

[13] GUEDES, Márcia Novaes. *Terror psicológico no trabalho*. São Paulo: LTr, 2003. p. 36.

[14] "O exame mais superficial dos fenômenos ocorridos no mundo no último quarto de século logo mostrará a extraordinária vitalidade do capitalismo nesse período. Ele se expandiu e agora ocupa todo o globo. (...) Em todos os aspectos do mundo da vida, o capitalismo descobriu o material necessário para transformar tudo em novas mercadorias e em consumismo. (...) Desse modo, não é difícil compreender porque numerosos teóricos acham que a força propulsora da mudança contemporânea continua a ser o capitalismo, qualquer que seja a forma que tenha assumido. (...) A lógica interna das mudanças continua a ser a acumulação do capital e a ampliação cada vez maior do mercado" (KUMAR, Krishan. *Da sociedade pós-industrial à pós-moderna*: novas teorias sobre o mundo contemporâneo. 2. ed. Rio de Janeiro: Jorge Zahar, 2006. p. 228-229).

do posto de chefia ou mesmo do próprio posto de trabalho, como se nele residisse a fonte do problema.

Ou, por outro lado — o que é comum se ler nas contestações ofertadas em juízo —, aponta-se algum desequilíbrio emocional na própria vítima, como se fosse dela alguma propensão psicológica ao sentimento de perseguição ou mesmo à depressão. Regra geral, destaca-se que o assediado tem histórico de ausências injustificadas ou afastamentos rotineiros por problemas depressivos. Mas é preciso ter cautela, porquanto, muitas das vezes, tal espécie de alegação se presta apenas a confundir as coisas, inverter os polos, apontando como *causa* o que, na verdade, é mero *efeito*. Esquece que não raro o lar do trabalhador está destruído porque o ambiente de trabalho é destruidor.

Ou seja, tínhamos como certo que esse elemento **subjetivo**, comportamental, com relação a determinado indivíduo — seja o *assediador*, seja o *assediado* —, era mesmo importante como fator de identificação das causas fomentadoras do assédio.

Ledo engano. Isso, de fato, acontece em alguns casos. Também é certo que pode ocorrer da ruína profissional refletir uma prévia ruína da vida íntima e privada do trabalhador. Todavia, temos percebido cada vez mais que grande parte dos assédios morais não guarda ligação direta com desvios comportamentais de determinados indivíduos. O assédio, hoje, pode ser decorrente da própria organização do trabalho, em si mesma considerada. É o intrigante assédio *organizacional*.[15]

Sempre vivemos épocas de busca de lucro, mas, atualmente, essa busca é irrefreada, parece não ter limites, é voraz. Busca-se o lucro exorbitante, custe o que custar. Determinadas empresas, mais do que nunca, estão se estruturando para alcançarem o máximo de lucro com o mínimo de custo, entendido aqui "custo" não apenas no sentido financeiro, mas também no sentido humano. Para muitos "empreendedores", o lucro vale a pena, mesmo que ao preço da *saúde* ou mesmo da *vida* de outras pessoas, inclusive de seus trabalhadores. Dinheiro manchado de sangue... Não incluem, dentro da sua projeção empresarial, o respeito à saúde dos seus trabalhadores, física ou mental.

---

[15] "A identificação do assédio moral organizacional, em que o assédio individual nada mais é que uma expressão parcial, rompe o tratamento psicológico do problema e devolve a discussão sobre as condições de trabalho e os mecanismos de gestão de mão-de-obra aos espaços coletivos. A sua visualização explica a inércia dos setores internos da empresa diante das denúncias individuais e a desconfiança dos trabalhadores em relação a esses órgãos." (ARAUJO, Adriane Reis de. Assédio moral organizacional. *Revista do TST*, Brasília, v. 73, n. 2, p. 214, abr./jun. 2007).

Não faz parte dos planos de determinadas empresas o tema "saúde e segurança no trabalho".

O que pretendo gizar é que nós estamos vivendo algo muito grave. O capitalismo está se configurando de uma forma tal que a própria gestão de pessoas, a própria estruturação organizacional, o próprio *modus operandi* empresarial surge como algo intrinsecamente violento. É nesse contexto que exsurge a chamada "gestão por estresse", bem assim o fenômeno que alguns chamam de *straining*, termo do idioma inglês e cujo significado tem a ver com o verbo "esticar".

É o caso daqueles grupos para o qual o empregador estimula o constante atingimento de metas. Na medida em que essas metas são alcançadas, novo patamar é colocado para o mês seguinte. Através de técnicas motivacionais e entrega de "prêmios", todos vão "anuindo" com as metas e se desdobram ao máximo para o êxito empresarial, deixando que suas subjetividades sejam controladas. O problema é que isso não tem fim, na medida em que os alvos serão sempre maiores, chegando a um estágio em que os empregados são "esticados" tanto que já não mais suportam. O nível de estresse e cobrança alcançam picos perigosíssimos. Muitos vão para casa e não conseguem esquecer seus objetivos de metas, não se "desconectam" do trabalho, em franco prejuízo da vida pessoal e familiar.[16] Doenças surgem, notadamente a depressão. Algumas vezes até o suicídio.

A novidade, nesse processo, e que tem potencializado ainda mais os efeitos lesivos da gestão "por estresse", é esta: *a indisfarçável falta de solidariedade entre os colegas*. A cobrança individualizada de metas acirrou a concorrência, a disputa interna entre os próprios colegas de trabalho. Por conseguinte, acabou a camaradagem, a amizade sincera, a confiança. Hoje impera o egoísmo sádico, o frio individualismo, o "cada um por si". Sem elos de solidariedade, sem enlaces de apoio, o trabalhador se vê minado de forma mais rápida no seu emocional. No mais das vezes, mesmo em casa, o trabalhador já não tem laços sólidos, fortes. A situação se complica, então, se também no trabalho o ambiente é desencorajador.

---

[16] "Em suma, o tema aqui sugerido pretende pôr em discussão — para buscar uma resposta jurídica que lhe seja adequada — o grande paradoxo do mundo do trabalho moderno, que nos desafia, diariamente, e que assim se enuncia: enquanto uma grande parcela da população não tem acesso ao trabalho e isto põe em risco a sua sobrevivência, uma outra parcela, não menos considerável, está se matando de tanto trabalhar ou alienando-se no trabalho!" (MAIOR, Jorge Luiz Souto. Do direito à desconexão do trabalho. Disponível em: <http://bdjur.stj.gov.br/xmlui/bitstream/handle/2011/18466/Do_Direito_%C3%A0_Desconex%C3%A3o_do_Trabalho.pdf?sequence=2>. Acesso em: 16 jul. 2011.

Na Psicologia, Christophe Dejours tem alertado sobre a constante fragilização desses vínculos de apoio na ambiência laboral, enquanto fator de prejuízo à saúde mental dos trabalhadores.[17] Zygmunt Bauman, na Sociologia, em um contexto mais amplo, também tem enfatizado essa intensa porosidade relacional que tem marcado os tempos pós-modernos.[18] É triste reconhecer que estar no trabalho, para muitos cidadãos brasileiros, representa uma odiosa tortura emocional, que dói no peito e lhe estilhaça a alma.[19]

---

[17] "Que um suicídio possa ocorrer no local de trabalho indica que todas essas condutas de ajuda mútua e solidariedade (...) foram banidas dos costumes e da rotina da vida de trabalho. Em seu lugar, instalou-se a nova fórmula do cada-um-por-si; e a solidão de todos tornou-se regra. Agora, um colega afoga-se e não se lhe estende mais a mão. Em outros termos, um único suicídio no local de trabalho — ou manifestamente em relação ao trabalho — revela a desestruturação profunda da ajuda mútua e da solidariedade. Ou seja: a intensa degradação do viver-junto em coletividade" (DEJOURS, Christophe; BÈGUE, Florence. *Suicídio e trabalho*: o que fazer?. Tradução de Franck Soudant. Brasília: Paralelo 15, 2010. p. 21).

[18] "... a retração ou redução gradual, embora consistente, da segurança comunal, endossada pelo Estado, contra o fracasso e o infortúnio individuais retira da ação coletiva grande parte da atração que esta exercia no passado e solapa os alicerces da solidariedade social. [...] Os laços inter-humanos [...] se tornam cada vez mais frágeis e reconhecidamente temporários. A exposição dos indivíduos aos caprichos dos mercados de mão-de-obra e de mercadorias inspira e promove a divisão e não a unidade. [...] A 'sociedade' é cada vez mais vista e tratada como uma 'rede' em vez de uma 'estrutura' (para não falar em uma 'totalidade sólida'): ela é percebida e encarada como uma matriz de conexões e desconexões aleatórias e de um volume essencialmente infinito de permutações possíveis. [...] Uma visão assim fragmentada estimula orientações 'laterais', mais do que 'verticais'. [...] A virtude que se proclama servir melhor aos interesses do indivíduo não é a conformidade às regras (as quais, em todo caso, são poucas e contraditórias), mas a flexibilidade, a prontidão em mudar repentinamente de táticas e de estilo, abandonar compromissos e lealdades sem arrependimento" (BAUMAN, Zygmunt. *Tempos líquidos*. Tradução de Carlos Alberto Medeiros. Rio de Janeiro: Jorge Zahar, 2007. p. 8-10).

[19] A respeito do assunto, destaco o seguinte julgado: "Assédio Moral Organizacional. Troféus 'Lanterna' e 'Tartaruga'. O pseudo procedimento de incentivo de vendas adotado pela empresa, consistente em atribuir troféus lanterna e tartaruga aos vendedores e coordenadores de vendas com menores desempenhos na semana, trouxe-lhes desequilíbrio emocional incontestável, independentemente de quem efetivamente os recebia, visto que na semana seguinte qualquer deles poderia ser o próximo agraciado com este abuso patronal, que ocorreu de forma generalizada e reiterada. Ficou evidente que o clima organizacional no ambiente de trabalho era de constante pressão, com abuso do poder diretivo na condução do processo de vendas. Não há outra conclusão a se chegar senão a de que todos que ali trabalhavam estavam expostos às agressões emocionais, com possibilidades de serem o próximo alvo de chacota. Nesse contexto, o tratamento humilhante direcionado ao autor e existente no seu ambiente de trabalho mostra-se suficiente para caracterizar o fenômeno do assédio moral organizacional, máxime quando presente prova de que a conduta desrespeitosa se perpetrou no tempo, de forma repetitiva e sistemática. Configurado o assédio moral e a culpa patronal, é devida a indenização pretendida pelo Reclamante" (TRT 23ª Região, 1ª Turma, RO 00795.2010.002.23.00-3, Relator: Desembargador Tarcísio Valente, publicado em 09.09.11).

Considerações finais

Essa é a realidade.[20] Agora vem o questionamento: como combater isso? Como enfrentarmos algo que já não está vinculado a fatores circunstanciais, atinentes a desvios pontuais de personalidade de determinados indivíduos, mas, muito pelo contrário, incorpora-se ao próprio âmago da atividade empresarial, ao próprio "modo de ser" da gestão de pessoas? Algo, portanto, que é **objetivamente** lesivo, violento, ameaçador. Eis uma angústia que ouso compartilhar. O que fazer quando o próprio paradigma reinante, a própria cosmovisão imperante demanda práticas que desprezam a saúde física e mental do trabalhador? Fechar a empresa? Proibir a ideologia?... Seria isso razoável?!

E qual o papel do Ministério Público do Trabalho nisso? E o papel da Justiça do Trabalho? E o papel dos sindicados e dos próprios trabalhadores?

Precisamos refletir a respeito disso. É algo que se impõe — e dele precisamos falar. É um debate que não pode mais ser adiado.

Como ensina Jorge Luiz Souto Maior [21] — de modo sempre muito percuciente — a preocupação com o relacionamento humano travado no ambiente laboral expressa uma autêntica mudança na própria concepção do Direito do Trabalho. De fato, nessa linha de ideias, o Direito do Trabalho se desprende daquela exclusiva feição *patrimonial* que tanto lhe deturpa a face e mergulha de vez na portentosa dimensão *existencial*, talhando-se à luz da silhueta constitucional. O objetivo está em alcançar aquele tão dificultoso e almejado ponto de equilíbrio entre *capital* e *trabalho*: desenvolvimento empresarial, sempre; ofensa à dignidade humana, jamais.

Cumpre-nos, de algum modo, resgatar o prazer *no* e *pelo* trabalho. Ambiente laboral não deve ser espaço de destruição da personalidade;

---

[20] Infelizmente, no Brasil, ainda não existe legislação federal tratando da figura do assédio moral. Apenas em relação ao serviço público municipal e estadual alguns regramentos podem ser encontrados. Portanto, os trabalhadores da iniciativa privada e os servidores públicos federais ainda não recebem a incidência de lei específica versando sobre o tema. Entretanto, vale o importante registro de que a Constituição Federal de 1988, com sua principiologia altamente protetiva, é detentora, por si só, de carga jurídica mais que suficiente para salvaguardar a dignidade humana de todo e qualquer trabalhador, em toda e qualquer circunstância. Não à toa, a Carta Magna dispõe em seu artigo 5º, §2º, que: "Os direitos e garantias expressos nesta Constituição não excluem outros decorrentes do regime dos princípios por ela adotados, ou dos tratados internacionais em que a República Federativa do Brasil seja parte".

[21] Apresentação da obra: GUEDES, Márcia Novaes. *Terror psicológico no trabalho*. São Paulo: LTr, 2003. p. 13.

deve ser lugar de afirmação da dignidade. Escancaremos nossas mentes para reconhecer que trabalhamos não apenas para construir um patrimônio. Nós trabalhamos, também e sobretudo, para construir a nossa própria identidade.
Porque trabalho não envolve apenas "dinheiro no bolso".
Trabalho também envolve "paz no coração".

Referências

ARAUJO, Adriane Reis de. Assédio moral organizacional. *Revista do TST*, Brasília, v. 73, n. 2, abr./jun. 2007.

BAUMAN, Zygmunt. *Tempos líquidos*. Tradução de Carlos Alberto Medeiros. Rio de Janeiro: Jorge Zahar, 2007.

BIÈLER, André. *O pensamento econômico e social de Calvino*. Tradução de Waldyr Carvalho Luz. São Paulo: Casa Ed. Presbiteriana, 1990.

BRASIL. *Constituição da República Federativa do Brasil*. Artigo 5º, XXIII: "a propriedade atenderá a sua função social"; Código Civil/2002, artigo 421: "a liberdade de contratar será exercida em razão e nos limites da função social do contrato".

BRASIL. *Constituição da República Federativa do Brasil*. Artigo 7º, XXII: "Art. 7º. São direitos dos trabalhadores urbanos e rurais, além de outros que visem à melhoria de sua condição social: (...) XXII – redução dos riscos inerentes ao trabalho, por meio de normas de saúde, higiene e segurança".

COLSON, Charles; PEARCEY, Nancy. *E agora, como viveremos?*. Tradução de Benjamim de Souza. 3. ed. Rio de Janeiro: CPAD, 2005.

DEJOURS, Christophe; BÈGUE, Florence. *Suicídio e trabalho*: o que fazer?. Tradução de Franck Soudant. Brasília: Paralelo 15, 2010.

GUEDES, Márcia Novaes. *Terror psicológico no trabalho*. São Paulo: LTr, 2003.

KUMAR, Krishan, *Da sociedade pós-industrial à pós-moderna*: novas teorias sobre o mundo contemporâneo. 2. ed. Rio de Janeiro: Jorge Zahar, 2006.

LEWIS, C. S. *Cristianismo puro e simples*. Tradução de Álvaro Oppermann e Marcelo Brandão Cipolla. São Paulo: WMF Martins Fontes, 2009.

MAIOR, Jorge Luiz Souto. Do direito à desconexão do trabalho. Disponível em: <http://bdjur.stj.gov.br/xmlui/bitstream/handle/2011/18466/Do_Direito_%C3%A0_Desconex%C3%A3o_do_Trabalho.pdf?sequence=2>. Acesso em: 16 set. 2011.

MARANHÃO, Ney Stany Morais. *Responsabilidade civil objetiva pelo risco da atividade*: uma perspectiva civil-constitucional. São Paulo: GEN; Método, 2010.

NASCIMENTO, Sônia Mascaro. *Assédio moral*. São Paulo: Saraiva, 2009.

SEN, Amartya. *A ideia de justiça*. Tradução de Denise Bottmann e Ricardo Doninelli Mendes. São Paulo: Companhia das Letras, 2011, p. 31.

SUPIOT, Alain *apud* OST, François. *O tempo do direito*. Tradução de Maria Fernanda Oliveira. Lisboa: Instituto Piaget, 2001.

Informação bibliográfica deste texto, conforme a NBR 6023:2002 da Associação Brasileira de Normas Técnicas (ABNT):

MARANHÃO, Ney Stany Morais. Dignidade humana e assédio moral: a delicada questão da saúde mental do trabalhador. *In*: RAMOS FILHO, Wilson (Coord.). *Trabalho e regulação*: as lutas sociais e as condições materiais da democracia. Belo Horizonte: Fórum, 2012. v. 1, p. 273-287. ISBN 978-85-7700-566-6.

REESTRUTURAÇÃO PRODUTIVA, REORGANIZAÇÃO DA FORÇA DE TRABALHO E DESENVOLVIMENTO TECNOLÓGICO NO CAPITALISMO CONTEMPORÂNEO

DESAFIOS AO DIREITO DO TRABALHO

SYLVIA MALATESTA DAS NEVES

1 Modelos de gestão do trabalho no capitalismo

O modo de produção capitalista é marcado, em seu desenvolvimento, por crises cíclicas, manifestações da denominada crise estrutural do sistema global hegemônico do capital — este último entendido como modo de controle do metabolismo social vigente (MÉSZÁROS, 2009). A cada uma destas, esse sistema se reinventa, reestruturando-se e inovando-se, a fim de superar a contingência do processo histórico (HARVEY, 2008). Essas sucessivas reestruturações guardam sempre em comum um fator: o objetivo de recuperar o ciclo reprodutivo do capital — através da reposição dos patamares de acumulação anteriores à crise — oferecendo respostas que enfrentam as crises somente em sua superfície, em sua dimensão fenomênica, ou seja, uma reestruturação que passe longe de abalar qualquer dos pilares fundamentais do modo de produção capitalista (ANTUNES, 2009, p. 38).

É neste contexto que historicamente se alteram os padrões de acumulação, com o surgimento de novos — por vezes pela recombinação dos velhos — modelos de gestão capitalista, tendo em vista sempre um maior dinamismo no processo produtivo quando este dá sinais de esgotamento.

Este processo se intensificou globalmente nos anos 60 e início da década de 70, quando coube ao capital oferecer uma resposta que, ao mesmo tempo em que permitisse sua reestruturação, solucionasse superficialmente a crise sempre obedecendo aos marcos do sistema e garantindo a manutenção de sua hegemonia. Desse modo, importantes transformações foram geradas a partir dos anos 70, com a posterior consolidação de um modelo político e econômico neoliberal, conduzindo a uma reformulação do papel do Estado na economia, combinado com um ciclo de privatizações sobre as empresas públicas.

Tal reestruturação foi possível a partir da transição dos padrões de acumulação até então dominantes — mas que se mostraram esgotados, cada um a seu tempo — o taylorismo e fordismo, para novas formas de acumulação flexibilizada, mediante inclusão de novas tecnologias e formas de organização e gestão do trabalho, o toyotismo, também denominado neofordismo ou, ainda, pós-fordismo.

1.1 Taylorismo e Fordismo: seus limites

O binômio taylorismo/fordismo, assim reconhecido em virtude das semelhanças havidas entre esses dois modos de gestão, especialmente quando considerado o fato de terem sido processos continuados e utilizados conjuntamente, dominantes durante praticamente todo o século XX no sistema produtivo da grande indústria e de seu processo de trabalho, caracterizou-se por ser baseado na produção em massa de mercadorias de maneira homogeneizada e verticalizada. (ANTUNES, 2009, p. 38)

O taylorismo notabilizou-se, inicialmente, por ter sido a primeira expressão do desenvolvimento de uma organização científica do trabalho — através do controle parcelar do tempo e o controle sobre os corpos dos trabalhadores nos locais de trabalho —, a partir do que surgiram várias inovações tecnológicas, possibilitando a criação de linhas de montagem e a fixação de ritmos de tempo da produção, elementos, por sua vez, típicos do fordismo, gerando um incremento inédito na produtividade. (RAMOS FILHO, 2011, p. 26)

Este modelo combinado teve, assim, características tais como: racionalização ao máximo das operações realizadas pelos trabalhadores no processo produtivo, com vistas a combater o desperdício, pela redução de tempo e aumento do ritmo de trabalho. Sua estrutura contava com o fomento ao trabalho parcelar e fragmentado, tal como eternizado por Charles Chaplin em seu filme *Tempos Modernos*. Assim, o trabalhador perdia qualquer noção de totalidade acerca da atividade que desempenhava incansavelmente todos os dias nas indústrias, num processo denominado por Antunes (2009, p. 39) de *desantropomorfização do trabalho*, no qual o operário era convertido em mero apêndice da máquina-ferramenta — nas valiosas definições marxianas ao analisar a grande indústria moderna. Assim, o capital adquiria maior intensidade na exploração do sobretrabalho e extração da mais valia produtiva em sua dimensão absoluta, pelo prolongamento da jornada, e também relativa, por essa intensidade elevada ao máximo na rigidez da linha de produção.

> Esse processo produtivo caracterizou-se, portanto, pela mescla da *produção em série fordista* com o *cronômetro taylorista*, além da vigência de uma separação nítida entre elaboração e execução. Para o capital, tratava-se de apropriar-se do *savoir-faire* do trabalho, "suprimindo" a *dimensão intelectual do trabalho operário*, que era transferida para as esferas da gerência científica. A atividade de trabalho reduzia-se a uma ação mecânica e repetitiva. (ANTUNES, 2009, p. 39)

Essa combinação se revelou, durante a maior parte do século XX, a forma mais avançada de racionalização e aumento da produtividade e lucratividade do processo de trabalho na esfera produtiva. Assim, se estendeu até mais ou menos o final dos anos 60 e início dos anos 70, quando se tornou aguda a crise estrutural do capital, explicitando as limitações e deficiências desses modelos, já esgotados. Pode-se compreender esse esgotamento justamente quando apreendemos a noção de que, como já mencionado, as diversas crises do capital nada mais são do que manifestações de uma profunda e sistêmica crise estrutural global. Não é possível, portanto, controlar efetiva, duradoura e definitivamente o sistema de metabolismo social do capital, conforme aponta Mészaros.

Nesse contexto, surge a primeira recessão generalizada do pós Segunda Guerra Mundial em 1974 e 1975, com uma intensa crise de superprodução, que impede a realização do lucro no mercado consumidor, elemento essencial à manutenção do modo de produção (CHESNAIS, 1996).

O fordismo coincide com o início do intervencionismo estatal, visando a reorganização do trabalho em prol de um crescimento na produtividade, do mercado de consumo em massa e maior concentração de capital. Por isso, a crise do fordismo gerou também uma grave crise no compromisso keynesiano que delimitava ideologicamente o campo da luta de classes, ao propagar uma conciliação superficial entre a burguesia e o proletariado através da proposta de um *Welfare State* como marco regulatório que ofereceria, em tese, compensações aos trabalhadores em troca de uma relativa estabilização das forças nas relações de produção a assegurar o desenvolvimento econômico, ou seja, em troca do abandono por parte destes da luta por um projeto histórico societal alternativo.

A estes elementos se somou o ressurgimento, no período, de mobilizações por parte dos trabalhadores, pelo fortalecimento do movimento operário, resultado de um transbordamento da luta de classes decisivo nesse processo (ANTUNES, 2009, p. 42).

Todavia, ainda que tais mobilizações tenham representado uma ofensiva peculiar frente ao capital, não foram suficientes para desmontar toda a estrutura organizacional social-democrática durante décadas mantida mediante controle sobre todos os níveis da vida da classe trabalhadora. Não houve a consolidação de um projeto político de organização alternativo, muitas limitações não conseguiram ser superadas, o que acabou por dar ao capital a chance de reestruturar seu funcionamento, principalmente a partir do salto tecnológico ocorrido no período, permitindo a remodelação dos sistemas de administração de empresas com novas técnicas de gestão, conduzindo, finalmente, a implementação do toyotismo. (ANTUNES, 2009, p. 46)

1.2 Pós-fordismo e "novas" formas de acumulação flexível do capital

O processo de reestruturação produtiva se desenvolve a partir da mundialização e financeirização do capital que interfere em aspectos objetivos na produção, mas também, e até se pode afirmar, principalmente, em subjetivos. Neste sentido, aponta Alves:

> (...) o novo complexo de reestruturação produtiva não possui caráter "neutro" na perspectiva da luta de classes. Ele apenas expressa, na medida em que se desenvolvem as alterações do processo de trabalho, algo que é intrínseco à lei da acumulação capitalista: a precarização da classe dos trabalhadores assalariados, que atinge não apenas, no sentido objetivo, a sua condição de emprego e salário mas, no sentido subjetivo, a sua consciência de classe. (ALVES, 2010, p. 9)

Como a crise se estendeu politicamente, colocando em xeque a ideologia fordista-keynesianista, foi gestada uma nova forma de ideologia que trazia consigo outra proposta político-econômica, o neoliberalismo, implementado pioneiramente pelos governos Thatcher (Inglaterra) e Reagan (EUA). Este se caracteriza pela atribuição de um papel diferenciado ao Estado: deve regular o capital por reformas, de forma a atrair e manter os investimentos do capital financeiro transnacional. As políticas neoliberais, assim, estão assentadas sobre o tripé da *desregulamentação, privatização* e *abertura comercial*. (FIORI, 1998, p. 217)

Em meio a esse processo de reorganização, a partir dos anos 70 e 80 são projetados novos experimentos produtivos, representativos de um novo modo de acumulação flexível nesta etapa de mundialização, tendo como parâmetro a experiência toyotista japonesa, universalizada na década de 80. Entretanto, antes de se deter na análise das peculiaridades desse padrão, importante destacar o fato de a flexibilização das condições de produção, em especial da força de trabalho, ser sempre uma das características histórico-ontológicas da produção capitalista (ALVES, 2010, p. 23). A categoria da flexibilidade é intrínseca à produção capitalista; o trabalho assalariado deve ser flexível às necessidades do desenvolvimento do capital. Desse modo,

> (...) o complexo de reestruturação produtiva apenas expõe, de certo modo, o em-si "flexível" do estatuto ontológico social do trabalho assalariado: por um lado a sua precarização (e desqualificação) contínua (e incessante), e, por outro, as novas especializações (e qualificações) de segmentos da classe dos trabalhadores assalariados. (ALVES, 2010, p. 23)

O principal, partindo desta premissa, é compreender quais são as peculiaridades que configuram esse processo na atual fase de desenvolvimento do capital, com vistas a sua superação, o que só poderá ser realizado no resgate das possibilidades de efetivação de outro projeto de sociedade.

Na compreensão de Giovanni Alves, é justamente o processo de mundialização, como um novo estágio de desenvolvimento capitalista, que modificou qualitativamente a manifestação da categoria da flexibilidade pós anos 70, sob a forma da acumulação flexível. E essa forma peculiar se realiza no fenômeno do toyotismo, hegemônico a partir dos anos 80.

Esse fenômeno é mais adequadamente denominado, no entender de Ramos Filho (2011) e inúmeros outros autores, como pós-fordismo, na medida em que, enquanto estágio superior de racionalização da gestão do trabalho não rompe propriamente com a lógica taylorista/ fordista, mas, por outro lado, apresenta elementos qualitativamente diversos, ao proceder, de forma mais intensa que os modelos até então observados, ao sequestro da subjetividade do trabalhador, inscrevendo-o na lógica do sistema global do capital.

> Assim, prefere-se a expressão *pós-fordismo*, pois não se trata de mera "atualização" do método anterior de indução da submissão e da docilidade dos trabalhadores, mas de *outra* Doutrina, que não se restringe a propugnar por contrapartidas (melhores condições de trabalho, elevação nos salários e atribuição de um tempo "livre" para que os trabalhadores possam consumir, em massa, produtos igualmente produzidos em massa, induzindo adesão a uma *maneira de existir* na sociedade de consumo) para legitimar o modo de produção. Segundo este raciocínio, portanto, a Doutrina do *pós-fordismo* supera a anterior ao propor outra *maneira de existir* quando o capitalismo deixa de necessitar de legitimação, tornando-se *descomplexado* para assumir-se como é realmente, sem prurido e sem pudores. (RAMOS FILHO, 2011, p. 448)

O pós-fordismo, adotada essa denominação, tem como algumas das características principais que o distinguem do taylorismo/fordismo: i) o vínculo da produção à demanda, atendendo às exigências individualizadas do mercado consumidor, logo, marcada pela heterogeneidade; ii) o incentivo ao trabalho em equipe, com multivariedade de funções; iii) possibilidade de o operário trabalhar simultaneamente em diversas máquinas, trabalhador polivalente; iv) adota o *just in time* como princípio, segundo o qual deve-se buscar o melhor aproveitamento possível do tempo de produção; v) funciona conforme o sistema *kanban* de reposição de estoque; as empresas possuem uma estrutura horizontalizada, com Círculos de Controle de Qualidade (CCQs), pelos quais os trabalhadores no interior da empresa são instigados a discutir seu trabalho e desempenho, objetivando um aumento da produtividade. (ANTUNES, 2009, p. 56-57)

São características que, por um lado, incentivam a participação dos trabalhadores nos projetos de produtos bem como processos de produção, na medida em que solicita e por vezes absorve sugestões para seu aperfeiçoamento, mas por outro revelam um novo patamar de apropriação gratuita das forças naturais do trabalho social, sem custos, pelo capital. (ALVES, 2010, p. 45)

Nesse processo, a precarização se revela como importante estratégia organizacional das empresas — agravada pela subsunção ou sequestro da subjetividade operária à lógica do capital —, visando um incremento na dominação através de dois métodos de organização do trabalho, voltados ao aumento da produtividade e da lucratividade.

São estes a *qualidade total*, com os sistemas internacionais de certificação e consequente alteração na modalidade de estipulação salarial e a *avaliação individualizada das performances*, que faz surgir o conceito de empregabilidade como atributo pessoal, a ser individualmente buscado. (RAMOS FILHO, 2009, p. 20) Discurso que, todavia, como bem notaram Boltanski e Chiapello, mascara a exclusão de fato dos trabalhadores "inempregáveis". (2009, p. 257)

Esse processo de reestruturação produtiva do capital tornou-se a base necessária para, juntamente com o desenvolvimento — fortalecido após a década de 80, com a crise do socialismo real dos regimes soviéticos — do já mencionado projeto político neoliberal nos países capitalistas, conduzir a processos de privatização intensa, desregulamentação e flexibilização nas relações de trabalho, priorização do capital financeiro em detrimento do produtivo, gerando uma financeirização da economia e ataque direto à atuação dos sindicatos mediante uma individualização das relações entre o trabalho e o capital.

No Brasil, essa combinação se definiu claramente na década de 1990, principalmente durante os dois Governos FHC, com a intensificação do processo de flexibilização do trabalho que, por sua vez, vincula-se aos de mundialização de capitais, internacionalização dos mercados e integração informacional. (MENDES, 2005, p. 20)

A globalização e essa mundialização do capital, dialeticamente, facilitaram os mecanismos neoliberais de fortalecimento da economia de mercado liberta de obstáculos protecionistas ao alterar as estruturas do funcionamento econômico e ensejar a construção de uma nova ordem social e política. Entretanto, tal flexibilização e desregulamentação gerou um forte processo de precarização das condições de trabalho e aumento do desemprego estrutural. A classe trabalhadora viu os direitos trabalhistas conquistados serem relegados a segundo plano, em nome de uma suposta necessidade de "modernização" nas relações de trabalho, de inserção numa concorrência global que exigiria novas configurações na relação entre o capital e o trabalho.

Antes, porém, de adentrar na análise detida dos modos de precarização das relações de trabalho nesse contexto, é importante compreender como a chamada Era da Informatização ou Revolução Informacional assume uma posição de destaque nessa reconfiguração capitalista.

1.3 Era informacional e sociedade da informação

Com o incremento tecnológico e informacional ligados à mundialização do capital, foi difundido largamente o conceito de "sociedade da informação". A reestruturação produtiva e reorganização do trabalho foram acompanhadas da noção de advento de uma sociedade global à qual todos os países, mesmo os periféricos, deveriam estar integrados. Uma sociedade na qual, em virtude do avanço tecnocientífico, o próprio trabalho degradado — este, porém, referindo-se ao típico do modelo de acumulação fordista ou taylorista — seria magnificamente superado por esse novo modo de desenvolvimento produtivo, denominado, por Manuel Castells, informacionalismo. Havia, portanto, uma promessa de emancipação pelo trabalho imaterial, autônomo e criativo vinculado às tecnologias da informação e comunicação e acessível potencialmente a todos. (ANTUNES; BRAGA, 2009, p. 8)

O pós-fordismo está inscrito nesta era do capitalismo global permeado pela revolução informacional mencionada. Essa constituição das redes informacionais como nova base técnica da produção de mercadorias promoveu diversas alterações no processo de trabalho e produção do capital, como pode ser observado na constituição dos trabalhadores coletivos das empresas em rede que modifica o controle do trabalho capitalista. Nota-se a "(...) expansividade da relação-capital cujo controle sócio-metabólico não se limita mais ao local de trabalho ou às instâncias de produção propriamente ditas (...)". Ocorre que "(...) as novas 'máquinas' informacionais deslocam a problemática da relação interface homem-máquina para a relação interface homem-homem (o que expõe, de certo modo, a dimensão crucial dos processos de subjetivação sob a 'cooperação complexa')". (ALVES, 2008, p. 13)

> (...) com a "cooperação complexa" da produção do capital, instaura-se uma etapa histórica de intensa socialização da produção social e de agudização das contradições do sistema mundial do capital, em que a linha de demarcação entre as instâncias das inovações tecnológicas, organizacionais e sócio-metabólicas tende a tornar-se ainda mais tênue. Nesse caso, a idéia de produção do capital incorpora a totalidade social com os limites entre produção, circulação, distribuição e consumo tornando-se deveras sutis (nesse caso, as idéias de flexibilidade e integração explicitam, no plano lingüístico, alterações materiais ocorridas na forma social da produção do capital). O capital, como categoria social abstrata, torna-se mais efetivo na sua forma de ser. Com a "cooperação complexa" ocorre o movimento de absolutização do capital. Nesse

sentido, constitui-se a produção como totalidade social, em que a idéia de rede informacional, que está na empresa, mas também na escola e no lar, aparece como seu lastro tecnológico. As mutações sócio-materiais do capitalismo global alteram as determinações categoriais do ser social. (ALVES, 2008, p. 14)

Nesse mesmo sentido, outra observação importante merece ser trazida acerca da relação entre os trabalhadores e a utilização de novas tecnologias pelos capitalistas nos processos de trabalho:

> O uso de *novas tecnologias* também é uma oportunidade para aumentar a pressão sobre os assalariados: numa categoria sócioprofissional equivalente, o trabalhador que utilizar a informática tem um trabalho mais limpo e fisicamente menos penoso, mas sofre mais pressão da demanda, sobretudo quando é operário ou empregado de escritório. (...) A informatização, assim, é acompanhada "por um nível mais elevado de pressões psicológicas", com o aumento "das exigências de atenção, vigilância, disponibilidade e concentração". (BOLTANSKI; CHIAPELLO, 2009, p. 275)

Ocorre que essa propagada "liberação absoluta dos mercados", tanto no plano internacional como no interno, aliada às promessas ideológicas de superação das barreiras através da integração no âmbito de uma sociedade global teve consequências significativas para as relações de trabalho e sua regulação, estas passando ao largo de qualquer aspecto positivo.

2 Precarização e flexibilização das relações de trabalho e o direito capitalista do trabalho

2.1 Impactos nas relações de trabalho: mecanismos de precarização das condições e flexibilização da legislação trabalhista

Uma das estratégias trazidas pelas empresas a partir dos anos 80 foi o crescimento da chamada flexibilidade, em seu aspecto interno e externo, como apontam Boltanski e Chiapello. Enquanto a interna está vinculada à transformação profunda da organização e técnicas utilizadas no trabalho, a externa

> (...) supõe uma chamada organização do trabalho em rede, na qual empresas "enxutas" encontram os recursos de que carecem por meio de

abundante subcontratação e de uma mão de obra maleável em termos de emprego (empregos precários, temporários, trabalho autônomo), de horários ou de jornada do trabalho (tempo parcial, horários variáveis). (BOLTANSKI; CHIAPELLO, 2009, p. 240)

As mudanças nas práticas de organização do trabalho e das empresas, a partir disso, redundaram em uma intensa precarização do emprego, seja pela sua natureza, como é o caso dos temporários, contrato por tempo determinado, parcial ou variável, seja em razão da posição ocupada pelos empregados nas empresas, principalmente quando subcontratadas.

Percebe-se como prática predominante nas empresas, a existência de um núcleo estratégico mínimo de trabalhadores que ocupam empregos fixos, ao passo que para todas as demais necessidades de produção, lança-se mão da utilização complementar do "trabalho externo", obtido mediante subcontratação ou terceirização das tarefas. Assim, essa prática de manter um corpo fixo de empregados na empresa em menor número possível, vem acoplada ao desenvolvimento da terceirização, trabalho temporário, etc., colocando o trabalhador pouco qualificado em uma situação instável e vulnerável às piores condições de trabalho, na medida em que alheio à proteção da Legislação Trabalhista e suas garantias. (BOLTANSKI; CHIAPELLO, 2009, p. 248)

A nova ideologia pós-fordista propugna a busca pelos trabalhadores mais competentes, flexíveis, criativos e autônomos, sob a gerência de um coordenador que é um líder gerencial e auxiliado por *coachs* ou *team leaders* e por *experts* — e não mais se sujeitando a um chefe rígido típico da empresa fordista verticalizada (RAMOS FILHO, 2009, p. 21). Ao mesmo tempo, a proliferação de trabalhadores precários é resultante dessas novas estratégias das empresas pós-fordistas, pois as novas políticas de contratação desobrigam o empregador, permitindo a este diminuir o número de trabalhadores ocupantes de empregos fixos e também não aparecer enquanto tal nas relações de subcontratação firmadas que estruturam a própria atividade (BOLTANSKI; CHIAPELLO, 2009, p. 249).

Tais regimes, ao serem desenvolvidos como estruturante no seio da produção capitalista, conduzem à constituição de um enorme contingente de trabalhadores fadados à precariedade constante, má remuneração e flexibilidade intensa no emprego, que os obriga, para manter os respectivos empregos a permanecerem sempre sujeitos aos imperativos da produção capitalista. Isto tendo em vista outro elemento característico desse processo de reestruturação, qual seja o desemprego estrutural:

Pouco a pouco, foram sendo "exteriorizados" e "precarizados" os menos competentes, os mais frágeis física ou psiquicamente, os menos maleáveis, o que, por um processo cumulativo bem conhecido, só podia reforçar suas desvantagens na corrida pelo emprego. Sabemos que aqueles que estão "fora" só podem participar de maneira esporádica, mas falta mostrar que eles não são apenas impedidos de entrar. Além disso, num primeiro momento, eles foram postos para fora. (BOLTANSKI; CHIAPELLO, 2009, p. 258)

Essa situação de agudo desemprego nos países de capitalismo central, resultado da crise generalizada dos anos 70, foi, juntamente com a defesa da necessidade de fomentar o crescimento econômico, manipulada de modo a ser apresentada como justificativa para inúmeras reformas laborais nos anos subsequentes nas diversas famílias do Direito do Trabalho, em conceituação trazida por Ramos Filho (2011). Assim, procedeu-se a uma precarização mediante o enfraquecimento do conteúdo de normas coletivas de trabalho, alterações legislativas, deslegitimação de sindicatos (especialmente em países de tradição *Common Law*), introdução de fórmulas contratuais menos protegidas (como acima tratado), autorização de derrogação de direitos através de negociações coletivas por empresa, os processos de dualização salarial. (RAMOS FILHO, 2011, p. 599)

Processo este que teve como respaldo uma "crítica liberal", orientada no sentido de argumentar que o Direito do Trabalho, se mantido rígido, operaria como principal obstáculo ao respeito ao direito do trabalho, ao dificultar o acesso do trabalhador ao trabalho com o qual ganhará seu sustento e de sua família. Dessa forma criou-se o cenário, alimentado pela ideologia pós-fordista, propício à construção do protótipo da mão de obra barata e desprotegida, essencial ao processo de fragmentação e enfraquecimento da classe trabalhadora. (BOLTANSKI; CHIAPELLO, 2009, p. 253)

2.2 Papel regulatório do direito nas sociedades capitalistas

Antes de, finalmente, traçar observações mais específicas sobre o papel que cumpre um importante ramo do Direito, o Direito do Trabalho, na conformação das organizações sociais, este estudo se permitirá a breves considerações sobre o papel geral do próprio Direito na sociedade, no caso em um modo de produção específico, o capitalista, por estar inserido neste o panorama até então apresentado.

Para tanto, se revela significativa a reflexão sobre aquilo definido por Cárcova (1998) como uma função paradoxal do Direito. Esta significa entendê-lo como apresentando uma função voltada, de um lado, à reprodução das condições econômicas, políticas e sociais vigentes de um modo de produção e, de outro, à modificação progressiva ou mesmo superação destas mesmas condições.

O Direito, pensado como se apresenta no modo de produção capitalista, é conceituado por este autor da seguinte forma:

> Nas sociedades industrializadas, a especificidade do direito consiste em seu caráter geral, abstrato e formalizador. Os indivíduos são constituídos como sujeitos jurídico-políticos e, ao propô-los como livres e iguais, o regime de suas diferenças efetivas fica, a partir da lei, inscrito num contexto de presumida heterogeneidade. O direito se transforma assim num mecanismo instituidor que se expressa como prática social discursiva com vista a fundamentar, na dupla acepção dessa expressão, a distribuição do poder social. (CÁRCOVA, 1998, p. 165)

Consiste, desse modo, num saber social diferenciado — resultante da divisão social do trabalho — cujas práticas, ditas jurídicas, são exercidas por um grupo de indivíduos que se mantém nessa situação destacada em razão tanto do conhecimento técnico que detêm, como do desconhecimento generalizado dos demais indivíduos sobre essa forma de poder social específica. É em relação a esse desconhecimento, que deve ser reproduzido como condição de preservação desse poder, que Cárcova problematiza a questão da opacidade do Direito. Esses espaços de opacidade, não transparência ou inacessibilidade do direito das sociedades capitalistas se revelam não como um erro, mas sim como uma demanda objetiva de funcionamento do sistema jurídico. (CÁRCOVA, 1998, p. 165)

A despeito de assimilar o Direito enquanto instrumento de manutenção de uma ordem social determinada, Cárcova na linha de Poulantzas, reconhece ao direito também a consagração, através da lei, de direitos cujo conteúdo esteja vinculado às demandas dos grupos dominados. Aí reside o aspecto paradoxal do Direito. Pois ele é um discurso ideológico e um discurso de poder. Isso faz com que, enquanto discurso ideológico consagre noções que não efetiva — igualdade, liberdade, garantias, etc. — mas, também como uma ideologia, no entendimento do autor, ao reconhecer tais conceitos, legitima futuras reivindicações neste sentido. E, quanto a ser um discurso de poder, este deve ser pensado como relação, o que implica em, nessas relações de poder, se reconhecer tanto o dominador como o dominado, e admitir a sua transitoriedade histórica. Ou seja, o poder, como relação, não se expressa apenas negativamente.

Posicionamento semelhante e esclarecedor se observa da parte do eminente jurista Lyra Filho, trazendo a lume a relação entre Lei e Direito:

> A lei sempre emana do Estado e permanece, em última análise, ligada à classe dominante, pois o Estado, como sistema de órgãos que regem a sociedade politicamente organizada, fica sob o controle daqueles que comandam o processo econômico, na qualidade de proprietários dos meios de produção. Embora as leis apresentem contradições, que não nos permitem rejeitá-las sem exame, como pura expressão dos interesses daquela classe, também não se pode afirmar, ingênua ou manhosamente, que toda legislação seja Direito autêntico, legítimo e indiscutível. Nesta última alternativa, nós nos deixaríamos embrulhar nos "pacotes" legislativos, ditados pela simples conveniência do poder em exercício. A legislação abrange, sempre, em maior ou menor grau, Direito e Antidireito: isto é, Direito propriamente dito, reto e correto, e negação do Direito, entortado pelos interesses classísticos e caprichos continuístas do poder estabelecido. (LYRA FILHO, 1982, p. 3)

O autor defende uma compreensão dialética do Direito, para que se afaste uma noção positivista ou, seu oposto, jusnaturalista. Seja como for, tanto em sua obra como na de Cárcova, as compreensões estão orientadas no sentido de ver o Direito enquanto vinculado necessariamente às relações de produção materiais que se estabelecem para concretizar determinado modo de produção.

Nesta linha, é de grande importância agregar àquilo que até então foi apreciado, algumas conclusões do jurista soviético E. Pasukanis. (1989)

Pasukanis procedeu, em sua obra, a uma investigação do Direito tendo em vista as teorizações marxianas partindo do materialismo histórico dialético, nestas proposto e desenvolvido. Assim, elaborou uma concepção original do Direito, tendo por base o método marxiano notadamente trabalhado em O Capital e iniciando pela crítica à compreensão vulgar do Direito largamente difundida que o apreende enquanto mero instrumento de classe, privilegiando seu conteúdo normativo.

Não se contenta com a afirmação de que o Direito é um sistema de relações sociais que corresponde aos interesses da classe dominante e garantido pelo Estado. Ela se revela insuficiente logo na identificação do Direito à relação social, esta entendida como o conjunto das relações de produção e troca. Pois, se assim é, o que o distingue da instância econômica numa formação social? Essa é uma das dúvidas que Pasukanis traz ao questionar essa definição, porque "se o direito é a própria relação econômica, qual a especificidade da forma jurídica?" E, ainda, sustentar que as relações sociais se tornariam jurídicas quando se constituírem em elemento para a defesa da classe dominante organizada por parte do Estado, acaba tendo que se apegar ao Estado e à vontade de uma classe como fundamentos de sua teoria jurídica (NAVES, 2008, p. 32-33). Pode-se reconhecer essa compreensão como um avanço quanto à percepção do conteúdo de classe presente nas formas jurídicas, porém permanece em aberto a questão relativa ao modo pelo qual esse conteúdo assume essa forma.

O Direito representa, segundo Pasukanis, a forma de uma relação social específica, ou seja, é necessário então compreender como e porque uma dada relação social adquire forma jurídica quando vinculada a determinadas circunstâncias. A forma pela qual o direito se apresenta é específica a uma forma de organização da sociedade, logo, não basta examinar o seu conteúdo material nas diferentes épocas históricas, é preciso ainda saber que importa também o modo pelo qual se exprime dito conteúdo — a forma jurídica enquanto tal — numa sociedade capitalista. Na análise da forma jurídica no âmbito das relações sociais burguesas, pode-se concluir que há, sobre o direito, uma específica determinação pela esfera da circulação de mercadorias, o processo de trocas mercantis, no qual os sujeitos — proprietários de mercadorias — estabelecem relações de troca de equivalentes. A relação jurídica só pode se dar entre sujeitos de direito, sendo este, portanto, reconhecidamente o conceito mais simples da referida relação. E é a partir dessa percepção que é possível notar a relação entre a noção de sujeito, a forma mercadoria e a forma jurídica:

> A vida social, ao mesmo tempo, se desloca, por um lado, para uma totalidade de relações reificadas, nascendo espontaneamente (como o são todas as relações econômicas: nível de preços, taxa de mais-valia, taxa de lucro, etc.), isto é, relações nas quais os homens não têm outra significação senão que a de coisa e, por outro lado, para uma totalidade de relações nas quais o homem somente é determinado na medida em que se oponha a uma coisa, quer dizer, é definido como sujeito. Esta é precisamente a relação jurídica. Tais são as formas fundamentais que, originariamente, distinguem uma da outra, mas que, ao mesmo tempo, condicionam-se mutuamente e estão estreitamente ligadas entre si. O vínculo social enraizado na produção apresenta-se simultaneamente sob duas formas absurdas, de um lado como valor mercantil e, do outro, como capacidade do homem ser sujeito de direito. (PASUKANIS, 1989, p. 85-86)

Ou seja, é no âmbito das relações de troca, circulação de mercadorias, que surge a forma jurídica sujeito de direito para possibilitar essas trocas mercantis estabelecendo, por conseguinte, as premissas do modo de produção capitalista.

O processo de circulação de mercadorias entre proprietários baseado na troca requer, exatamente nesse momento, uma mediação jurídica. Que só se concluirá no acordo de vontades equivalentes. Isso porque apenas desse modo, na sociedade mercantil, o valor de troca das mercadorias pode se realizar: através de uma operação jurídica que reproduz a equivalência geral, inserindo, nessa relação, um padrão geral para medir a quantidade de trabalho abstrato envolvido. "É a ideia de equivalência decorrente do processo de trocas mercantis que funda a ideia de equivalência jurídica." (NAVES, 2008, p. 58) Através dessa equivalência geral, iguala-se os dispêndios de trabalho individual, tornando-o social. E, nesse contexto, "o direito (...) opera entre uma troca decisiva para a constituição e reprodução das relações de produção capitalistas: a troca de força de trabalho por salário." (NAVES, 2008, p. 68-69) O homem, como sujeito-proprietário de uma mercadoria específica — sua força de trabalho — circula também como objeto de troca e assim valoriza o capital, numa generalização das relações de troca de mercadorias.

> A força de trabalho só pode ser oferecida no mercado e, assim, penetrar na esfera da circulação, transfigurada em elemento jurídico, isto é, *sob a forma do direito,* por meio das categorias jurídicas — sujeito de direito, contrato, etc. —, enfim, *sob a forma de uma subjetividade jurídica.* (NAVES, 2008, p. 68-69)

Tal funcionalidade nas sociedades capitalistas que é, em verdade, inerente ao Direito exige que, ao refletir sobre o sistema jurídico de uma determinada sociedade, se parta do pressuposto justamente de ser o Direito um instrumento de legitimação da ordem estabelecida, porém, com um caráter de "dispositivo de controle da validade das provas e de recurso em caso de litígio em torno do resultado delas", de modo que as normas são "discutíveis" em seu significado, alcance e aplicação concreta no processo, mas sempre considerando também os limites da regulação jurídica, que são os limites do próprio Direito. (BOLTANSKI; CHIAPELLO, 2009, p. 414)

> Assim, é possível olhar o direito (...) de dois modos diferentes: ou enfatizando as maneiras como ele encerra as provas julgadas

formalmente adequadas e, assim, legitima as desigualdades que se tenham manifestado e favorecido aqueles que tiraram proveito dessas desigualdades, ou enfatizando a maneira como ele (na qualidade de depositário do padrão de medida da prova justa) possa servir de recurso àqueles que tenham sido desfavorecidos por uma prova, quer por ela não se basear num princípio legítimo de justiça, quer por sua realização local ter transgredido os procedimentos reconhecidos como válidos (legais), quer por seus resultados desfavoráveis terem sido registrados *ad aeternum* e ter sido recusada aos desfavorecidos a possibilidade de fazer novas provas. (BOLTANSKI; CHIAPELLO, 2009, p. 415)

2.3 O Direito Capitalista do Trabalho frente aos mecanismos de intensificação nas relações laborais: perspectivas regulatórias

O Direito do Trabalho, nas sociedades sob a égide do capital, deve ser compreendido em seu caráter ambíguo, isto é, assegura certos direitos dos trabalhadores nas relações empregatícias, porém, ao mesmo tempo, consolida e legitima o poder patronal (pela via da exigência da subordinação) e, em última instância, o sistema capitalista. (RAMOS FILHO, 2009, p. 11)

Tal caráter, ainda que inerente ao Direito, como observado, se mostra mais pungente neste ramo do Direito, na medida em que este está diretamente relacionado à regulação do antagonismo capital-trabalho na sociedade de classes capitalista no âmbito das relações de produção. E também, por outra via, é o ramo que mais se predica protetivo ao trabalhador, o que, em uma análise histórica e mesmo presente da legislação juslaboral vigente, não se sustenta e antes se revela falacioso e ideológico.

Porém, estes mesmos motivos que apontam sua ambiguidade, tornam este ramo do Direito tão peculiar e importante na disputa de correlação de forças entre as classes sociais no contexto da conjuntura de precarização e flexibilização crescentes apresentado neste artigo.

Pois, se é verdade que o Direito Capitalista do Trabalho cumpre a sua função no sistema de legitimação do capitalismo, a ele também é preciso reconhecer uma capacidade de levar adiante mudanças que permitam uma melhoria — ainda que imediatas — nas condições de vida dos trabalhadores, a partir da constatação e contestação da desigualdade que marca o processo produtivo neste modo de produção. Assim o é, na medida em que o regramento jurídico trabalhista ali colocado não é resultado de uma concessão getulista ou empresarial, mas antes de tudo, fruto de reivindicações por parte da classe trabalhadora. Pela atuação dos trabalhadores enquanto sujeitos ativos, o movimento operário na luta por direitos que assegurassem seus interesses em determinado momento histórico. Essa peculiaridade é o que torna tal ramo do direito em parte distinto dos demais, a relação mais direta entre o ordenamento e as reivindicações da classe trabalhadora que pode — e não necessariamente irá, pois dependente sempre da correlação de forças sociais em dado momento histórico — tutelar as suas demandas e mitigar as desigualdades.

Referências

ALVES, Giovanni. Dimensões da reestruturação produtiva do capital: notas teórico-metodológicas. *O Público e o Privado*, n. 11, jan./jun. 2008. Disponível em: <http://www.politicasuece.com/v6/admin/publicacao/mapps_1_154.pdf>. Acesso em: 09 set. 2011.

ALVES, Giovanni. *O novo (e precário) mundo do trabalho*: reestruturação produtiva e crise do sindicalismo. 2. reimpr. São Paulo: Boitempo, 2010.

ANTUNES, Ricardo. *Os sentidos do trabalho*: ensaio sobre a afirmação e a negação do trabalho. 10. ed. rev. e ampl. São Paulo: Boitempo, 2009.

ANTUNES, Ricardo; BRAGA, Ruy (Org.). *Infoproletários*: degradação real do trabalho virtual. São Paulo: Boitempo, 2009.

BOLTANSKI, Luc; CHIAPELLO, Ève. *O novo espírito do capitalismo*. São Paulo: WMF Martins Fontes, 2009.

CÁRCOVA, Carlos Maria. *A opacidade do direito*. São Paulo: LTr, 1998.

CHESNAIS, François. *A mundialização do capital*. São Paulo: Xamã, 1996.

FIORI, José Luís. *Os moedeiros falsos*. Petrópolis: Vozes, 1998.

HARVEY, David. *Condição pós-moderna*: uma pesquisa sobre as origens da mudança cultural. São Paulo: Loyola, 2008.

LYRA FILHO, Roberto. *O que é direito*. 11. ed. São Paulo: Brasiliense, 1989.

MENDES, Josiane. *A terceirização na área de teleatendimento telefônico em Curitiba*: análise da continuidade do taylorismo/fordismo no trabalho flexível dos *call centers*. Dissertação (Mestrado) – Universidade Federal do Paraná, Setor de Ciências Humanas, Letras e Artes, Curitiba, 2005.

MÉSZAROS, István. *A crise estrutural do capital*. São Paulo: Boitempo, 2009.

NAVES, Márcio Brilharinho. *Marxismo e direito*: um estudo sobre Pachukanis. São Paulo: Boitempo, 2008.

PASUKANIS, Eugeny B. *A teoria geral do direito e o marxismo*. Rio de Janeiro: Renovar, 1989.

RAMOS FILHO, Wilson. Crise capitalista, duração do trabalho e gestão empresarial. *Revista Direitos Fundamentais e Justiça*, ano 3, n. 6, p. 177-205, jan./mar. 2009.

Informação bibliográfica deste texto, conforme a NBR 6023:2002 da Associação Brasileira de Normas Técnicas (ABNT):

NEVES, Sylvia Malatesta das. Reestruturação produtiva, reorganização da força de trabalho e desenvolvimento tecnológico no capitalismo contemporâneo: desafios ao direito do trabalho. *In*: RAMOS FILHO, Wilson (Coord.). *Trabalho e regulação*: as lutas sociais e as condições materiais da democracia. Belo Horizonte: Fórum, 2012. v. 1, p. 289-306. ISBN 978-85-7700-566-6.

O DANO SOCIAL AO DIREITO DO TRABALHO

VALDETE SOUTO SEVERO

Introdução

Inúmeras são as situações em que o trabalhador, embora titular da demanda processual, está longe de ser o único lesado em razão da conduta adotada pela empresa. A Justiça do Trabalho é pródiga em manter "clientes especiais", que estão praticamente todos os dias na sala de audiências, representados por "prepostos oficiais", contratados para a exclusiva tarefa de "montar" e acompanhar processos trabalhistas. São empresas que optam pelo não-pagamento de horas extras, pelo pagamento de salários "por fora", pela contratação de trabalhadores sem reconhecimento de vínculo de emprego ou mesmo por tolerar condutas de flagrante assédio moral no ambiente de trabalho. Constituem uma minoria dentre os empregadores e, por isso mesmo, perpetram uma concorrência desleal que não prejudica apenas os trabalhadores que contratam, mas também as empresas com as quais concorrem no mercado.

A macrolesão é demonstrada pelas inúmeras ações em uma comarca ou Estado, a revelar a reiteração da conduta lesiva. A tutela jurisdicional perseguida por um número expressivo de trabalhadores não obscurece o fato de que certamente sequer cinquenta por cento dos profissionais lesados pela conduta da empresa buscam seus direitos junto à Justiça do Trabalho.

O número expressivo de processos relatando realidade de contumaz e reiterada inobservância de direitos trabalhistas revela a prática de "dumping social". Ao desrespeitar o mínimo de direitos trabalhistas que a Constituição brasileira garante ao trabalhador, a empresa não apenas atinge a esfera patrimonial e pessoal daquele empregado, mas também compromete a própria ordem social. Atua em condições de desigualdade com as demais empresas do mesmo ramo, já que explora mão de obra sem arcar com o ônus daí decorrente, praticando concorrência desleal.

Em um país fundado sob a lógica capitalista, em que as pessoas sobrevivem daquilo que recebem pelo seu trabalho, atitudes com tais contornos se afiguram ofensivas à ordem axiológica estabelecida. Isso porque retiram do trabalhador, cuja mão de obra reverte em proveito do empreendimento, a segurança capaz de lhe permitir uma interação social minimamente programada. Ou seja, ao colocar o lucro do empreendimento acima da condição humana daqueles cuja força de trabalho justifica e permite seu desenvolvimento como empresa, o empregador nega-lhes condição de vida digna.

Na 1ª Jornada de Direito Material e Processual na Justiça do Trabalho, realizada pelo TST, em 23.11.2007, da qual participaram operadores de todas as áreas do direito do trabalho, foi aprovado Enunciado dispondo:

"DUMPING SOCIAL". DANO À SOCIEDADE. INDENIZAÇÃO SUPLEMENTAR. As agressões reincidentes e inescusáveis aos direitos trabalhistas geram um dano à sociedade, pois com tal prática desconsidera-se, propositalmente, a estrutura do Estado social e do próprio modelo capitalista com a obtenção de vantagem indevida perante a concorrência. A prática, portanto, reflete o conhecido "dumping social", motivando a necessária reação do Judiciário trabalhista para corrigi-la. O dano à sociedade configura ato ilícito, por exercício abusivo do direito, já que extrapola limites econômicos e sociais, nos exatos termos dos arts. 186, 187 e 927 do Código Civil. Encontra-se no art. 404, parágrafo único, do Código Civil, o fundamento de ordem positiva para impingir ao agressor contumaz uma indenização suplementar, como, aliás, já previam os artigos 652, "d", e 832, §1º, da CLT.

O Enunciado retrata uma realidade diante da qual os Juízes do Trabalho não querem mais calar. Uma realidade que em última medida compromete o projeto de sociedade instaurado em 1988.

1 O dano social desde a lógica de um Estado Constitucional

O compromisso das empresas com a manutenção do sistema capitalista passa pela observância das normas trabalhistas vigentes. Consequentemente, o desrespeito reiterado a essas normas, implica quebra do pacto social instituído na Constituição Brasileira de 1988. Implica comprometimento do próprio sistema capitalista de produção que adotamos.

Nessa esteira, a confirmar o novo paradigma instaurado pela ordem constitucional de 1988, o artigo 187 do Código Civil define como ilícito o ato praticado pelo "titular de um direito que, ao exercê-lo, excede manifestamente os limites impostos pelo seu fim econômico ou social, pela boa-fé ou pelos bons costumes". É nítida a opção legislativa, na esteira da ordem constitucional vigente, pelo paradigma da solidariedade, que determina uma nova visão acerca dos deveres de cada um e de todos, frente aos seus pares.

Não é por razão diversa, que a Constituição de 1988 inicia seus artigos estabelecendo os fundamentos da República e, dentre eles, faz constar "os valores sociais do trabalho" e a livre iniciativa. Vale dizer: viver em um país capitalista, e, portanto, ditado pela regra da livre iniciativa, mas que se pretende democrático e de direito, implica a adoção de responsabilidade frente às lesões causadas pela simples assunção do risco ou pela deliberada negação de direitos fundamentais.

Os valores do trabalho são *sociais* na ordem constitucional vigente, porque não interessam apenas a quem trabalha. Importam à sociedade, que se pretende saudável e, portanto, imune a empregadores que tratam os seres humanos como meio para o atingimento do resultado lucro.

O reconhecimento da solidariedade como novo paradigma exige também, em diferentes aspectos, uma conduta diferenciada e comprometida do Estado-Juiz. Ao assumir a magistratura, cada um dos Juízes do Trabalho do Brasil reafirmou seu compromisso em cumprir a Constituição Federal. Essa é a missão do Juiz em um Estado constitucional. Cumprir a Constituição implica, também, coibir condutas que de modo reiterado negam a vigência de suas normas. Por isso mesmo, a verificação de existência de macrolesão exige um tratamento rigoroso e diferenciado, por parte do Poder Judiciário Trabalhista.

Em sentença proferida nos autos do processo nº 427/08-5, que tramita junto à comarca de Jundiaí, o Exmo. Juiz Jorge Luiz Souto Maior refere que:

Os direitos sociais são o fruto do compromisso firmado pela humanidade para que se pudesse produzir, concretamente, justiça social dentro de uma sociedade capitalista. Esse compromisso em torno da eficácia dos Direitos Sociais se institucionalizou em diversos documentos internacionais nos períodos pós-guerra, representando também, portanto, um pacto para a preservação da paz mundial. Sem justiça social não há paz, preconiza o preâmbulo da OIT (Organização Internacional do Trabalho). Quebrar esse pacto significa, por conseguinte, um erro histórico, uma traição a nossos antepassados e também assumir uma atitude de descompromisso com relação às gerações futuras. Os Direitos Sociais (Direito do Trabalho e Direito da Seguridade Social, com inserção nas Constituições) constituem a fórmula criada para desenvolver o que se convencionou chamar de capitalismo socialmente responsável.

No mesmo processo, o Exmo. Juiz Jorge Luiz Souto Maior também sublinha que:

"As agressões ao Direito do Trabalho acabam atingindo uma grande quantidade de pessoas, sendo que destas agressões o empregador muitas vezes se vale para obter vantagem na concorrência econômica com relação a vários outros empregadores. Isto implica, portanto, dano a outros empregadores não identificados que, inadvertidamente, cumprem a legislação trabalhista, ou que, de certo modo, se vêem forçados a agir da mesma forma. Resultado: precarização completa das relações sociais, que se baseiam na lógica do capitalismo de produção. Óbvio que esta prática traduz-se como "dumping social", que prejudica a toda a sociedade e óbvio, igualmente, que o aparato judiciário não será nunca suficiente para dar vazão às inúmeras demandas em que se busca, meramente, a recomposição da ordem jurídica na perspectiva individual, o que representa um desestímulo para o acesso à justiça e um incentivo ao descumprimento da ordem jurídica". Por isso, continua o admirável jurista, "as práticas reiteradas de agressões deliberadas e inescusáveis (ou seja, sem o possível perdão de uma carência econômica) aos direitos trabalhistas constituem grave dano de natureza social, uma ilegalidade que precisa de correção específica, que, claro, se deve fazer da forma mais eficaz possível, qual seja, por intermédio do reconhecimento da extensão dos poderes do juiz no que se refere ao provimento jurisdicional nas lides individuais em que se reconhece a ocorrência do dano em questão. A esta necessária ação do juiz, em defesa da autoridade da ordem jurídica, sequer se poderia opor com o argumento de que não há lei que o permita agir desse modo, pois seria o mesmo que dizer que o direito nega-se a si mesmo, na medida em que o juiz, responsável pela sua defesa, não tem poderes para fazê-lo. Os poderes do juiz neste sentido, portanto, são o pressuposto da razão de sua própria existência".

Trata-se de resgatar nossa capacidade de indignação e nosso papel, enquanto Juízes, de construtores de uma realidade *moldada* às pretensões constitucionais que representam, é bom que se registre, um projeto de abertura democrática e de consolidação de um capitalismo comprometido, na linha do que Ralws identifica como o ideal de justiça no âmbito de um liberalismo socialmente inclusivo.

2 O necessário resgate da nossa capacidade de indignação

É o espanto em relação às coisas da vida, desde as mais simples até as mais complexas, que impulsiona o homem a transformar o mundo a sua volta. O percurso histórico dos direitos fundamentais é prova do potencial humano de indignar-se e, com isso, modificar a realidade.

A experiência vivida no século passado, em especial com as duas grandes guerras, determinou a edição de pactos internacionais de garantia de direitos humanos como condição para a democracia. Hoje, nas mais variadas situações, nos deparamos com a inércia absoluta diante do extraordinário. Crianças dormindo nas ruas. Homens que, rejeitados, matam parceiros e filhos. Tudo assume ares de normalidade. A capacidade humana de espantar-se parece adormecida, alheia ao que ocorre num mundo de tantas possibilidades.

O Direito do Trabalho não foge a essa triste regra. Não nos espantamos mais com o fato de a mesma empresa manter centenas de ações trabalhistas discutindo idêntica matéria. Não nos indignamos diante da fraude, da falta de ética, da mentira. Perdemos nossa capacidade de espanto. Estamos anestesiados pelo volume de serviço, pela pressa, por nossas necessidades inventadas. Essa apatia se revela extremamente perigosa. A incapacidade de espanto pode traduzir-se, em curto prazo de tempo, na ausência de necessidade. Não precisamos de justiça no caso concreto, se não perseguimos mais a ética nas relações. Basta um programa de computador com as opções corretas, e tudo continuará como está. Renunciaremos ao verdadeiro Papel do Poder Judiciário, de espantar-se com as reiteradas e manifestas fraudes ao texto constitucional e transformar a realidade social, tornando-a mais inclusiva e menos cruel.

Não é mais possível conviver com o dano social provocado por empresas que lesam diariamente um grande número de trabalhadores, com a prática reiterada de condutas ilegais, que utilizam o tempo do processo e as infinitas possibilidades recursais, para se eximir de suas obrigações. Não é razoável permitir condutas processuais flagrantemente temerárias ou procrastinatórias, especialmente quando estamos lidando com direitos de natureza alimentar.

Esse sentimento de que é preciso atuar para coibir danos sociais é bem representado em decisão exemplar proferida em julho de 2007, na qual lê-se:

> Na presença de danos mais propriamente sociais do que individuais, recomenda-se o recolhimento dos valores da condenação ao fundo de defesa de interesses difusos. Recurso parcialmente provido. (...) Além de possíveis respostas na esfera do direito penal e administrativo, o direito civil também pode contribuir para orientar os atores sociais no sentido de evitar determinadas condutas, mediante a punição econômica de quem age em desacordo com padrões mínimos exigidos pela ética das relações sociais e econômicas. Trata-se da função punitiva e dissuasória que a responsabilidade civil pode, excepcionalmente, assumir, ao lado de sua clássica função reparatória/compensatória. "O Direito deve ser mais esperto do que o torto", frustrando as indevidas expectativas de lucro ilícito, à custa dos consumidores de boa-fé.[1]

O dano social, passível de ser ressarcido, é medida de espanto diante do que não deve ser. Traduz uma capacidade de indignação que infelizmente é escassa nos dias atuais. É o que vem reconhecendo a jurisprudência cível, que não se deixa intimidar pelo argumento da ausência de pedido da parte.

A questão da responsabilidade do empregador, em relação ao contrato de trabalho, extrapola a esfera de direitos dos contratantes, justamente em face da relevância social deste ramo do direito. Com base nessa premissa, começa a tomar forma a tendência, presente com força no direito norte-americano, de se reconhecer a responsabilidade por dano social, sempre que a atividade da empresa, enquanto empregadora, causar macrolesões.

3 Por uma conduta pedagógica e repressiva ao dano social

O caráter punitivo e dissuasório da responsabilidade vem sendo revigorado no direito italiano, em face da premissa de que

---

[1] Relator Dr. Heleno Tregnago Saraiva — Presidente — Recurso Inominado nº 71001281070, Comarca de Capão da Canoa: "DERAM PARCIAL PROVIMENTO AO RECURSO. UNÂNIME."Juízo de Origem: 1. VARA CAPAO DA CANOA CAPAO DA CANOA — Comarca de Capão da Canoa.

"la responsabilità civile ha conservato la funzione preventiva di comportamento sociale",[2] de tal como que o Juiz deve agir mais para prevenir comportamentos contrários à ordem social, do que para reprimir comportamentos imorais.[3]

Quando trata da função de "pena privada" que a responsabilidade pode assumir, o doutrinador italiano Guido Alpa faz expressa menção ao fato de que a importância desse viés da responsabilidade civil cresce significativamente no Estado Social, na exata medida em que cresce a industrialização e "la presa di coscienza dei diritti dei lavoratori" e das consequências do consumo de massa.[4]

Também Paolo Gallo, em obra especialmente dedicada às chamadas "penas privadas", aponta que a responsabilidade da empresa em face de seus empregados e dos produtos que coloca no mercado, é a primeira realidade a determinar a criação de uma doutrina de responsabilidade sem culpa,[5] panorama dentro do qual ganha força o caráter punitivo e dissuasório da responsabilidade.

O autor refere hipóteses nas quais é necessária a consideração do caráter punitivo da responsabilidade: quando não há dano, quando o enriquecimento de quem provocou o dano é maior que o dano em si, e quando o custo social do fato danoso é superior ao dano individualmente provado pela vítima, notadamente nos casos de responsabilidade da empresa.[6] Exatamente aqui, encontramos o fundamento para a responsabilidade por dano social.

---

[2] ALPA, Guido. *Trattato di Diritto Civile*. Milano: Giuffrè, 1999. v. 4, p. 156. La Responsabilità Civile.

[3] *Op. cit.*, p. 158.

[4] *Idem*, p. 159.

[5] GALLO, Paolo. *Pene Private e Responsabilità Civile*. Milano: Giuffrè, 1996. p. 7.

[6] Op. cit., p. 18. Faz referência, como de resto toda a doutrina que trata do tema, ao *leading case* Ford Corporacion x Grimshw. A discussão versa sobre um modelo de automóvel produzido pela FORD, que explodiu matando seus passageiros. A perícia detectou que a explosão se deu em função de o motor haver sido colocado na parte dianteira e que essa medida havia sido adotada pela empresa em face da redução no custo de produção do automóvel, de 15 dólares por carro. A condenação por responsabilidade civil considerou não apenas o dano gerado à vítima direta, mas à necessidade de que a Ford compreendesse que condutas como aquela não são toleradas dentro de um Estado de Direito (120 milhões de dólares em primeira instância, reduzido para 3,5 milhões de dólares em grau de recurso). Ou seja, para coibir sua reiteração. Sublinha o fato de que em tal caso, a aplicação da função punitiva da responsabilidade não decorreu da culpa da empresa automobilística, mas sim da extensão (social) do dano (e do risco) provocado. Ainda sim, em aparente contra-senso, o autor se posiciona contrário à aplicação de punitive damages nas hipóteses de responsabilidade objetiva (op. cit., p. 64). Posteriormente, esclarece que em sua origem, no direito anglo-saxão, a chamada 'pena privada' está relacionada com o dolo do agente, bem como a um comportamento "reckless", definido pelo autor como aquele comportamento

A dificuldade na aplicação de uma indenização robusta em face do dano social verificado, apontada pelos autores italianos que tratam da matéria, diz especialmente com a circunstância de que a decisão nesse sentido poderá gerar o enriquecimento exagerado de uma das vítimas, em detrimento das demais. Esse argumento pode ser superado com a adoção da técnica de reverter o valor da indenização em favor de um fundo de execuções ou de amparo aos trabalhadores.[7]

O importante é perceber que na doutrina italiana o instituto ganha em importância pela percepção de que a indenização 'punitiva' tem "funzione moralizzatrice del mercato" e isso significa que "contro certi valori non si può andare, neppure nel caso in cui da um punto di vista strettamente econômico sarebbe più opportuno agire diversamente".[8]

O fundamento reside na ideia de que ao desrespeitar o mínimo de direitos trabalhistas que a Constituição Federal garante ao trabalhador brasileiro, a empresa não apenas atinge a esfera patrimonial e pessoal de determinado trabalhador, mas também compromete a própria ordem social. Atua em condições de desigualdade com as demais empresas do mesmo ramo, já que explora mão de obra sem arcar com o ônus daí decorrente, praticando concorrência desleal.

O princípio da boa-fé objetiva, do qual decorrem os deveres de lealdade e de transparência, expresso no artigo 422 do Código Civil,[9] já mencionado, informa todos os âmbitos do direito, contaminando a aplicação das regras jurídicas. Traduz-se como regra de conduta.

---

realizado "nonostante la consapevolezza circa la sua alta pericolosità sociale i relazione alla sua scarsa utilità" (op. cit., p. 179). É evidente a conexão com a idéia de risco criado ou risco da atividade, a evidenciar a possibilidade de dano socialmente reprovável ainda quando se trate de responsabilidade objetiva. O próprio autor, que inicialmente nega a possibilidade de indenização por dano social em hipóteses de responsabilidade objetiva, acaba admitindo que "anche in un regime di responsabilità oggettiva, l'esistenza di un comportamento riprovevole varrebbe a giustificare límposizione di una pena privata" (*Idem*, p. 185).

[7] Nesse sentido, tive a oportunidade de prolatar sentença na qual uma grande empresa, com mais de 4.000 processos em tramitação na Justiça do Trabalho, reiteradamente vem sendo condenada por não efetuar pagamento de horas extras. A conclusão de que essa empresa vem se firmando no mercado internacional, em detrimento de suas concorrentes, inclusive porque ignora solenemente os direitos fundamentais dos trabalhadores cuja mão de obra permite sua existência, fez com que fosse aplicada uma indenização significativa, a ser revertida para as demais execuções da Vara, arquivadas por falta de crédito, no limite de R$ 10.000,00 por demanda.

[8] GALLO, *op. cit.*, p. 169. O autor refere serem exemplos de situações inaceitáveis em um Estado Social, atos que afetam diretamente a vida humana, a saúde, a integridade física e a honra.

[9] Art. 422. Os contratantes são obrigados a guardar, assim na conclusão do contrato, como em sua execução, os princípios de probidade e boa-fé.

Nosso Estado Democrático de Direito, pautado que é pela dignidade da pessoa humana, pela valorização social do trabalho e pela função social, tem na boa-fé um elemento jurídico fundamental para toda e qualquer relação de direito que estabeleça. Os deveres que decorrem da lealdade e da boa-fé objetiva operam defensiva e ativamente, isto é, impedindo o exercício de pretensões e criando deveres específicos. Um deles é o dever de lealdade, que impede (ou deveria impedir) um empregador de contratar sem formalizar o vínculo, de não pagar verbas trabalhistas ou de descartar o trabalhador, como se fosse mercadoria.

Em um país fundado sob a lógica capitalista, em que as pessoas sobrevivem daquilo que recebem pelo seu trabalho, atitudes que atentam de modo reiterado contra direitos fundamentais trabalhistas se afiguram ofensivas à ordem axiológica estabelecida. Isso porque retiram do trabalhador, cuja mão de obra reverte em proveito do empreendimento, a segurança capaz de lhe permitir uma interação social minimamente programada. Retiram sua segurança ao negar pagamento de verbas salariais ou ao submetê-lo a humilhações decorrentes da cobrança de metas. Ou seja, ao colocar o lucro do empreendimento acima da condição humana daqueles cuja força de trabalho justifica e permite seu desenvolvimento como empresa.

Nesse sentido, o professor Eugênio Facchini Neto, ao tratar da função social da responsabilidade civil, refere que:

"Se o Direito, muitas vezes, sente-se incapaz para evitar e neutralizar os riscos, se os danos são inevitáveis, frutos inseparáveis da convivência social e do desenvolvimento tecnológico, ao menos o Direito deve buscar formas de fornecer segurança jurídica, no sentido de que todo o dano injusto (entendendo-se por dano injusto todo aquele para o qual a vítima não deu causa) deve ser, na maior medida possível, reparado". O autor conclui o texto declarando: "a idéia de função social, no âmbito do direito privado, está ligada ao valor da solidariedade. A própria solidariedade, na verdade, nada mais é do que uma conseqüência jurídica da inerente socialidade da espécie humana. Se a pessoa humana não consegue sobreviver senão em sociedade, se dependemos diuturnamente de outras pessoas, não só para vivermos com qualidade de vida, mas até mesmo para sobrevivermos, então resta claro que o que quer que façamos tem repercussão na vida de outrem. O Direito deve levar isso em consideração".[10]

---

[10] FACCHINI NETO, Eugênio. A função social do direito privado. *Revista da Ajuris – Doutrina e Jurisprudência*, Porto Alegre, v. 34, n. 105, p. 153-188, mar. 2007.

Esse é o fundamento axiológico da noção de reparação do dano social, que atinge não apenas a esfera individual, mas também essa sociedade, que pretendemos seja justa e solidária.

É também nessa linha, o entendimento de Fabio Konder Comparato, que busca na função social da propriedade e da empresa o fundamento para uma responsabilidade pelos danos que extrapolam os limites de um contrato entre privados. Assevera que a função social da propriedade "é apresentada como imposição do dever positivo de uma adequada utilização dos bens, em proveito da coletividade",[11] cuja inobservância gera o dever de atuação estatal.

Esse dever foi explicitado, no direito anglo-saxão, pela política de aplicação de "punitive damages", expressão inglesa para 'indenização punitiva', representada pela concessão de indenizações em valores capazes não apenas de ressarcir o dano efetivamente sofrido, mas também de cumprir finalidade punitiva, evitando que a situação se repita.[12]

Trata-se de argumentação que encontra respaldo na ordem constitucional instituída em 1988. O artigo 170 da Constituição Brasileira refere expressamente que a ordem econômica é "fundada na valorização do trabalho humano e na livre iniciativa, tem por fim assegurar a todos existência digna, conforme os ditames da justiça social". É secundado pelo artigo 187 do Código Civil, que coíbe condutas que atentem contra o "fim econômico ou social", a boa-fé e os bons costumes.

---

[11] COMPARATO, Fábio Konder. Estado, empresa e função social. *Revista dos Tribunais*, ano 85, v. 732, p. 38-46, out. 1996.

[12] MARTINS-COSTA, Judith; PARGENDLER, Mariana Souza. Usos e abusos da função punitiva. *Revista CEJ*, Brasília, n. 28, p. 15-32, jan./mar. 2005. A autora refere que "afirma-se como necessário um instituto apto a coibir ou a desestimular certos danos particularmente graves cuja dimensão é transindividual, ou comunitária, sendo certo que a pena pecuniária é eficiente fator de desestímulo". Após expor o trajeto histórico da função punitiva da responsabilidade civil, observa que, embora o artigo 944 do nosso Código Civil estabeleça que "a indenização mede-se pela extensão do dano", é possível considerar-se a função punitiva da responsabilidade, quando da fixação da indenização. Segundo seu ponto de vista (com o qual não concordamos) isso só deve ocorrer quando verificado dolo do agente, que traduz como "reprovação ético-jurídica à conduta", já que o direito penal não aceita a responsabilidade objetiva. Aqui, temos de observar que a "função punitiva" da responsabilidade não se confunde com sanção penal e por isso mesmo, é matéria cível. Como a própria autora salienta, tem função de coibir a reiteração de práticas lesivas à coletividade. Portanto, o importante não é aferir a ilicitude da conduta do agente, mas os efeitos sociais do dano. O texto traz dois exemplos de decisões, do STF e do Tribunal de Justiça do RS, nas quais o caráter punitivo da responsabilidade civil foi invocado, em hipóteses de responsabilidade objetiva. Importante referir, ainda, que a autora defende a possibilidade de reversão da indenização fixada para um fundo que beneficie a coletividade, homenageando o "princípio da prevenção".

Por sua vez, a aplicação de verdadeira pena privada, consistente na condenação a pagamento de soma em dinheiro, nas hipóteses de macrolesão, é autorizada pelo artigo 404, parágrafo único, do Código Civil. Esse dispositivo refere que, uma vez verificada a insuficiência da reparação por meio de condenação a 'perdas e danos' com juros de mora, "e não havendo pena convencional, pode o juiz conceder ao credor indenização suplementar", independentemente de pedido da parte.

É importante, aqui, registrar que a exigência de pedido da parte afigura-se mesmo inusitada em se tratando de dano social. É que a indenização suplementar não tem por fundamento o ressarcimento da lesão a que se submeteu o autor do feito, mas sim a compensar lesão de espectro social e a inibir (essa é a questão fundamental) a reiteração de condutas que afetem a harmonia social.

No âmbito do direito do trabalho o artigo 652, letra "d", da CLT, estabelece que seja função do Juiz do Trabalho "impor multas e demais penalidades relativas aos atos de sua competência". Note-se que não há, e nem poderia haver, limitação dessa função judicial a pedido da parte, já que não é o trabalhador o verdadeiro lesado e, por consequência, beneficiado em face da condenação pela prática de dano social. Logo, sequer é razoável exigir-lhe que formule pedido em tal sentido.

Também por isso, a condenação ao pagamento de indenização por dano social não é necessariamente de ser revertida em favor do autor do processo, justamente em face do que já foi referido, acerca de sua finalidade e de sua razão de ser.

Nesse sentido, em texto escrito em 2004, Antônio Junqueira de Azevedo, professor titular da Faculdade de Direito da USP, escreveu artigo defendendo a existência de uma "nova categoria de dano social", cuja coibição, por meio de aplicação de pena privada consistente em indenização suplementar, é de ser aplicada de ofício pelo Juiz e, segundo ele, deve preferencialmente reverter em favor do autor do processo, como medida de política judiciária. O autor mesmo ressalta, porém, que a própria natureza da indenização permite que ela seja revertida para algum fundo ou para a coletividade, como ocorre em inúmeras decisões na esfera cível.[13]

A jurisprudência cível vem acolhendo esse raciocínio. Em decisão paradigmática, o Tribunal de Justiça do Rio Grande do Sul reconheceu

---

[13] AZEVEDO, Antônio Junqueira. Por uma nova categoria de dano na responsabilidade civil: o sano Social. *RTDC*, v. 19, jul./set. 2004.

essa função social e punitiva da responsabilidade civil, impondo condenação, revertida ao Fundo de Defesa dos Interesses Difusos.[14] Na decisão, o relator conclui que:

"É necessário que, por vezes, também o Direito Civil dê sua contribuição, via responsabilidade civil, para que a vida de relação gire em torno de condutas éticas e morais compartilhadas por todos os cidadãos de bem. E essa contribuição pode ser dada através de uma excepcional função punitiva da responsabilidade civil — que, é bom que se apresse a dizer, não se confunde com um simples critério de quantificação do dano moral". E acrescenta tratar-se de hipótese em que "razoável a invocação da função punitiva", pois representa situação em que "os danos sociais são superiores aos danos individuais".

Trata-se de resgatar a clássica função punitiva da responsabilidade civil objetiva, de coibir a reiteração de práticas socialmente lesivas, fato que demonstra sua estreita ligação com as consequências do ato e não com a conduta do agente causador do dano. Mostra-se adequada,

---

[14] "TOTO BOLA. SISTEMA DE LOTERIAS DE CHANCES MÚLTIPLAS. FRAUDE QUE RETIRAVA AO CONSUMIDOR A CHANCE DE VENCER. AÇÃO DE REPARAÇÃO DE DANOS MATERIAIS E MORAIS. DANOS MATERIAIS LIMITADOS AO VALOR DAS CARTELAS COMPROVADAMENTE ADQUIRIDAS. DANOS MORAIS PUROS NÃO CARACTERIZADOS. POSSIBILIDADE, PORÉM, DE EXCEPCIONAL APLICAÇÃO DA FUNÇÃO PUNITIVA DA RESPONSABILIDADE CIVIL. NA PRESENÇA DE DANOS MAIS PROPRIAMENTE SOCIAIS DO QUE INDIVIDUAIS, RECOMENDA-SE O RE-COLHIMENTO DOS VALORES DA CONDENAÇÃO AO FUNDO DE DEFESA DE IN-TERESSES DIFUSOS. RECURSO PARCIALMENTE PROVIDO.1.Não há que se falar em perda de uma chance, diante da remota possibilidade de ganho em um sistema de loterias. Danos materiais consistentes apenas no valor das cartelas comprovadamente adquiridas, sem reais chances de êxito. 2. Ausência de danos morais puros, que se caracterizam pela presença da dor física ou sofrimento moral, situações de angústia, forte estresse, grave desconforto, exposição à situação de vexame, vulnerabilidade ou outra ofensa a direitos da personalidade.3. Presença de fraude, porém, que não pode passar em branco. Além de possíveis respostas na esfera do direito penal e administrativo, o direito civil também pode contribuir para orientar os atores sociais no sentido de evitar determinadas condutas, mediante a punição econômica de quem age em desacordo com padrões mínimos exigidos pela ética das relações sociais e econômicas. Trata-se da função punitiva e dissuasória que a responsabilidade civil pode, excepcionalmente, assumir, ao lado de sua clássica função reparatória/compensatória. "O Direito deve ser mais esperto do que o torto", frustrando as indevidas expectativas de lucro ilícito, à custa dos consumidores de boa-fé. 4.Considerando, porém, que os danos verificados são mais sociais do que propriamente individuais, não é razoável que haja uma apropriação particular de tais valores, evitando-se a disfunção alhures denominada de *overcompensation*. Nesse caso, cabível a destinação do numerário para o Fundo de Defesa de Direitos Difusos, criado pela Lei nº 7.347/85, e aplicável também aos danos coletivos de consumo, nos termos do art. 100, parágrafo único, do CDC. Tratando-se de dano social ocorrido no âmbito do Estado do Rio Grande do Sul, a condenação deverá reverter para o fundo gaúcho de defesa do consumidor" (RO nº. 7001249796, Terceira Turma Recursal Cível, unânime. PRESIDENTE E RELATOR: DR. EUGÊNIO FACCHINI NETO, julgado em 27 de março de 2007).

portanto, às hipóteses em que é possível identificar conduta reiterada de não-observância dos direitos fundamentais trabalhistas,[15] seja por implicar, ainda que por via oblíqua, concorrência desleal, seja por comprometer a busca de uma sociedade 'justa e solidária'. Deve, pois, ser considerada inclusive no âmbito das relações de trabalho. A Justiça do Trabalho está se sensibilizando para essa realidade. Em recente decisão prolatada nos autos de Ação Civil Pública, o TST manteve condenação ao pagamento de indenização por dano social em face da terceirização por cooperativas, aduzindo que por estar evidenciada "a violação por parte da recorrente à ordem social e econômica nacional, na medida em que disseminou a prática de conduta contrária às normas trabalhistas" era de ser reconhecida a "existência do dano social".[16]

É importante registrar, também, a existência de Acórdão da 4ª Região, mantendo sentença de primeiro grau proferida pela Juíza Titular da 1ª Vara do Trabalho de Sapucaia do Sul, Andréa Saint Pastous Nocchi, no qual, em sede de embargos de declaração, o Relator, Desembargador Ricardo Carvalho Fraga, faz registrar que "a legitimidade do juiz, para deferir o pagamento de multa por dumping social, se justifica pela necessidade de coibir as práticas reiteradas de agressões aos direitos trabalhistas, por meio do reconhecimento da expansão dos poderes do julgador no momento da prestação jurisdicional, nas reclamatórias trabalhistas em que se verifica a ocorrência do referido dano", não havendo falar em decisão extra petita.[17]

---

[15] SANTOS, Enoque Ribeiro. Contribuições à fixação da indenização do dano moral trabalhista: a tese da aplicação dos *Exemplary* ou *Punitive Damages*. *Revista do Trabalho*, Porto Alegre, n. 246, p. 7-17.

[16] AGRAVO DE INSTRUMENTO. AÇÃO CIVIL PÚBLICA.. AGENCIAMENTO DE MÃO DE OBRA PARA FAZENDAS POR COOPERATIVA. IRREGULARIDADE NA INTERMEDIAÇÃO. LEGITIMIDADE DO MINISTÉRIO PÚBLICO DO TRABALHO. DESPROVIMENTO. A v. decisão recorrida encontra-se amparada na prova, que não pode ser revista em alçada recursal superior, ao descaracterizar a cooperativa, porque a atividade estava vinculada a -intermediação da contratação de trabalhadores rurais para prestação de serviços de forma pessoal, contínua e subordinada às fazendas do Município onde localizada — Incidência da Súmula 126 do C. TST.(AIRR – 2293/2001-010-15-40.9, Relator Ministro: Aloysio Corrêa da Veiga, Data de Julgamento: 08/10/2008, 6ª Turma, Data de Publicação: 17/10/2008). Em outra decisão na mesma linha: COOPERATIVA DE TRABALHO. FRAUDE — A cooperativa de trabalho que se desvia de sua finalidade para atuar como intermediária de mão de obra, não somente deve ser proibida de celebrar novos contratos como condenada a indenizar pelo dano social que causou (Processo 00587-2005-026-05-00-5 RO, ac. nº 002295/2007, Relator Desembargador RAYMUNDO PINTO, 2ª TURMA, *DJ* 14.02.2007).

[17] Acórdão do processo 0011900-32.2009.5.04.0291 (ED), Redator: RICARDO CARVALHO FRAGA, Participam: Flávia Lorena Pacheco, Luiz Alberto De Vargas. Data: 01.02.2011 Origem: 1ª Vara do Trabalho de Sapucaia do Sul, disponível em www.trt4.jus.br, acesso em 20.3.2011.

Em outro Acórdão, o Relator Juiz Convocado Marçal Figueiredo registra que:

> Cabe ao juiz da causa e da comarca onde ocorrem os fatos oriundo da relação de trabalho e da própria atuação da(s) reclamada(s) envolvidas, a percepção do dano que determinado procedimento possa estar causando, notadamente a partir do comportamento judicial e do número de demandas denunciando fatos relacionados à precarização do direito do trabalho e mesmo atos ilícitos praticados contra a coletividade de trabalhadores.[18]

Recentemente, a 3ª Turma do Tribunal Regional do Trabalho da 4ª Região confirmou decisão proferida no processo nº 0078200-58.2009.5.04.0005, que condenou uma empresa de call center e a companhia telefônica para a qual esta presta serviços, a indenizar a sociedade devido à violação sucessiva de direitos trabalhistas. No site do Tribunal, a notícia foi veiculada com o seguinte conteúdo:

> "A indenização por dumping social é uma penalidade às organizações que possuem diversas ações trabalhistas contra si, desrespeitando quase sempre os mesmos direitos dos seus empregados. Os magistrados a acrescentam na sentença de uma ação trabalhista individual, mesmo que o valor não seja pago ao autor da reclamatória (...) a empresa de call center possui mais de 1,5 mil processos ativos no Foro Trabalhista de Porto Alegre. Praticamente todas as ações envolvem o não pagamento de horas extras e distorções salariais significativas entre os empregados". E a notícia prossegue: "mesmo propondo a redução do valor indenizatório, o relator do acórdão na 3ª Turma do TRT-RS, desembargador Ricardo Carvalho Fraga, reprovou a conduta das empresas". "A condenação solidária das reclamadas se justifica como forma de se coibir a conduta reiterada e sistemática de contratação de mão de obra irregular e precária, bem como para se coibir o agir do qual resulte em outras violações como as constatadas nos presentes autos", cita o acórdão.[19]

Na ementa do acórdão, não há referência ao dano social, embora se trate de decisão paradigmática, frente à posição que vem adotando o TRT da 4ª Região. Há certa resistência em enfrentar a modificação não

---

[18] Acórdão do processo 0143100-93.2009.5.04.0702 (RO). Redator: MARÇAL HENRI DOS SANTOS FIGUEIREDO. Participam: JOÃO ALFREDO BORGES ANTUNES DE MIRANDA, CLÁUDIO ANTÔNIO CASSOU BARBOSA. Data: 25.11.2010. Origem: 2ª Vara do Trabalho de Santa Maria, disponível em www.trt4.jus.br, acesso em 20.3.2011.

[19] Notícia veiculada no site: <http://www.trt4.jus.br/portal/portal/trt4/comunicacao/noticia/info/NoticiaWindow?cod=418305&action=2&destaque=false&filtros=>. Acesso em: 02 fev. 2011.

apenas das relações jurídicas, mas também e especialmente do papel do processo e do Juiz do Trabalho, frente às macro lesões, exigindo pedido da parte que sequer é a beneficiária de eventual consequência econômica da pena privada e retirando do Juiz função que é nitidamente sua, em um contexto de Estado constitucional. Os novos ventos, porém, trazem esperança renovada nessa busca pela efetividade do direito.

O mesmo se faz sentir em outros Tribunais,[20] como é exemplo a ementa a seguir transcrita:

REPARAÇÃO EM PECÚNIA: CARÁTER PEDAGÓGICO — DUMPING SOCIAL. CARACTERIZAÇÃO — Longas jornadas de trabalho, baixos salários, utilização da mão de obra infantil e condições de labor inadequadas são algumas modalidades exemplificativas do denominado dumping social, favorecendo em última análise o lucro pelo incremento de vendas, inclusive de exportações, devido à queda dos custos de produção nos quais encargos trabalhistas e sociais se acham inseridos. "As agressões reincidentes e inescusáveis aos direitos trabalhistas geram um dano à sociedade, pois com tal prática desconsidera-se, propositalmente, a estrutura do Estado Social e do próprio modelo capitalista com a obtenção de vantagem indevida perante a concorrência. A prática, portanto, reflete o conhecido `dumping social" (1ª Jornada de Direito Material e Processual na Justiça do Trabalho, Enunciado nº 4). Nessa ordem de idéias, não deixam as empresas de praticá-lo, notadamente em países subdesenvolvidos ou em desenvolvimento, quando infringem comezinhos direitos trabalhistas na tentativa de elevar a competitividade externa. "Alega-se, sob esse aspecto, que a vantagem derivada da redução do custo de mão de obra é injusta, desvirtuando o comércio internacional. Sustenta-se, ainda, que a harmonização do fator trabalho é indispensável para evitar distorções num mercado que se globaliza" (LAFER, Celso — "Dumping Social", in Direito e Comércio Internacional: Tendências e Perspectivas, Estudos em homenagem ao Prof. Irineu Strenger, LTR, São Paulo, 1994, p. 162). Impossível afastar, nesse viés, a incidência do regramento vertido nos artigos 186, 187 e 927 do Código Civil, a coibir — ainda que pedagogicamente — a utilização, pelo empreendimento econômico, de quaisquer métodos para produção de bens, a coibir — evitando práticas nefastas futuras — o emprego de quaisquer meios necessários para sobrepujar concorrentes em detrimento da dignidade humana.[21]

---

[20] Em Blumenau, o Juiz José Hamilton Leiria condenou a Companhia de Urbanização de Blumenau (URB) a pagar quinhentos mil reais de indenização por dumping social, caracterizado pela prática recorrente de contratação sem concurso público. A reiteração de demandas similares e a evidência de um "padrão de conduta" contrário aos direitos fundamentais trabalhistas figuraram dentre os fundamentos da decisão proferida.

[21] TRIBUNAL: 3ª Região. 00866-2009-063-03-00-3 RO. Quarta Turma, à unanimidade. Belo Horizonte, 19 de agosto de 2009. Júlio Bernardo do Carmo Desembargador Relator. Disponível em: <http://www.trt3.jus.br>. Acesso em: 10 set. 2010.

Importante citar, também, acórdão da lavra de Jorge Luiz Souto Maior, no qual, embora não haja condenação à indenização, o Relator faz extensa consideração acerca da importância do reconhecimento de dano social por parte dos empregadores que de modo reiterado e contumaz não respeitam direitos trabalhistas.[22]

Em outro processo, oriundo da 16ª Região, a indenização por "dumping social" é mantida em sede de segundo grau, com o argumento de que:

"É lícito esperar que, por meio de modernas técnicas de gerenciamento de qualidade, os responsáveis pela Justiça brasileira assumam postura de maior ousadia e criatividade. Ousadia para traduzir em provimentos práticos aquilo que a ideologia da Carta Magna assegura aos cidadãos em termos de garantias fundamentais e da respectiva tutela jurisdicional". E o voto prossegue, acrescentando que o "dano moral coletivo, na seara trabalhista, é visto sob o ângulo da integridade social dos direitos laborais, que, como se sabe, tem dimensão coletiva, pois ultrapassa o interesse individual do trabalhador, ocasionando um dano à sociedade. O empregador que, costumeiramente, lesa os direitos dos trabalhadores, agride a própria coletividade, que, também, sofre os reflexos da prática ilegal".[23]

---

[22] Processo nº 00206-2007-078-15-00-4 RO, disponível em <http://www.trt15.jus.br/voto/patr/2009>. Acesso em: 03 out. 2009.

[23] DUMPING SOCIAL — INDENIZAÇÃO — O constante descumprimento da ordem jurídica trabalhista acaba atingindo uma grande quantidade de pessoas, disso se valendo o empregador para obter vantagem na concorrência econômica com outros empregadores, o que implica dano àqueles que cumprem a legislação. Essa prática traduz-se em dumping social, pois prejudica toda a sociedade e configura ato ilícito, por exercício abusivo do direito, já que extrapola os limites econômicos e sociais, nos exatos termos dos arts. 186, 187 e 927 do Código Civil. O art. 404, parágrafo único, do Código Civil, dá guarida ao fundamento de punir o agressor contumaz com uma indenização suplementar, revertendo-se esta indenização a um fundo público. COOPERATIVISMO. INEXISTÊNCIA. RECONHECIMENTO DO VÍNCULO DE EMPREGO. A simples existência da cooperativa não legitima a terceirização de serviços, sejam eles inerentes, ou não, às funções finalísticas do empreendimento. Isto porque, como o contrato de trabalho é um contrato-realidade, faz-se imprescindível perquirir se os chamados "cooperados" atuaram como verdadeiros co-participantes, tendo sido, simultaneamente, beneficiários ou usuários dos serviços prestados pela cooperativa, ou se, em sentido inverso, laboraram em condições tradicionais de subordinação e dependência. Nesta segunda hipótese, a relação jurídica revelará uma forma camuflada de um verdadeiro contrato de trabalho. DAS ASTREINTES — As astreintes previstas no artigo 461, §4º, do CPC surgiram com a finalidade de viabilizar a efetividade da prestação jurisdicional, compelindo o devedor a cumprir o comando da sentença, sendo, por isso, perfeitamente aplicáveis ao Processo laboral, eis que compatível com a principiologia que norteia este ramo jurídico especial. Recurso conhecido e não provido. (Processo: 00180-2006-015-16-00-5-RO. Relator: Luiz Cosmo da Silva Júnior. Julgado em: 04.03.2009, publicado em 25.03.2009).

Do mesmo modo, o Juiz do Trabalho Alcir Kenupp Cunha, do Mato Grosso do Sul, condenou empresa de grande porte ao pagamento de indenização por dano social, argumentando que havia reincidência na inobservância dos direitos trabalhistas, com diversas condenações à indenização decorrente de doenças causadas aos seus empregados. Invocando o caráter pedagógico que deve ter a indenização, e o efeito didático pretendido, fixou indenização por dano social, consistente em:

a) depósito, no valor de R$ 1.000.000,00 (um milhão de reais), em favor do Fundo de Combate e Erradicação da Pobreza (inc. VIII do art. 2º da Lei Complementar nº 111/2001); b) aquisição, para o hospital de Urgência e Trauma do Município de Dourados, de uma ambulância tipo UTI, nova e devidamente equipada — valor estimado R$ 400.000,00 (quatrocentos mil reais); c) aquisição, para o órgão de fiscalização do Ministério do Trabalho em Dourados, de um veículo, tipo caminhonete, cabine dupla, tração 4 x 4, para uso na fiscalização do trabalho — valor estimado R$ 100.000,00 (cem mil reais).[24]

A referência ao termo 'dumping social', presente tanto nas decisões referidas, quanto no enunciado aprovado pelos operadores do direito do trabalho e anteriormente reproduzido, faz surgir o argumento de que a repreensão por dumping limita-se ao direito comercial.[25]

Em realidade, o dumping social, classicamente associado à circulação de trabalhadores, ocorre também quando a prática de atos empresariais predadores, que não respeitam o ordenamento jurídico de um país, permitem que determinada empresa concorra em condições de vantagem desleal em relação às demais.

---

[24] Disponível em: <http://www.trt24.jus.br:8080/jurisprudencia/banco-sentencas-processo.jsf>. Acesso em: 03 out. 2009. A sentença foi, porém, modificada em sede de recurso ordinário, tendo o TRT da 24ª Região estabelecido a impossibilidade de fixação de dano social, de ofício, pelo Juízo. (Processo nº 00259/2008-021-24-00- 6).Em outro processo contra a mesma empresa (Perdigão) o Juiz Antônio Arraes Branco Avelino, também do Mato Grosso do Sul, conferiu indenização por dano social de R$ 500.000,00 (processo nº 01304-2007-022-24-00-5, disponível no mesmo site). Nesse caso, o Recurso Ordinário não foi conhecido, por deserto, tendo a parte demandada interposto Recurso de Revista, ainda não apreciado.

[25] Argumento importante, já que efetivamente a prática de dumping em sua concepção clássica, vem definida como "venda de produtos no mercado externo, a preços inferiores aos do mercado interno, visando a anular a concorrência". (<http://michaelis.uol.com.br>). Dumping social, por sua vez, vem definido, especialmente no âmbito do direito europeu, como conceito associado à circulação de trabalhadores que, buscando melhores condições sociais, aportam nos países ou regiões mais desenvolvidas, engrossando os números do desemprego estrutural. A Comunidade Européia tem, inclusive, Diretiva fixando condições mínimas e equivalentes de trabalho para evitar que os trabalhadores de países do leste europeu se desloquem para os países mais desenvolvidos, a fim de buscar melhores condições de trabalho.

É certo que o total de custos relacionados à atividade empresarial, nos quais estão incluídos os custos decorrentes da manutenção de um ambiente saudável de trabalho e do pagamento das verbas trabalhistas, influi diretamente no preço final do produto ou serviço que determinada empresa colocará no mercado. O fato é que sequer precisamos nos valer da expressão "dumping" para explicar a ocorrência de dano social, passível (com base em nosso ordenamento jurídico, como tivemos a oportunidade de ver) de ser coibido mediante aplicação de penalidade significativa.

Por fim, importante salientar que a objeção de parte significativa da jurisprudência quanto à concessão, de ofício, de indenização por dano social, é facilmente superada. Além da dicção dos artigos 404, parágrafo único, do CPC, e 652, "d", da CLT, que se destinam a regular ações individuais, temos que a própria origem do caráter punitivo da responsabilidade civil se verifica em situações individuais nas quais o dano coletivo é identificado.[26]

Nesse sentido, Mauro Cappelletti, *já em 1977*, escreveu sobre a necessidade de ampliação da legitimidade para a coibição de danos coletivos, valorizando o dever de o Juiz, em lides individuais, reconhecer a responsabilidade por macrolesões, fixando uma indenização que reconheça, inclusive, o viés punitivo da responsabilidade.[27]

Na mesma linha, é o raciocínio do professor Ovídio Baptista quando propugna a superação do dogma da racionalidade no direito processual, mediante novo olhar para esse instrumento de realização dos direitos, aduzindo que a visão 'coletiva' dos direitos e da própria ação (em seu sentido processual) permite o exercício político da solidariedade.[28]

Conclusão

Precisamos, com urgência angustiante, recuperar nossa capacidade de indignação. Transformá-la na força necessária à concretização de direitos fundamentais trabalhistas que há mais de vinte

---

[26] No artigo antes citado, de lavra da professora Judith Martins-Costa, são examinados os leading cases do direito americano, que justificam a aplicação de punitive damages, todos eles ações propostas por cidadãos americanos, nas quais a indenização foi fixada em valor elevado, considerando o dano social causado e a necessidade de coibir a reiteração das condutas (MARTINS-COSTA, Judith; PARGENDLER, Mariana Souza. Usos e abusos da função punitiva. *Revista CEJ*, Brasília, n. 28, p. 15-32, jan./mar. 2005).

[27] CAPPELLETTI, Mauro. Formações sociais e interesses coletivos diante da justiça civil. Tradução de Nelson Renato Palaia Ribeiro de Campos. *Revista de Processo*, São Paulo, jan./mar. 1977.

[28] SILVA, Ovídio A. Baptista da. *Processo e ideologia*. Rio de Janeiro: Forense, 2004. p. 319.

anos estão esquecidos no texto constitucional. Na força indispensável à recuperação da ética nas relações de trabalho e, especialmente, da ética na atuação processual. Uma ética pautada pela confiança, pelo compromisso com a verdade, pela busca dos objetivos fundamentais de construção de uma sociedade livre, justa e solidária, que busque a promoção do bem de todos, como afirma nossa carta constitucional.

Nesse contexto, o dano social, quando examinado sob a perspectiva de um direito cuja natureza alimentar (artigo 100, §1º, da CF) e fundamental (artigos 6º ao 11, da CF) é manifesta, revela a necessidade de trilhar o caminho da solidariedade também no que tange à doutrina da responsabilidade civil.

Qualquer exame acerca da responsabilidade civil depende da adoção do paradigma da solidariedade social que a Constituição assumiu como novo fator axiológico para interpretação e aplicação do ordenamento. É a partir desse novo paradigma, que as relações privadas passam a ser analisadas. Passam, pois, a serem enfrentadas juridicamente a partir de seu espectro social, de suas consequências no plano da comunidade em que as partes estão inseridas e, diante da globalização, inclusive em âmbito mundial.

Essa visão teleológica (e axiológica) do tema responsabilidade permite que o operador do direito do trabalho amplie sua visão e enxergue no desrespeito contumaz de direitos trabalhistas conduta antissocial que, por isso mesmo, reclama não apenas a reposição do dano à vítima, mas a reconstrução (ou o resgate) do próprio pacto social de persecução de uma sociedade mais justa e solidária. Justiça e solidariedade são valores que contaminam as regras dos artigos 927 e seguintes do Código Civil e que devem determinar um olhar diferenciado de quem interpreta ou aplica o direito.

O sistema jurídico já tem os instrumentos necessários a uma atuação comprometida do Juiz, que recupere nossa capacidade de indignação. Basta que tenhamos coragem para enxergá-las e ousadia para aplicá-las.

Referências

ALPA, Guido. *Trattato di Diritto Civile*. Milano: Giuffrè, 1999. v. 4. La Responsabilità Civile.

AZEVEDO, Antônio Junqueira. *Por uma nova categoria de dano na responsabilidade civil*: o Dano Social. *RTDC*, v. 19, jul./set. 2004.

SILVA, Ovídio A. Baptista da *Processo e ideologia*. Rio de Janeiro: Forense, 2004.

CAPPELLETTI, Mauro. Formações sociais e interesses coletivos diante da justiça civil. Tradução de Nelson Renato Palaia Ribeiro de Campos. *Revista de Processo*, São Paulo, jan./mar. 1977.

COMPARATO, Fábio Konder. Estado, empresa e função social. *Revista dos Tribunais*, ano 85, v. 732, p. 38-46, out. 1996.

FACCHINI NETO, Eugênio. A função social do direito privado. *Revista da Ajuris – Doutrina e Jurisprudência*, Porto Alegre, v. 34, n. 105, p. 153-188, mar. 2007.

GALLO, Paolo. *Pene Private e Responsabilità Civile*. Milano: Giuffrè, 1996.

MARTINS-COSTA, Judith; PARGENDLER, Mariana Souza. Usos e abusos da função punitiva. *Revista CEJ*, Brasília, n. 28, p. 15-32, jan./mar. 2005.

SANTOS, Enoque Ribeiro. Contribuições à fixação da indenização do dano moral trabalhista: a tese da aplicação dos *Exemplary* ou *Punitive Damages*. *Revista do Trabalho*, Porto Alegre, n. 246, p. 7-17.

Informação bibliográfica deste texto, conforme a NBR 6023:2002 da Associação Brasileira de Normas Técnicas (ABNT):

SEVERO, Valdete Souto. O dano social ao direito do trabalho. *In*: RAMOS FILHO, Wilson (Coord.). *Trabalho e regulação*: as lutas sociais e as condições materiais da democracia. Belo Horizonte: Fórum, 2012. v. 1, p. 307-326. ISBN 978-85-7700-566-6.

A TERCEIRIZAÇÃO DO TRABALHO NO BRASIL

PERSPECTIVAS E POSSIBILIDADES PARA UMA REVISÃO DA JURISPRUDÊNCIA

WILSON RAMOS FILHO

Introdução

O Direito Capitalista do Trabalho progressivamente vem deixando de ser utilizado como um dos principais instrumentos de sedução do modo de produção para obter a aceitação da maneira de viver que propõe, eis que viver de modo subordinado não se constitui na única possibilidade que se apresenta às populações dos países desenvolvidos e dos países em desenvolvimento. O conteúdo deste ramo do Direito, que sempre se configurou como sendo mais protetivo da ordem capitalista quanto menor a capacidade desestabilizadora dos movimentos populares e sindical, depende das lutas sociais concretas e das relações estabelecidas entre as classes sociais fundamentais, materializando esta correlação existente em cada sociedade.

No Brasil, por força das precarizações jurisprudenciais e legislativas, havidas na virada do século, o conteúdo do Direito Capitalista do Trabalho terminou por debilitar sua função de legitimação do modo de produção e da maneira de existir a ele associada. Entretanto, tal conteúdo não permanecerá necessariamente com suas características atuais, como se pretende argumentar no presente artigo, a partir da análise do processo de revisão da jurisprudência consolidada pelas súmulas trabalhistas em andamento.

1 O direito capitalista do trabalho e os processos de luta social pela dignidade: uma tentativa de periodização

Este ramo do Direito, em seu desenvolvimento histórico no Brasil, experimentou diversas fases, sempre em decorrência das referidas correlações de força estabelecidas na sociedade. Nos períodos em que as classes trabalhadoras conseguiram mais intensa mobilização, gradativamente, constatam-se alterações na regulação estatal incidente sobre as relações de trabalho, com reconhecimento de direitos. Desta mesma forma, nos períodos em que esta regulação estava à mercê da reação dos setores conservadores, a correlação de forças entre as classes sociais fundamentais passou a ser mais favorável aos interesses dos empregadores, e a tutela estatal incidente sobre o trabalho prestado em condições de subordinação restou subdimensionada, possibilitando a visualização de quatro distintas fases de desenvolvimento do Direito Capitalista do Trabalho no Brasil.

1.1 A pré-história do Direito do Trabalho: o intervencionismo estatal repressivo

Assim como a "primeira reforma trabalhista" brasileira, a abolição da escravatura, só pode ser compreendida como resultado de um amplo processo de luta social que, por décadas, foi minando a ordem escravocrata, as primeiras leis brasileiras que disciplinaram a compra e venda da força de trabalho, no início dos anos trinta do século passado. Tais leis também devem ser compreendidas como a necessidade do capitalismo reconhecer a existência objetiva, concreta, de movimentos reivindicatórios tendentes a possibilitar a melhoria das condições da compra e venda da força de trabalho humana na fase da pré-história do Direito Capitalista do Trabalho.

Durante os quarenta primeiros anos da República, operou-se a transição da utilização intensiva da força de trabalho escrava para a utilização prioritária do trabalho humano considerado como *objeto de um negócio* pelo qual uma pessoa *livre*, no mercado de trabalho, vende parte de seu tempo vital, cedendo o controle de várias horas diárias de sua vida para utilização alheia, reconfigurando as relações entre as classes sociais, até se chegar às primeiras manifestações de intervenção estatal limitadoras da "livre disposição contratual". Isto demandou um conturbado processo de adaptação social, até que, "naturalmente" o trabalho humano pudesse ser percebido como mero *fator de produção*, ao lado dos demais.

Na dinâmica da *naturalização* da subordinação dos detentores da força de trabalho aos empregadores foram construídas Doutrinas visando *organizar* as relações laborais rotinizando, medindo, cadenciando e controlando este fator de produção (*taylorismo*) sob o estatuto do salariado,[1] com a promessa de instituição de uma nova estrutura social que, do ponto de vista macroeconômico possibilitasse a ampliação da capacidade de consumo para os bens e serviços produzidos com a apropriação da mais-valia (*fordismo*). Por intermédio destas duas doutrinas, estigmatizando-se o ócio (KOVARICK, 1987) gradativamente foi sendo implantado o *espírito do capitalismo* em nosso país, segundo o qual o trabalho subordinado deveria ser apreendido como um preceito moral.[2]

Ausentes mecanismos de contrapartida pela exploração do trabalho subordinado para além do salário, ainda durante a Primeira República, os resultados do intervencionismo estatal liberal[3] possibilitaram (i) uma paulatina inflexão ideológica no movimento obreiro brasileiro em direção ao *sindicalismo vermelho* (FOOT; LEONARDI, 1982); (ii) a realização das primeiras greves por melhores condições de trabalho e de remuneração (DAL ROSSO, 1998); (iii) o surgimento das primeiras divergências dentro deste setor do sindicalismo que opunham os que defendiam a edição de leis estatais para minorar a exploração àqueles que consideravam toda intervenção estatal apenas uma forma de iludir os trabalhadores e retardar o processo revolucionário que certamente

---

[1] Diferentemente do que ocorrera nos EUA e na Europa no início do século XX, em face da tardia integração da economia brasileira ao capitalismo, foi necessário um prévio processo de adestramento daqueles cuja única mercadoria era sua força de trabalho para convencê-los a laborar "voluntariamente" de modo subordinado, submetendo-se às diretrizes dos compradores daquela mercadoria. Paralelamente, fruto de preconceitos diversos em relação à capacidade laborativa dos indígenas nativos (inadaptados tanto ao trabalho escravo quanto ao trabalho subordinado), dos negros libertos ou dos descendentes de escravos (acostumados a outros tipos de relação social), e da imensa população mestiça que se constituiu durante o século XIX (que reuniria os "defeitos" daquelas raças consideradas "inferiores"), estimulou-se a imigração de trabalhadores que já haviam se conformado com a condição degradada decorrente do estatuto do salariado.

[2] Enquanto nas fábricas e no comércio se buscava adestrar os trabalhadores aos métodos tayloristas de produção, na sociedade se desenvolvia a estigmatização daqueles que, negando-se a aceitar aquela maneira de existir, subordinada, teimavam em rejeitar aquela proposta de sociedade. A necessidade de trabalhar passa a ser identificada com a necessidade de ter acesso a bens, de modo que, a necessidade de vender a força de trabalho para poder sobreviver passa a ser confundida com o dever moral de trabalhar, de modo subordinado (GORZ, 1998, p. 81-84), instituindo-se uma ética do trabalho (WEBER, 2004) que, gradativamente seria imposta, mediante mecanismos coercitivos diversos pelo fordismo, dentro e fora dos locais de trabalho.

[3] A referência a um "intervencionismo estatal liberal" se prende à constatação de que o Estado sempre interveio na dinâmica dos contratos de trabalho durante a Primeira República, seja para manter a ordem pública, reprimindo movimentos contestatórios, seja para assegurar o direito de propriedade dos meios de produção, seja para ordenar o funcionamento da sociedade segundo uma determinada ordem e um determinado sentido (GRAU, 1994).

viria, acabando com a propriedade privada e com a exploração capitalista (KAREPOVS, 2006, p. 20-26); (iv) o acirramento das lutas sociais no final da segunda década e, em consequência destas, das primeiras intervenções estatais nas relações de trabalho relativas ao direito a férias e à limitação na jornada de trabalho das crianças e adolescentes (RAMOS FILHO; FONSECA, 2011, p. 239) e (v) o surgimento da classe trabalhadora como ator social relevante em torno de um dos projetos revolucionários que disputavam hegemonia, colocando para as classes dominantes a urgência na "resolução da questão social" (DECCA, E., 2004).

Contrariando o *mito da outorga* apregoado por boa parte da Doutrina laboral brasileira conservadora, a década de vinte foi efetivamente marcada pela polarização política entre diversas propostas de "revolução" para transformar as relações sociais e políticas materializadas no Estado. De um lado, os empresários se organizaram para melhor resistir às reivindicações dos trabalhadores e implantar mecanismos de *racionalização do trabalho* (taylorismo), pelos quais pretendiam "*civilizar* ou, nos dizeres anarquistas, 'domesticar' o proletariado para uma maior disciplina e produtividade no trabalho e uma aceitação conformista da ordem social vigente" (DECCA, M., 1990, p. 49); de outro lado, a organização da classe trabalhadora em partidos políticos de esquerda — inicialmente pelo Partido Comunista do Brasil (PCB) e, quando este foi ilegalizado, pelo Bloco Operário e Camponês (BOC) —; entre ambos, diversos movimentos contestatórios da ordem liberal e do sistema de democracia restrita, dentre os quais o mais significativo se configurou no *tenentismo*, podendo ser vislumbrados, no final da década, três distintos projetos de revolução.

Exatamente neste contexto de confronto ideológico, termina a pré-história do Direito Capitalista do Trabalho no Brasil. De fato, a polarização ideológica havida nos anos finais da década de vinte conduziu o empresariado a apoiar uma das propostas revolucionárias que disputavam hegemonia na sociedade. A partir de então o capitalismo brasileiro, a exemplo do que se vislumbrava em outros países, perceberá a importância de *ceder alguns anéis para preservar os dedos*, ao mesmo tempo em que, como sempre, se utilizará da repressão estatal para preservar seus interesses.

1.2 A primeira etapa do Direito Capitalista do Trabalho no Brasil (1930-1945)

A chegada ao poder político de uma das propostas revolucionárias que estavam em gestação nos anos vinte, no contexto da crise capitalista de 1929, permitiu a implantação de uma específica modalidade de intervencionismo estatal capitalista,[4] a um só tempo corporativista e fordista. Diferentemente do que ocorria na Europa continental, onde o intervencionismo estatal capitalista dos anos trinta foi caracterizado pelo fascismo e pelo nazismo — com as exceções de Portugal e Espanha, também corporativistas e anticomunistas —, no Brasil foi concebido um sistema de relações de trabalho fortemente autoritário que, em resposta à mobilização dos trabalhadores, desconstruiu o movimento sindical para reconstruí-lo em outras bases, simultaneamente passando a estabelecer limites à autonomia e à liberdade contratual (RAMOS FILHO, 2011, p. 301).

Deste peculiar modelo de intervencionismo estatal nasce um Direito Capitalista do Trabalho com características peculiares, sempre fundado nos mitos da *conciliação entre as classes sociais*, da *índole pacífica e ordeira da classe trabalhadora* e da *outorga de direitos* por parte do Poder Executivo, direitos estes que não estariam entre as principais preocupações da classe trabalhadora, segundo a memorização conservadora.[5]

Contrariando o apregoado por aqueles mitos, a classe trabalhadora continuou mobilizada e participou em alguma medida da tentativa de relegitimação do regime que havia chegado ao poder através de um Golpe de Estado em 1930, logrando fazer inserir na Constituição de 1934 diversos direitos sociais e, no plano do Direito Coletivo de

---

[4] Resumidamente, a crise capitalista de 1929 possibilitou o surgimento de distintos modelos de intervencionismo estatal capitalista, que rivalizavam com o modelo intervencionista socialista implantado na União Soviética. Nos EUA, a partir do new deal, com a construção do "intervencionismo bélico-assistencial", combinando fortes aspectos repressivos, com investimento estatal na indústria da guerra e com o aprofundamento da doutrina fordista que, por intermédio de promessas de prosperidade, conformou o american way of life. Na Europa, aprofundando processos iniciados ainda durante a década anterior, institucionalizou-se o intervencionismo capitalista nazi-fascista. No Brasil, e em vários países iberoamericanos, com a implantação de outro intervencionismo capitalista, que combinando aspectos repressivos e ideológicos, caracterizou-se por ser corporativista e fordista a um só tempo, com grande influência da Doutrina Social da Igreja (RAMOS FILHO; ALLAN, 2011). Ao final da Segunda Guerra, nos países que abandonaram o intervencionismo nazifascista surgirá outro tipo de intervencionismo capitalista, fundado no bem-estar da população (Welfare-State).

[5] Reinventando o passado, foi imposto o silêncio aos vencidos (DECCA, 2004), para se construir a narrativa segundo a qual haveria um artificialismo no sistema imposto autoritariamente pelo Governo Vargas nos anos iniciais da década de trinta, que teria "outorgado" direitos aos trabalhadores sem que houvesse reivindicações nesse sentido, a começar com a regulamentação da jornada de trabalho para inúmeras categorias profissionais, artificialismo de matriz corporativista que dividia a classe trabalhadora segundo a atividade econômica preponderante dos empregadores, em distintas entidades representativas "reconhecidas" pelo Estado, aprimorando os mecanismos de controle para a manutenção das relações sociais capitalistas.

Trabalho, direitos como a negociação coletiva e a autonomia e liberdade sindicais. A resposta capitalista, autoritária, foi imediata: primeiro, inviabilizando por manobras legislativas a aplicação de alguns daqueles direitos consagrados na Constituição; depois, com a edição de uma Lei de Segurança Nacional para reprimir os movimentos contestatórios da ordem vigente; por fim, com a imposição de outra Carta Constitucional, outorgada, em 1937, ainda mais repressiva e corporativista, para preservar os interesses dos empregadores.

O nascimento do Direito Capitalista do Trabalho brasileiro, assim, de modo similar ao que ocorria em outros países, se insere neste contexto de construção de uma "solução capitalista" para a "questão social", tendo por contraponto ideológico a existência de outro modo de produção e de organização da sociedade.

Materializando correlações de força entre as classes sociais fundamentais, trata-se de evidente mistificação considerá-lo como algo "outorgado" pelo Estado, pois a "solução capitalista" efetivada pela regulação estatal incidente sobre as relações laborais brasileiras foi, como nos outros modelos intervencionistas, também fruto de conquistas sociais concretas ou de derrotas impostas pela força, mas sempre se configurando como *pacificador* e *conservador,* cumprindo sua *funcionalidade* (JEAMMAUD, 1980). Nesta ambiência, o Direito Capitalista do Trabalho brasileiro na primeira fase de seu desenvolvimento, já se caracterizava por ser *ambivalentemente tutelar,* no sentido de que (i) garantia direitos tanto aos empregadores — dentre os quais o principal obviamente é o direito a subordinar os empregados — como também aos trabalhadores, como contrapartida pela aceitação do modo de produção e do regime do salariado e (ii) *tutelou a própria relação de emprego* no interesse da manutenção do sistema capitalista, estabilizando-o.

A *funcionalidade do Direito do Trabalho* na sociedade brasileira à época já não era "proteger o lado mais fraco da relação salarial", outro de seus mitos fundantes, mas servir ao projeto de *juridificação* do conflito entre o trabalho assalariado e o capital com sua canalização ou institucionalização pelo Estado, como uma solução defensiva do empresariado para, mediante a promulgação de normas que asseguravam direitos aos trabalhadores, atender à necessidade de integrar no Estado os inevitáveis conflitos entre as classes sociais fundamentais.

Restringindo-se a democracia, a partir de 1937, foi possível a complementação da *obra corporativa* com a institucionalização da Justiça do Trabalho — bem como de diversos órgãos com a mesma composição tripartite concebida para outras instituições corporativas —, com a Consolidação em 1943 da legislação trabalhista e com a estruturação do modelo de relações de trabalho, concebido para não funcionar, visto que engendrado de tal forma a não permitir um efetivo exercício do contrapoder sindical em face do poder dos empregadores, legalizado e instituído pelo Direito Capitalista do Trabalho. Essas características da primeira etapa de desenvolvimento deste ramo do Direito no Brasil serão mantidas nas etapas seguintes, com pequenas alterações, mas sempre, frise-se, como decorrência da correlação de forças entre as classes sociais.

1.3 A segunda etapa do Direito do Trabalho no Brasil (1946-1965)

Ao final da Segunda Guerra, as relações entre as classes sociais nos países capitalistas oportunizaram o surgimento de três outros tipos principais de intervencionismo estatal capitalista: (i) na Europa continental, depois do término da ocupação nazista e do fascismo, um intervencionismo dedicado à construção de um "Estado Provedor"; (ii) nos EUA, adquirirá contornos mais nítidos o intervencionismo bélico-assistencial, profundamente marcado pelo "compromisso fordista" de melhoria constante e controlada das condições de vida da população para construção de um mercado de consumo e, (iii) na periferia capitalista, serão redesenhadas as relações entre as classes sociais brasileiras por intermédio da manutenção dos fundamentos do corporativismo e da introdução, controlada, de novos elementos fordistas de justificação do modo de vida capitalista, como no Brasil.

Nesta segunda etapa de desenvolvimento do Direito Capitalista do Trabalho, em uma pequena síntese, (i) foram mantidos os fundamentos corporativistas concebidos na segunda metade dos anos trinta, em resposta à mobilização vislumbrada durante os trabalhos constituintes que resultaram na Carta de 1946 (RAMOS FILHO, 2011); (ii) restringiu-se o direito de greve assegurado constitucionalmente, considerando-se "recepcionada" pela ordem constitucional a legislação que havia sido editada durante a ditadura Vargas; (iii) foram implantadas novas contrapartidas fordistas na legislação — merecendo destaque a regulamentação do descanso semanal remunerado e a criação do décimo-terceiro salário; e (iv) potencializou-se a ampliação de outras contrapartidas fordistas pela aceitação da maneira de existir capitalista com a utilização do Poder Normativo da Justiça do Trabalho, vez que o empresariado brasileiro sempre resistiu de forma decidida à construção de mecanismos institucionais que pudesse, em alguma medida, ampliar o âmbito de atuação do contrapoder sindical, por intermédio das negociações coletivas de trabalho.

Todavia, como em outros momentos da história da relação conflituosa entre as classes no Brasil, a agudização das contradições havidas nos anos sessenta, ao contrário de ter possibilitado uma "renovação do capitalismo" como a experimentada na Europa e nos EUA ao final daquela década, fomentou o golpismo do empresariado, da Igreja católica e dos militares, para assegurar mediante uma *contrarrevolução* a continuidade do modo de produção capitalista e os privilégios às elites. Se, durante a segunda fase, a indução da aceitação da maneira de existir preconizada pelo capitalismo era feita pelas contrapartidas ambivalentes asseguradas pelo Direito Capitalista do Trabalho — na lei, nas sentenças normativas, e, de modo residual, nos contratos coletivos — e pelos métodos de gestão tayloristas e fordistas; na próxima fase, com a implantação da ditadura militar, altamente restritiva e regressiva, este ramo do Direito se tornará ainda mais protetivo dos interesses dos empregadores.

1.4 A terceira etapa do Direito Capitalista do Trabalho brasileiro (1965-1988)

Para evitar que o capitalismo fosse instado a *ceder mais alguns anéis*, visando *preservar os dedos*, o intervencionismo estatal brasileiro inaugurado nos anos trinta e relegitimado em 1946 desvelou seus aspectos mais autoritários com o Golpe de Estado de 1964.

A resposta do Estado e do empresariado às críticas anticapitalistas do início dos anos sessenta constituiu-se pela supressão dos direitos civis e políticos e pela restrição aos direitos sociais em três fases sequenciais.

Na primeira, a *ditadura envergonhada* (GASPARI, 2002 a) promoveu três grandes alterações paradigmáticas no modelo de relações laborais disciplinado pelo Direito Capitalista do Trabalho: (i) praticamente extinguiu a possibilidade dos trabalhadores alcançarem a estabilidade no emprego, com a criação do FGTS; (ii) restringiu drasticamente a possibilidade dos Tribunais Trabalhistas concederem ou ampliarem contrapartidas fordistas pela aceitação do direito a subordinar; (iii) fortaleceu os aspectos corporativistas do modelo anterior, mediante a restrição ao direito de greve, da intervenção nas diretorias dos sindicatos nomeando pessoas de confiança do novo regime para geri-las, e (iv) impôs a estagnação de conteúdos no Direito do Trabalho, nas leis e nas normas coletivas de trabalho com a restrição ao poder normativo negocial.

Essas alterações paradigmáticas depuraram o modelo brasileiro de relações entre as classes sociais de seus principais elementos justificadores, de natureza fordista, potencializando os elementos corporativistas já existentes nas etapas anteriores. Imposto pela força das armas e da repressão durante a fase da *ditadura escancarada* (GASPARI, 2002b) no início dos anos setenta, o capitalismo brasileiro não se sentiu obrigado a se relegitimar por intermédio de um *segundo espírito capitalista*[6] como nos outros intervencionismos estatais capitalistas, tendo experimentado um surto de crescimento econômico, com concentração de renda no empresariado.

Entre as medidas *flexibilizadoras* incidentes sobre a regulação da compra e venda da força de trabalho promovidas pela ditadura, além da instituição do FGTS, figuram as leis que permitiram a locação de mão de obra, atingindo outro dos pilares do Direito Capitalista do Trabalho da fase anterior, pois se flexibilizavam os contratos de emprego tanto na saída (pelo fim da estabilidade), quanto em seu início, por permitir a ampliação da contratação por prazo determinado e por interposta pessoa jurídica,[7] prática que será enormemente utilizada na virada do século, através de vários processos identificados sob o significante *terceirização*.

Neste sentido, se nos países de capitalismo central as reformas trabalhistas orientadas à diminuição da alegada rigidez do Direito do Trabalho foram realizadas a partir dos anos oitenta, no Brasil, submetido à ditadura militar, a quebra de uma rigidez inexistente se deu antecipadamente, aproveitando-se da impossibilidade de reação por parte dos trabalhadores e de suas entidades.

---

[6] Em resposta às críticas intrassistêmicas (formuladas pelos setores integrados ao modo de produção) e antissistêmicas (articuladas pelos movimentos da juventude) do final dos anos sessenta, o capitalismo se viu obrigado a se relegitimar por intermédio de um segundo espírito do capitalismo (BOLTANSKI; CHIAPELLO, 2002), cedendo mais alguns anéis, principalmente nos países europeus.

[7] Durante as fases anteriores de desenvolvimento do Direito Capitalista do Trabalho no Brasil, a terceirização não tinha relevância. Efetivamente, nos períodos anteriores as únicas hipóteses de subcontratação eram a empreitada e a subempreitada. BRASIL. Consolidação das Leis do Trabalho. Art. 455 – Nos contratos de subempreitada responderá o subempreiteiro pelas obrigações derivadas do contrato de trabalho que celebrar, cabendo, todavia, aos empregados, o direito de reclamação contra o empreiteiro principal pelo inadimplemento daquelas obrigações por parte do primeiro. Parágrafo único – Ao empreiteiro principal fica ressalvada, nos termos da lei civil, ação regressiva contra o subempreiteiro e a retenção de importâncias a este devidas, para a garantia das obrigações previstas neste artigo.

Nesta terceira fase de desenvolvimento, para beneficiar ainda mais os empregadores — depois de rompida a causalidade para o rompimento dos contratos de trabalho, pela admissão do poder potestativo do empregador de decidir unilateralmente a terminação dos contratos de trabalho — o regime militar promoveu a aprovação de leis autorizando a intermediação e a terceirização de mão de obra, desde que atendidos alguns pressupostos.

A terceirização de mão de obra, inicialmente concebida para o setor público no contexto de ampla reforma administrativa[8] e para atendimento de algumas funções,[9] foi estendida para o setor privado em 1974, com a edição da conhecida "Lei do Trabalho Temporário",[10] servindo de base legal para a proliferação da utilização da intermediação do trabalho em todos os setores da economia.

Engendrada tendo por foco o atendimento de necessidades excepcionais de mão de obra, pelo prazo máximo de três meses para atender à necessidade transitória de substituição de seu pessoal

---

[8] BRASIL. Decreto-Lei n° 200/67. Dispõe sobre a organização da Administração Federal, estabelece diretrizes para a Reforma Administrativa e dá outras providências [...]Art. 10. A execução das atividades da Administração Federal deverá ser amplamente descentralizada [...] §7° Para melhor desincumbir-se das tarefas de planejamento, coordenação, supervisão e controle e com o objetivo de impedir o crescimento desmesurado da máquina administrativa, a Administração procurará desobrigar-se da realização material de tarefas executivas, recorrendo, sempre que possível, à execução indireta, mediante contrato, desde que exista, na área, iniciativa privada suficientemente desenvolvida e capacitada a desempenhar os encargos de execução [...].

[9] BRASIL. Lei n° 5645, de 10 de dezembro de 1970. Estabelece diretrizes para a classificação de cargos do Serviço Civil da União e das autarquias federais, e dá outras providências. Art. 3° Segundo a correlação e afinidade, a natureza dos trabalhos, ou o nível de conhecimentos aplicados, cada Grupo, abrangendo várias atividades, compreenderá: [...] Parágrafo único. As atividades relacionadas com transporte, conservação, custódia, operação de elevadores, limpeza e outras assemelhadas serão, de preferência, objeto de execução indireta, mediante contrato, de acordo com o artigo 10, §7°, do Decreto-Lei n° 200, de 25 de fevereiro de 1967.

[10] BRASIL. Lei n° 6.019, de 3 de janeiro de 1974. Dispõe sobre o Trabalho Temporário nas Empresas Urbanas, e dá outras Providências. Art. 1° – É instituído o regime de trabalho temporário, nas condições estabelecidas na presente Lei. Art. 2° – Trabalho temporário é aquele prestado por pessoa física a uma empresa, para atender à necessidade transitória de substituição de seu pessoal regular e permanente ou ao acréscimo extraordinário de serviços. Art. 3° – É reconhecida a atividade da empresa de trabalho temporário que passa a integrar o plano básico do enquadramento sindical a que se refere o art. 577, da Consolidação das Leis do Trabalho. Art. 4° – Compreende-se como empresa de trabalho temporário a pessoa física ou jurídica urbana, cuja atividade consiste em colocar à disposição de outras empresas, temporariamente, trabalhadores, devidamente qualificados, por elas remunerados e assistidos. [...] Art. 10 – O contrato entre a empresa de trabalho temporário e a empresa tomadora ou cliente, com relação a um mesmo empregado, não poderá exceder de três meses, salvo autorização conferida pelo órgão local do Ministério do Trabalho e Previdência Social, segundo instruções a serem baixadas pelo Departamento Nacional de Mão-de-Obra.

regular e permanente ou ao acréscimo extraordinário de serviços, paulatinamente, a prática da intermediação se introduziu em diversas atividades produtivas brasileiras, antecipando a universalização desta prática nos anos seguintes.

Já no início da década subsequente, com efeito, a legislação passou a admitir também a intermediação *permanente* de pessoal nas atividades de vigilância bancária,[11] antecipando no Brasil elementos pós-fordistas que caracterizarão o *novo espírito do capitalismo*, do *capitalismo descomplexado*, entendido como aquele em que este modo de produção, injusto por suas próprias características, considera desnecessário se legitimar e se relegitimar.

Todavia, ao contrário do que supunha, apesar da repressão, da censura, da supressão dos direitos democráticos, ao longo da década de setenta, o regime militar experimentou crescente perda da pouca legitimidade adquirida no contexto do *milagre econômico brasileiro* passando a ser contestado por movimentos populares, por setores médios da sociedade e por parte do empresariado dependente dos níveis de consumo da população. Assim, teve início o processo que foi memorizado como o da *abertura política, lenta, gradual e segura,* terceira etapa do regime iniciado em 1964, aquela da *ditadura derrotada* (GASPARI, 2002c).

Neste processo, ressurge a classe trabalhadora como protagonista político e, como consequência das mobilizações que promoveu durante toda a década de oitenta, se chegou à Constituição de 1988 materializando novas relações sociais que, na contraposição de duas éticas distintas,[12] sintetizou e condensou as correlações de força entre

---

[11] BRASIL. Lei nº 7.102, de 20 de junho de 1983. Dispõe sobre segurança para estabelecimentos financeiros, estabelece normas para constituição e funcionamento das empresas particulares que exploram serviços de vigilância e de transporte de valores, e dá outras providências. [...] Art. 3º – A vigilância ostensiva e o transporte de valores serão executados: I – por empresa especializada contratada; ou II – pelo próprio estabelecimento financeiro, desde que organizado e preparado para tal fim, e com pessoal próprio. Parágrafo único – Nos estabelecimentos financeiros federais ou estaduais, o serviço de vigilância ostensiva poderá ser desempenhado pelas Policias Militares, a critério do Governo do respectivo Estado, Território ou Distrito Federal [...] Art. 15 – Vigilante, para os efeitos desta Lei, é o empregado contratado por estabelecimentos financeiros ou por empresa especializada em prestação de serviço de vigilância ou de transporte de valores, para impedir ou inibir ação criminosa. Art. 18 – O vigilante usará uniforme somente quando em efetivo serviço. Art. 19 – É assegurado ao vigilante: I – uniforme especial às expensas da empresa a que se vincular; II – porte de arma, quando em serviço; III – prisão especial por ato decorrente do serviço; IV – seguro de vida em grupo, feito pela empresa empregadora.

[12] No mesmo período se assistiu nas relações laborais concretas brasileiras à progressiva implantação do pós-fordismo e do pós-taylorismo na gestão das empresas, de modo coevo à disputa hegemônica entre o segundo e o terceiro espíritos do capitalismo (BOLTANSKI; CHIAPELLO, 2002) que se contrapunham nos debates constituintes. Por um lado, a exemplo

as distintas classes e frações de classe, constituindo um novo marco institucional para o intervencionismo estatal capitalista nas relações de trabalho.

1.5 A quarta etapa do Direito Capitalista do Trabalho no Brasil (iniciada em 1988)

A constitucionalização de diversos direitos trabalhistas ao lado de promessas de políticas públicas se insere no conjunto de ideias conformador do *segundo* espírito do capitalismo, que na Europa havia relegitimado o modo de produção, durante a década de setenta, como resposta às críticas sociais experimentadas no final da década anterior. Todavia, no hibridismo constitucional de 1988, estas convivem com uma nova ética e uma nova doutrina mais adaptada ao *terceiro* espírito do capitalismo, contemporâneo da derrocada dos regimes soviéticos e de importantes alterações experimentadas pelo mundo do trabalho, algumas das quais serão enfocadas ainda neste artigo.

Esse hibridismo da Constituição de 1988 se configurou pela disputa entre dois projetos para a sociedade brasileira. O primeiro se inscreve entre as diversas tentativas ideológicas de se construir nos países que saíam de regimes autoritários novos sistemas de justificação que pudessem de modo mais eficiente resistir à crítica anticapitalista vetorizada por inúmeros movimentos sociais, configurando-se em um *segundo espírito do capitalismo*. Outras tentativas de respostas às críticas sociais, contudo, também estavam em andamento, presentes nas formulações dos setores que pretendiam suprimir a fase legitimadora típica dos anos setenta nos países de capitalismo central, "queimando esta etapa", passando diretamente para o *novo* espírito capitalista, que se implantava na Europa e nos EUA, a partir do final dos anos oitenta.[13]

---

do que havia ocorrido nos países centrais na década anterior, o capitalismo brasileiro também se via forçado a se renovar, a se reinventar, para melhor resistir às críticas a si dirigidas. De outro lado, parte do empresariado que havia sido beneficiado pelas flexibilizações precoces promovidas nesta terceira etapa de desenvolvimento do Direito Capitalista do Trabalho, influenciado por uma nova Doutrina ideológica, não apenas resistia àquelas propostas relegitimadoras, mas sustentava a "necessidade" de se outorgar à "mão invisível do mercado" ampliados âmbitos de regulação.

[13] Enquanto nos países de capitalismo central se assistiu à implantação de um segundo espírito do capitalismo na década de setenta e à sua substituição progressiva, nas décadas seguintes, por um terceiro espírito do capitalismo, no Brasil, verdadeiramente, as relações entre as classes sociais foram presididas pelo primeiro espírito do capitalismo até o final da ditadura militar, oportunidade em que, na Constituinte, se assistiu à contraposição entre dois projetos capitalistas, um vinculado ao segundo, outro ao terceiro espírito do capitalismo.

Essa disputa hegemônica entre projetos políticos distintos na Constituição de 1988 se manifestou em distintas dimensões: nos planos ideológico, normativo e doutrinário.[14]

No plano político-ideológico, a disputa hegemônica entre os dois espíritos do capitalismo se apresentou como uma oposição entre *regulação* e *flexibilização*, sendo que na última década do século passado já não se discutia a amplitude dos direitos e garantias — quantidade de *anéis a serem cedidos para salvaguardar os dedos*, na referida metáfora — passando-se a discutir a própria necessidade de se manter os atuais patamares de regulação.

No plano normativo, assistiu-se a dois momentos na quarta fase de desenvolvimento do Direito Capitalista do Trabalho Brasileiro: até 2002, durante os governos mais influenciados pelo neoliberalismo, com inúmeras inovações legislativas favoráveis aos interesses dos empregadores (banco de horas, contratos provisórios, contratos a tempo parcial, entre outras); e o período subsequente, durante o qual tais iniciativas encontram maiores resistências por parte do Governo que, por haver se diferenciado do anterior em relação à distribuição de renda e de mudança no vetor privatista e precarizador de direitos, conseguiu eleger sua sucessora.

No plano da Doutrina jurídica, a maioria dos autores, no mesmo período, oscila entre a defesa de uma hermenêutica conforme ao terceiro espírito do capitalismo, nem sempre de modo consciente; e uma hermenêutica humanista, por vezes jusnaturalista, que pretende condicionar a interpretação das inovações legislativas precarizadoras aos princípios ou aos fundamentos constitucionais informadores do Direito do Trabalho, de alguma maneira vinculada aos postulados do segundo espírito do capitalismo objetivando *manter* ou *restabelecer* as contrapartidas estatais pela aceitação do direito a subordinar, legalizado pelo Direito Capitalista do Trabalho, e da maneira de existir inerente ao

---

[14] Esta disputa entre projetos distintos que se estabeleceu nos planos político-ideológico, no plano normativo e no plano doutrinário, não se repete verdadeiramente no plano da jurisprudência trabalhista, de maneira coeva. De fato, a jurisprudência consolidada pelo TST não foi contaminada por aquela disputa, eis que majoritariamente aquela Corte, na tentativa de funcionalizar o Direito do Trabalho para os objetivos macroeconômicos dos governos, se orientou nos primeiros quinze ou vinte anos da atual Ordem Constitucional pelo mencionado terceiro espírito capitalista. Na verdade, como a maioria dos Ministros do TST e dos Desembargadores nos Tribunais Regionais do Trabalho foi nomeada durante a "década perdida" que coincidiu com a adoção do neoliberalismo como ideologia governamental, a disputa entre os dois espíritos do capitalismo começa a se estabelecer somente no início da segunda década deste século em face das recentes nomeações de julgadores não comprometidos ideologicamente com o ideário prevalente no TST até então.

estatuto do salariado que haviam caracterizado o Direito do Trabalho brasileiro durante sua segunda fase de desenvolvimento — de 1945 a 1964. Uma pequena parcela da doutrina trabalhista, contudo, passa a vislumbrar no fracasso do neoliberalismo e no contexto da mais recente crise capitalista a possibilidade de, também se vinculando ao segundo espírito do capitalismo, *ampliar* direitos à classe que vive do trabalho, mediante processos de acirramento das contradições sociais e de convencimento social no sentido de extirpar da normatividade real — nas leis e na jurisprudência — os elementos neoliberais introduzidos durante a *década perdida*, que terminou em 2003.

2 Os novos métodos de gestão do capitalismo descomplexado e a terceirização

Na virada do século, as relações *de* produção capitalistas sofreram significativas mudanças, inclusive quanto aos seus modos de legitimação, mas, como se sabe, as alterações no mundo do trabalho, *na* produção, foram bem mais profundas. As próprias técnicas de gestão típicas do primeiro e do segundo espírito do capitalismo acabaram sendo alteradas, com a implantação do pós-fordismo e do pós-taylorismo.

Com o desaparecimento da concorrência ideológica, ou seja, com o fim dos regimes de socialismo real na Europa, de certa forma o capitalismo sentiu-se à vontade para *"resgatar os anéis cedidos"* anteriormente: desde o início do intervencionismo estatal, passando pela própria construção do Direito do Trabalho como ramo autônomo da ciência jurídica, até as concessões a que se viu obrigado em face da crítica social dos anos sessenta do século passado. O capitalismo gestionário do final do século XX, já não temia a *"perda dos dedos"*, teríamos chegado ao "fim da história" (FUKUYAMA, 1992), representada pela definitiva vitória — ideológica — do mercado e da democracia liberal sobre os ideais igualitaristas. Surgia o *terceiro espírito do capitalismo,* anteriormente mencionado.

Neste contexto, adquire predominância uma nova Doutrina *normativa*[15] do bem-administrar, visando ensinar como as empresas

---

[15] Diferentemente das doutrinas científicas de outros ramos do conhecimento, que procuram analisar a realidade para descrevê-la, para compreendê-la, e, eventualmente, para transformá-la, a doutrina normativa do bem-administrar não descreve o que é, mas como deveria ser; não explica como as empresas são organizadas, mas como deveriam ser estruturadas, e assim por diante. Daí resulta a primeira dificuldade encontrada pelos operadores do Direito para extrair da interpretação das novas doutrinas da "ciência da

deveriam ser administradas, ao mesmo tempo em que pregava a "necessidade" de um redimensionamento do Direito Capitalista do Trabalho para propiciar melhores condições de competitividade dos produtos fabricados em cada país, no mercado globalizado.

Entre as inúmeras tentativas de "redimensionar" o Direito do Trabalho figura a legalização da terceirização de algumas das atividades empresariais, associadas ao conceito da "desejada" flexibilidade pregada pela nova Doutrina normativa, mediante processos de deslocalização da atividade produtiva, da externalização de algumas de suas atividades e da flexibilização da regulação estatal.

2.1 A deslocalização empresarial para a redução dos custos de produção

O que a Doutrina do pós-fordismo denomina como *deslocalização empresarial* consiste, em um primeiro sentido, na estratégia de algumas empresas em fechar fábricas ou plantas industriais inteiras em um determinado país para localizá-las em outros países nos quais os custos de produção sejam mais interessantes para os donos do capital investido naquela indústria. Esse processo é referenciado pelo movimento sindical internacional como política de "exportação de empregos", já que os Estados acabariam promovendo ou estimulando as empresas a produzirem em outros países, aumentando o desemprego nos países de origem. Do ponto de vista dos acionistas ou dos proprietários dos meios de produção, este movimento seria consequência "natural" do "anacrônico" intervencionismo estatal nos países mais institucionalizados — concedendo direitos e garantias "excessivas" aos trabalhadores durante os dois espíritos capitalistas anteriores — que teria tornado "inevitável" a transferência da produção para outro país, para poder fazer frente à "concorrência internacional". Por este processo, "para se preservar", as empresas haveriam de migrar, de se *deslocalizar* sempre e quando houvesse condições de produção mais vantajosas em outro país.

---

administração" o seu real significado. Acostumados com a aproximação progressiva do objeto de análise para melhor compreendê-lo, os juristas lêem os livros de administração sem se perceber que não são descrições vinculadas a uma realidade, mas são textos normativos, dizendo como as empresas e as relações sociais deveriam ser. A segunda dificuldade se refere ao jargão utilizado naquelas obras, fornidas de anglicismos e de neologismos, de tal modo que terminam por ocultar os contextos de onde são originárias aquelas formulações teóricas e, muitas vezes, os interesses subjacentes às propostas normativas que são apresentadas sob a aparente neutralidade científica.

WILSON RAMOS FILHO (COORD.)
TRABALHO E REGULAÇÃO – AS LUTAS SOCIAIS E AS CONDIÇÕES MATERIAIS DA DEMOCRACIA

O que se queria evitar, em 1919, com a criação da OIT, agora passa a ser estimulado pelos teóricos da Nova Doutrina: o *dumpping social* é redesignado como *deslocalização empresarial*,[16] de modo que, em sentido metafórico, passa a significar o processo pelo qual parte do trabalho antes executado dentro do ambiente empresarial é realizado em outros espaços físicos — como a casa do empregado ou no próprio local de instalação do bem produzido parcialmente na fábrica — e ultimado no local indicado pelo consumidor final, algumas vezes inclusive por empregados de outras empresas (terceirizadas) ou pelo próprio consumidor. Sob a aparência de racionalidade empresarial e econômica restam agudizados os processos de precarização das condições de trabalho, em um primeiro momento, e, a seguir, resulta precarizada a regulação estatal incidente sobre o trabalho prestado em tais condições.

Com a sofisticação dos discursos desta "moderna ciência da Administração de Empresas", outros neologismos, além deste, foram se agregando ao léxico da literatura normativa produzida para adestrar empresas, trabalhadores e consumidores ao terceiro espírito do capitalismo, e também ao léxico da doutrina juslaboralista em processo contínuo; até que, finalmente, passa a ser *naturalizado*, como se fosse normal e até desejável uma distinta regulação estatal do trabalho prestado em condições de subordinação, externalizado parcialmente pelos novos métodos de gestão.

2.2 A externalização e a dualização do mercado de trabalho

Centrado na vocação prioritária do negócio, na sua especialização, naquilo que o singulariza em face da concorrência, o modelo de empresa proposto pela doutrina é o da "empresa esbelta" conectada a outras

---

[16] A deslocalização empresarial pode ser total ou parcial. No primeiro caso ocorre a transferência da fábrica toda para outro país ou para outra região dentro do mesmo país, onde o Estado oferece isenções fiscais, tributárias ou outros "incentivos" e onde a mão de obra seja mais barata, pela existência de um mais amplo exército industrial de reserva; no segundo caso, ocorre a transferência de parte da produção que é relocalizada em outro local. Por força das possibilidades ampliadas de deslocalização empresarial, a própria concepção teórica que alude a países de capitalismo central e a países capitalistas periféricos passa a entrar em crise, já que não é raro se encontrar regiões altamente industrializadas tanto em países ricos como em países em desenvolvimento, cada uma das quais se transformando em centros de periferias regionais, sem a necessária correspondência com as fronteiras nacionais. Apesar disso, e com essas ressalvas, a distinção teórica entre centro e periferia continua funcional para explicar os distintos níveis de tutela aos interesses empresariais promovidos pelo Direito Capitalista do Trabalho.

empresas organizadas em rede. Todavia, ao lado desta segmentação que visava a utilização otimizada das novas tecnologias produtivas, surge a externalização danosa para o funcionamento das sociedades, pela qual, com a redução dos custos de produção (no fator trabalho) e com alta produtividade, todas as organizações empresarias poderiam, segundo a nova doutrina, ter seus lucros ampliados mediante a externalização de parte de suas atividades, com óbvios reflexos no mercado de trabalho.

Dentre os inúmeros processos de *externalização danosa* três deles merecem destaque: (i) a *pejotização*, substantivização da sigla composta pelas duas letras iniciais da expressão *Pessoa Jurídica*, para referenciar a contratação de pessoas físicas para prestar trabalho em condições análogas às dos empregados, geralmente em fraude ao disposto pelo Direito Capitalista do Trabalho; (ii) a pouco estudada externalização pela *subordinação do consumidor*, processo complexo segundo o qual parte do trabalho anteriormente executada por um empregado da empresa é externalizado para que o próprio consumidor final do bem ou do serviço trabalhe de forma não remunerada para o negócio, aumentando suas margens de lucro e a sua produtividade empresarial; e, finalmente, o mais conhecido por intermédio da (iii) *terceirização* de parte das atividades anteriormente desenvolvidas para que empregados de outras empresas "terceirizadas" realizem aquele trabalho, a um custo menor para a empresa contratante (tomadora de serviços). Estes distintos processos de externalização atuam, em conjunto ou separadamente, possibilitando que dentro de uma mesma unidade produtiva possam ser encontrados diversos níveis de subcontratação, com diversos níveis de proteção sindical e de remuneração, rompendo com a *isonomia salarial* que caracterizava o segundo espírito do capitalismo.

O que seria impensável e inadmissível no segundo espírito do capitalismo e mesmo na doutrina fordista-taylorista aparece *naturalizado* nos métodos de gestão pós-fordistas, permitindo a existência de, em um mesmo ambiente laboral, trabalhando lado a lado, desempenhando tarefas similares e complicadas, pessoas empregadas por empresas distintas, algumas subcontratadas de outras e com níveis de remuneração diferenciados.

Este processo de precarização das relações de trabalho, a nova *doutrina* do bem-administrar denomina como *dualização salarial*,[17]

---

[17] A dualização do mercado de trabalho, contudo, também tem outros significados. Esta prática de dividir o conjunto de empregados em dois grupos, um essencial e bem remunerado, outro acessório e mal remunerado, também é referida como dualização laboral, para guardar relação com a distinção entre o "mercado laboral primário", constituído por

344 WILSON RAMOS FILHO (COORD.)
TRABALHO E REGULAÇÃO – AS LUTAS SOCIAIS E AS CONDIÇÕES MATERIAIS DA DEMOCRACIA

vislumbrada em boa parte das empresas pós-fordistas. Nestas, há um núcleo de trabalhadores melhor remunerados, considerados essenciais para a continuidade do negócio, aos quais é assegurada uma série de vantagens e benefícios no sentido de tentar vinculá-los o maior tempo possível à empresa; segregando o resto dos trabalhadores, geralmente mal remunerados, contratados por interpostas pessoas jurídicas, para o desenvolvimento de tarefas rotineiras, repetitivas ou não, sem necessidade de elevado grau de especialização, aos quais é assegurado apenas o mínimo garantido pelas normas aplicáveis, configurando mecanismos de discriminações diversos e sequenciais.[18]

Esses processos sequenciais de discriminação de *status* salarial e de garantias são referidos como sendo parte de um amplo processo de *dualização do mercado laboral*, característico do terceiro espírito do capitalismo. Cada uma de suas camadas de discriminação é superposta à anterior, de maneira que entre os varões jovens, bem educados e bem formados, oriundos das camadas superiores da sociedade e o conjunto de mulheres com certa idade, com baixa escolaridade, casadas, com filhos, de determinada minoria racial e com determinadas características físicas estigmatizadas, haveria diversos níveis de remuneração, geralmente coincidentes com vários níveis de subcontratação ou de externalização.

Esta subdivisão em distintos níveis de subcontratação com discriminação salarial e de benefícios aos trabalhadores era algo totalmente repudiado no segundo espírito do capitalismo, pela doutrina fordista e pelo Direito Capitalista do Trabalho vigente na maioria dos países e

---

empregos com melhor remuneração, mais estáveis, com melhores condições de trabalho, e o "mercado laboral secundário" com características inversas: instabilidade, baixos níveis remuneratórios e de proteção normativa. Neste segundo mercado, os índices salariais de produtividade e de estabilidade tendem a ser muito baixos determinando que "no interior de cada subgrupo a mobilidade seja elevada e os salários tendam para a convergência, ao passo que entre cada um deles a mobilidade é reduzida e o gap salarial acentuado" (REDINHA, 1995, p. 43).

[18] Na doutrina estadunidense, a expressão dualização salarial aparece associada à prática empresarial de pagar salários inferiores aos negros e aos latinos, em comparação com os salários pagos aos brancos, à prática de algumas empresas de substituir empregados varões por mão de obra feminina, tradicionalmente menos reivindicativa naquele país, ou, finalmente, às práticas de substituição de trabalhadores braçais com mais idade pelo trabalho braçal de jovens, não apenas por conta da maior produtividade destes, mas também pela possibilidade de com isso reduzir-se os valores da folha de pagamentos. Na doutrina sobre as relações de trabalho no Japão, a dualização aparece referida à preferência por trabalhadores jovens do sexo masculino nas empresas principais, relegando para o trabalho nas empresas subcontratadas por aquela, para prestar serviços no ambiente do próprio contratante, os trabalhadores mais idosos ou menos preparados e, sequencialmente, destinando às mulheres, jovens ou maduras, os empregos mais precários e pior remunerados.

pela jurisprudência trabalhista brasileira.[19] Todavia, com o desaparecimento do modo de produção concorrente, o capitalismo considerou que não necessitava mais se justificar para obter legitimidade e, à "rigidez" fordista, opôs a "flexibilidade" pós-fordista.

2.3 Flexibilidade e flexibilização: ambiguidades e eufemismos

Nos livros da nova administração científica, os termos flexibilidade e flexibilização aparecem confundidos, mesclados, e algumas vezes até como sinônimos. De fato, não faltam diferentes acepções a estes conceitos. Podem ser encontradas referências a diferentes tipos de *flexibilidade* (DOMBOIS; PRIES, 1993, p. 56).

Em um primeiro sentido pode se referir a determinadas tecnologias vinculadas à produção informatizada que permitem "flexibilizar" o desenho, o modelo ou mesmo a inclusão ou retirada de alguns itens de determinado produto com utilização da robótica e da microeletrônica, com pequena participação de trabalho humano nas alterações produzidas. Em um segundo sentido, algumas vezes adjetivada como *flexibilidade interna* ou *funcional*, a expressão guarda relação com o tipo de empregado desejado pelas empresas pós-fordistas, caracterizado pela *polivalência* dos trabalhadores treinados e qualificados para desempenhar distintas tarefas e funções dentro do processo produtivo, em oposição ao operário fordista-taylorista típico, superespecializado para o desenvolvimento repetitivo das mesmas tarefas, no menor tempo possível. Outra acepção, adjetivada como *flexibilidade externa*, alude ao desejo empresarial de poder quantificar não apenas o número de horas a serem laborados pelos empregados, mas também o número de empregados ao longo do ano, sempre na proporção das necessidades de produção, maximizando os lucros[20] (MATTOSO, 1998, p. 45).

---

[19] BRASIL. TST. Enunciado nº 256: Salvo os casos de trabalho temporário e de serviços de vigilância, previstos nas Leis nº 6.019, de 03 de janeiro de 1974, e nº 7.102, de 20 de junho de 1983, é ilegal a contratação de trabalhadores por empresa interposta, formando-se o vínculo empregatício diretamente com o tomador dos serviços.

[20] Com este sentido é que foram procedidas em vários países "reformas trabalhistas" permitindo a modulação horária mediante mecanismos de compensação que isentariam as empresas da obrigação no pagamento de horas extras, pela implantação de uma gama de instrumentos. Destes, o mais conhecido é o "banco de horas" eficiente instrumento de transferência de renda dos trabalhadores para as empresas, legalizado pelo Direito Capitalista do Trabalho. Do mesmo modo, se refere à introdução nas legislações de alguns países intervencionistas de mecanismos que facilitariam a despedida de empregados e a contratação temporária de outros, com menos direitos, menos garantias e, inclusive, com salários menores.

Por fim, de modo a justificar a terceirização, se alude também à *flexibilidade salarial* para se fazer referência à quantificação do montante de dinheiro devido ao empregado — direto ou terceirizado — como contrapartida por haver se sujeitado ao poder patronal, ou seja, ao direito atribuído pela legislação trabalhista aos empregadores de subordinar os empregados. O objetivo deste tipo de flexibilidade é atacar o princípio da não discriminação inserido em várias legislações, para permitir ao empregador regular a questão salarial sem condicionantes intervencionistas, naturalizando a intermediação de mão de obra, segundo parâmetros precarizados.

Em todas as aplicações das expressões, seja como substantivo, seja como adjetivo, a oposição binária se estabelece com o antipático conceito de *rigidez*, associado negativamente ao "anacronismo" da regulação anterior, vale dizer, às relações *de* produção — fordismo-taylorismo — e às relações *na* produção — regulada pelo Direito Capitalista do Trabalho — relacionadas com os modelos de intervencionismo adotados ao final da Segunda Guerra e sofisticados nos anos setenta em resposta às críticas intra e antissistêmicas havidas ao final da década anterior, referidas anteriormente como configuradoras do segundo espírito do capitalismo.

A força simbólica da ideologia derivada desta oposição binária é tamanha que mesmo em países nos quais o Direito Capitalista do Trabalho já tinha sido "depurado" da rigidez fordista, seja pelos regimes militares como no Brasil, seja por reformas trabalhistas de cunho neoliberal, como na Argentina ou na Espanha, ainda se insiste na necessidade de mais flexibilidade e de mais flexibilização, sempre utilizando como argumento o fato de que a "rigidez" seria prejudicial aos próprios trabalhadores, por dificultar a criação de novos empregos. A *flexibilidade*, assim, tem sido utilizada nos discursos de alguns juslaboralistas, parte dos quais magistrados, como *eufemismo* para significar *precariedade*. Do mesmo modo, eufemisticamente, a doutrina prefere aludir à *flexibilização* quando efetivamente se refere à *precarização* do Direito do Trabalho (RAMOS FILHO, 2009b), mas quase sempre tendo por argumento central a "necessidade" de se criar mais empregos, ainda que precários.

3 A terceirização, a precarização e a perda da capacidade sedutora do Direito do Trabalho

Aquelas intervenções legislativas da década de setenta, durante a terceira fase de desenvolvimento do Direito do Trabalho brasileiro que permitiram a locação de mão de obra, efetivamente, subverteram a doutrina trabalhista construída nas fases anteriores, uma vez que, com elas, se passou a admitir a formação de um modelo trilateral de prestação de trabalho subordinado em contraposição ao modelo bilateral clássico — um vende a força de trabalho e outro a compra, mediante algumas contrapartidas, como salários, benefícios, promessas para o futuro, compromissos diversos de natureza fordista, entre outras. A partir de então se admite que um comprador de força de trabalho a revenda com lucro, estabelecendo-se um duplo regime de apropriação de mais-valia.

Muito embora a lei do trabalho temporário de 1974 limitasse a interposição de pessoa jurídica apenas para suprir necessidade transitória de pessoal regular e permanente ou para atender a acréscimo extraordinário dos serviços da empresa tomadora dos serviços, na prática, e de maneira crescente, este marco normativo foi sendo utilizado à margem da legalidade para contratação de pessoal com custos menos elevados para os empresários, antecipando a precarização laboral e a dualização salarial que se tornará frequente na virada do século.

Na concretude das relações trabalhistas, a garantia de tratamento isonômico — entre os trabalhadores permanentes e os terceirizados — presente na legislação[21] frequentemente passa a ser desconsiderada e, paulatinamente, foi se impondo outra ética nas relações entre as classes sociais fundamentais, um novo espírito capitalista, que aceitava a *merchandage:* como mercadoria, a força de trabalho poderia ser comprada por uma pessoa jurídica (intermediária) e revendida, com lucro, a outra pessoa jurídica (tomadora dos serviços) que subordina o trabalho vivo, mediante contraprestações precarizadas para os empregados.[22]

---

[21] BRASIL. Lei 6019/74. Art. 12 – Ficam assegurados ao trabalhador temporário os seguintes direitos: a) remuneração equivalente à percebida pelos empregados de mesma categoria da empresa tomadora ou cliente calculados à base horária, garantida, em qualquer hipótese, a percepção do salário mínimo regional; b) jornada de oito horas, remuneradas as horas extraordinárias não excedentes de duas, com acréscimo de 20% (vinte por cento); c) férias proporcionais, nos termos do artigo 25 da Lei nº 5107, de 13 de setembro de 1966; d) repouso semanal remunerado; e) adicional por trabalho noturno; f) indenização por dispensa sem justa causa ou término normal do contrato, correspondente a 1/12 (um doze avos) do pagamento recebido; g) seguro contra acidente do trabalho; h) proteção previdenciária nos termos do disposto na Lei Orgânica da Previdência Social, com as alterações introduzidas pela Lei nº 5.890, de 8 de junho de 1973 (art. 5º, item III, letra "c" do Decreto nº 72.771, de 6 de setembro de 1973).

[22] O âmbito normativo do Direito do Trabalho, verdadeiramente, sempre esteve restrito às relações nas quais o trabalho é prestado sob condições de subordinação. Por esta razão muitos doutrinadores clássicos argumentam, com razão, pela impropriedade técnica em se aludir a "contrato de trabalho", pois se trata de "contrato de emprego" forma jurídica pela qual uma pessoa cede parte de sua vida (quantificada em horas, dias, semanas, meses

Seguindo a mesma lógica flexibilizadora, a legislação que autorizava a contratação por interposta pessoa jurídica para as atividades de vigilância bancária passa a ser utilizada por empregadores, para a contratação de profissionais de segurança em outras atividades econômicas, em flagrante fraude trabalhista. Tais práticas de delinquência patronal só foram "juridificadas" no início do governo neoliberal, vinte anos mais tarde, para se permitir a terceirização da vigilância patrimonial em qualquer instituição e estabelecimento público ou privado, além do transporte ou garantia do transporte de qualquer tipo de carga.[23]

A frequência das violações aos direitos destes trabalhadores terceirizados ensejou, em meados da década de oitenta, a edição da mencionada Súmula nº 256 consolidando a jurisprudência que, apesar das leis flexibilizadoras, seguia repudiando a simples intermediação na contratação de mão de obra, considerando ilícita a comercialização da força de trabalho em que uma pessoa jurídica intermediária se apropria de parte da remuneração do empregado, fora das hipóteses fixadas nas duas leis que regulavam a matéria.[24] O espírito do capitalismo era outro.

---

e anos) para exploração alheia mediante contrapartidas e compensações. Entre estas figuram (i) compensações asseguradas pelo Direito Capitalista do Trabalho, como um conteúdo mínimo para todos os contratos de emprego, cujos efeitos patrimoniais devem ser suportados pelos empregadores (como contrapartida pelo direito a subordinar) e (ii) compensações gerais asseguradas pelos demais ramos do Direito Capitalista, pela adesão ao conjunto de valores e à maneira de existir subordinadamente neste modo de produção.

[23] BRASIL. Lei nº 8.863, de 28 de março de 1994. Instituições financeiras/Serviços de vigilância e transporte de valores — Sistema de segurança — Alterações. Altera a Lei nº 7.102, de 20 de junho de 1983.
Art. 1º – O art. 10 da Lei nº 7.102, de 20 de junho de 1983, passa a vigorar com a seguinte redação: "Art. 10 – São consideradas como segurança privada as atividades desenvolvidas em prestação de serviços com a finalidade de: I – proceder à vigilância patrimonial das instituições financeiras e de outros estabelecimentos, públicos ou privados, bem como à segurança de pessoas físicas; II – realizar o transporte de valores ou garantir o transporte de qualquer outro tipo de carga."
Art. 2º – Acrescente-se ao art. 10 da Lei nº 7.102, de 20 de junho de 1983, os seguintes parágrafos [...] §2º – As empresas especializadas em prestação de serviços de segurança, vigilância e transporte de valores, constituídas sob a forma de empresas privadas, além das hipóteses previstas nos incisos do caput deste artigo, poderão se prestar ao exercício das atividades de segurança privada a pessoas; a estabelecimentos comerciais, indústrias, de prestação de serviços e residenciais; a entidades sem fins lucrativos; e órgãos e empresas públicas. §3º – Serão regidas por esta Lei, pelos regulamentos dela decorrentes e pelas disposições da legislação civil, comercial, trabalhista, previdenciária de penal, as empresas definidas no parágrafo anterior. §4º – As empresas que tenham objeto econômico diverso da vigilância ostensiva e do transporte de valores, que utilizem pessoal de quadro funcional próprio, para execução dessas atividades, ficam obrigadas ao cumprimento do disposto nesta Lei e demais legislações pertinentes.

[24] A jurisprudência então consolidada, quando a jurisprudência da Justiça do Trabalho ainda não havia sido capturada pela Doutrina neoliberal que caracterizará a última década do século XX, fixava apenas duas hipóteses nas quais seria permitida a contratação terceirizada de trabalho, constituídas em exceção ao padrão empregatício clássico estabelecido na CLT.

Assim, durante a ditadura militar e até que a ética do terceiro espírito do capitalismo sequestrasse a subjetividade da maioria dos magistrados do TST, todas as demais formas de contratação de trabalhadores por empresa interposta, que não se enquadrassem nos casos de trabalho temporário e serviço de vigilância, eram consideradas ilícitas.

Já na quarta etapa de desenvolvimento do Direito Capitalista do Trabalho brasileiro, em 17 de dezembro de 1993, ao argumento de enfrentar o desemprego, o TST reviu o entendimento sumulado para ampliar as hipóteses em que se admitia a terceirização,[25] de forma coerente com a nova ética do capitalismo descomplexado — por prescindir de instrumentos de legitimação e que se assume como verdadeiramente é — e dos métodos de gestão propugnados pela teoria normativa da "moderna ciência da administração de empresas" sob a influência do pós-fordismo e do neoliberalismo, legalizando em parte a delinquência patronal (RAMOS FILHO, 2009a).

De modo coerente com essa nova ética do capitalismo descomplexado, o entendimento sumulado em 1993 será novamente revisto para se chegar à formulação atual,[26] que continua legitimando a terceirização

---

[25] BRASIL. TST. Enunciado 331 (redação original, de 1993). Contrato de prestação de serviços – Legalidade – Revisão do Enunciado nº 256. I – A contratação de trabalhadores por empresa interposta é ilegal, formando-se o vínculo de emprego diretamente com o tomador de serviços, salvo no caso de trabalho temporário (Lei nº 6.019, de 3.1.1974); II – A contratação irregular de trabalhador, através de empresa interposta, não gera vínculo de emprego como os órgãos da Administração Pública Direta, Indireta ou Fundacional (art. 37, II, da Constituição da República); III – Não forma vínculo de emprego com o tomador a contratação de serviços de vigilância (Lei nº 7.102, de 20.6.1983), de conservação e limpeza, bem como a de serviços especializados ligados à atividade-meio do tomador, desde que inexistentes a pessoalidade e a subordinação direta; IV – O inadimplemento das obrigações trabalhistas, por parte do empregador, implica a responsabilidade subsidiária do tomador dos serviços quanto àquelas obrigações, desde que este tenha participado da relação processual e conste também do título executivo judicial.

[26] BRASIL. TST. TST Enunciado nº 331 – Revisão da Súmula nº 256 – Res. 23/1993, DJ 21, 28.12.1993 e 04.01.1994 – Alterada (Inciso IV) – Res. 96/2000, DJ 18, 19 e 20.09.2000 – **Mantida** – Res. 121/2003, DJ 19, 20 e 21.11.2003. **Contrato de Prestação de Serviços – Legalidade. I** – A contratação de trabalhadores por empresa interposta é ilegal, formando-se o vínculo diretamente com o tomador dos serviços, salvo no caso de trabalho temporário (Lei nº 6.019, de 03.01.1974). **II** – A contratação irregular de trabalhador, mediante empresa interposta, não gera vínculo de emprego com os órgãos da administração pública direta, indireta ou fundacional (art. 37, II, da CF/1988). (Revisão do Enunciado nº 256 – TST); **III** – Não forma vínculo de emprego com o tomador a contratação de serviços de vigilância (Lei nº 7.102, de 20-06-1983), de conservação e limpeza, bem como a de serviços especializados ligados à atividade-meio do tomador, desde que inexistente a pessoalidade e a subordinação direta; **IV** – O inadimplemento das obrigações trabalhistas, por parte do empregador, implica a responsabilidade subsidiária do tomador dos serviços, quanto àquelas obrigações, inclusive quanto aos órgãos da administração direta, das autarquias, das fundações públicas, das empresas públicas e das sociedades de economia mista, desde que hajam participado da relação processual e constem também do título executivo judicial (Art. 71 da Lei nº 8.666, de 21.06.1993) (Alterado pela Res. 96/2000, DJ, 18.09.2000).

de serviços especializados ligados à atividade-meio do tomador, desde que inexistentes a pessoalidade e a subordinação direta. A atual redação da súmula do TST explicita quatro situações nas quais a terceirização pode ser considerada lícita. A *primeira* situação refere-se ao trabalho que respeite as hipóteses de sua aplicação — necessidades transitórias de pessoal regular e permanente da empresa tomadora ou necessidade resultante de acréscimo extraordinário de serviços pela empresa. A *segunda* legaliza a terceirização em atividades de vigilância, tanto no setor público quanto no setor privado. A *terceira* situação diz respeito às atividades de conservação e de limpeza. A *quarta* e última está relacionada com serviços especializados ligados à atividade-meio do tomador, sendo exigido, para que se considere lícita a terceirização, obviamente, a inexistência de pessoalidade e subordinação direta do trabalhador terceirizado em relação ao tomador de serviços (DELGADO, 2006, p.435-437).

Esta inflexão precarizadora do Direito do Trabalho, consubstanciada na atual redação da Súmula nº 331, como mencionado, tinha como fundamento ideológico a alegada criação de novos empregos, submetidos a um estatuto salarial diferenciado, muito embora tivesse como efeito concreto a transferência de renda da classe trabalhadora para os empregadores, diretos e indiretos. Efetivamente, o "combate ao desemprego", tido como "crônico" e "inevitável em face das novas tecnologias" serviu de álibi e de coação para as *reformas trabalhistas* ocorridas em vários países, e para as inovações legislativas contemporâneas da edição da Súmula nº 331 no Brasil, mas com um componente adicional: entre nós não foram necessárias grandes alterações nas normas vigentes — pois estas já haviam sido precarizadas durante o regime militar —, bastou alterar a maneira de julgar, de maneira que, no Brasil, a precarização laboral foi muito mais jurisprudencial do que legislativa, como resta evidente quando se analisa este tema.

Como em outros países, também no Brasil, as precarizações, ao contrário do que apregoava a doutrina neoliberal, não tiveram impacto relevante nos níveis de emprego e, pior, contribuíram para ampliação do mal-estar laboral que caracteriza atualmente as relações de trabalho brasileiras (RAMOS FILHO, 2009c).

Em face do fracasso do neoliberalismo como doutrina, para além das propostas constantes da agenda empresarial — que gravitam em torno da revalorização da individualização dos contratos na regulação dos negócios jurídicos de índole laboral e das formulações que recolocam o Direito do Trabalho no contexto do Mercado —, existem propostas que, também partindo da constatação de alterações substanciais na composição da classe trabalhadora e nos métodos de produção e de gestão, defendem a redefinição do Direito Capitalista do Trabalho[27] em três vertentes: (i) para que este ramo do Direito possa disciplinar também outras relações laborais para além do trabalho subordinado, ou seja, para as relações de trabalho parassubordinado e mesmo em relação ao trabalho de autônomos sob dependência econômica; (ii) para que as tutelas estatais incidentes sobre as relações de trabalho subordinado, qualquer que seja o estatuto a que estejam vinculados, sejam *ampliadas*, em termos semelhantes àquelas preconizadas pelo *segundo espírito do capitalismo*, e (iii) para que reveja criticamente o conjunto da jurisprudência consolidada em súmulas produzidas durante a "década perdida", depurando-a de seus fundamentos ideológicos. As três vertentes, que muitas vezes se apresentam de modo concorrente, orientam-se no sentido de diminuir o mal-estar laboral instaurado pela ética social do *terceiro espírito do capitalismo*, quando este modo de produção, descomplexado, considera prescindível a legitimação, tendo por fundamento a ineficácia na realidade brasileira do sistema de álibis e coações que permitiu as precarizações normativas experimentadas nos países de capitalismo central.

Naqueles países de capitalismo central, como já mencionado, quando o modo de produção se considerou vencedor da *guerra fria* ideológica que travou ao longo do século XX com o modo de produção alternativo, sentiu-se à vontade para *resgatar os anéis cedidos* para obter a adesão à maneira de existir que preconizava. Parte daquelas contrapartidas a que se viu obrigado *ceder* nos anos setenta em resposta à crítica social da década anterior, que redimensionaram o intervencionismo estatal na liberdade contratual nas relações de trabalho, foi "removida" nos países de capitalismo central por intermédio de sequenciais *reformas trabalhistas*, promovidas nos anos oitenta e noventa, sob o argumento de que seriam necessárias para ampliar a competitividade

---

[27] Na perspectiva de Manoel Carlos Palomeque López, existiriam três espécies principais de propostas para que o Direito Capitalista do Trabalho pudesse fazer frente a tais modificações ocorridas no âmbito da produção, cada uma das quais com fundamentações e racionalidades distintas: a primeira englobaria as proposições que propugnam pelo regresso das relações de trabalho assalariado para o âmbito do direito comum de bens e de contratos; a segunda seria a que propõe a transformação do Direito Capitalista do Trabalho em algo como um "direito do mercado de trabalho"; e na terceira seriam incluídas as propostas de criação de um direito comum do trabalho apto a incorporar a regulação "das diversas formas e situações de prestação laboral, com independência do negócio jurídico que proporciona sua articulação jurídica: o tradicional trabalho subordinado através do contrato de trabalho, o trabalho parassubordinado economicamente dependente e o trabalho independente e autônomo" (PALOMEQUE LÓPEZ, 2002, p. 39).

dos produtos nacionais, reduzindo-se os custos de produção, e para combater o desemprego.

Na América Latina, todavia, no início do século XXI, aquele sistema de álibis e coações fundado no alegado combate ao desemprego configurou-se como ineficaz depois da retomada do crescimento econômico experimentado por vários países na última década, com a chegada aos governos de coalizões de partidos e movimentos sociais mais vinculados aos postulados da esquerda democrática,[28] com a implantação de programas de distribuição de renda que produziram uma retomada do crescimento econômico e, consequentemente, a uma situação de quase pleno emprego em diversos deles.[29]

Esses programas obviamente por se vincularem ao *segundo espírito do capitalismo* acabaram ampliando a legitimidade do Estado e a adesão às plataformas dos Partidos e coalisões que as implantaram, possibilitando em alguns desses países a elaboração de novas Constituições que refundaram a democracia em outras bases, não sem grande oposição (i) dos setores sociais conservadores e de grande parte do empresariado e, ao mesmo tempo, (ii) dos setores à esquerda destas coalizões governamentais que, considerando muito tímidas e restritas tais políticas, experimentaram frustrações com a materialização concreta que as correlações de força naquelas sociedades produziram nas Constituições e nas Leis promulgadas no período.

---

[28] De fato, em vários países latino-americanos, na última década foram implementados programas sociais de distribuição de renda, por intermédio de (i) mecanismos asseguradores de renda mínima – algumas vezes condicionados à manutenção dos filhos na escola, à adesão a programas de vacinação ou a outros similares relacionados à saúde e à educação – estabelecendo outros laços de solidariedade social e de legitimidade estatal; (ii) recuperação do poder aquisitivo dos salários pela elevação dos instrumentos de salário-mínimo, ampliando as possibilidades de consumo da população; e, entre outros, (iii) pelo redirecionamento do papel do Estado, com o oferecimento de serviços públicos a populações até então marginalizadas da possibilidade de acesso aos mesmos, na contracorrente dos postulados neoliberais que haviam caracterizado as políticas públicas na década anterior, em todo o continente.

[29] No Brasil a chegada da esquerda ao governo, do mesmo modo, possibilitou uma reorientação das políticas públicas, invertendo prioridades, o estabelecimento de políticas sociais redistributivistas de que são exemplos programas como Renda Mínima e Fome Zero, que em paralelo a um processo de recuperação gradativa do Salário Mínimo, elevaram a capacidade de consumo de grande parcela da população. Demais disso, no mesmo período, alguns Estados brasileiros, instituíram o Piso Salarial Regional, modalidade de salário mínimo de abrangência estadual, aplicável a todos os trabalhadores vinculados a relações de emprego não albergadas por contratos coletivos de trabalho, em níveis superiores ao Salário Mínimo nacionalmente unificado, segundo previsão Constitucional. Estas e outras políticas distributivistas, objetivamente, ampliaram a participação da população na renda nacional, pela diminuição dos níveis de pobreza extrema e dos pobres em geral, com o crescimento proporcional da chamada "classe média" e com a redução do desemprego aos menores níveis nos últimos vinte anos.

De modo ambivalente no Brasil, este giro copernicano nas políticas públicas distributivistas, muito embora algumas delas possam ser sujeitas de críticas — seja quanto ao método, seja quanto às condicionalidades que impõem, seja quanto ao seu controle por parte dos órgãos fiscalizadores, — produziu um aumento no padrão de vida da população e, ao mesmo tempo, ampliou o mercado consumidor, atendendo aos interesses dos setores empresariais dependentes do mercado interno, legitimando essas políticas e, consequentemente, o modo de produção capitalista.

Nos últimos anos, a realidade brasileira demonstra que o país passou de uma situação de constante ampliação da exclusão social — tida como inevitável, segundo a doutrina que embasava as políticas governamentais e judiciais durante a década perdida — a uma crise de falta de mão de obra, atestada por diversos pronunciamentos empresariais. Deste modo, se a existência do desemprego servia de fundamento para o sistema de álibis e coações que presidiram as precarizações (nas leis e na jurisprudência trabalhista, como no caso da súmula nº 331), a nova realidade de escassez de mão de obra haverá de fundamentar uma distinta orientação jurisprudencial em inúmeros aspectos, inclusive no que pertine à terceirização.

As novas oportunidades de sobrevivência àqueles setores sociais que estavam excluídos das possibilidades de consumo, de acesso ao mercado de trabalho e, consequentemente, de acesso às demais tutelas jurídico-políticas dependentes das anteriores, acabaram debilitando a capacidade sedutora do estatuto do salariado que havia sido precarizado na década anterior — em virtude da flexibilização introduzida por algumas leis e pela jurisprudência trabalhista —, mas, por outro lado, ampliaram os espaços políticos para o surgimento de novas reivindicações, de novos processos de luta social e também para um redimensionamento da jurisprudência trabalhista construída ao tempo em que o neoliberalismo era hegemônico.

4 Uma nova percepção jurisprudencial a respeito da terceirização

Na virada do século passado para o atual, no Brasil, a correlação de forças entre as classes sociais fundamentais, de uma maneira ou de outra, restou alterada, seja no Poder Executivo, seja no Poder Legislativo, seja no Poder Judiciário.

Muito embora esta nova correlação de forças tenha sido mais visível nas políticas públicas encetadas pelo Poder Executivo, também no Poder Legislativo, com lamentáveis episódios em sentido contrário, nos últimos dois lustros assistiu-se a uma diminuição no ímpeto liberalizante característico do parlamento brasileiro nos primeiros quinze anos de vigência da atual Constituição Federal.

No Poder Judiciário, todavia, apesar da alteração na correlação de forças entre as classes sociais fundamentais, a jurisprudência experimentou poucas alterações significativas, mesmo naquela parcela da jurisdição mais próxima dos inevitáveis conflitos e contraposições de interesse entre classes sociais antagônicas, como no caso da jurisprudência trabalhista.

Mas este quadro, pouco a pouco, vai experimentando alterações. Nos limites da temática central deste artigo, ou seja, quanto à terceirização, vislumbram-se duas inflexões dignas de registro. A primeira, verifica-se no vigoroso movimento por parte da magistratura de primeiro grau, coordenada pela Associação Nacional dos Magistrados do Trabalho (ANAMATRA). A segunda, refere-se à revisão da jurisprudência por parte do TST, quatro anos mais tarde.

No final de 2007, culminando processo de discussão iniciado nos anos anteriores, a ANAMATRA realizou a Primeira Jornada de Direito Material e Processual, para discutir a jurisprudência trabalhista e apresentar proposições para uma eventual consolidação em súmulas, seja criando novas, seja alterando a redação das já existentes. Embora sem qualquer efeito vinculante das decisões judiciais futuras, os participantes daquele movimento lograram aprovar um conjunto de "enunciados" indicando aos demais magistrados trabalhistas o pensamento majoritário dos juízes do trabalho de primeiro grau representados por aquela entidade. As proposições então aprovadas contêm elementos críticos em relação à ética do terceiro espírito do capitalismo, como fica evidenciado pela análise dos enunciados que tratam da flexibilização trabalhista[30] e

---

[30] ANAMATRA. Resoluções da 1ª. Jornada de Direito Material e Processual. "9. FLEXIBILIZAÇÃO. I – FLEXIBILIZAÇÃO DOS DIREITOS SOCIAIS. Impossibilidade de desregulamentação dos direitos sociais fundamentais, por se tratar de normas contidas na cláusula de intangibilidade prevista no art. 60, §4º, inc. IV, da Constituição da República. II – DIREITO DO TRABALHO. PRINCÍPIOS. EFICÁCIA. A negociação coletiva que reduz garantias dos trabalhadores asseguradas em normas constitucionais e legais ofende princípios do Direito do Trabalho. A quebra da hierarquia das fontes é válida na hipótese de o instrumento inferior ser mais vantajoso para o trabalhador", conforme noticiado pelo sítio da ABRAT. Disponível em: <http://www.fazer.com.br/layouts/abrat/default2.asp?cod_materia=2445>. Acesso em: 15 ago. 2011.

da terceirização,[31] elementos constitutivos dos novos métodos de gestão pós-fordistas e pós-tayloristas do capitalismo descomplexado. Efetivamente, se tais entendimentos passassem a prevalecer na jurisprudência sumulada pelo TST e pelos TRTs, se poderia imaginar uma alteração da periodização do Direito Capitalista do Trabalho, para vislumbrar o início de uma quinta etapa de seu desenvolvimento. De toda sorte, efetivamente aqueles entendimentos condensados pela ANAMATRA já vêm modificando paulatinamente a jurisprudência das instâncias iniciais da Justiça do Trabalho e, de modo mediato, motivando propostas de revisão no conteúdo das súmulas aprovadas ou reformuladas durante a "década perdida".

Nesta linha, em maio de 2011, iniciou-se o processo de revisão da jurisprudência no âmbito do próprio TST, por seu Órgão Especial, composto pela totalidade dos vinte e sete ministros, resultando no cancelamento de cinco Orientações Jurisprudenciais (OJ), com alteração de nove súmulas e com a criação de duas súmulas novas. Muito embora, o resultado possa ser considerado frustrante para quem nutria esperanças de alterações mais impactantes para diminuição do mal-estar laboral criado pelas novas técnicas de gestão pós-fordistas e pelas precarizações havidas durante a última década do século passado, esta modificação no "direito sumular do trabalho" apresenta destaques positivos e destaques negativos.

Entre os destaques positivos decorrentes desta modesta revisão jurisprudencial figuram (i) o cancelamento da OJ precarizante que retirava dos operadores de telemarketing o direito à jornada reduzida; (ii) o cancelamento da súmula que considerava desnecessária a prévia fiscalização para fins de validação de jornadas extraordinárias de trabalhadores em ambientes insalubres; (iii) a alteração na súmula relativa à possibilidade de pagamento proporcional do adicional de

---

[31] ANAMATRA. Resoluções da 1ª. Jornada de Direito Material e Processual. "10. TERCEIRIZAÇÃO. LIMITES. RESPONSABILIDADE SOLIDÁRIA. A terceirização somente será admitida na prestação de serviços especializados, de caráter transitório, desvinculados das necessidades permanentes da empresa, mantendo-se, de todo modo, a responsabilidade solidária entre as empresas. 11. TERCEIRIZAÇÃO. SERVIÇOS PÚBLICOS. RESPONSABILIDADE SOLIDÁRIA. A terceirização de serviços típicos da dinâmica permanente da Administração Pública, não se considerando como tal a prestação de serviço público à comunidade por meio de concessão, autorização e permissão, fere a Constituição da República, que estabeleceu a regra de que os serviços públicos são exercidos por servidores aprovados mediante concurso público. Quanto aos efeitos da terceirização ilegal, preservam-se os direitos trabalhistas integralmente, com responsabilidade solidária do ente público" (Conforme noticiado pelo sítio da ABRAT. Disponível em: <http://www.fazer.com.br/layouts/abrat/default2.asp?cod_materia=2445>. Acesso em: 15 ago. 2011).

periculosidade; e (iv) a explicitação de que os acordos de compensação conhecidos como "banco de horas" somente serão válidos se chancelados pelos sindicatos de trabalhadores, embora tenham sido mantidos os demais elementos precarizantes contidos na súmula nº 85, coerentes com o terceiro espírito do capitalismo.

Como destaques negativos podem ser lembrados (i) a manutenção do entendimento jurisprudencial que restringe o direito à estabilidade sindical a apenas sete diretores e sete suplentes, contrariamente ao que estabelece a Constituição Federal; (ii) a conversão em Súmula do conteúdo da antiga OJ nº 49 que, produzindo transferência de renda da classe trabalhadora para os empresários, legitima a utilização do tempo de vida dos trabalhadores sem qualquer pagamento, no período em que permanecem à disposição do empregador, podendo ser contatados por intermédio de dispositivos eletrônicos de comunicação, e, principalmente, (iii) a manutenção do espírito precarizante da súmula nº 331, através da distinção entre atividade-meio e atividade-fim.

Apesar de tais aspectos negativos, uma leitura honesta da realidade haverá de reconhecer que já está em andamento um processo de inexorável alteração na jurisprudência sumulada ao tempo em que o neoliberalismo era hegemônico. No início do próximo ano já está prevista nova rodada de revisão das súmulas, oportunidade em que novamente aquelas proposições aprovadas na Primeira Jornada de Direito Material e Processual promovida pela ANAMATRA serão levadas em consideração.

Esse processo já está em andamento, como bem evidencia a realização da primeira audiência pública realizada no TST, para tratar do mesmo tema, oportunidade em que vários setores sociais foram chamados a apresentar propostas concretas para disciplinar a terceirização em outras bases. A meia centena de especialistas que foram convocados para participar do evento,[32] representando um amplo espectro ideológico, seguramente, contribuirá para a esperada revisão da Súmula nº 331 do TST, mais de acordo com o segundo espírito do capitalismo e com a tradição da Justiça do Trabalho no período anterior hibridismo constitucional de 1988, em que a classe trabalhadora ressurgiu como ator social relevante.

---

[32] Conforme: <http://www.tst.jus.br/ASCS/audiencia_publica/edital-convocacao-audiencia.pdf>.

Para finalizar, tendo em vista as características deste conclave,[33] duas palavras sobre a questão da *disciplina judiciária*.[34] É absolutamente inadmissível o grau de descumprimento do Direito do Trabalho no Brasil, como atestam os quase dois milhões de ações que ingressam a cada ano na Justiça do Trabalho. Em face desta realidade, sob o argumento de que seria desaconselhável "vender falsas ilusões" aos reclamantes, nas últimas duas décadas, em graus diferenciados, se assistiu a processo de convencimento dos magistrados das instâncias iniciais da Justiça do Trabalho — principalmente em relação aos vitaliciandos — no sentido de que deveriam, tanto quanto possível, julgar de acordo com as súmulas editadas pelo TST. Salvo equívoco, este argumento não mais se sustenta, por duas razões principais. Primeiro, porque as súmulas estão mudando, em geral para melhor, aproximando-se dos entendimentos preferidos pelos magistrados de primeiro grau, mais próximos das agruras do mundo real. Depois, porque se é verdade que se configura como legítimo que os Ministros do TST orientem o conjunto da magistratura no sentido de sua visão de mundo; não é menos verdade que, na dialética democrática, os magistrados das instâncias iniciais também têm todo o direito de, em defesa da dignidade humana, indicar ao TST que aqueles fundamentos que presidiram a edição das súmulas em revisão talvez já não sejam mais válidos ou eficazes para que o Direito Capitalista do Trabalho cumpra as funções para as quais foi concebido. Assim na disputa entre visões de mundo as correlações de forças se reconfiguram e, para que se materializem em novos entendimentos sumulados, é fundamental que

---

[33] Texto preparado para subsidiar a intervenção do autor no 25º Encontro dos Magistrados do Trabalho da 1ª Região (Rio de Janeiro), sob o tema **"Trabalho Decente e Desenvolvimento Econômico: uma agenda possível?"** realizado no Hotel Vila Galé Eco Resort – Angra dos Reis, de 29 de setembro a 02 de outubro de 2011. **Justificativa do Tema:** "Em um mundo capitaneado por mudanças tecnológicas, onde a produção econômica se isola e, ao custo da superexploração de mão de obra, espraia-se por todo o globo, o Judiciário Fluminense é chamado a arbitrar conflitos cujos elementos causais podem estar determinados a quilômetros de distância. Daí surgem os dilemas: Como enfrentá-los? Até que ponto a Justiça é capaz de estimular o aperfeiçoamento das relações de trabalho locais? Como argumentar em favor da dignidade da pessoa humana e do valor social do trabalho, sem perder de vista essa perspectiva econômica e a acirrada competitividade do mercado global?" No evento, especialistas irão debater e colocar suas visões sobre o assunto, na esperança de contribuir para a melhoria das condições de trabalho regionais. Painel: Terceirização – Estratégia de Negócio ou Precarização das Relações de Trabalho? Conferencistas: Eduardo Noronha, professor de Ciências Políticas da Universidade Federal de São Carlos; Wilson Ramos Filho, professor adjunto na UFPR e professor catedrático na UNIBRASIL e Márcio Pochmann, presidente IPEA.

[34] Consultar <http://www.direitonet.com.br/noticias/exibir/7040/TST-defende-disciplina-judiciaria-dos-juizes> e <http://ww1.anamatra.org.br/003/00301015.asp?ttCD_CHAVE=72362> Acesso em: 28 set. 2011.

os magistrados, nas sentenças e nos Acórdãos Regionais, se assumam como partícipes deste processo de reconstrução jurisprudencial, a começar pela tormentosa questão da terceirização.

Referências

ARRIGHI, Giovanni. *El largo siglo XX*. Madrid: Akal, 1999.

BOLTANSKI, Luc; CHIAPELLO, Ève. *El Nuevo Espíritu del capitalismo*. Madrid: Akal, 2002.

CASTEL, Robert. *As metamorfoses da questão social*: uma crônica do salário. Rio de Janeiro: Vozes, 1998.

DAL ROSSO, Sadi. *O debate sobre a redução da jornada de trabalho*. São Paulo: Associação Brasileira de Estudos do Trabalho – ABET, 1998.

DECCA, Edgar Salvadori de. *1930*: o silêncio dos vencidos: memória, história e revolução. 6. ed. São Paulo: Brasiliense, 2004.

DECCA, Maria Auxiliadora Guzzo de. *Cotidiano de trabalhadores na República*. São Paulo – 1889-1940. São Paulo: Brasiliense, 1990.

DELGADO, Maurício Godinho. *Curso de direito do trabalho*. São Paulo: LTr, 2006.

DOMBOIS, Raner; PRIES, Ludger. *Trabajo Industrial en La Transición*: experiencias de América Latina y Europa. Caracas: Fundación Friedrich Ebert; Ed. Nueva Sociedad, 1993.

FOOT, Francisco; LEONARDI, Victor. *História da indústria e do trabalho no Brasil*: das origens aos anos vinte. São Paulo: Global, 1982.

FUKUYAMA, Francis. *O fim da história e o último homem*. Rio de Janeiro: Rocco,1992.

GASPARI, Elio. *A ditadura envergonhada*. São Paulo: Companhia das Letras, 2002a;

GASPARI, Elio. *A ditadura escancarada*. São Paulo: Companhia das Letras, 2002b;

GASPARI, Elio. *A ditadura derrotada*. São Paulo: Companhia das Letras, 2002c;

GRAU, Eros Roberto. O discurso neoliberal: reflexos jurídicos. *Crítica Jurídica – Revista Latino-Americana de Política, Filosofia y Derecho*, México, n. 15, 1994.

JEAMMAUD, Antoine. Les Fonctions du Droit du Travail. In: *Droit Capitaliste du Travail*. Grenoble, 1980.

KAREPOVS, Dainis. *A classe operária vai ao parlamento*: o bloco operário e camponês do Brasil, 1924-1930. São Paulo: Alameda, 2006.

KOVARICK, Lucio. *Trabalho e vadiagem*: a origem do trabalho livre no Brasil. São Paulo: Brasiliense, 1987.

MATTOSO, Jorge. Globalização, neoliberalismo e flexibilização. *In*: ARRUDA JUNIOR, Edmundo Lima de; RAMOS, Alexandre Luiz (Org.). *Globalização, neoliberalismo e o mundo do trabalho*. Curitiba: Edibej, 1998.

PALOMEQUE LÓPEZ, Manoel-Carlos. *Derecho del trabajo y ideologia*. 6. ed. Madrid: [s.n.], 2002.

RAMOS FILHO, Wilson. Direito, economia, democracia e o seqüestro da subjetividade dos juslaboralistas. *Revista do Tribunal Regional do Trabalho da 9ª Região*, Curitiba, p. 147-166, 2001.

RAMOS FILHO, Wilson. Delinquência patronal, repressão e reparação. *Revista da Associação dos Magistrados do Trabalho da 15ª Região*, São Paulo, n. 2, p. 47-69, 2009 (2009a);

RAMOS FILHO, Wilson. Crise capitalista, duração do trabalho e gestão empresarial. *Revista Direitos Fundamentais et Justiça*, ano 3, n. 6, p. 177-205, jan./mar. 2009 (2009b)

RAMOS FILHO, Wilson. Bem-estar das empresas e mal-estar laboral: o assédio moral empresarial como modo de gestão de recursos humanos. *Revista Eletrônica Praedicatio*, São Luis, v. 1, 2009c.

RAMOS FILHO, Wilson. Constituição e regulação da organização sindical: a liberdade e a pluralidade em perspectiva. In: *Trabalho e Regulação no Estado Constitucional*, Curitiba, v. 32, p. 233-264, 2011.

RAMOS FILHO, Wilson; FONSECA, Maíra Marques da. Capitalismo descomplexado e duração do trabalho. In: *Trabalho e Regulação no Estado Constitucional*. Curitiba: Juruá, 2011. v. 3, p. 233-264.

RAMOS FILHO, Wilson. ALLAN, Nasser Ahmad. *A doutrina social da igreja e o corporativismo*: a Encíclica Rerum Novarum e a regulação do trabalho no Brasil. Prelo, 2011.

REDINHA, Maria Regina Gomes. *A relação laboral fragmentada*: estudo sobre o trabalho temporário. Coimbra: Coimbra Ed., 1995.

WEBER, Max. *A ética protestante e o espírito do capitalismo*. São Paulo: Companhia das Letras, 2004.

Textos Legais Citados

BRASIL. CLT (redação original) Decreto-Lei nº. 5.452, de 1º de maio de 1943. Porto Alegre: Livraria Continente, 1943.

BRASIL. TST. Súmula 85. Disponível em: <http://www.dji.com.br/normas_inferiores/enunciado_tst/tst_0085.htm.>.

BRASIL. TST. Súmula 364- Alterada. Disponível em: <http://www.dji.com.br/normas_inferiores/enunciado_tst/tst_0361a0390.htm#sumula-364>.

BRASIL. TST. Enunciado 331 (redação original, de 1993). Disponível em: <http://www.dji.com.br/normas_inferiores/enunciado_tst/tst_0331a0360.htm>.

BRASIL. TST. Súmula 349 – Cancelada. Disponível em: <http://www.dji.com.br/normas_inferiores/enunciado_tst/tst_0331a0360.htm>.

BRASIL. TST. Enunciado nº 256. Disponível em: <http://www.dji.com.br/normas_inferiores/enunciado_tst/tst_0241a0270.htm>.

BRASIL. Lei 6019/74. Disponível em: <http://www.jusbrasil.com.br/legislacao/109751/lei-6019-74>.

BRASIL. Lei 5645, de 10 de dezembro de 1970. Estabelece diretrizes para a classificação de cargos do Serviço Civil da União e das autarquias federais, e dá outras providências. Disponível em: <http://www010.dataprev.gov.br/sislex/paginas/42/1970/5645.htm>.

BRASIL. Decreto-Lei 200/67. Dispõe sobre a organização da Administração Federal, estabelece diretrizes para a Reforma Administrativa e dá outras providências. Disponível em: <http://legislacao.planalto.gov.br/legisla/legislacao.nsf/b110756561cd26fd03256 ff500612662/d92d4725e801077403256a030047da45?OpenDocument>.

BRASIL. Lei nº 6.019, de 3 de janeiro de 1974. Dispõe sobre o Trabalho Temporário nas Empresas Urbanas, e dá outras Providências. Disponível em: <http://www.planalto.gov. br/ccivil_03/leis/L6019.htm>.

BRASIL. Lei nº 7.102, de 20 de junho de 1983. Dispõe sobre segurança para estabelecimentos financeiros, estabelece normas para constituição e funcionamento das empresas particulares que exploram serviços de vigilância e de transporte de valores, e dá outras providências. Disponível em: <http://www010.dataprev.gov.br/sislex/paginas/42/1983/7102.htm>.

BRASIL. Lei nº 8.863, de 28 de março de 1994. Disponível em: <http://www010.dataprev.gov.br/sislex/paginas/42/1994/8863.htm>.

Páginas consultadas

ASSOCIAÇÃO BRASILEIRA DE ADVOGADOS TRABALHISTAS – ABRAT. Disponível em: <http://www.fazer.com.br/layouts/abrat/default2.asp?cod_materia=2445>.

ASSOCIAÇÃO NACIONAL DOS MAGISTRADOS DO TRABALHO –ANAMATRA. Disponível em: <http://www.tst.jus.br/ASCS/audiencia_publica/edital-convocacao-audiencia.pdf.>.

TRIBUNAL SUPERIOR DO TRABALHO – TST. Disponível em: <http://www.tst.jus.br/ASCS/audiencia_publica/edital-convocacao-audiencia.pdf>.

Informação bibliográfica deste texto, conforme a NBR 6023:2002 da Associação Brasileira de Normas Técnicas (ABNT):

RAMOS FILHO, Wilson. A terceirização do trabalho no Brasil: perspectivas e possibilidades para uma revisão da jurisprudência. *In*: RAMOS FILHO, Wilson (Coord.). *Trabalho e regulação*: as lutas sociais e as condições materiais da democracia. Belo Horizonte: Fórum, 2012. v. 1, p. 327-360. ISBN 978-85-7700-566-6.

Esta obra foi composta em fonte Palatino Linotype, corpo 10
e impressa em papel Offset 75g (miolo) e Supremo 250g (capa)
pela Paulinelli Serviços Gráficos Ltda.
Belo Horizonte/MG, abril de 2012.